Springer-Lehrbuch

Max Mühlhäuser Alexander Schill

Software Engineering für verteilte Anwendungen

Mechanismen und Werkzeuge

Mit 80 Abbildungen

Springer-Verlag
Berlin Heidelberg New York
London Paris Tokyo
Hong Kong Barcelona
Budapest

Professor Dr. Max Mühlhäuser
Universität Kaiserslautern
Fachbereich Informatik/Telematik
Erwin-Schrödinger-Straße
W-6750 Kaiserslautern

Dr. Alexander Schill
Universität Karlsruhe
Institut für Telematik
Am Zirkel 2
W-7500 Karlsruhe 1

Springer-Verlag Berlin Heidelberg New York

Die Deutsche Bibliothek - CIP-Einheitsaufnahme
Mühlhäuser, Max: Software Engineering für verteilte Anwendungen : Mechanismen und Werkzeuge / Max Mühlhäuser ; Alexander Schill. - Berlin ; Heidelberg ; New York ; London; Paris ; Tokyo ; Hong Kong ; Barcelona ; Budapest : Springer, 1992
NE: Schill, Alexander

Softcover reprint of the hardcover 1st edition 1992
ISBN-13: 978-3-540-55412-7 e-ISBN- 13: 978-3-642-95685-0
DOI: 10.1007/ 978-3-642-95685-0

Vorwort

Das vorliegende Buch gibt einen breiten Überblick über Mechanismen, Methoden, Werkzeuge und Systeme zur Entwicklung verteilter Anwendungsprogramme. Es richtet sich sowohl an den Wissenschaftler als auch an den interessierten Praktiker im Bereich von Rechnerkommunikation, Telematik und verteilten Systemen. Generell wird Wert darauf gelegt, möglichst aktuelle Konzepte und Entwicklungen in bezug auf Forschung und Standardisierung aufzuzeigen, aber gleichzeitig auch die Grundlagen allgemeinverständlich darzustellen. Gesamtziel des Buches ist es, das Verständnis für die grundlegenden Probleme bei der Entwicklung verteilter Anwendungsprogramme zu wecken, das Wissen über die dazu existierenden Ansätze in möglichst detaillierter Form zu vermitteln und dem Leser auch wichtige aktuelle Tendenzen auf diesem sich sehr schnell entwickelnden Gebiet aufzuzeigen.

Kapitel 1 gibt zunächst eine kurze Einführung in die Gesamtproblematik und diskutiert die allgemeinen Entwicklungstendenzen im Bereich der verteilten Systeme und Anwendungen. In Kapitel 2 werden die wichtigsten existierenden Ansätze zur verteilten Programmierung zusammengefaßt und vergleichend bewertet. Die darauffolgenden Kapitel gehen dann im Detail auf den erweiterten Betriebssystemansatz und auf den sprachintegrierten Ansatz ein. Beim ersten Punkt stehen Netzbetriebssysteme und verteilte Betriebssysteme im Vordergrund (Kapitel 3), während im Zusammenhang mit dem Sprachansatz verteilte Programmiersprachen (Kapitel 4), der Remote Procedure Call (Kapitel 5), der verteilte objektorientierte Ansatz (Kapitel 6) sowie die verteilte strukturelle Konfigurationsverwaltung (Kapitel 7) detailliert diskutiert werden.

Diese Kapitel sollen dem Leser insgesamt die erforderlichen Basismechanismen zur Realisierung verteilter Programme vermitteln. Die beiden nachfolgenden Kapitel gehen dann stärker auf die Integration der Mechanismen in Softwareproduktionsumgebungen und auf die im einzelnen erforderlichen Methoden und Werkzeuge ein. Kapitel 8 vergleicht verschiedene Architekturen für Softwareproduktionsumgebungen zur Entwicklung verteilter Programme. In Kapitel 9 werden dann konkrete Methoden und Werkzeuge zur Spezifikation, zum Entwurf, zum Test und Debugging sowie zur Laufzeitverwaltung verteilter Anwendungen vorgestellt.

Das abschließende Kapitel 10 gibt einen Überblick über aktuelle Entwicklungstendenzen auf dem Gebiet der verteilten Systeme und Anwendungen, vor allem bei den Hochgeschwindigkeitsnetzen, im Bereich der verteilten Multimedia-Anwendungen sowie bei den Fragen der anwendungsorientierten Standardisierung von Diensten und Protokollen für verteilte Umgebungen.

Das Buch entstand aus den Vorlesungen "Einsatz verteilter Systeme" von Herrn Dr. Schill an der Universität Karlsruhe sowie "Software Engineering für verteilte Anwendungen" von Herrn Prof. Dr. Mühlhäuser an der Universität Kaiserslautern. Herr Dr. Schill befaßte sich vor allem mit den einzelnen Techniken der verteilten Programmierung, dem Betriebssystemansatz, den verteilten Programmiersprachen, dem Remote Procedure Call, den verteilten objektorientierten Ansätzen sowie der verteilten Konfigurationsverwaltung. Die zentralen Arbeitsgebiete von Herrn Prof. Dr. Mühlhäuser waren neben verteilten Programmiersprachen die Bereiche Softwareproduktionsumgebungen, dedizierte Werkzeuge und Multimedia-Anwendungen.

In die einzelnen Kapitel wurde teilweise auch Material aus vorhergehenden Projekten und studentischen Arbeiten an den Universitäten Karlsruhe und Kaiserlautern konzeptionell eingearbeitet. An dieser Stelle sei daher vor allem den an diesen Aktivitäten beteiligten Kollegen und Studenten gedankt: Unter der Mitarbeit von Herrn J. Becher und Herrn J. Höfler wurde im Rahmen des Kooperationsprojektes HECTOR wichtiges technisches Material entwickelt ([BEC87], [PTE87]), auf dessen Basis die Beschreibung des Netzbetriebssystems DACNOS in Kapitel 3 gegeben wird. Die Diplomarbeit von Herrn C. Rohde [ROH90] schuf wichtige Grundlagen zur vergleichenden Betrachtung von Ansätzen im Bereich des Remote Procedure Calls, der in Kapitel 5 erörtert wird. Außerdem stellte Herr Dr. Geihs uns wichtige Originalliteratur über die aktuellen Standardisierungsbestrebungen in diesem Bereich zur Verfügung; dieses Material wird am Ende des Kapitels 5 zusammengefaßt. Bei der Behandlung des verteilten objektorientierten Ansatzes wird auf Vergleichsbetrachtungen zurückgegriffen, die von einem der beiden Autoren, Herrn Dr. Schill, im Rahmen seiner Dissertation [SCH90] entwickelt wurden. Ebenso wird vielfach auf zwei Projekte Bezug genommen, bei denen prototypische Programmiersprachen und Softwareproduktionsumgebungen für verteilte Anwendungen entwickelt wurden. Beide Projekte, DESIGN [MÜH88] und DOCASE [MSH88], wurden von Herrn Prof. Mühlhäuser geleitet. Bei der Beschreibung des verteilten objektorientierten Systems Emerald werden teilweise Abbildungen und Tabellen aus der Seminarausarbeitung von Herrn S. Engler aus [SHE88] verwendet. Herr G. Blakowski leistete im Rahmen seiner Diplomarbeit [BLA89] sehr gute Beiträge bei der Entwicklung eines Systems zur verteilten Konfigurationsverwaltung; einige Teilergebnisse flossen in Kapitel 7 mit ein. Für Kapitel 9.2 lieferte die Habilitationsschrift von Herrn Prof. Dr. H. Krumm [KRU90] prägende Gedanken. Die wichtigsten Resultate der Diplomarbeit von Herrn E. Mayer [MAY86] wurden zur praktischen Veranschaulichung der Problematik des verteilten Debuggings in Kapitel 9.6 eingesetzt. In dieses Kapitel gehen auch Arbeiten von Herrn Thomas Detzel zur Laufzeit-Codeverwaltung ein. Die im Buch verwendete Beispielanwendung wurde im Rahmen einer Studienarbeit [HOK89] von den Herren J. Höfler und T. Klenner realisiert. Die Grundstruktur der Anwendung wurde begleitend zu einer Team-Diplomarbeit von den Herren C. Baader [BAA89], M. Wagner [WAG89] und M. Wersch [WER89] ausgearbeitet.

An dieser Stelle sei all den genannten Kollegen und Studenten sowie allen weiteren, an unseren Projekten beteiligten Personen, insbesondere den Kollegen vom Campusnahen Forschungszentrum CEC der Firma DEC in Karlsruhe und vom IBM European Networking Center in Heidelberg, ganz herzlich für die engagierte Mitarbeit an den einzelnen Forschungsbereichen gedankt.

Den Herren G. Blakowski und J. Becher möchten wir ganz besonders für ihre Hilfe beim Korrekturlesen und bei der Durchführung der begleitenden Vorlesung danken. Schließlich sei auch den anonymen Gutachtern gedankt, die uns wertvolle Hinweise zur Verbesserung der Struktur des Buches gaben, sowie dem Springer-Verlag, namentlich Herrn Rossbach, der die zügige Veröffentlichung ermöglicht hat.

Unser besonderer Dank gilt dem Leiter des Instituts für Telematik der Universität Karlsruhe, Herrn Prof. Dr. G. Krüger, der unsere wissenschaftliche Entwicklung stets vorbildlich unterstützt hat und es Herrn Dr. Schill durch die Gewährung entsprechender Freiräume ermöglicht hat, an diesem Buch zu schreiben.

Nicht zuletzt möchten wir natürlich auch unseren Ehefrauen Andrea und Ursula danken, die stets großes Verständnis für unsere Arbeiten zeigten und uns sehr wichtige persönliche Unterstützung in allen Lebenslagen gaben.

Max Mühlhäuser und Alexander Schill, Karlsruhe, im Januar 1992

Inhalt

Abbildungen

1 Einführung und Grundlagen

Dieses einführende Kapitel gibt zunächst einen kurzen Überblick über die Gründe, die in den vergangenen Jahren mehr und mehr zum Einsatz verteilter Datenverarbeitungssysteme und zur Entwicklung verteilter Anwendungsprogramme geführt haben; dies sind vor allem der technologische Fortschritt im Bereich der Rechnersysteme und der Kommunikationsnetze sowie der ständig wachsende Bedarf nach verteilten Programmen in den verschiedensten technischen und industriellen Anwendungszweigen.

Im Anschluß daran wird der Begriff der verteilten Systeme und Anwendungen genauer erörtert und die damit verbundenen Zielsetzungen und Probleme diskutiert. Abschließend wird ein einfaches Beispiel einer verteilten Anwendung aus dem Bereich der Fertigungsautomatisierung gegeben, das an zahlreichen Stellen im Buch zur praxisnahen Illustration der einzelnen Sachverhalte herangezogen wird. Damit wird dann auch direkt zu den verschiedenen Ansätzen der verteilten Programmierung übergeleitet.

1.1 Einsatz verteilter DV-Systeme: Motivation und Entwicklungstendenzen

1.1.1 Generationswechsel von Rechnersystemen

Bei den Arbeitsplatzrechnern in größeren Betrieben und in Universitäten und Forschungseinrichtungen handelte es sich in der Vergangenheit vornehmlich um PCs. Diese wurden zum überwiegenden Teil für persönliche, isolierte Arbeiten wie Korrespondenz, Desktop Publishing oder Dokumenterstellung verwendet sowie im Modus der Terminal-Emulation für den Zugriff auf größere Rechner.

Für den Hochschulsektor machen die Empfehlungen des Wissenschaftsrates zur Ausstattung für Hochschulen mit Rechenkapazität den raschen Wechsel von der Generation der PCs zur Generation der Arbeitsstationen deutlich. Heute wird man von einem modernen *Arbeitsplatzrechner* die folgenden Charakteristika verlangen, welche ihn in ihrer Summe als *Arbeitsstation* - im Unterschied zum PC - kennzeichnen:

- *Echte Multitasking-Fähigkeit*
- *Virtueller Hauptspeicher -> quasi unbegrenzte Programmgröße*
- *Vernetzung mit hohem Integrationsgrad*
- *Direktmanipulationsschnittstelle (s.u.)*
- *"Multi-M" Leistung:* mehrere Megainstruktionen pro Sekunde CPU-Leistung, mehrere Megabit pro Sekunde Übertragungsrate, mehrere hundert Megabyte lokaler Plattenspeicher, mehrere Megapixel (à 1000 x 1000 Bildpunkte) Graphikauflösung.

Als wichtigste unmittelbare Folgen dieser Entwicklung sind qualitative Verbesserungen der Akzeptanz und der Integration von Rechnersystemen zu nennen.

Die *Akzeptanz* verändert sich - teilweise schon bei PCs - überall dort, wo die Ideen der *Direktmanipulationsschnittstellen* Einzug halten. Diese Schnittstellen sind gekennzeichnet durch Schlagworte wie window - menue - icon - mouse, bei denen die Manipulation eines DV-Objektes (Dokument, Prozeßsteuerungsalgorithmus u.v.a.) durch direkte Veränderung einer (graphischen) Repräsentation dieses Objektes auf dem Bildschirm geschieht. Bei der Dokumentbearbeitung, wo graphische Repräsentation und gedrucktes Dokument weitgehend identisches Aussehen haben können, hat sich für diese Direktmanipulation bekanntlich der Begriff WYSIWYG (what you see is what you get) eingebürgert. Die Veränderungen in der Akzeptanz durch Verwendung von Direktmanipulation sind so gravierend, daß völlig neue Nutzerkreise für die computergestützte Arbeit gewonnen werden konnten, nämlich in großem Maße

DV-Laien, welche der DV-Technik in der Vergangenheit ablehnend gegenüberstanden. Es ist augenscheinlich, daß diese Nutzergruppe potentiell um ein Vielfaches größer ist als die der DV-Fachleute.

Im Bereich der *Integration* haben die größere - den Großrechnern adäquatere - Leistung der Arbeitsstationen und die hohe Netzintegration zur Folge, daß die am Arbeitsplatzrechner verrichtete Tätigkeit nicht mehr nur isolierte lokale Arbeit (Texte editieren, Geschäftsgraphiken erstellen) und Terminalemulation-Zugriff auf Großrechner darstellt, sondern daß am Arbeitsplatz zunehmend Aufgaben ausgeführt werden, die ein integraler Bestandteil eines Gesamtablaufes sind. Beispiele hierfür sind:

- Management-Entscheidungen auf der Basis komplexer, eventuell verteilter Datenbestände;
- Kommunikation mit hoher DV-Unterstützung, z.B. zur Vereinbarung einer Gruppenbesprechung;
- Lösung einer Teilaufgabe eines Gesamtproblems im Sinne von Teamarbeit, zugeschnitten auf die Arbeitswelt einer Anwendergruppe (z.B. gemeinsame Auswertung einer wissenschaftlichen Untersuchung, deren Daten im Arbeitsstationen-Netz erfaßt sind);
- Bei technischen Prozessen, z.B. Prozeßsteuerung in direkter Kommunikation mit einer Hierarchie von Finanz-, Auftragsplanungs- und Leitrechnern.

1.1.2 Divergierende Wachstumsprofile

Beim Vergleich der Entwicklung von Arbeitsplatzrechnern - die sich, wie in Abschnitt 1.1 geschildert, von PCs zu Arbeitsstationen entwickeln - mit der Kommunikationstechnik läßt sich erkennen, daß das Wachstumsprofil der letzteren das der ersteren noch signifikant übersteigt. Abbildung 1-1 zeigt die Entwicklung verschiedener Kennzahlen im Vergleich.

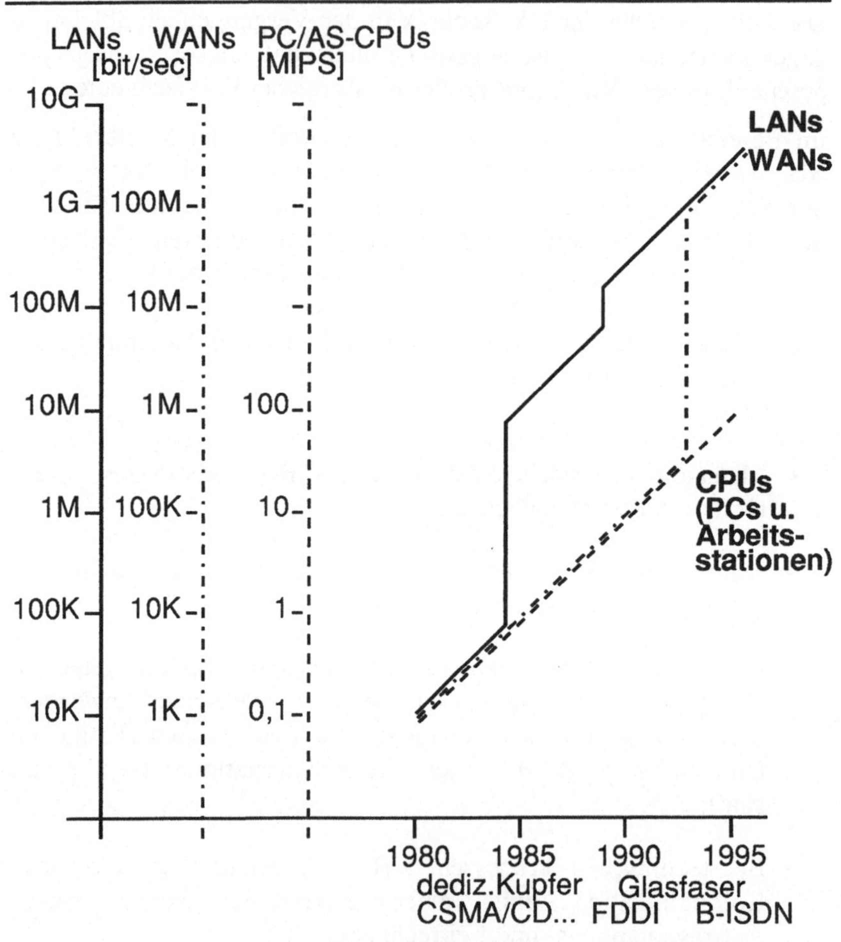

Abb 1-1 Entwicklungstrends: MIPS, LANs, WANs

Verglichen wird dabei die Entwicklung

- der typischen, an einem fortgeschrittenen Arbeitsplatz lokal verfügbaren Rechenleistung in MIPS (mega instructions per second),

- der typischen Übertragungsrate eines lokalen Netzes (Local-Area-Network, LAN) und

- der typischen Übertragungsrate eines Weitverkehrsnetzes (Wide-Area-Network, WAN).

Dabei können selbstverständlich nur etwaige Größenordnungen widergespiegelt werden; individuelle Installationen können deutlich andere Kenngrößen aufweisen. Der reflektierte Zeitraum wird bis in die Mitte der 90er Jahre prognostiziert und stützt sich dabei auf Vorhersagen über die Entwicklung und Verbreitung von Hard- und Software.

Die Skala ist logarithmisch gewählt, exponentielles Wachstum wird quasi als Normalfall angenommen.

Einige Eckwerte der gezeigten Graphik lauten:

- Bei Arbeitsplatzrechnern traf man in den frühen 80ern noch 8bit-PCs mit Leistungen in der Größenordnung von Zehntel MIPS an; im Moment erreichen Arbeitsstationen bereits mehrere MIPS und bis Mitte der 90er Jahre wird zumindest beim Einsatz von Mehrprozessor-Technologie die Größenordnung von 100 MIPS erreicht sein.

- LANs wurden noch bis Anfang der 80er Jahre aus Punkt-zu-Punkt Verbindungen konfiguriert, die typisch 9600 Baud Übertragungsrate aufwiesen. Mitte der 80er Jahre verbreitete sich die heutige LAN-Technologie stark, die - z.B. mit Ethernet - Größenordnungen von 10 Mbit/sec zum Standard machte; dies bedeutete einen ersten überexponentiellen Wachstumsschub. Ein weiterer wichtiger Wachstumsimpuls kann mit der breiten Einführung der Glasfaser in den nächsten Jahren erwartet werden (z.B. mit FDDI-Hochgeschwindigkeitsnetzen mit 100 Mbit/sec.). In Labors wird schließlich an Entwicklungen im Gigabit-Bereich gearbeitet, welche bis Mitte der 90er Jahre Einzug halten dürften - und für die beispielsweise in der Bewegtbild-Individualkommunikation hoher Qualität ein sehr stark wachsender Markt existiert.

- Weitverkehrsnetze (WANs) schließlich waren bis in die 80er Jahre hinein von 300 Baud- und 1200 Baud-Strecken geprägt. Momentan sind wir auf dem Wege von 9600 Baud-Strecken zu ISDN mit 64 kBaud-Kanälen und 144 kBaud-Übertragungsstrecken. Die Glasfaser wird auch hier einen überexponentiellen Schub hervorrufen (mit z.B. 140 Mbit/sec bei B-ISDN), welche allerdings erst in den späten 90er Jahren flächendeckend zu erwarten ist.

1.1.3 Wichtigste Folgen dieser Entwicklung

Das aufgezeigte überexponentielle und überproportionale Wachstum der Kommunikationstechnologie hat eine Verschiebung der Kosten-/Nutzen-Verhältnisse zwischen lokaler und entfernter Verarbeitung zur Folge. Das heißt, der relative Aufwand für die entfernte (nichtlokale) Durchführung einer Berechnung oder für das entfernte Halten von Daten wird in Zukunft kleiner, die Entscheidung für die verteilte Verarbeitung also häufiger werden - und das, obwohl die lokale Verarbeitungskapazität der Rechner exponentiell steigt. Die Realisierung der erforderlichen Kommunikation erfolgt immer stärker auch in der Anwendungssoftware, d.h. Anwendungssoftware wird in Zukunft viel stärker das Element Kommunikation beinhalten.

Gleichzeitig wurde aufgezeigt, daß Arbeitsplatzrechner immer stärker ein integraler Bestandteil großer verteilter Gesamtsysteme werden. Das Zusammenwachsen der Rechnerhardware zu einem Rechnernetz wird daher - wenn auch im langsameren Zyklus der Softwareentwicklung - auf die Dauer mit einem Zusammenwachsen der Software zu *verteilten Programmen* einhergehen.

Die Gesamtheit dieser Entwicklungen, so kann also prognostiziert werden, wird der Nachfrage nach verteilten Programmen eine ungeheure Steigerung verleihen. Es kann sogar vermutet werden, daß bei der Entwicklung weg vom sequentiellen Programm und von der von-Neumann-Architektur diese Art von Programmen die größte Nachfrage erzielen wird, mehr noch als die anderen - ebenfalls stark wachsenden - Softwarekategorien in den Bereichen

- *Nebenläufige Software* - für Mehrprozessorsysteme zur beschleunigten Ausführung von Algorithmen;
- *Vektorisierte Software* - für Supercomputer zur Berechnung von auf Matrix- und Vektorarithmetik abbildbaren Problembereichen;
- *Massiv parallele Software* - für symmetrisch sehr fein zerteilbare Algorithmen - z.B. aus der Bildverarbeitung - welche auf Systemen mit Tausenden und mehr Prozessoren ausgeführt werden;
- *Logikbasierte Software* - z.B. in der Wissensverarbeitung.

1.2 Verteilte Systeme und verteilte Anwendungen

Aufbauend auf den einführenden motivierenden Betrachtungen führt dieser Abschnitt nun zunächst in die Problematik *verteilter Systeme* und *verteilter Anwendungen* ein. Dazu werden elementare Definitionen gegeben, die generellen Zielsetzungen verteilter Anwendungen erörtert und grundlegende Probleme bei der Erstellung verteilter Anwendungen diskutiert.

1.2.1 Übersicht

Eine *verteilte Anwendung* besteht aus einer Menge kommunizierender Betriebssystemprozesse, die nicht über einen gemeinsamen Speicher verfügen und auf unterschiedlichen Rechnern verteilt sein können. Ein zugrundeliegendes *verteiltes System*, das sich aus diesen Rechnern zusammensetzt, ermöglicht die Kommunikation der Betriebssystemprozesse auf der Basis einer physikalischen Rechnerkopplung. Diese Kopplung kann direkt über ein lokales Netz oder auch indirekt über zwischengeschaltete Gateways zur Verbindung unterschiedlicher lokaler Netze erfolgen. Im folgenden wird auf der Ebene der Betriebssystemprozesse eine volle logische Vermaschung vorausgesetzt, d.h. jeder Prozeß kann potentiell mit jedem anderen Prozeß einer verteilten Anwendung kommunizieren. Um diese Voraussetzung zu erfüllen, ist jedoch keine volle physische Vermaschung erforderlich.

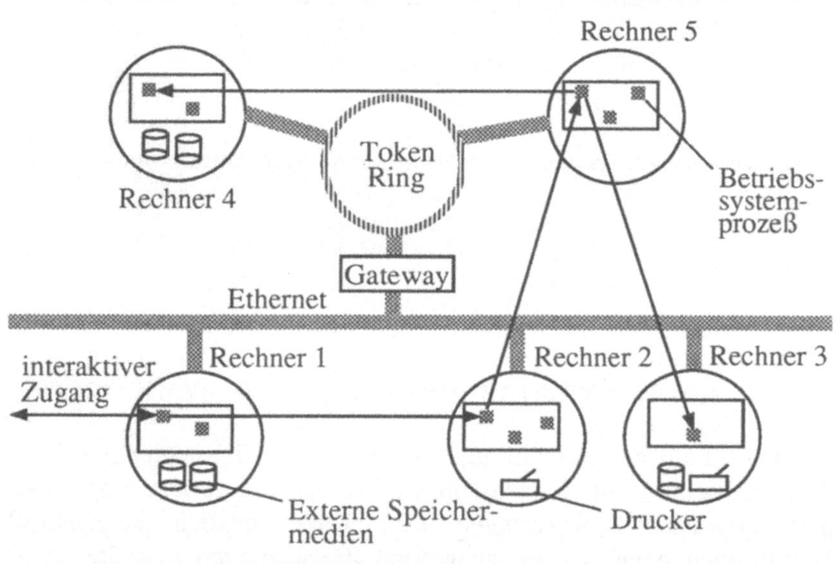

Abb 1-2 Struktur einer verteilten Anwendung

Abbildung 1-2 zeigt exemplarisch die Struktur einer einfachen verteilten Anwendung. Das verteilte System besteht dabei aus fünf Rechnern, von denen drei direkt über ein lokales Netz vom Typ *Ethernet* und zwei über einen *Token Ring* [KAU86] gekoppelt sind. Die beiden Teilnetze sind über ein Gateway miteinander verbunden. Die einzelnen Rechner verfügen über zugehörige *Betriebsmittel (Ressourcen)*; in der Abbildung sind als Beispiel hierfür externe Speichermedien und Drucker dargestellt.

Auf den einzelnen Rechnern laufen Betriebssystemprozesse ab, die untereinander kommunizieren. Innerhalb der einzelnen Betriebssystemprozesse werden i.a. unterschiedliche Programme ausgeführt, aus denen sich insgesamt das *verteilte anwendungsorientierte Pro-*

gramm zusammensetzt [MÜH88]. Die Kommunikation der einzelnen Prozesse ermöglicht im Beispiel den Zugang zu einem entfernten Drucker bei Rechner 2 von einem Prozeß auf Rechner 1 aus, der über eine interaktive Schnittstelle verfügt. Ebenso ist z.B. der entfernte Zugriff auf Dateien bei Rechner 3 möglich. Neben diesen reinen Zugriffseigenschaften ist aber vor allem auch die Kooperation der verteilten Prozesse zur verteilten Datenverarbeitung verbunden mit intensivem Datenaustausch von Bedeutung (Abschnitt 1.2.3).

1.2.2 Gegenstand der Verteilung

Mit der zunehmenden Verbreitung verteilter Systeme und verteilter Anwendungen sind eine Reihe von Zielsetzungen verbunden, die insbesondere vom Gegenstand der Verteilung abhängen:

- Daten
- Funktionen
- Last

Die Verteilung von *Daten* und *Funktionen* ist meist direkt durch die Anforderungen einer verteilten Anwendung gegeben. Große Systeme im Bereich der Fertigungs- oder Büroautomatisierung setzen sich aus einer Vielzahl autonomer, meist nur lose gekoppelter Teilfunktionen zusammen. Diese Dezentralisierung ist bei der Generierung und bei der Verarbeitung der Daten innerhalb der Anwendung gleichermaßen zu beobachten.

Die Verteilung der *Last* auf unterschiedliche Rechnerknoten muß dagegen nicht durch die Anwendung selbst vorgegeben sein, sondern kann auch ausschließlich der Kontrolle des verteilten Systems unterliegen. Selbst ohne Verteilungsaspekte innerhalb der Anwendung kann eine gleichmäßige Verteilung der Last auf unterschiedliche physikalische Rechnerknoten von großem Nutzen sein, um z.B. die Antwortzeiten einzelner Benutzeraufträge zu reduzieren. Die Problematik der Lastverteilung ist daher als ein mehr systemorientierter Mechanismus anzusehen und nicht der Problematik der Entwicklung verteilter Anwendungen zuzuordnen.

1.2.3 Zielsetzungen

Mit der Verteilung von Daten und Funktionen sind die folgenden, teilweise überlappenden Zielsetzungen verbunden:

- Dezentralisierung von Daten und Funktionen einer Gesamtanwendung
- Kooperation verteilter Verarbeitungseinheiten
- Verbesserung der Lokalitätseigenschaften und der Effizienz einer Anwendung
- Integration bisher getrennter verteilter Teilanwendungen
- Verteilter Zugang zu speziellen Ressourcen
- Verbesserung der Fehlertoleranz und der Verfügbarkeit einer Anwendung

Durch die Dezentralisierung von Daten und Funktionen lassen sich komplexe Anwendungen meist besser auf ein Rechnersystem abbilden, als es auf der Basis eines zentralen Ansatzes möglich wäre. Eine erste Verarbeitung von Daten kann so z.B. am Ort ihrer Entstehung erfolgen und flexibel an anderen Lokationen fortgeführt werden. Im Gegensatz zu verteilten Datenbanksystemen besteht jedoch bei verteilten Anwendungen die Möglichkeit der direkten Kommunikation zwischen verteilten Verarbeitungseinheiten, um gemeinsam eine bestimmte Funktionalität zu erbringen.
Verbunden mit der Dezentralisierung von Daten und Funktionen kann eine Verbesserung der Lokalitätseigenschaften einer Anwendung, also der geeigneten Zuordnung zwischen Daten und bearbeitenden Funktionen erzielt werden. Damit kann oft eine erhebliche Verbesserung der Effizienz einer Anwendung erreicht werden, indem der Anteil der entfernten Datenzugriffe reduziert wird. Ein weiteres Ziel ist die Integration von existierenden und bisher getrennten Anwendungen zu einer verteilten Gesamtanwendung. Durch eine solche Kopplung wird die angebotene Funktionalität erhöht, da nun jede einzelne Teilkomponente auch Dienste anderer Komponenten nutzen kann. Ein verwandtes Ziel ist der entfernte Zugang zu speziellen *Ressourcen* in einer verteilten Umgebung, die

häufig ortsgebunden sind und daher nur mit Hilfe eines unterliegenden verteilten Systems von entfernter Stelle aus genutzt werden können.

Schließlich ist im Zusammenhang mit verteilten Anwendungen noch das Gebiet der Fehlertoleranz mit dem Ziel der Erhöhung der Ausfallsicherheit und damit der Verfügbarkeit von Bedeutung. Eine verteilte Anwendung kann im Gegensatz zu einer zentralen Lösung bei Ausfall einer Teilkomponente partiell funktionsfähig bleiben. Zudem läßt sich die Verfügbarkeit durch Replikation kritischer Teilkomponenten auf verschiedenen, unabhängigen Rechnerknoten verbessern.

1.2.4 Eigenschaften und Probleme

Die Entwicklung verteilter Anwendungen wird durch spezielle Eigenschaften der zugrundeliegenden verteilten Systeme bestimmt, die den Unterschied zu nicht verteilten Anwendungen ausmachen und die Anwendungsentwicklung erschweren. Dabei sind vor allem die Verteilung der kommunizierenden Prozesse, die erforderlichen Kommunikationsmechanismen, die auftretende Parallelität, die speziellen Anforderungen an die Strukturierung und Konfigurationsverwaltung, die auftretende Heterogenität sowie das spezielle Fehlerverhalten zu nennen.

Die *Verteilung von Betriebssystemprozessen* zwischen unterschiedlichen Rechnern (lose Kopplung) oder auch nur innerhalb eines Multiprozessorsystems (enge Kopplung) führt i.a. zur Trennung der Adreßräume zwischen einzelnen Teilkomponenten einer Anwendung. Die physische Kommunikation zwischen Prozessen muß also über das Senden von Nachrichten erfolgen. Operationsaufrufe innerhalb eines Betriebssystemprozesses können dagegen über gemeinsamen Speicher abgewickelt werden. So entsteht für den Anwendungsentwickler die Aufgabe, zu übertragende Daten explizit zu Nachrichten zusammenzufassen und dabei ihre Speicherabbildung zu linearisieren. Dies ist insbesondere bei komplex strukturierten Daten, wie sie z.B. im Bereich der Büroautomatisierung anfallen, aufwendig und fehleranfällig.
Die *Kommunikation* zwischen verteilten Einheiten der Anwendung (logische Kommunikation) muß generell über zugrundeliegende

Kommunikationsmechanismen abgewickelt werden. Eine Mindestanforderung hierbei sind Operationen zur Übertragung beliebig langer Nachrichten zwischen Anwendungseinheiten. Im allgemeinen sind jedoch erweiterte Mechanismen wünschenswert, wie sie z.B. vom Remote Procedure Call angeboten werden (s. Kapitel 5).
Neben solchen funktionellen Eigenschaften sind bei der Kommunikation jedoch auch *leistungsbezogene Charakteristika* von Bedeutung. Trotz der großen Fortschritte im Bereich der Kommunikationstechnik erfordert eine entfernte Interaktion einen um zwei bis drei Größenordnungen höheren Aufwand als eine lokale Interaktion. Dies ist bei der Verteilung der kommunizierenden Einheiten zu berücksichtigen.

Kommunizierende Prozesse in einem verteilten System laufen grundsätzlich *parallel* oder innerhalb eines einzelnen physikalischen Rechners zumindest quasi-parallel ab. Daraus und auch durch dynamisch variierende Laufzeiten bei der entfernten Kommunikation resultieren indeterministische und damit nur schwer reproduzierbare Abläufe. Zwischen Ereignissen innerhalb einer verteilten Anwendung, und das insbesondere auch bei der Kommunikation, besteht nur eine partielle Ordnung, die durch die vorhandenen Synchronisationspunkte bestimmt wird. Insgesamt wird dadurch das Testen einer verteilten Anwendung erheblich erschwert.

Verteilte Anwendungen stellen durch ihre Komplexität erhöhte Anforderungen an die verfügbaren *Strukturierungsmechanismen.* So können z.B. sehr viele Kommunikationsbeziehungen zwischen den Einheiten einer verteilten Anwendung bestehen, die sich ohne weitere Unterstützung nur schwer überschauen und kontrollieren lassen. Daher müssen Strukturierungsmechanismen angeboten werden, die eine Aufteilung der Anwendung in Funktionseinheiten mit klar definierten Schnittstellen und dynamisch modifizierbaren Kommunikationsbeziehungen erlauben. Verteilte Anwendungen bestehen häufig aus einer Vielzahl von Komponenten, deren Anzahl und deren Beziehungen *dynamischen Modifikationen* unterliegen können. So wird es möglich, einzelne, relativ autonome Komponenten während des laufenden Betriebes zu entfernen, neu einzubringen, auf andere Rechner zu verlagern oder auch zu replizieren. Diese Operationen stellen spezielle Anforderungen an die *verteilte Konfigurationsverwaltung*; sie muß vor allem strukturelle dynamische Änderungen einer Anwendungskonfiguration ermöglichen.

Durch die Kopplung von Einzelrechnern unterschiedlicher Hersteller entsteht die Problematik der *Heterogenität.* Die Unterschiede zwischen verschiedenen Rechnern betreffen einerseits die verwendeten Datenformate und andererseits auch die vom Betriebssystem angebotenen Befehlsformate. Um die genannten Unterschiede für den Anwendungsentwickler transparent zu halten, muß das System geeignete Daten- und Befehlskonvertierungen durchführen. Als weitere wichtige Eigenschaft ist schließlich noch das spezielle *Fehlerverhalten* in verteilten Systemen zu nennen. Hier sind jedoch nicht Einzelfehler bei der Kommunikation gemeint; diese werden von den transportorientierten Protokollen behandelt und sind für die Anwendung transparent. Dagegen können aber durch den Ausfall einzelner Teilkomponenten der Anwendung unabhängige Fehler auftreten, die z.B. auch zu einer Partitionierung der verteilten Anwendung führen können. Das Gesamtsystem sollte in diesem Fall zumindest partiell weiterhin funktionsfähig bleiben.

1.3 Beispiel einer verteilten Anwendung

Zur praktischen Illustration ist in Abbildung 1-3 eine verteilte Anwendung aus dem Bereich der rechnerintegrierten Fertigung dargestellt. Da sie als Grundlage für die weiteren Detailbeispiele dienen wird, soll sie im folgenden genauer vorgestellt werden. Die grundlegende Problematik der rechnerintegrierten Fertigung wird u.a. auch in [WED88] näher beleuchtet.

Die Anwendung stellt eine Emulation einer verteilten rechnerunterstützten Fertigung dar. Fertigungsaufträge werden über eine Fertigungskontrolle an Maschinen weitergeleitet. Dazu werden entsprechende Fertigungspläne von einem Dateiserver angefordert und abgearbeitet. Die verschiedenen Maschinen erhalten die Werkstücke, die für die zu fertigenden Teile erforderlich sind, mit Hilfe von Transportwagen aus einem globalen Lager. Jede Maschine verfügt selbst zusätzlich über lokale Lager. Die Abläufe innerhalb der Fertigung können von einem Fertigungsmonitor überwacht und aufgezeichnet werden. Die Fertigungskontrolle, der Dateiserver, die Maschinen, das globale Lager sowie der Fertigungsmonitor sind als

Anwendungseinheiten realisiert; die Fertigungspläne, die Werkstücke und die Transportwagen wurden durch globale Datenelemente modelliert. In der Abbildung sind zusätzlich noch bestehende Referenzen zwischen Anwendungseinheiten und ausgetauschten Datenelementen aufgeführt. Diese Referenzen beziehen sich auf eine konkrete Instanz des jeweiligen Datenelements.

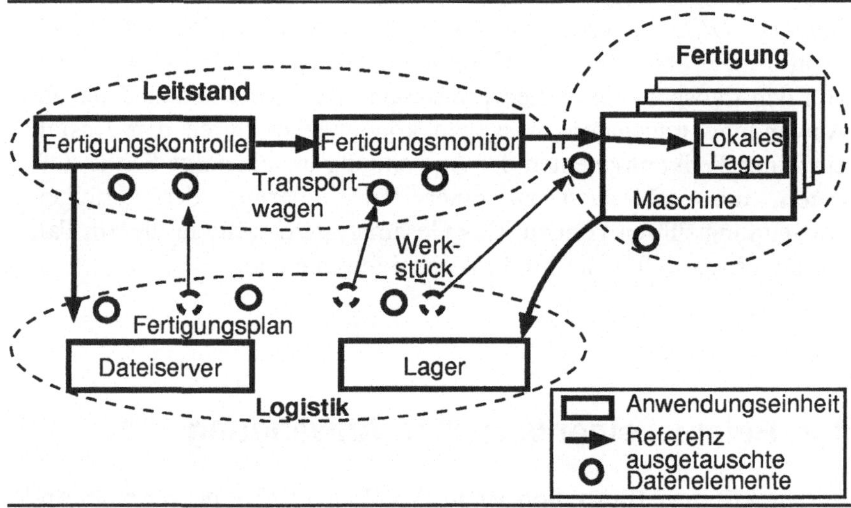

Abb 1-3 Beispielanwendung

Die einzelnen Anwendungseinheiten und Datenelemente sind auf unterschiedlichen Rechnerknoten plaziert. Datenelemente müssen gemäß der aktuellen Fertigungsbedingungen dynamisch umplaziert werden. Schon jetzt ist zu erkennen, daß zwischen der Fertigungskontrolle (F) und den Anwendungseinheiten Dateiserver (DS), Lager (L) und Maschine (M) eine Sende- und eine Empfangsbeziehung (F -> DS, L, M) bezüglich des Nachrichtenaustausches besteht. Genauere Details der entsprechenden Kommunikationsabläufe werden in den nachfolgenden Kapiteln genauer erläutert.

Bewußt wurde auf die Einbeziehung von Realzeitbedingungen bei der Diskussion des Beispiels verzichtet. Die Einhaltung von Realzeitbedingungen bzw. deren Handhabung in verteilten Systemen ist nicht primär Gegenstand der Erörterung und erfordert spezielle Mechanismen, die in anderen Arbeiten wie z.B. [HER91] vorgestellt werden.

2 Existierende Ansätze zur verteilten Programmierung

Die wichtigsten Ansätze zur verteilten Programmierung sind *der Betriebssystemansatz* mit dem einfachen Nachrichtenaustausch, der *sprachintegrierte Ansatz* (einschließlich *Remote Procedure Call* mit verschiedenen Variationen, *verteilten Programmiersprachen* im allgemeinen, *verteilten objektorientierten Sprachen* sowie *verteilten Konfigurationssprachen*), *verteilte Datenbanken* und der Ansatz der *funktionalen Verteilung*. Abbildung 2-1 deutet mit einer geschichteten Struktur die Möglichkeit der gegenseitigen Verwendung der einzelnen Mechanismen im Rahmen konkreter Realisierungen an.

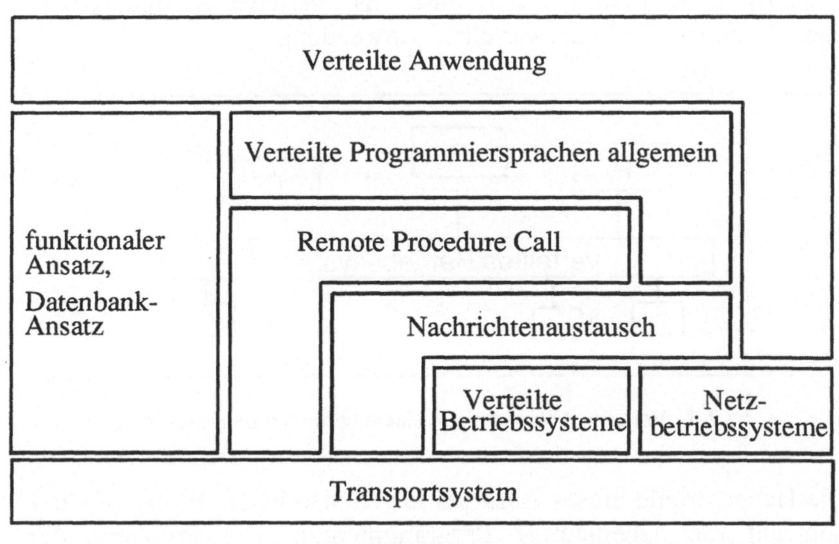

Abb 2-1 Ansätze zur verteilten Programmierung

2.1 Betriebssystem-Ansatz

Schon sehr früh in ihrer Entstehungsgeschichte fanden verteilte Rechnersysteme das Interesse der Betriebsystem-Spezialisten. Die Implementierung des Betriebssystems als verteiltes Programm, d.h. ein *verteiltes Betriebssystem*, sollte das verteilte DV-System als eine einzige virtuelle Maschine erscheinen lassen (Verteilungstransparenz). Für den Anwendungsprogrammierer reduziert sich bei diesem Vorgehen das Problem der verteilten Programmierung - da er sein Programm ja für eine einzige (virtuelle) Maschine schreibt, auf das Problem der *nebenläufigen Programmierung*. Dieser Begriff besagt lediglich, daß das Programm nicht mehr rein sequentiell abläuft (es benötigt quasi mehrere Programmzähler, die weitgehend unabhängig voneinander fortgeschaltet werden); die echte physische Verteilung bleibt aber verborgen. Für diese Art der Programmierung haben sich im Forschungsbereich schon einige Programmiersprachen durchgesetzt (z.B. *Concurrent Pascal*) und mit *ADA* [PYL81] ist eine geeignete Sprache bereits am kommerziellen Markt gut eingeführt. Abbildung 2-2 zeigt schematisch eine verteilte Anwendung in einem verteilten Betriebssystem. Unten die Rechner des verteilten DV-Systems, transparent gemacht durch das verteilte Betriebssystem, oben die Prozesse (P) der verteilten Anwendung.

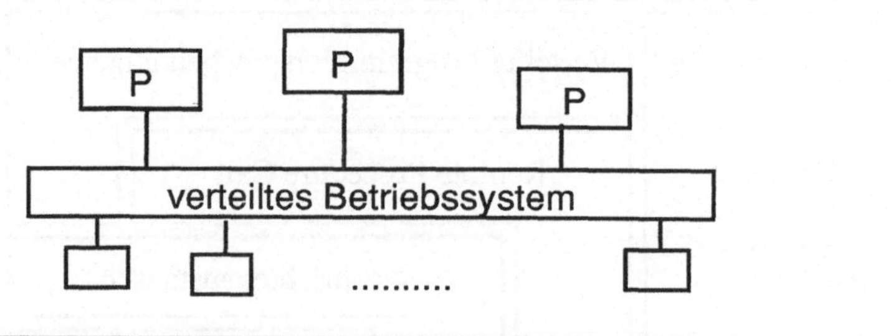

Abb 2-2 Verteilte Anwendung in einem verteilten Betriebssystem

Die Hauptvorteile dieses Ansatzes liegen also in der Problemreduktion auf die nebenläufige Programmierung. Die Probleme der Verteilung bleiben weitgehend verborgen und entsprechende Programmiersprachen sind kommerziell erhältlich.

Mit diesem Ansatz sind jedoch auch einige Probleme verbunden. So sind verteilte Betriebssysteme bisher meist noch im Forschungsstadium, bis zur kommerziellen Verfügbarkeit sind noch einige Schritte notwendig.
Weiter ist fraglich, ob bei den Besitzern von Arbeitsplatzrechnern mit einer großen Akzeptanz zu rechnen ist, da zur Einführung eines verteilten Betriebssystems das vorhandene Betriebssystem ersetzt werden muß und die Idee des autonomen Arbeitsplatzes nur schwer erhalten werden kann.

Für die Programmierung verteilter Anwendungen als nebenläufige Programme tun sich zwei weitere Probleme auf:

Erstens ist die volle Verteilungstransparenz nicht immer erwünscht: soll ein technischer Prozeß gesteuert, mit einem Benutzer kommuniziert oder eine spezielle, nur an bestimmten Rechnern des verteilten DV-Systems vorhandene Funktion genutzt werden (Drucker, Spezialprozessor o.ä.), so soll oft ein Prozeß der verteilten Anwendung an einem ganz bestimmten Rechner ablaufen. Auch Datenschutz- oder Kostenfragen stellen die völlige Verteilungstransparenz in Frage. Neuere Ansätze wählen hier den Weg, über abstrakte Beschreibungen (Qualität, Standort des Druckers etc.) anstatt über den physikalischen Rechnernamen ein geeignetes Mittelmaß an Transparenz zu erlauben.

Zweitens kann eine ineffiziente Abbildung der Prozesse einer verteilten Anwendung auf Rechner des verteilten DV-Systems das Anwendungsverhalten sehr negativ beeinflussen. Daher muß - zumindest auf absehbare Zeit, solange Nachrichtenübertragungszeiten nicht um Größenordnungen fallen - diese Abbildung möglichst optimal erfolgen. Dazu ist vielfach Wissen notwendig, welches der Anwendungsprogrammierer besitzt und welches Betriebssystem-Funktionen *nicht* durch Messung oder Analyse dem verteilten Programm entnehmen können. Dieses anwendungsspezifische Wissen muß verwendet werden, um die Abbildung von Anwendungsprozessen auf das Rechnernetz vorzunehmen (in Form von Programmtext oder Anweisungen an das Laufzeitsystem). Von einer virtuellen Abbildung - automatisiert und benutzertransparent ähnlich den Seitenaustauschverfahren von Rechnern mit virtuellem Adreßraum, welche die benutzergesteuerte Ein-/Auslagerung von Programmsektionen überflüssig machte - ist die Entwicklung noch weit entfernt.

2.2 Datenbank-Ansatz

Die Kooperation zwischen Prozessen einer verteilten Anwendung setzt sich im Kern zusammen aus *Kommunikation* und *Synchronisation*. Nun kann die Synchronisation als ein Spezialfall der Kommunikation betrachtet werden, wobei quasi ein Datum des Informationsgehaltes von 1 bit (bei zwei Partnern) ausgetauscht wird. Also kann man das Zusammenwirken von Prozessen in einer verteilten Anwendung als Kommunikation, d.h. Informationsaustausch, und damit als geordneten gemeinsamen Zugriff mehrerer (unabhängiger) Partner auf Information auffassen. Genau solchen Zugriff jedoch leisten Datenbanken, in einem verteilten DV-System auch verteilte Datenbanken. Somit kann man sich vorstellen, eine verteilte Anwendung aus autonomen, herkömmlich sequentiellen Prozessen zusammenzusetzen, die sich gegenseitig unbekannt sind. Kooperation erfolgt bei dieser Betrachtung implizit durch den Zugriff auf gemeinsame, von der verteilten Datenbank zu verwaltende Daten. Damit kann die verteilte Datenbank das einzige verteilte Programm im System sein, alle Anwendungen können in konventioneller Weise sequentiell erstellt werden. Abbildung 2-3 zeigt ein entsprechendes Szenario mit singulären autonomen Prozessen, die über das (lokale) Betriebssystem auf eine verteilte Datenbank zugreifen, welche die Synchronisation und die verteilte Realisierung des Informationszugriffes und der Datenhaltung durchführt.

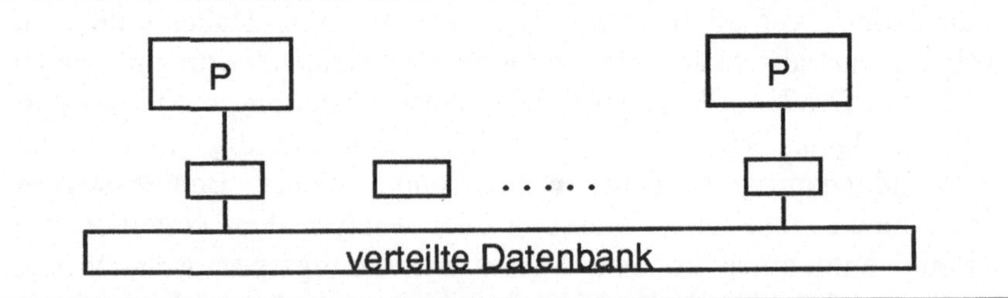

Abb 2-3 Verteilte Anwendung auf einer verteilten Datenbank

Diesem Ansatz ist jedoch entgegenzuhalten, daß die Konzeption einer verteilten Anwendung als Menge unabhängiger sequentieller Prozesse mit gemeinsamem Datenzugriff in vielen Fällen sehr schwierig ist und insbesondere für den Entwickler oft unnatürlich erscheint. Engere Kooperation zwischen Prozessen und gemeinsame Synchronisationspunkte, vor allem aber auch Algorithmen, welche von Natur aus parallel sind, lassen sich mit diesem Ansatz nur auf Umwegen realisieren. Gerade Entwurfs- und Programmiermethoden jedoch, die der realen Problemwelt stärker entgegenkommen, sollten die Entwicklung verteilter Anwendungen so natürlich wie möglich unterstützen.

Zudem ist das in Abschnitt 2.1 genannte Problem, daß beim heutigen Stand verteilter DV-Systeme anwendungsspezifisches Wissen zur optimalen Abbildung der Anwendungsprozesse auf Rechnernetzknoten herangezogen werden sollte, in verteilten Datenbanken ähnlich gravierend als in verteilten Betriebssystemen. Verteilte Datenbanken werden also auch in Zukunft nur für bestimmte Klassen verteilter Anwendungen die Verteilungsproblematik lösen.

2.3 Sprachintegrierter Ansatz: Verteilte Programme

Kann die Verteilungsproblematik nur begrenzt oder gar nicht durch verteilte Betriebssysteme oder verteilte Datenbanken gelöst werden, so muß sie auf der Ebene der individuellen Anwendung angegangen werden. Hierbei können viele Probleme anwendungsspezifisch gelöst werden, jedoch mit starker Unterstützung eines leistungsfähigen Laufzeitsystems und einer leistungsfähigen Sprach- und Entwicklungsumgebung (s. Abbildung 2-4).

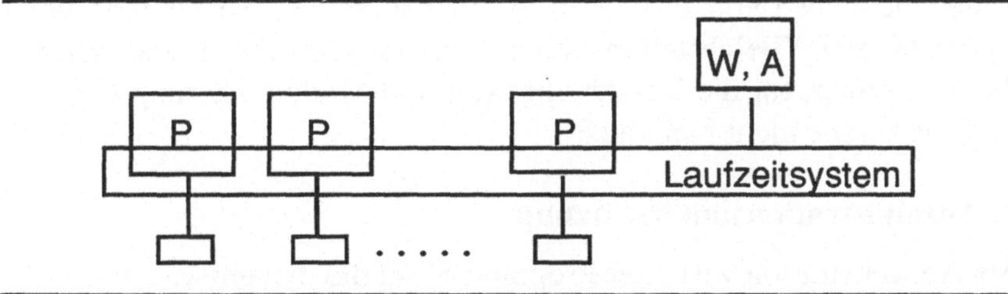

Abb 2-4 Verteilte Anwendung als verteiltes Programm

Werkzeuge und der Anwender (W, A) können hier bei der Entwicklung, aber auch zur Laufzeit der Anwendung einwirken, z.B. um die Verteilung zu beeinflussen.

Die Anforderungen an eine Programmiermethodik für verteilte Programme lassen sich weiter untergliedern in solche an verteilte Programmiersprachen und solche an Softwareproduktionsumgebungen für verteilte Anwendungen. Diese beiden Teilbereiche sollen in diesem Abschnitt noch etwas detaillierter aufgeschlüsselt werden, denn sie werden auch den größten Teil der folgenden Kapitel motivieren.

2.3.1 Verteilte Programmiersprachen

Aus der Analyse einer ganzen Reihe von Forschungsarbeiten auf dem Gebiet verteilter Programmiersprachen und zur Entwicklung exemplarischer verteilter Anwendungen hat sich ein Kriterienkatalog entwickelt. Dieser Kriterienkatalog listet Anforderungen auf, die von einer verteilten Programmiersprache (ggf. zusammen mit anderen sprachlichen Ausdrucksmitteln, wie einer Entwurfssprache) im Idealfall erfüllt werden sollten; er soll im folgenden in Stichpunkten aufgeführt werden.

a) Strukturierte Programmierung

So wie Prozeduren und Module in sequentiellen Programmiersprachen strukturiertes Programmieren, Top-Down und Bottom-Up Entwurf unterstützen, muß auf der groberen Ebene der Prozesse verteilter Anwendungen (genauer: der *Typen* von Prozessen) ein Strukturierungshilfsmittel vorhanden sein. Stellt man sich viele verschiedene Typen von Prozessen in einer verteilten Anwendung vor, so reicht eine Gleichstellung all dieser Typen, ohne hierarchische Strukturierung, für die Verständlichkeit und Modularisierung verteilter Programme nicht mehr aus.

b) Administrationsunterstützung

Als Administration verteilter Programme sei die dynamische Verwaltung (Erzeugung, Vernichtung, ggf. Rekonfiguration bei Fehlern oder Migration zum Zwecke des Lastausgleiches) von Prozessen und

Kommunikationsbeziehungen bezeichnet. Die Administration ist eine komplexe Aufgabe, die von den Sprachmitteln unterstützt werden muß. Zahlreiche Arbeiten haben gezeigt, daß strukturierte Programmierung und Administrationsunterstützung sehr gut integriert werden können: bei der hierarchischen Strukturierung können administrative Prozesse jeweils eine kleine, logisch zusammengehörende *Gruppe* von Prozessen verwalten.

c) Typisierung der Kommunikationsobjekte

So wie höhere Programmiersprachen die generischen Datenobjekte der sequentiellen Programmierung typisiert haben (Strings, Gleitkommazahlen, zusammengesetzte Typen wie Records oder Sets), müssen verteilte Programmiersprachen dies für Kommunikationsobjekte tun: Kommunikationspfade, Botschaften, Rechnernetzknoten (oder höhere Abstraktionen für diese) und Prozesse müssen für die Sprache bekannte Typen sein, Operationen auf diesen müssen von Übersetzer und Laufzeitsystem automatisch geprüft werden.

d) Dynamik

Verteilte Programmiersprachen müssen immer in kontrollierter Weise die Veränderung der Topologie einer verteilten Anwendung zur Laufzeit gestatten: Kommunikationsobjekte müssen dynamisch erzeugt, verwaltet, verändert und vernichtet werden können.

e) Integration mit existierenden Diensten

Die Anbindung existierender lokaler oder verteilter Dienste, wie z.B. eines Fenstersystems für den Benutzerdialog, einer Datenbank, eines spezialisierten Kommunikationsdienstes, oder auch einer anderen verteilten Anwendung, sollte nicht nur durch (von den Sprachwerkzeugen ungeprüfte) Prozedurschnittstellen möglich sein. Eine bessere Einbindung in die Sprache mit guten Prüfmöglichkeiten ist aufgrund der Komplexität der Programme besonders wichtig.

f) Integration und Explizierung von Entwicklungsaspekten

Einzelne Aspekte der Programmentwicklung - Rapid Prototyping, Effizienz, Fehlertoleranz, Benutzerfreundlichkeit, optimale Abbildung auf verteilte DV-Systeme u.a.m. - werden bei wachsenden Programmgrößen immer häufiger von verschiedenen Programmierern in ein Programm eingebracht. Die Sprachhilfsmittel müssen daher gestatten, diese Aspekte einzeln und an explizit kenntlichen Stellen des Programmes zu betrachten. Andererseits muß eine integrierte Betrachtung - als Bestandteil des Gesamtablaufes, das ganze verteilte Programm einbeziehend - möglich sein.

Die genannten Anforderungen werden noch von keiner Sprache *vollständig* erfüllt. Neuere Ansätze versuchen, eine Reihe der genannten Aspekte bereits in einer leistungsfähigen Entwurfsmethode in frühen Phasen der Entwicklung zu behandeln (s.u.).

2.3.2 Softwareproduktionsumgebungen

Auch die Anforderungen an zukünftige Softwareproduktionsumgebungen (SPUs), die mit den aufgezeigten Entwicklungen verknüpft sind, sollen in der Folge in einige wichtige Klassen untergliedert werden.

a) Dedizierte Werkzeuge

Praktisch alle Forschungsarbeiten über SPUs für verteilte Anwendungen haben gezeigt, daß die Verwendung herkömmlicher Entwicklungswerkzeuge vielfach völlig inadäquat ist: nicht nur Compiler, sondern auch Testhilfen (Debugger), Entwurfs- und Modellierungswerkzeuge müssen für die verteilte Programmierung neu entwickelt werden. Eine Reihe von Werkzeugen, die bei der herkömmlichen Programmierung nur untergeordnete Bedeutung hatten, z.B. Konfigurations- und Installationshilfen, werden extrem wichtig. Es gibt allerdings auch Werkzeuge (z.B. die für Versionsverwaltung), welche nur geringerer Anpassung bedürfen.

b) Integration auf drei Ebenen

Die Architektur von SPUs wird häufig in die drei Ebenen *Benutzerinteraktion, Funktionen* und *Datenspeicherung* eingeteilt. Gemäß dieser Einteilung ist bei SPUs für die verteilte Programmierung eine enge Integration aller dieser Ebenen erforderlich. Auf der Ebene der Benutzerinteraktion sind moderne fensterorientierte Schnittstellen und einheitliche Interaktionsmodelle von zentraler Bedeutung, auf der Ebene der Datenspeicherung gewinnen objektorientierte Datenbanken zunehmend an Relevanz, schwierig scheint die Integration immer noch auf der funktionalen Ebene. Durchgängige Entwurfsmethoden, wiederverwendbare Software in den Werkzeugen und einheitliche Kommunikationsmodelle sind hier Hilfsmittel auf dem Weg zu einer SPU, die sich dem Benutzer als wirkliche Einheit präsentiert. Die Komplexität verteilter Programme ist der Grund dafür, daß die Integration bei SPUs für die verteilte Programmierung von besonderer Bedeutung ist.

c) Entwurfsunterstützung

Wie schon mehrfach erwähnt, ist auch die Entwurfsunterstützung sehr wichtig. Hauptgründe hierfür sind:

- Eine verteilte Programmiersprache, die alle in Abschnitt 2.3.1 aufgezählten Aspekte abzudecken erlaubt, ist komplex und schwer verständlich. Fortgeschrittene Entwurfsmethoden erlauben Abstraktionen und gestatten bei einzelnen Entwurfsschritten die Konzentration auf einen bestimmten Aspekt.
- Auch die verteilten Programmen inhärente Komplexität läßt sich auf der niederen Ebene der verteilten Programmiersprache nur schwer bewältigen. Zuverlässigkeit und Wartbarkeit der Programme sind in Frage gestellt.

Entwurfsmethoden für verteilte Programme, insbesondere solche, die eine weitgehend automatische Transformation des Entwurfs in ein Programm erlauben, stehen allerdings erst am Anfang. Hier sind in den kommenden Jahren bedeutende Entwicklungen notwendig.

d) Zyklusübergreifende Methoden

Werden Entwurf, Programmerstellung und Programmausführung immer durchgängiger (wie durch a) - c) gewährleistet würde), so wird auch die Frage relevant, ob der Benutzer nicht bestimmte Aspekte der Programmentwicklung (z.B. die Leistungsoptimierung der Anwendung, den Benutzerdialog, die Fehlerbehandlung, die Zuverlässigkeit u.v.a.m.) in jedem Schritt des Software-Lebenszyklus auf einheitliche Weise behandeln - d.h. formulieren, in die Anwendung einbringen, an der Anwendung analysieren - können sollte. Dies muß durch sogenannte *Funktionsblöcke (Workbenches)* mit einheitlicher Benutzersicht gewährleistet werden. Auch hier ist in den kommenden Jahren noch ein weiter Weg zu gehen.

e) Erweiterbarkeit

Die vielfältigen Aspekte der Entwicklung verteilter Software werden unmöglich von Anfang an *alle* in einer SPU realisiert sein. Neue, bisher unberücksichtigte Aspekte kommen u.U. erst lange nach Entwicklung der SPU hinzu. Noch wichtiger als schon bei SPUs für herkömmliche Anwendungen ist daher die Erweiterbarkeit. Um auch die Aspekte neuer Werkzeuge später in die Entwurfs- oder Programmiersprache und in das Laufzeitsystem integrieren zu können, müssen hohe Anforderungen bezüglich der Erweiterbarkeit erfüllt werden, die selbst mit fortgeschrittensten Ansätzen bisher nur teilweise realisierbar sind.

f) Verteilung

Verteilte Anwendungen werden generell auf ein zugehöriges verteiltes DV-System abgebildet. Es ist daher zu erwarten, daß auch die Programmentwickler - zukünftig weit mehr als bisher Teams anstelle von einzelnen Programmierern - an einem verteilten DV-System, typischerweise an einem Netz von Arbeitsstationen arbeiten. Es ist daher sinnvoll, auch die SPU selbst verteilt zu realisieren, so daß insgesamt eine *verteilte SPU für verteilte Anwendungen* entsteht. Im Gegensatz zu den obengenannten Punkten ist im Bereich verteilter SPUs allerdings die Entwicklung relativ weit fortgeschritten. Vor allem im Rahmen der europäischen Forschungsförderung werden hier große Anstrengungen gemacht. Allerdings handelt es sich bisher lediglich um verteilte SPUs für herkömmliche, d.h. sequentielle Programme (z.T. auch um parallele, d.h. für Mehrprozessorsysteme taugliche), jedoch nicht um verteilte Programme.

2.4 Funktionaler Ansatz

Häufig wird das verteilte Programmieren als zu komplex angesehen, als daß es sich je in breitem Umfang durchsetzen könnte. Der Mensch denkt sozusagen sequentiell und hat es daher schwer, parallele Abläufe zu verstehen. Auch das Problem der Administration (Verwaltung von Prozessen, Kommunikationsbeziehungen etc.) wird als hinderlich für die Verbreitung von verteilten Programmen angesehen.

Der funktionale Ansatz versucht nun, Aspekte wie Parallelität und Adminstration vom Programmieren zu trennen:

Häufig wiederkehrende Funktionsblöcke, die in ganzen *Klassen* von Programmen verwendet werden, sollen - ähnlich zu Unterprogramm-Bibliotheken - *einmal* entwickelt und möglichst weit verbreitet werden. Die Schnittstelle vom Anwendungsprogramm aus ist jedoch nicht mehr der Unterprogrammaufruf, sondern ein Kommunikationsprotokoll, und die verwendbaren Funktionen werden nicht zum Anwendungsprogramm hinzugebunden, sondern als ein eigener Prozeß implementiert, der nun auf einem abgesetzten Rechner ablaufen kann. Die Kommunikationsbeziehung zwischen Anwendungsprozeß und Funktionsblock ist eine typische *Klienten-Server-Beziehung*. Sie geht aber über herkömmliche Konzepte des Remote Procedure Calls (s. Kapitel 5) hinaus, da der Server für jeden Klienten einen Kontext (z.B. Zustand der Beziehung) aufbaut.

Ein erster Bereich, für den ein Funktionsblock standardisiert wurde, ist die Benutzerinteraktion auf der Basis moderner Arbeitsstationen; hier wurde das X-Windows-System eingeführt, das auf der Window-Metapher basiert (sog. Windows, Icons, Menues, Scrollbars oder Buttons als hauptsächliche graphische Elemente).

In Abbildung 2-5 ist sowohl der grundsätzliche Aufbau einer verteilten Anwendung nach dem funktionalen Ansatz dargestellt als auch ein konkretes Beispiel. Im Beispiel handelt es sich um einen Flugsimulator, der nur mit einer normalen Arbeitsstation (Steuerung der Art und Weise, wie der Simulator arbeiten soll), einem Ein- / Ausgabesystem (Interaktion mit dem Flugschüler), einem Vektorverarbeitungs-Funktionsblock (komplexe Matrixoperationen) und einem Transaktions-Funktionsblock (Schnittstelle einer Datenbank) kommunizieren soll.

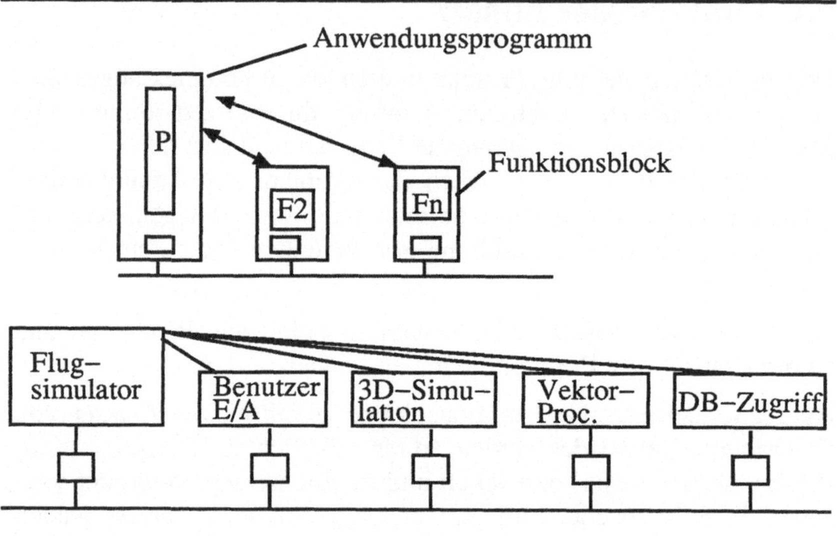

Abb 2-5 Funktionaler Ansatz, allgemein und im Beispiel

Zu bemerken ist hierbei, daß heutzutage außer dem erstgenannten Funktionsblock (der mittels X-Windows zu realisieren wäre) keiner standardisiert verfügbar wäre, der Anwendungsprogrammierer also noch auf die verteilte Programmierung angewiesen wäre. Alle genannten Funktionsblöcke sind jedoch von großem allgemeinen Interesse und könnten in einigen Jahren nach dem funktionalen Ansatz verfügbar sein. Dann könnte der Anwender ein sequentielles Programm zur Flugsimulation schreiben und mit den Funktionsblöcken transparent über Unterprogrammaufrufe kommunizieren. Die Unterprogramme einer Funktionsgruppe würden in ihrer Gesamtheit das Kommunikationsprotokoll mit dem abgesetzten Server abwickeln, der den Funktionsblock realisiert. So würde im Beispiel *ein* sequentielles Anwenderprogramm abgebildet auf eines, welches verteilt auf fünf Rechnern ablaufen könnte.

2.5 Vergleichende Bewertung

Der Datenbankansatz wie der funktionale Ansatz erlauben es dem Programmierer, in der vertrauten Denkwelt sequentieller Programmierung zu bleiben. Beide erlauben es jedoch folglich nicht, verteilte Algorithmen, parallele Verarbeitung, Fehlertoleranz oder andere Probleme, die explizite Parallelität oder Verteilung einbeziehen, auszudrücken. Beim Datenbankansatz schränkt die Betrachtung einer bestimmten Modellwelt (Datenbankzugriff mit transaktionsorientierter Verarbeitung) die Anwendbarkeit weiter ein, beim funktionalen Ansatz ist v.a. problematisch, daß außer X-Windows noch praktisch kein Standard existiert.

Der Betriebssystem- und der Sprachansatz sind einander insoweit ähnlich, als das Laufzeitsystem beim Sprachansatz z.T. die Funktionen übernehmen muß, die ein Netz- oder verteiltes Betriebssystem anbieten würde.
Kurzfristig bietet sich der Sprachansatz vor allem deshalb an, weil er keine schwerwiegenden Eingriffe in die bestehende Netzinstallation verlangt; sein Geltungsbereich bleibt auf die mit der verteilten Programmiersprache programmierten Anwendungen beschränkt. Außerdem kann das Laufzeitsystem, eng mit der Anwendung verzahnt, anwendungsspezifisches Wissen besser interpretieren und zur Effizienzsteigerung einsetzen als ein verteiltes oder Netzbetriebssystem. Der letztgenannte Grund wird in den kommenden Jahren u.U. weniger relevant werden, wenn allgemeingültige (also nicht sprachspezifische) Mechanismen zur Effizienzsteigerung verteilter Anwendungen entwickelt werden. Ein Beispiel: objektorientierte Programmiersprachen kennen Mechanismen der Verschiebung von Objekten zwischen Rechnern, sogar während diese ausgeführt werden. Ein Laufzeitsystem kann nun Hinweise aus der Anwendung enthalten, mit deren Hilfe - benutzertransparent - diese Mechanismen effizienzsteigernd eingesetzt werden können (z.B. zur Minimierung der abgesetzten Kommunikation). Ein allgemeiner Mechanismus zur Verschiebung von Codestücken in verteilten Systemen, der von einem verteilten oder Netzbetriebssystem für alle verteilten Anwendungen angeboten werden könnte, wurde jedoch noch nicht entwickelt.

Historisch gesehen ist diese Entwicklung vergleichbar mit der des virtuellen Speichers. In frühen Phasen mußte ein Programmierer sprachspezifische Konzepte verwenden, wenn er ein Programm schreiben wollte, das größer war als der verfügbare Hauptspeicher. Heute wird der Seitentausch einheitlich für alle Programmiersprachen vom Betriebssystem durchgeführt.

Zusammenfassend läßt sich sagen, daß der Sprachansatz derzeit der allgemeinste und für viele Fälle auch geeignetste ist. Der Betriebssystemansatz wird mit zunehmendem Verständnis der Problematik (und damit der Verfügbarkeit allgemein akzeptierter Konzepte) an Bedeutung zunehmen. Heterogenitäts-, Sicherheits- und Migrationsproblematik werden dabei dafür sorgen, daß verteilte Betriebssysteme auf kleine Teilnetze beschränkt bleiben werden, die im gesamten verteilten System quasi als Metaknoten (ähnlich einem Multiprozessorsystem) angesehen werden können; auf größeren und heterogenen Netzen werden Netzbetriebssysteme den Vorrang haben. Die effiziente Anwendung des funktionalen Ansatzes und des Datenbankansatzes wird auf bestimmte Anwendungsdomänen beschränkt bleiben, dort aber einen festen Platz haben.
Die vorgenannten Überlegungen lassen den Sprachansatz als kurzfristig bedeutendsten und auch langfristig als wichtig erscheinen; der Betriebssystemansatz wird jedoch ebenfalls sehr bedeutsam bleiben. Entsprechend werden die Schwerpunkte in den nachfolgenden Kapiteln gesetzt. Abschließend wird die prognostizierte Einsatzbreite der verschiedenen Ansätze in Abbildung 2-6 veranschaulicht.

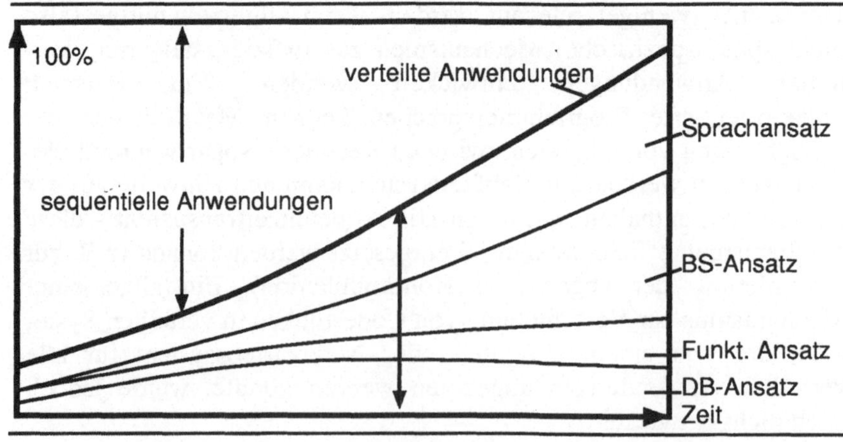

Abb 2-6 Prognose zum Einsatz der verglichenen Ansätze

3 Betriebssystemansatz

Dieses Kapitel diskutiert den Betriebssystemansatz zur verteilten Programmierung. Zunächst werden die Begriffe des Netzbetriebssystems und des verteilten Betriebssystems eingeführt und abgegrenzt. Außerdem wird auf existierende Systeme kurz vergleichend eingegangen. Danach werden einige allgemeine Dienste solcher Systeme vorgestellt, insbesondere zur Namens- und Dateiverwaltung, zur entfernten Programmausführung und zur Prozeßmigration. Im Anschluß daran wird ein konkretes Systembeispiel, das Netzbetriebssystem *DACNOS,* im Detail erörtert.

3.1 Netzbetriebssysteme und verteilte Betriebssysteme

Im Betriebssystembereich gibt es im wesentlichen zwei Ansätze zur Unterstützung verteilter Anwendungen, die Netzbetriebssysteme und die verteilten Betriebssysteme. *Netzbetriebssysteme* ergänzen vorhandene lokale Betriebssysteme um Komponenten zur verteilten Verarbeitung. Dabei bleibt die bisherige Umgebung für den Anwendungsentwickler sowie die Autonomie der einzelnen Teilsysteme erhalten. Ein Netzbetriebssystem wird auch als *Gastsystem* auf verschiedenen unterliegenden *Wirtssystemen* bezeichnet. Ein Beispiel für ein solches System ist *DACNOS* [EGS88, EGS90, GEH90], das eine Kopplung autonomer heterogener Betriebssysteme ermöglicht.

Verteilte Betriebssysteme realisieren dagegen ein integriertes verteiltes System unter Aufgabe der Autonomie von Teilsystemen. Auf Betriebssystemebene wird damit die Verteilung transparent; diese Transparenz gilt jedoch nur für den Zugang zu den direkt vom System angebotenen Diensten und Ressourcen, nicht aber für die Verteilungsproblematik im allgemeinen. Beispiele für verteilte Betriebssysteme sind *LOCUS* [WPE83, THI91], *V* [CHE84], *Chorus*

[BFG85, BGG91], *EDEN* [ABL85], *Amoeba* [TRS90, TKR91] und das *Cambridge Distributed Computing System* [NEH82]. Das Multiprozessor-Betriebssystem *MACH* [JOR86] kann ebenfalls diesem Bereich zugerechnet werden. Eine detaillierte Übersicht über verteilte Betriebssysteme und die Diskussion einiger dieser Systembeispiele kann in dem Übersichtsartikel [TAR85] gefunden werden.

Sowohl Netz- als auch verteilte Betriebssysteme bieten dem Anwendungsentwickler elementare Kommunikationsdienste in Form des Nachrichtenaustauschs oder des entfernten Operationsaufrufs an. Die Kommunikation erfolgt dabei entweder über eine *Direktadressierung* von Prozessen oder über eine flexiblere *indirekte* Kommunikation über *Ports*. Im zweiten Fall muß der Sender den Empfänger nicht explizit kennen, sondern nur über eine Port-Referenz verfügen, durch die der Kommunikationspartner indirekt repräsentiert wird. Die Kommunikation selbst erfolgt i.a. über den Austausch von Nachrichten beliebiger Länge; Erweiterungen dieses einfachen Modells ermöglichen das Warten auf die Rückantwort des Kommunikationspartners oder schließen die Übertragung von Referenzen auf Betriebssystemobjekte im Rahmen einer Nachricht mit ein, was später noch diskutiert wird.

Alle Systeme führen auch spezielle Mechanismen zur verteilten Benennung von Systeminstanzen ein und bieten auch Mechanismen zum Zugriffsschutz an. Außerdem werden Dienste zur Verwaltung verteilter Betriebsmittel - vor allem der Prozessoren - zur Verfügung gestellt. So können Benutzerprozesse entweder explizit oder teilweise auch automatisch auf bestimmten Prozessoren plaziert werden, um beispielsweise die Gesamtlast im System gleichmäßig zu verteilen. Einige Systeme unterstützen auch Fehlertoleranz, indem sie zum Beispiel das Zurücksetzen von Prozessen auf vorher geschriebene Sicherungspunkte, die Replikation von Prozessen oder den automatischen Neustart von Rechnerknoten nach einem Ausfall ermöglichen. Außerdem bieten die meisten Systeme einige wichtige Systemdienste zur Verwaltung von Dateien und Betriebsmittel-Namen, zur entfernten Programmausführung, zur Prozeßmigration zwischen Rechnerknoten oder auch zur Bearbeitung verteilter Druckaufträge an. Diese Dienste sind meist nach dem Klienten-Server-Modell strukturiert, das im folgenden vorgestellt wird. Im Anschluß daran werden einige der Dienste exemplarisch erläutert.

3.2 Klienten-Server-Modell

Im Rahmen des Klienten-Server-Modells, das im Bereich der Betriebssystemansätze von großer Bedeutung ist, stellt ein Server bestimmte Dienste zur Verfügung, die von verschiedenen Klienten angefordert werden können. Ein Beispiel wäre ein Dateiserver, der lesenden und schreibenden Zugriff auf bestimmte Dateien anbietet.
Der Server kann zur Realisierung seiner Dienste auch Subprozesse starten, die Aufträge bearbeiten und ihm dann die Ergebnisdaten liefern. Ein solcher Ablauf ist in Abbildung 3-1 dargestellt.

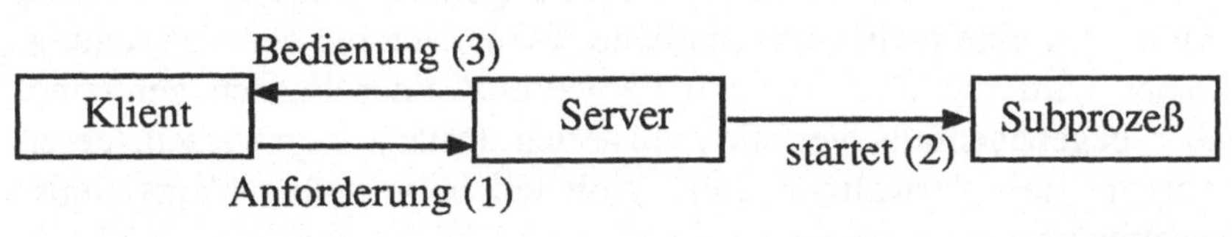

Abb 3-1 Ablauf zwischen Klient und Server

Bei einer Realisierung kann zwischen den Klienten und den Servern eine n:m-Beziehung bestehen, d.h. ein Klient kann mehrere Server ansprechen und entsprechend kann ein Server mehrere Klienten bedienen. Klienten werden nach dem Senden einer Anforderung an einen Server nicht zwingend blockiert, d.h. ein Klient muß nicht unbedingt bis zur Ausführung eines Auftrages untätig warten, sondern kann andere Operationen durchführen. Mechanismen zur Überprüfung, ob ein Auftrag schon abgearbeitet ist, stehen häufig zur Verfügung. Andere Implementierungen erlauben parallele Anforderungen eines Klienten an mehrere Server. Anforderungen können vom Server auch wegen fehlender Betriebsmittel abgewiesen werden, d.h. der Klient hat keine Gewähr für die Ausführung eines Dienstes.

3.3 Nameserver

Die Benennung und die Verwaltung der Namensräume von Objekten der verschiedensten Ausprägungen eines Betriebssystems auf unter-

schiedlichen Stufen ist eine der zentralen Aufgaben eines Betriebssystems. Mittels Namen wird auch direkt auf abstrakte Betriebsmittel wie z.B. logische Drucker-Devices zugegriffen, ohne spezielle Operationen wie beispielsweise Belegen und Freigeben explizit aufrufen zu müssen.
Jede Benutzung eines Namens zielt auf ein spezielles Objekt. Daher muß die Namensreferenz entweder auf das Betriebsmittel selbst oder auf einen anderen Namen transformiert werden. Diese Transformation ist die Aufgabe des Nameservers.
In verteilten Systemen benutzen verteilte Dienste wie beispielsweise Nachrichten-Dienste und Dateiserver eigene Verzeichnisse zur Verwaltung der Namensräume. Mit der steigenden Anzahl der Dienste ergibt sich eine nicht unwesentliche Redundanz bei der Verwaltung. Daher wird die Namensraum-Verwaltung einer logisch zentralen, aber gegebenenfalls verteilt realisierten Instanz zugewiesen, deren Aufgabe die Verwaltung eines globalen universellen Verzeichnissystems ist.
Darüberhinaus hat der Nameserver in verteilten Systemen auch die Aufgabe, die Lokation eines Objektes - als neues Attribut - transparent erscheinen zu lassen. Ebenso muß die Eindeutigkeit eines Namens gewährleistet sein. Aus der logischen Zentralität ergibt sich desweiteren die Einhaltung von globalen Konventionen bei der Formulierung von Objektnamen. Die Transformation eines Namens auf einen Bezeichner und die Transformation eines Bezeichners auf einen Namen wird als Dienst vom Nameserver zur Verfügung gestellt.

3.4 Dateiserver

Einer der wesentlichen Bestandteile eines Betriebssystems ist das Dateisystem. Um bei Netzbetriebssystemen die volle Funktionalität des Dateisystems im lokalen Fall zu erhalten, bedarf es in Netzbetriebssystemen eines verteilten Dateisystems, auf das alle am Netz angeschlossenen Einheiten zugreifen.
Die Alternativen zu einem verteilten Dateisystem wären ein Datenaustausch mittels Nachrichtenübermittlung oder ein einfacher Dateitransfer.

In beiden Fällen wird die Kommunikation vom Sender angestoßen, woraus resultiert, daß die Funktionalität eines konventionellen Dateisystems, bei dem der Empfänger die gewünschten Informationen jederzeit anfordern kann, nicht gegeben ist. Desweiteren ergeben sich beim Dateitransfer Probleme der redundanten Datenhaltung, wenn Benutzer auf mehrere Ausprägungen einer Datei zugreifen.

Ziel eines verteilten Dateisystems ist es daher, den Zugriff auf Dateien in einem Netz von einer zentralen Instanz aus zu koordinieren. Hierbei ist der Fall eines heterogenen Netzes von besonderem Interesse, da die folgenden meist betriebssystemabhängigen Gegebenheiten bei verteilten Dateisystemen beachtet werden müssen:

- *Namensverwaltung*
  Innerhalb eines Betriebssystems besteht eine eindeutige Zuordnung zwischen einer Datei und ihrem Namen. Meist ist den Namen ein Ordnungsschema inhärent, nach dem das Dateisystem aufgebaut ist. (z.B. hierarchisch bei UNIX oder flach bei VM/CMS). Es muß daher sowohl die Syntax als auch die Semantik in bezug auf die Ordnungsrelation des Dateinamens beachtet werden.
- *Dateioperationen*
  Zum Öffnen und Schließen von Dateien und zum Einfügen, Löschen und Ändern einzelner Dateisätze unter Beachtung der jeweiligen Zugriffsrechte stehen unterschiedliche Dateioperationen zur Verfügung.
- *Dateiformate*
  Hier ist zu unterscheiden zwischen Records mit fester Länge, Records variabler Länge mit Längenangabe oder einem End-of-Record-Zeichen (VAX/VMS) und Byteströmen (UNIX). Ebenso müssen unterschiedliche Zeichensätze berücksichtigt werden.
- *Zugriffsarten*
  Der Zugriffsart der einzelnen Dateisysteme (sequentiell, index-sequentiell etc.) muß Rechnung getragen werden.

Diese Aufgaben werden in verteilten Betriebssystemen dem sog. *Dateiserver* zugewiesen. Seine Aufgabe besteht also darin, eine einheitliche Schnittstelle unter Berücksichtigung der oben genannten Kriterien bereitzustellen, um einen verteilungstransparenten Dateizugriff zu ermöglichen.

3.5 Entfernte Programmausführung

Ein wichtiges Ziel eines Netzbetriebssystems ist die bessere Ausnutzung der Ressourcen. Diese umfassen zum Beispiel Algorithmen, spezielle Hardware–Prozessoren oder periphäre Geräte. In einem heterogenen Netz entsteht dabei das Problem, daß diese Ressourcen nur auf speziellen Rechnern eines Typs, für den ein Treiberprogramm zur Verfügung steht, benutzt werden können. Allgemein läßt sich das Problem darauf reduzieren, daß übersetzte und gebundene Programme in den seltensten Fällen transferierbar sind. Daher ergibt sich die Notwendigkeit, in ein Netzbetriebssystem einen Dienst für die entfernte Programmausführung (*remote execution service*) für den Benutzer transparent zu integrieren.

Es lassen sich hierbei drei wesentliche Gesichtspunkte nennen:

1. *Auswahl des Programmes und des Ausführungsorts*:
   Der Benutzer muß einen Ausführungsort spezifizieren. Dies kann durch eine eindeutige Benennung des Knotens und einer Prozeßidentifikation geschehen. Der Ausführungsort braucht nicht vollständig spezifiziert zu sein. In diesem Fall wird ein Ausführungsort aus der Menge der möglichen Ausführungsorte nach vorzugebenden Kriterien ausgewählt. Diese Kriterien können unter anderem den Prozessortyp, die Prozessor– oder Speicherausnutzung und dergleichen umfassen.

2. *Steuerung entfernt auszuführender Programme*:
   Steuerung bedeutet dabei das Starten, Beenden, das Suspendieren und die Wiederaufnahme eines Programmes. Desweiteren ist hierbei die Ergebnisbehandlung, wie beispielsweise die Beendigung eines Programmes oder eine Ausnahmebehandlung miteinzubeziehen.

3. *Zugriff des entfernt laufenden Programmes*:
   Während der entfernten Ausführung greift ein Programm auf unterschiedliche Ressourcen zu. Hierbei ergeben sich zwei mögliche Arten des Zugriffs:

   a. Wenn der Ausführungsort des Programmes beliebig ist, d.h. auf einem beliebigen Knoten können alle Anforderungen in bezug auf die Ressourcen erfüllt werden, dann handelt es sich hierbei um einen lokationstransparenten Ausführungsdienst. Lokationstransparenz kann i.a. nur in einem homogenen Netz erreicht werden, wobei Programme mit dem Ziel der Lastverteilung entfernt ausgeführt werden.

   b. Sind Ressourcen an einen bestimmten Ausführungsort gebunden, so muß eine Umgebung geschaffen werden, die es dem Prozeß erlaubt, auf die nicht an seinem Ausführungsort zur Verfügung stehenden Ressourcen zuzugreifen. Dies kann durch Angabe eines sogenannten *home environment* geschehen. Diese Umgebung umfaßt alle Ressourcen, auf die durch eine Instanz zugegriffen werden kann. Der Zugriff des abgesetzten Programmes muß dann über diese Instanz durchgeführt werden.

Die Problematik der entfernten Programmausführung besteht sowohl bei verteilten Betriebssystemen wie auch bei Netzbetriebssystemen, wobei die vorgeschlagenen Lösungen stark differieren.

3.6 Prozeßmigration

Prozeßmigration wird als *Transfer eines signifikanten Teils eines Betriebssystemprozesses auf einen anderen physikalischen Rechnerknoten* definiert [SMI88]. Dabei werden der Prozeßkontext und die Daten des Adreßraums vollständig oder auch nur partiell auf den Zielknoten der Migration übertragen. Variationen der Prozeßmigration segmentieren den Datentransfer, indem Speicherseiten erst bei späteren Zugriffen übertragen werden (*Copy on Reference* [ZAY87]). Grundvoraussetzung für die Prozeßmigration ist, daß alle Referenzen eines Betriebssystemprozesses, die auf Elemente

außerhalb seines eigenen Adreßraums verweisen, entweder lokationsunabhängig sind oder sich bei der Migration selbst identifizieren und transformieren lassen. Beispiele hierfür sind geöffnete Dateien, Betriebssystem-Ports zur Interprozeßkommunikation oder Referenzen auf andere betriebssystemnahe Elemente wie z.B. globale Speicherbereiche oder auch andere Betriebssystemprozesse.
Eine Prozeßmigration kann aus verschiedenen Gründen eingeleitet werden z.B.:

- *Lastausgleich und Lastverteilung*
  Sind bestimmte Knoten eines verteilten Systems besonders stark, andere wiederum nur schwach belastet, so kann durch Migration eine gleichmäßigere Verteilung erreicht werden.
  Bei der Migration zum Lastausgleich ist eine automatische Steuerung wünschenswert. Dazu muß ein geeigneter Steuerungsalgorithmus gefunden werden. Existierende Steuerungsverfahren berücksichtigen Daten über Lastverteilung in den Prozessoren, Datenübertragungswegen und über Speicherkapazitäten. Außerdem werden die zu erwartenden Kosten der Migration berücksichtigt. Aufgrund dieser Daten wird über eine geeignete Neuzuordnung von Prozessen zu den Knoten des Netzes entschieden. Eine optimale Neuzuordnung könnte durch ein geeignetes Optimierungsverfahren exakt berechnet werden. Solche Verfahren haben aber den Nachteil einer hohen Komplexität (NP-vollständig). Außerdem ändern sich die Eingangsdaten stark dynamisch. Deshalb greift man auf suboptimale oder heuristische Verfahren zurück, die in linearer oder polynomaler Zeit ein Ergebnis liefern.

- *Schnellerer Ressourcenzugriff*
  Entfernter Zugriff auf ein Betriebsmittel erfordert Datenübertragung. Ist diese Datenmenge größer als die zur Migration zu übertragende Datenmenge, kann eine Migration an den Knoten, an dem das Betriebsmittel lokal vorhanden ist, Vorteile bringen.

- *Nutzung spezialisierter Hardware*
  Spezialprozessoren sind oft in der Lage, bestimmte Aufgaben besonders schnell zu erledigen (Beispiel: ein Prozessor mit Fast Fourier Transformation unterstützenden Funktionen). Muß ein Prozeß viele dieser Aufgaben durchführen, so ist es sinnvoll, ihn zu dem Knoten mit dem Spezialprozessor zu migrieren.

- *Fehlertoleranz oder Wartung*
  Muß ein Prozessor wegen eines Fehlers oder während einer Wartung abgeschaltet werden, müssen normalerweise alle auf diesem Prozessor laufenden Prozesse abgebrochen werden. Besteht die Möglichkeit zur Migration, so können sie an anderer Stelle fortgesetzt werden.

Realisierungen der Prozeßmigration sind vor allem aus verteilten Betriebssystemen bekannt; exemplarisch seien hier die Systeme *LOCUS* [WPE83], *DEMOS/MP* [POM83], *MACH* [JOR86] oder auch das System *V* [CHE84] genannt.

Eine Variation für den heterogenen Fall ist die Prozeßmigration unter Verwendung von *Checkpoints* [KAU89]. An jedem solchen Checkpoint liegt eine vollständige Beschreibung der bei einer Migration zu übertragenden Information vor, so daß eine Datentransformation zwischen heterogenen Datenformaten ermöglicht wird. Diese Beschreibungsinformation und auch die Checkpoints selbst sollten automatisch vom Compiler der verteilten Programmiersprache erzeugt werden; dies ist nur durch Integration der Migrationsmechanismen in die verwendete Programmiersprache zu erreichen.

3.7 Systembeispiel: Das Netzbetriebssystem DACNOS

Dieser Abschnitt gibt eine Überblick über das Netzbetriebssystem *DACNOS (Distributed Academic Computing Network Operating System)* [EGS90, GEH90], das im Rahmen des Kooperationsprojektes *HECTOR* gemeinsam durch das IBM European Networking Center und die Universität Karlsruhe entwickelt wurde [HMS87]. Insbesondere werden die Komponenten *Remote Service Call (RSC)* [EGS88] zum entfernten Dienstaufruf und *Task Setup Service (TSS)* [FOE88] zur Verwaltung verteilter Bearbeitungsaufträge ausführlich erläutert.

3.7.1 Systemarchitektur

Ein DACNOS-Netz ist ein vollständig verbundener Graph von logischen Knoten, die auf Betriebssystemprozesse abgebildet werden. Logische Knoten sind die kleinsten Einheiten der Verteilung, wobei abhängig vom Wirts-Betriebssystem ein physikalischer Knoten auch aus mehreren logischen Knoten bestehen kann (z.B. bei Mehrbenutzer-Systemen). Jeder logische Knoten hat die in Abbildung 3-2 gegebene Struktur.

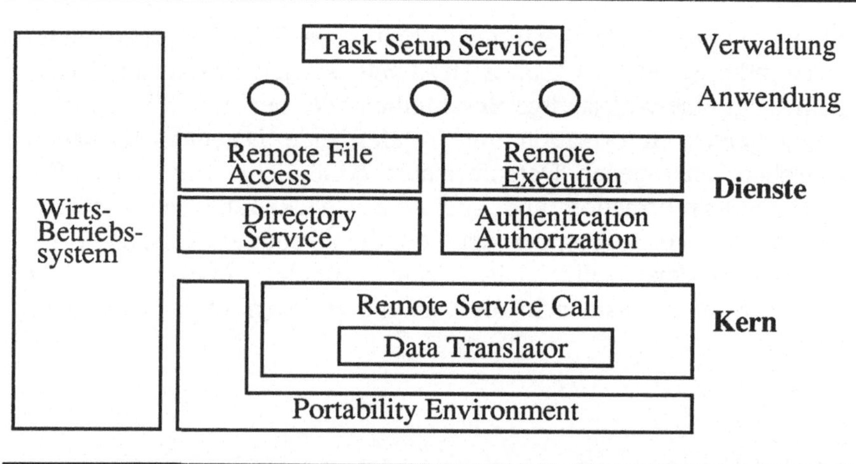

Abb 3-2 Architektur von DACNOS

Systemkern

Die Schnittstelle für den Zugriff auf Betriebsmittel eines Wirts-Betriebssystems wird in lokalen und im abgesetzten Fall durch das Gast-Betriebssystem gebildet. Die Integration eines Rechnerknotens geschieht durch das sogenannte *Portability-Environment* innerhalb des Systemkerns, das die spezifischen Eigenschaften des Wirts-Betriebssystems und seiner Kommunikationsmechanismen vereinheitlicht, indem es eine systemweit uniforme Schnittstelle zu Betriebssystem- und Kommunikationsfunktionen definiert. Alle Anwendungen bedienen sich des *Remote Service Calls (RSC),* der den flexiblen Aufruf entfernter Dienste ermöglicht. Seine Objekte und Operationen unterstützen die Programmierung von Anwendungen gemäß des Klienten-Server-Modells. Die Komponenten des RSC arbeiten mittels eines Protokolls netzweit zusammen, um einen globalen Objekt-Raum zu erzeugen. Auf jedem Rechnerknoten steht außerdem ein *Data Translator* zur Verfügung, um Datenformate zwischen heterogenen Repräsentationen zu konvertieren. Alle weiteren Einheiten sind als Server oberhalb des Systemkerns ausgelegt und erbringen spezielle Dienste für die Anwendungen; im folgenden werden diese Komponenten kurz erläutert, bevor im Detail auf RSC und TSS eingegangen wird.

Directory Service
Der Directory Service ist ein Katalogdienst zur Verwaltung von Objektnamen im verteilten System. Dadurch können die Namen wichtiger Betriebsmittel in schematisierter Form abgelegt werden und für aufrufende Klienten in Referenzen auf diese umgesetzt werden.

Authentication / Authorization
Dieser Dienst dient zur Authentisierung von Benutzern oder Anwendungen, die auf einen bestimmten Systemdienst zugreifen wollen. Dazu werden zunächst geeignete Zugriffsrechte im Rahmen der Autorisierung vergeben, die dann vor einem tatsächlichen Dienstzugriff geprüft werden. Insgesamt kann so ein wirksamer Zugriffsschutz realisiert werden.

Remote Execution
Der Remote Execution Service ist für die Ausführung von Programmen verantwortlich. Diese Aufgabe besteht neben dem Start und Abbruch von Programmen darin, die Ein- und Ausgaben des jeweiligen Programmes zum Benutzer umzuleiten, der sich möglicherweise auf einem anderen Rechnerknoten des Netzes befindet. Die Programme können dabei entweder permanent von dem entsprechenden Remote Execution Server ausführbar sein, oder der Zugriff auf sie erfolgt nach Ablauf des für die Aufbereitung der Umgebung zuständigen Rahmenprogramms mit Hilfe des Remote File Access.

Remote File Access
Der Remote File Access (RFA) [HOK88] ist die Komponente, die den netzweiten Zugriff auf Dateien ermöglichen soll. Allgemein werden die Dateisystem–Dienste der jeweiligen Betriebssysteme durch den Remote File Access auf ein globales Dateisystem abgebildet (Abbildung 3-3).

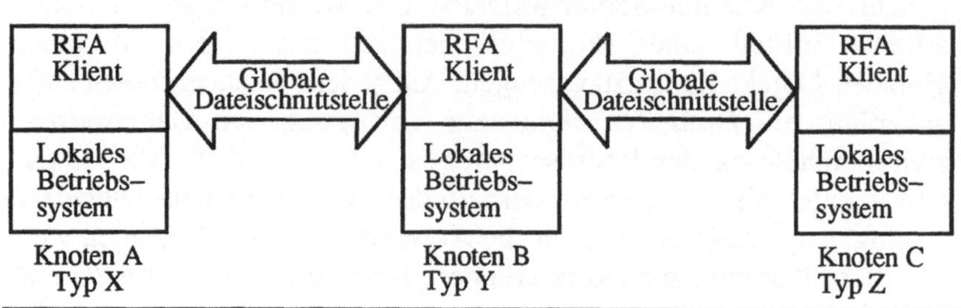

Abb 3-3 Server und Klienten des Remote File Access

Eine Datei erhält dazu einen netzweit eindeutigen globalen Dateinamen und einen globalen Fileset-Namen, mit dessen Hilfe man mehrere Dateien zu einer Gruppe zusammenfassen kann. Der Zugriff auf eine bestimmte Datei wird entweder über ihren globalen Dateinamen oder über Angabe des globalen und lokalen Fileset-Namens ermöglicht. Der lokale Fileset-Name bildet dabei die globalen Filesets auf die vom lokalen Betriebssystem verwendete Dateihierarchie ab. Danach kann auf die entsprechende Datei wie gewohnt über ihren lokalen Dateinamen zugeriffen werden.

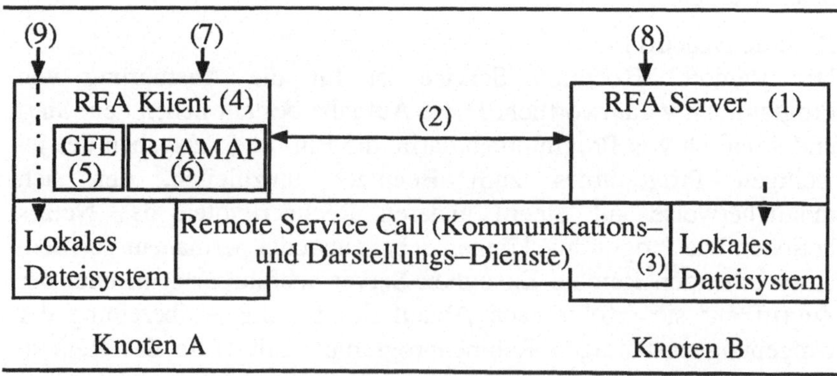

Abb 3-4 Komponenten von RFA

Abbildung 3-4 gibt einen Überblick über die internen Komponenten des Remote File Access. Der Dateiserver (1) stellt Speicherplatz zur Verfügung und bildet die globale homogene Schnittstelle (2). Der

Zugriff auf den Server wird mit dem Remote Service Call (RSC) (s.u.) durchgeführt (3). Die RFA-Klienten sind Prozesse des lokalen Betriebssystems (4) und werden von Anwendungsprozessen über (7) angesprochen. Über (8) kann der Server von priviligierten Benutzern gesteuert werden. Mittels des *Global File Environment* (GFE) (5), das Mengen von globalen Dateinamen mit den lokalen Dateinamen assoziiert, und der *RFAMAP* (6), die die Abbildung der einzelnen Dateinamen in bezug auf die Syntax steuert, wird die Abbildung auf die globale Schnittstelle durchgeführt. Dadurch können Anwendungen mit der Schnittstelle des lokalen Dateisystems auf globale Dateien zugreifen (9).

Der *Task Setup Service*, der die Verwaltung verteilter Benutzeraufträge vornimmt, wird später noch ausführlich besprochen.

3.7.2 Das Kernsystem RSC

RSC (Remote Service Call) [EGS88] bildet zusammen mit dem Portability-Environment den Kern von DACNOS. Es ermöglicht einen transparenten Zugriff auf verteilte Betriebsmittel unter Beibehaltung der bisherigen lokalen Umgebung. Unterstützt durch das Portability-Environment konnte RSC portabel implementiert werden und ist unter den Betriebssystemen *IBM/VM-CMS, IBM/PC-DOS, Unix* und *DEC-VAX/VMS* verfügbar. Prinzipiell kann RSC auch an andere Betriebssysteme angepaßt werden.

Dabei stehen Anwendungen im Rahmen des Klienten-Server-Modells im Vordergrund. Ein Klient benötigt bestimmte Dienste und stellt deshalb mittels RSC Anforderungen an einen Server. Dieser führt die Dienste aus und schickt eine Antwort an den Klienten zurück. Der Klient ist während der Dienstausführung nicht zwingend blockiert. Es existieren explizite Operationen, um auf eine eventuelle Antwort zu warten. Auch kann ein Klient mehrere parallele Anforderungen absenden. Der Server hingegen kann ebenfalls andere Server während der Abarbeitung einer Anforderung um System-Dienste bitten und nimmt somit für diese Zeit die Rolle eines Klienten in Anspruch. Ist er für eine bestimmte Aufgabenstellung nicht zuständig, kann er eine Dienstanforderung auch ablehnen. Im Gegensatz zum einfachen Nachrichtenaustausch kommt hier das Konzept der *entfernten Operationen* zur Anwendung, wo Prozesse eine dedizierte Klienten- oder Serverrolle wahrnehmen. Allerdings wird keine Integration der Mechanismen in eine Programmiersprache vorgenommen und daher zum Beispiel auch keine transparente Kodierung von Aufrufparametern realisiert, wie es beim *Remote Procedure Call* üblicherweise der Fall ist (s. Kapitel 5).

RSC bietet Mechanismen zur netzweiten Verwaltung von Objekten an. Dabei wird das Konzept des *Object Sharing* eingesetzt: Die Schnittstelle zum Benutzer stellt eine Reihe von netzweit zugänglichen Objekten und zugehörigen Operationen zur Verfügung. Dies erlaubt einen gemeinsamen Zugriff auf die Objekte durch mehrere Anwender von verschiedenen Rechnerknoten aus. Es werden dazu Objektsynonyme an den einzelnen Knoten erzeugt (dieser Mechanismus wird später genauer erklärt), und mit sogenannten *Offer / Share*-Operationen verwaltet. Dies wird unterstützt durch einen portorientierten Objekttransfer.

Kernstruktur

RSC wird von mehreren Kernkomponenten unterstützt (s. Abbildung 3-5). Da sich die Darstellung von Daten bei verschiedenen Rechnerarchitekturen mitunter sehr stark unterscheidet, müssen die elementaren Datentypen innerhalb komplexer Datenstrukturen transformiert werden. Dies übernimmt in RSC eine spezielle Einheit, der *Data Translator*. Der *Global Transport* vereinheitlicht die Kommunikationsdienste der zugrundeliegenden Transportprotokolle wie z.B. TCP/IP oder DECnet. Der *Kernel Service Call* legt eine uniforme Schnittstelle um die Systemdienste des jeweiligen lokalen Betriebssystems. *Global Transport* und *Kernel Service Call* bilden zusammen das Portability Environment [SSW88].

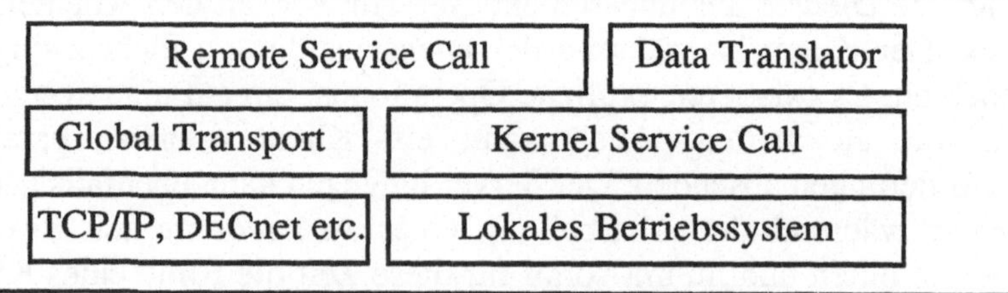

Abb 3-5 Struktur des Systemkerns mit RSC

RSC-Objekte

Zur Realisierung von Basiskommunikationsmechanismen bietet RSC verschiedene Objekte mit zugehörigen Operationen an. Diese Operationen umfassen das Erzeugen, das Löschen und den Transfer von Objekten sowie den gemeinsamen Zugriff auf Objekte (*Offer / Share*). Die einzelnen RSC-Objekte sind im folgenden beschrieben.

- **Carrier**: Der Carrier ist ein Transferobjekt als Träger weiterer Daten und Objekte. Daten werden normalerweise mit einem Window (s.u.) verschickt, das an den Carrier angehängt wird. Ferner besteht die Möglichkeit, eine Nachricht mit einem Carrier zu senden. Soll ein Carrier (sog. *Request-Carrier*) von einem RSC-Anwender zu einem anderen gesendet werden, so muß zuerst ein Port (s.u.) als Kommunikationsschnittstelle installiert werden, an den der Carrier dann geschickt wird. Der Empfänger kann ihn dann aus dem Port auslesen und auf ihn zugreifen. Dabei kann er Daten aus einem eventuell mit dem Carrier versendeten Window lesen und auch in das Window schreiben. Nach den Zugriffs- und Bearbeitungsoperationen kann der Carrier als *Return-Carrier* zurückgeschickt werden. Das Besondere dabei ist, daß der Port hierbei nicht benötigt wird, der Return-Carrier wird also *direkt* zurückgegeben, ohne den Port zu benutzen. Falls erforderlich, kann an den Return-Carrier noch ein sog. *Reply-Carrier* angehängt und gemeinsam zurückgesendet werden. Der Reply-Carrier ermöglicht dann eine weitere direkte Interaktion zwischen den Kommunikationspartnern.
- **Port**: Der Port bildet eine Kommunikationsschnittstelle zur Nachrichtenpufferung zwischen Prozessen. So wird eine asynchrone Kommunikation möglich, das Senden ist also zeitlich unabhängig vom Empfangen. Zuvor muß ein Partner den von ihm erzeugten Port zum allgemeinen Zugriff anbieten (*Offer*), danach führen andere Kommunikationspartner eine *Share*-Operation durch und können nun Carriers an den Port senden und auch von dort empfangen.
- **Window**: Das Window ist ein global zugänglicher Speicherbereich, auf den Referenzen z.B. mit einem Carrier verschickt werden können. Ein Partner, der das Window mittels eines

Carriers erhält, kann darauf lesend und schreibend zugreifen. Eine sehr wichtige Besonderheit ist, daß die Daten des Windows *nur einmal* physikalisch existieren und alle anderen entfernten Instanzen durch Nachrichten auf dem Window operieren. Zusätzlich zum Window-Transfer mittels Carriers gibt es auch die Möglichkeit, ein Window direkt anzubieten (*Offer*) um dann mit einer *Share*-Operation lesend oder schreibend darauf zugreifen zu können.

- **Notice**: Die Notice ist ein Objekt zur einfachen Übertragung von kurzen Nachrichten. Eine Notice wird wie ein Carrier über einen Port verschickt, es können aber keine weiteren Objekte mitübertragen werden.
- **Lock**: Der Lock ist ein Objekt zur Prozeßsynchronisation. Freigabe- und Sperroperationen von Prozessen können mit Locks nach dem Semaphorprinzip realisiert werden.
- **Event-list**: Die Event List dient zur Oder-Verknüpfung von Wartebedingungen. Ein Prozeß kann nicht nur auf einzelne, sondern auch auf eine oder-verknüpfte Kombination von Ereignissen warten, also zum Beispiel auf das Eintreffen eines Carriers an einem Port, auf die Rücksendung eines Return-Carriers und auf die Freigabe eines Locks. Diese Einzelobjekte werden dazu in die Event-List eingetragen.
- **Account**: Der Account ist ein Element zur Unterstützung von Abrechnungsdaten, z.B. zur Ermittlung verbrauchter CPU-Zeiten.
- **Format Description**: Vor der Übertragung werden Daten in ein Transferformat gewandelt, aus dem sie beim Empfänger wieder in ein lokales Format transformiert werden. Die Format Description dient dabei zur Beschreibung der Darstellungsformate von Objekten.
- **Process**: Der Prozeß ist das aktive Objekt in RSC. Für den Hauptprozeß (Anwenderprogramm) wird automatisch ein RSC-Prozeßobjekt generiert. Mit RSC können jedoch auch Subprozesse erzeugt, gestartet, synchronisiert und gestoppt werden. Zur Erzeugung eines nebenläufigen Subprozesses wird einfach eine Routine innerhalb des eigenen Programmcodes mittels einer RSC-Operation als eigener Prozeß gestartet.

Beispiel für eine einfache Auftragsvergabe an eine Fertigungsmaschine mittels RSC:
Im folgenden werden die Objekte Port, Carrier, Window und Process am Beispiel erläutert. Das Beispiel realisiert eine Klienten-Server-Interaktion zwischen einer Fertigungskontrolle und mehreren Fertigungsmaschinen, um Fertigungsaufträge an die einzelnen Maschinen zu vergeben. Die Kommunikation erfolgt über RSC-Ports, wobei jeder Maschine ein eigener Port zugeordnet ist. Jeder Fertigungsauftrag wird mittels eines RSC-Carriers versendet, von einer Maschine empfangen und dann an einen RSC-Subprozeß delegiert. Nach Abarbeitung des Auftrags wird eine Fertigmeldung in Form eines Return-Carriers gegeben.
Außerdem legt die Fertigungskontrolle ein Window an, das zur Speicherung des globalen Fertigungszustandes dient. Die einzelnen Maschinen greifen durch entfernte Schreiboperationen auf das Window zu und vermerken dort die im einzelnen durchgeführten Fertigungsschritte. Es ist wichtig, daß nur ein einziges Window angelegt wird, das allen Maschinen gemeinsam bekannt gemacht wird. Dadurch werden die einzelnen Fertigungsaufträge konzeptionell zu einem Gesamtauftrag zusammengefaßt, dessen Gesamtstatus durch die Summe der Einträge im Window repräsentiert wird.
Das Beispiel ist in Abbildung 3-6 dargestellt und die einzelnen Ablaufschritte werden nachfolgend genauer erläutert.

Erläuterungen zum Ablauf:

Jede Maschine (Server) bietet einen Port zum Datentransfer an (1) und die Fertigungskontrolle (Klient) greift mittels *Share* auf die Ports zu(2) . Die Fertigungskontrolle erzeugt einen Carrier (3) und ein Window (4), das im vorliegenden Beispiel den globalen Auftragsstatus repräsentiert. Der Datenbereich des Windows wird initialisiert (5) und das Window wird in den Carrier eingefügt (6). Der Carrier kann auch noch eine Message, im vorliegenden Fall einen Fertigungsauftrag, aufnehmen (7) und wird an den Port geschickt (8).

Der Server seinerseits wartet auf das Eintreffen eines Ereignisses am Port (9) und nimmt daraufhin den angekommenen Carrier vom Port (10). Er startet nun einen Subprozeß (11), der den mittels des Carriers übergebenen Fertigungsauftrag bearbeitet. Dieser trägt sukzessive die Ergebnisdaten der Bearbeitung in das Window ein (12), das sich physisch auf der Seite des Klienten (Fertigungskontrolle) befindet. Die Fertigungskontrolle kann den Inhalt des Windows zu beliebigen Zeitpunkten lesen (13) und so den Fortschritt der einzelnen Fertigungsaufträge überprüfen. Die Subprozesse der Maschinen senden die Carrier schließlich als Return-Carrier direkt an die Fertigungskontrolle zurück, ohne den Port zu benutzen (14).

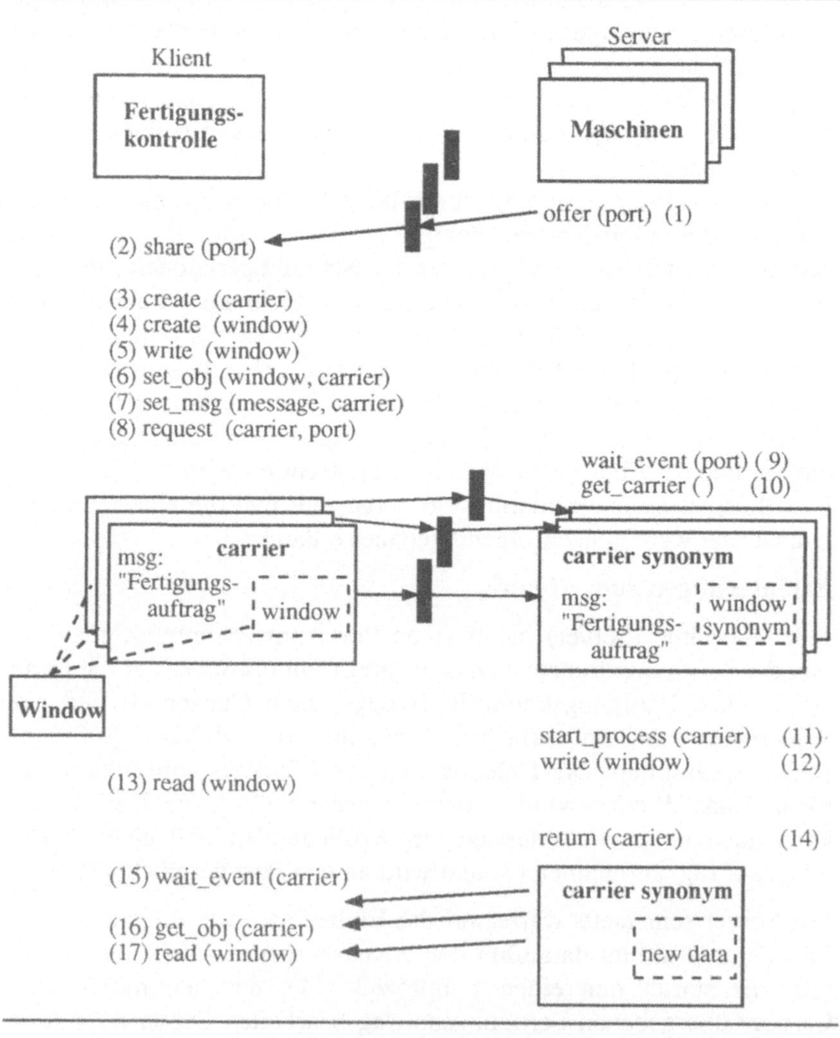

Abb 3-6 Beispielanwendung mit RSC

Die Maschinen verlieren in diesem Moment auch das Zugriffsrecht auf das Window, das direkt an den Carrier gebunden war. Die Fertigungskontrolle wartet auf den Return-Carrier (15), greift auf das zugehörige Window zu (16) und liest schließlich die Ergebnisdaten aus dem Window (17).

Es wäre auch möglich, daß der Klient oder der Server den Carrier während der Bearbeitung löscht, um die Dienstausführung vorzeitig abzubrechen. Im Falle des Klienten würde dies der Zurücknahme der Dienstanforderung entsprechen, während es im Falle des Servers der Ablehnung der weiteren Dienstbearbeitung gleichkommt. Dies kann sinnvoll sein, wenn sich beispielsweise plötzlich systemspezifische Umgebungsbedingungen ändern.

Interne Funktionsweise von RSC

RSC wird mit Hilfe von Elementen des Global Transport und des Kernel Service Call realisiert. Im folgenden soll vor allem auf die interne Funktionsweise der Datenübertragung und der Objektverwaltung eingegangen werden.

Datenübertragung

Zur Übertragung werden die entsprechenden RSC-Protokollelemente zusammen mit ihren Daten und mit den Netzadressen in spezielle Übertragungspuffer eingetragen, die mit Hilfe des Global Transport verschickt werden. In Abbildung 3-7 sind zwei RSC-Hauptprozesse (Anwendungen) dargestellt, die über das Transportsystem kommunizieren. Das Transportsystem stellt einen *Sendport* (Kernel Service Call (KSC)-Port) zur Verfügung, an den Pakete (KSC-Carriers) gesendet werden können. Wenn der Empfänger zum gleichen Rechnerknoten gehört, leitet der Global Transport den KSC-Carrier Betriebssystem-intern weiter an dessen *Empfangsport* (ebenfalls ein KSC-Port). Pakete an entfernte Rechnerknoten werden mit Hilfe eines Transportprotokolls (z.B. TCP/IP oder DECnet) an den Zielrechner gesendet und vom dortigen Global Transport an den Empfänger weitergeleitet. An jedem Empfangsport wartet ein spezieller *Message-Handler-Subprozeß* auf ankommende KSC-Carriers. Je nach Art des RSC-Protokollelements, das im KSC-Carrier spezifiziert ist, schickt der Subprozeß entweder direkt eine Antwort über den Global Transport zurück (z.B. bei direktem *Offer / Share*) oder weckt seinen wartenden Hauptprozeß und übergibt ihm die empfangenen Daten (z.B. beim Empfangen eines RSC-Carriers). Jedem

Protokollelement ist eine spezielle C-Funktion zugeordnet, die vom Message Handler ausgeführt wird.

Objektverwaltung
Wird ein RSC-Objekt erzeugt, wird bei dessen Erzeuger ein Objekt-Anker, genannt *Base,* angelegt. In Abbildung 3-8 ist dies für zwei Objekte gezeigt; die Base für Objekt X liegt auf Knoten 1 und die für Objekt Y auf Knoten 2. Werden auf diese Objekte, nachdem sie vom Erzeuger angeboten wurden, Share-Operationen ausgeführt, so wird beim Empfänger ein sogenanntes *Synonym,* beim Erzeuger ein *Surrogate* angelegt. Physikalisch existiert ein Objekt jedoch nur beim Erzeuger. Im Beispiel heißt das konkret: Knoten 2, der auf das Objekt X eine Share-Operation durchführt, legt auf seiner Seite ein Synonym für X an. Gleichzeitig erzeugt Knoten 1 ein Surrogate. Entsprechend wird umgekehrt mit Objekt Y verfahren.

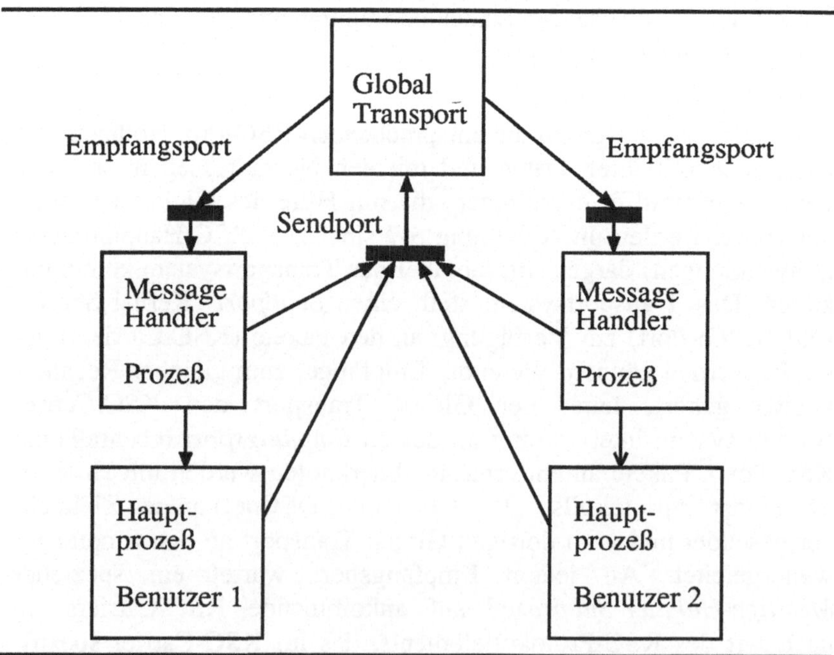

Abb 3-7 Interne Funktionsweise der RSC-Kommunikation

Das Löschen von Objekten bzw. ihrer Synonyme wird dem jeweiligen Partner über Protokolleinheiten mitgeteilt. Base, Surrogate und Synonym werden dadurch aktualisiert. Löscht ein Knoten ein Synonym, so bleibt die entsprechende Base trotzdem erhalten, während ein Synonym nur so lange existiert, wie es auch die zugehörige Base gibt.

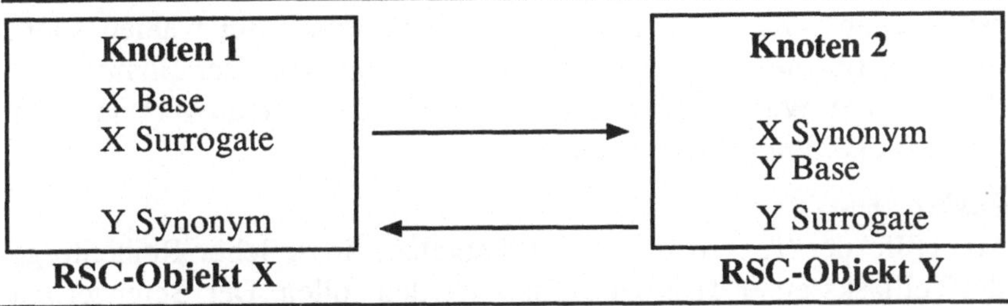

Abb 3-8 Interne Objektverwaltung von RSC

3.7.3 Der Task Setup Service

In diesem Abschnitt soll der Task Setup Service (TSS) [FOE88, BEC87] als Beispiel eines Systems zur verteilten Auftragsverwaltung auf der Basis des RSC und der anderen DACNOS-Komponenten vorgestellt werden. Mit Hilfe des TSS können komplexe Benutzeraufträge in einem heterogenen Rechnernetz verwaltet und ausgeführt werden. Unter einem Benutzerauftrag (genannt *Task*) versteht man in diesem Zusammenhang eine Menge von Teilaufträgen, den sogenannten Teiltasks, die vom Benutzer in beliebiger paralleler und sequentieller Weise angeordnet werden können. Die Ausführungsreihenfolge der Teiltasks entspricht dabei genau der vom Benutzer angegebenen Struktur. Prinzipiell soll die Transparenz im Vordergrund stehen. Der Benutzer muß weder genaue Kenntnisse über Aufbau und Eigenschaften des Netzes, noch über Art und Beschaffenheit von Ressourcen besitzen. Die Lokalisierung und Plazierung von Komponenten wird in diesem Fall von den einzelnen Komponenten des TSS vorgenommen. Der Benutzer kann jedoch wahlweise auch auf spezielle, ihm bekannte verteilte Betriebsmittel explizit zugreifen.

Objekte des TSS

Task

Ein Benutzerauftrag im Sinne des TSS wird *Task* genannt. Sie setzt sich aus Teilaufträgen, den sog. Teiltasks, und Haltepunkten zusammen. Diese beiden Elemente können gemäß der unten beschriebenen Strukturen angeordnet werden. Zur Definition einer Task gehören weiter die Angabe der allgemeinen Taskdaten. Diese setzen sich zusammen aus dem Tasknamen, den der Benutzer frei wählen kann, und dem für diese Task zuständigen Taskmanager. Der Benutzer ist dabei in der Wahl des Taskmanagers frei, als Defaultwert wird die lokale Verwaltung angenommen.

Taskstruktur

Mit Hilfe der Taskstruktur wird festgelegt, in welcher Reihenfolge die Teiltasks einer Task ausgeführt werden sollen. Der Benutzer hat hierbei die Möglichkeit, Teiltasks und Haltepunkte in paralleler und sequentieller Weise anzuordnen. Diese Anordnung kann rekursiv fortgesetzt werden, d.h. eine Sequenz oder Parallelstruktur kann weitere Sequenzen und Parallelstrukturen enthalten (vgl. Abbildung 3-9). Die Schachtelungstiefe ist dabei unbeschränkt. Die Abarbeitung einer Task wird von der Verwaltungseinheit des Task Setup Service in genau dieser Strukturabfolge vorgenommen.

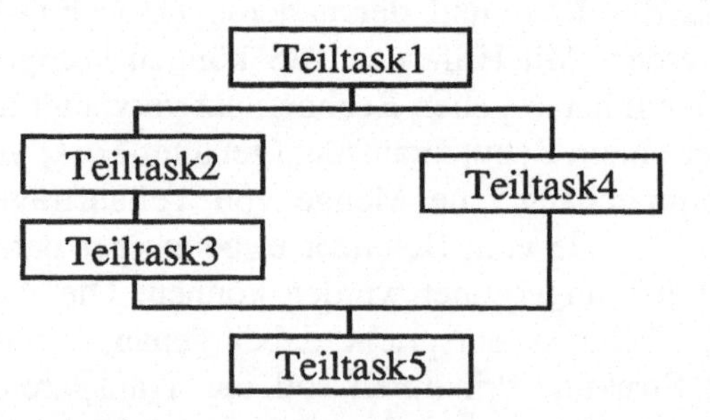

Abb 3-9 Beispiel einer Taskstruktur

Haltepunkte

Der Benutzer kann innerhalb der Task an beliebigen Stellen Haltepunkte setzen. Immer wenn die Verwaltungseinheit bei der Abarbeitung einer Task auf einen Haltepunkt trifft, wird die weitere Bearbeitung der Task an diesem Punkt eingestellt. Die Wiederaufnahme der Taskbearbeitung an dieser Stelle muß vom Benutzer explizit mit dem Kommando CONTINUE verlangt werden.

Teiltask

Während die Taskstruktur beschreibt, *wie* (d.h. in welcher Reihenfolge) die Teilaufträge gestartet werden sollen, wird in der Teiltaskbeschreibung selbst definiert, *was* ausgeführt werden soll. Diese Definition kann entweder durch eine Beschreibung der Teiltaskfunktionalität oder durch Angabe einer Liste von Programmen erfolgen, die alle dieselbe Funktionalität aufweisen. Im ersten Fall werden dabei geeignete Programme mit Hilfe eines Katalogdienstes lokalisiert. Aus den so erhaltenen Listen kann der Benutzer dann die seinen Anforderungen entsprechenden Programme für die Ausführung selektieren. Alle diese Angaben sind optional. Ist die Spezifikation der Teiltask unvollständig, so werden mit Hilfe des Katalogdienstes die fehlenden Angaben ermittelt oder geeignete Defaultwerte verwendet. Zur Referenzierung muß für jede Teiltask außerdem ein Name angegeben werden, der innerhalb einer Task eindeutig sein muß. Bei allen Befehlen, die diese Teiltask betreffen, muß dieser Name angegeben werden.

Programm

Innerhalb einer Teiltask können mehrere Programme angegeben werden, die beim Start dieser Teiltask ausgeführt werden. Der Benutzer hat hierbei die Möglichkeit, bestimmte Programme aus dieser Liste für die Ausführung auszuwählen. Dadurch wird die Flexibilität erhöht, da der Benutzer bei verschiedenen Abarbeitungen seiner Task verschiedene Programme für die Ausführung selektieren kann, ohne jedesmal die Liste der Programme neu erstellen zu müssen. Zur Definition eines Programmes gehört die Angabe des Programmnamens. Aufgrund der vom Remote File Access vorgegebenen Namenskonvention kann dieser Name entweder nur der lokale Dateiname sein, oder aus den Angaben für globalen und lokalen Dateinamen bzw. Filesetnamen bestehen. Im ersten Fall muß das Programm dabei permanent vom entsprechenden Remote Execution Server ausführbar sein, im zweiten Fall wird dem Server das Programm und eventuell benötigte Dateien mit Hilfe des Remote File Access zugänglich gemacht.

Weitere Punkte, die in einer Programmdefinition angegeben werden können, sind Aufrufparameter, die dem Programm beim Start übergeben werden, eine Liste von Dateien, die das Programm zur Ausführung benötigt, eine Liste von Remote Execution Servern, die für die Ausführung des Programmes in Frage kommen sollen, und eine Liste der vom Programm benötigten Peripheriegeräte. Diese Angaben sind optional. Fehlende Werte werden mit Hilfe des Katalogdienstes ermittelt.

Dateien
Zur Definition einer Datei, die von einem Programm benötigt wird, müssen Angaben darüber gemacht werden, wie die Datei heißt, und wo sie sich befindet. Dies geschieht wie beim Programm über die Spezifikation von lokalem und globalem Datei- bzw. -Filesetnamen. Diese Angaben werden sowohl für den Zeitraum vor der Ausführung des Programmes als auch (z.B. bei vom Programm neu erzeugten Dateien) für den Zeitraum nach der Ausführung benötigt. Letztere können entfallen, wenn keine Namensänderung bzw. kein Transfer in ein anderes Fileset vorgenommen werden soll.

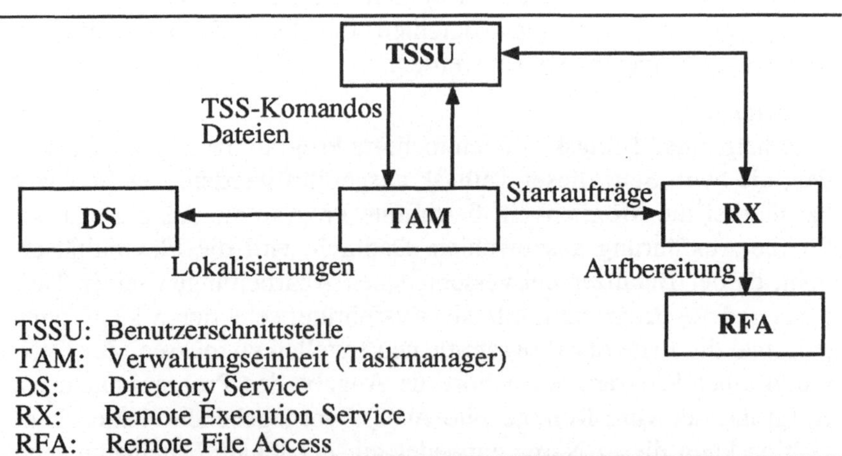

Abb 3-10 Beteiligte Komponenten des TSS

Beteiligte Komponenten und Architektur

Die am TSS beteiligten Komponenten sind in Abbildung 3-10 zusammengefaßt. Die Definition eines Benutzerauftrags erfolgt in einer Benutzerschnittstelle des Task Setup Service. Von dort gelangt der

Auftrag zum Taskmanager, der für die Verwaltung der Benutzeraufträge verantwortlich ist. Nachdem der Benutzer den Taskmanager mit dem Start einer Task beauftragt hat, werden zuerst Lokalisierungen und Plazierungen vorgenommen. Der Taskmanager bedient sich dafür dem DACNOS-Directory Service. Sobald diese Phase abgeschlossen ist, werden die einzelnen Programme einer Task gestartet. Verantwortlich für die Ausführung der Programme und die Umlenkung ihrer Ein- und Ausgaben ist hierbei der Remote Execution Service. Er ermöglicht es, Programme entfernt zu starten, und die Ein-/ Ausgabeanforderungen, die diese Programme stellen, an andere Stellen im Rechnernetz umzuleiten. Die Umgebung für die einzelnen Programme muß vor deren Start beim entsprechenden Remote Execution Server aufbereitet werden, d.h. es müssen den Programmen alle von ihnen benötigten Dateien zur Verfügung gestellt werden. Dies geschieht durch ein spezielles Rahmenprogramm, das mit Hilfe des Remote File Access dafür sorgt, daß netzweit auf entfernte Dateien zugegriffen werden kann.
Sobald ein Programm beendet ist, meldet der Taskmanager dies dem entsprechenden Benutzer. Auf diese Weise wird der Benutzer ständig über den Status seiner Tasks informiert.

Taskmanager
Der Taskmanager ist die zentrale Komponente des TSS. Er hat die Aufgabe, von Benutzern definierte Tasks zu verwalten. Für jede Task wird dabei anhand einer von der Benutzerschnittstelle erstellten Spezifikationsdatei ein sogenannter *Task Kontroll Block (TCB)* angelegt, in den alle diese Task betreffenden Daten (Taskstruktur, Teiltaskspezifikationen, usw.) übertragen werden. Anhand dieses TCB werden dann sowohl Lokalisierungen und Plazierungen vorgenommen, als auch die Ausführung der Task nach dem Befehl START gesteuert.
Nach einem Startauftrag werden die Teiltasks, die in der Taskstruktur an erster Stelle stehen, in eine spezielle Warteschlange, die *Execution Queue* gestellt, wo ein spezieller Prozess, der Execution Handler für deren Ausführung sorgt. Er nimmt noch nicht getätigte Plazierungen vor und startet dann alle innerhalb einer Teiltask selektierten Programme. Dies geschieht durch das Senden von Startaufträgen an die vorgesehenen Remote Execution Server, die die Ausführung der Programme übernehmen.

Nachdem eine Teiltask beendet worden ist, werden, der Taskstruktur entsprechend, die sequentiell nachfolgenden Teiltasks gestartet. Dies geschieht solange, bis entweder alle Teiltasks einer Task beendet sind, ein Haltepunkt erreicht ist oder der Benutzer die Ausführung der Task anhält bzw. abbricht.

Benutzerschnittstelle
Die Benutzerschnittstelle dient dazu, dem Benutzer die Definition von Tasks zu ermöglichen. Darüber hinaus hat sie die Aufgabe, die im folgenden vorgestellten Kommandos entgegenzunehmen, Ausgaben eines gestarteten Programmes darzustellen sowie Eingaben für dieses Programm zu ermöglichen. Zur Bearbeitung von Tasks stehen dem Benutzer die folgenden Befehle zur Verfügung:

EDIT dient dazu, eine Taskspezifikation zu erstellen. Es wird dem Benutzer die Möglichkeit gegeben, alle bei der Beschreibung einer Task möglichen Parameter wie Taskdaten, Struktur-und Teiltaskspezifikationen zu definieren oder zu ändern. Mit *CREATE* und *START* wird eine Task einem lokalen oder entfernten Taskmanager zur Verwaltung und Ausführung übergeben. Die Task wird vom Taskmanager solange verwaltet, bis der Benutzer sie mit einem expliziten *DELETE* löscht.
Soll nach einem erfolgten CREATE eine Task noch verändert werden, so geschieht dies mit *CHANGE*. *ABORT* dient dazu, die Ausführung einer Task abzubrechen. Alle in Ausführung befindlichen Programme von Teiltasks werden abgebrochen und sequentiell nachfolgende Teiltasks werden nicht mehr gestartet. *STOP* hat prinzipiell die gleiche Wirkung; allerdings wird die Taskabarbeitung wird nur unterbrochen und kann mit *CONTINUE* jederzeit fortgesetzt werden. Weiterhin ist es mit CONTINUE möglich, die Migration einer Teiltask zur Laufzeit anzufordern, indem eine bestimmte Ziel-Lokation spezifiziert wird. In diesem Fall wird das Programm zum gewünschten Remote Execution Server transferiert und dort weiter ausgeführt. Das betroffene Programm muß migrationsfähig sein, d.h. durch spezielle Übersetzung des Programms werden Kontrollpunkte gesetzt, an denen zur Laufzeit der Programmstatus gesichert wird. Die Fortsetzung der Ausführung beim neuen Remote Execution Server erfolgt am letzten passierten Kontrollpunkt.
Das Kommando *I/O* dient dazu, die Ausgaben entfernt ablaufender Programme einer Task auf dem Bildschirm darzustellen und Eingaben zu diesen Programmen zu ermöglichen.

4 Sprachintegrierter Ansatz

In diesem Kapitel wird auf die Integration von Kommunikationsmechanismen für verteilte Systeme in Programmmiersprachen eingegangen. Dabei wird bei der Gliederung der chronologischen Entwicklung Rechnung getragen. Zunächst wird der sprachintegrierte Nachrichtenaustausch zwischen verteilten Instanzen besprochen, danach wird der Remote Procedure Call vorgestellt, um dann auf eine aktuelle Weiterentwicklung, die verteilten objektorientierten Systeme, einzugehen. Eine separate verteilte Konfigurationsverwaltung, d.h. die statische Definition und dynamische Änderung der Grobstruktur einer verteilten Anwendung, ist bei allen genannten Ansätzen möglich und wünschenswert und wird daher im Anschluß an diese behandelt. Danach werden einige konkrete verteilte Programmiersprachen vorgestellt, die verschiedene verteilte Programmierparadigma ermöglichen.

Die modernen Ansätze des Remote Procedure Call, der verteilten objektorientierten Systeme und der verteilten Konfigurationsverwaltung werden aufgrund ihrer großen Bedeutung außerdem jeweils sehr ausführlich in separaten Kapiteln im Anschluß an dieses Kapitel behandelt.

4.1 Nachrichtenaustausch mit Sprachintegration

Der Nachrichtenaustausch mit Sprachintegration erfolgt nach dem gleichen Prinzip wie der Nachrichtenaustausch auf Ebene eines verteilten oder eines Netzbetriebssystems. Der zentrale Unterschied ist jedoch die *Einbeziehung der Kommunikationssemantik* in die Programmiersprache, wodurch vielfältige Überprüfungen zur Übersetzungs- und Laufzeit möglich werden. Beispielsweise kann u.U. dem Programmtext entnommen werden, daß zu einer Sendeoperation keine Empfangsoperation oder nur eine ungeeignete

Empfangsoperation existiert. So kann besser verhindert werden, daß Nachrichten von ungewünschter oder fehlerhafter Struktur versendet bzw. von einem Empfänger angenommen werden oder daß Verklemmungen auftreten. Dies kann die Fehleranfälligkeit verteilter Programme erheblich reduzieren.

Die Möglichkeiten von Übersetzer und Laufzeitsystem zur Konformitätsprüfung werden deutlich verbessert, wenn *typisierte Nachrichten* eingesetzt werden. Dies ist bei allen in diesem Abschnitt beschriebenen Konzepten üblich, aber nicht zwingend. Unter typisierten Nachrichten versteht man solche, die im Deklarationsteil des verteilten Programmes - ggf. außerhalb des Programmteils für einzelne Prozesse an zentraler Stelle - als Basistypen oder zusammengesetzte Typen (in Pascal z.B. Records genannt) vereinbart werden. So kann geprüft werden, ob ein gesendeter Nachrichtentyp und ein in der Empfangsoperation erwarteter Nachrichtentyp konform sind. Neuere Entwicklungen erlauben allerdings wiederum, komplexere Interaktionen als sog. Paket-Züge (packet trains) oder durch wahlfreie Belegung von sog. Nachrichten-Schlitzen (message slots) flexibler zusammenzustellen. So können wechselnde Vorgänge z.B. in der Büroautomation besser modelliert werden; allerdings wird die Typprüfung im o.g. Sinne wieder schwieriger.

Direktadressierung: Ein wichtiges Klassifizierungsmerkmal von Konzepten des Nachrichtenaustausches mit Sprachintegration ist die *Benennung* von Sendern und Empfängern. Bei der Direktadressierung werden Namen oder Bezeichner im Programm verwendet, um die kommunizierenden Prozesse zu identifizieren. Dabei wird außerdem zwischen *symmetrischer* und *asymmetrischer* Benennung unterschieden. Im ersten Fall muß der Sender den Empfänger benennen und der Empfänger muß ebenfalls angeben, von wem er Nachrichten erhalten möchte. Beim asymmetrischen Schema benennt nur der Sender den Empfänger. Die Kommunikation kann *asynchron* sein, d.h. der Sender setzt seine Bearbeitung nach dem Absenden einer Nachricht fort, ohne zu warten. Beim *synchronen* Nachrichtenaustausch dagegen wartet der Sender, bis eine gesendete Nachricht empfangen wurde und kann sich dadurch zeitlich mit dem Empfänger synchronisieren. Bei dieser Begriffsbildung wird davon ausgegangen, daß die Empfangsoperation immer synchron ist, also bei noch nicht eingetroffener Nachricht auf deren Eintreffen gewartet wird; auch hier existieren allerdings Spezialformen, bei denen der

Empfängerprozeß nicht blockiert wird. Die Semantik des sprachintegrierten Nachrichtenaustauschs kann wie bei den Betriebssystemansätzen neben einfachen Sende- und Empfangsoperationen auch Rückantworten umfassen.

Der generelle Nachteil der Direktadressierung ist die mangelnde Flexibilität im Hinblick auf Programmierung und Konfigurationsänderungen. Bei der Programmierung verlangt z.B. die Erstellung eines Prozesses Kenntnis der Systemkonfiguration, d.h. der Empfängerprozesse und ggf. der Senderprozesse der Kommunikationsoperationen. Wenn andererseits nach einem Systemfehler ein Empfängerprozeß durch einen anderen ersetzt werden soll, müssen alle potentiellen Sender über den Namen des neuen Prozesses informiert werden.

Mailbox-Kommunikation: Aus diesen Gründen werden häufig Mailboxen als zwischengeschaltete Kommunikationspuffer verwendet. Eine Nachricht wird von einem Sender darin abgelegt und kann von demjenigen Prozeß entnommen, also empfangen werden, der für die Bedienung der Mailbox verantwortlich zeichnet. Syntax und Semantik der Mailbox-Kommunikation unterscheiden sich im Detail teilweise erheblich:

- Mailboxen können vom System oder durch Prozesse - i.a. den initialen Empfängerprozeß - erzeugt werden.
- Der Empfängerprozeß kann bei Erzeugen der Mailbox fest mit dem Erzeugerprozeß verknüpft werden, was keine Konfigurationsänderungen zuläßt, also gegenüber Direktadressierung nur die modulare Programmierung verbessert.
- Im flexibelsten Fall können nicht nur nacheinander, sondern gleichzeitig *mehrere Empfängerprozesse* an einer Mailbox hängen; dies kann entweder bedeuten, daß immer *einer* der potentiellen Empfänger die Nachricht aus der Mailbox abholen kann - sinnvoll z.B. zur Lastverteilung - oder daß immer *alle* Empfänger - im Sinne von Gruppenkommunikation - die Nachricht erhalten.
- Ebenso unterschiedlich wird die Frage gehandhabt, ob gleichzeitig oder nacheinander *mehrere Sender* zugelassen sind; meist ist dies der Fall: es reicht die Kenntnis der Mailbox-Kennung, damit ein Prozeß an eine Mailbox senden darf.

- Selten werden Mailboxen *typisiert,* d.h. bei ihrer Erzeugung werden zulässige Nachrichtentypen mitangegeben zur Erhöhung der Programmiersicherheit. Voraussetzung dafür ist die o.g. *Typisierung von Nachrichten.*
- Mailbox-Kommunikation ist in den meisten Fällen asynchron, es gibt aber auch synchrone Sonderformen.

Portorientierte Kommunikation: als dritte Stufe semantischer Reichhaltigkeit kann die portorientierte Kommunikation angesehen werden. Während man Mailboxen als eine Art Platzhalter für den Empfänger ansehen kann, können Ports entweder als Platzhalter für Sender (Sende-Ports) oder als Platzhalter für Empfänger (Empfangs-Ports) dienen. Ports sind Komponenten, die fest zu einem Prozeß gehören. Teilweise werden Sende-Ports, Empfangs-Ports und bidirektionale Ports (an diesen kann ein Prozeß senden *und* empfangen) unterschieden. Teilweise sind auch nur unidirektionale oder nur bidirektionale Ports zugelassen.

Durch die völlige Einkapselung eines Prozesses, der mit den Ports nur noch seine Schnittstelle nach außen sieht, kann die Frage der Zuordnung zwischen einem Sende-Port und dem zugehörigen Empfangs-Port, also dem Empfänger-Prozeß, nicht mehr vom sendenden bzw. empfangenden Prozeß gelöst werden. Daher werden Konfigurationssprachen oder spezielle Konfigurationsoperationen der Programmiersprache zur Verknüpfung von Ports zu einer *Verbindung* verwendet. Portkommunikation ist also *verbindungsorientiert*; dadurch wird der Programmieraufwand, aber auch die Programmiersicherheit, weiter erhöht.

Neben der Frage, ob eine gesonderte Konfigurationssprache zum Einsatz kommt und der Unterscheidung zwischen uni- und bidirektionalen Ports, lassen sich weitere Details verschiedener portorientierter Konzepte ausmachen, die denen von Mailboxen z.T. ähneln:

- Nachrichten und Ports können typisiert werden.
- u.U. können mehrere Sende-Ports bzw. mehrere Empfangs-Ports innerhalb einer Verbindung zugelassen werden, wie bei

Mailboxen entweder im Sinne der Lastverteilung oder der Gruppenkommunikation; die selbe Funktionalität läßt sich semantisch aber auch durch Angabe von *Mengen von Ports* innerhalb einer Sende-/Empfangsoperation realisieren, stellvertretend für Mengen von Sendern / Empfängern.

- Dynamische Auflösung und Rekonfiguration von Verbindungen kann zugelassen werden.
- Synchrone *und* asynchrone Kommunikation lassen sich realisieren.
- Empfangsoperationen können uneingeschränkt sein, d.h. jeder Typ von Nachricht und jeder Empfangs-Port ist zulässig, ggf. kann auch nach speziellen Ports oder Mengen von Ports *und* nach Nachrichtentypen eingeschränkt werden.; bei voller Flexibilität kann aber auch eine uneingeschränkte Empfangsoperation zugelassen werden.

Eine *zentrale Frage* im Zusammenhang mit komplexen verteilten Anwendungen ist die, ob zur Laufzeit eine Prozeß-Topologie aufgebaut werden kann, die nicht zum Programmierzeitpunkt begrenzt werden muß. Bei der Direktadressierung beispielsweise kann man ggf. Arrays von Prozessen vereinbaren, bei der Portkommunikation Arrays von Ports. Für volle Flexibilität sollte eine Programmiersprache aber auch Mengen (Sets) oder Listen von Prozessen bzw. Mailboxen oder Ports zulassen, in die zur Laufzeit beliebig viele neue Elemente eingefügt werden können. Nur so läßt sich eine verteilte Anwendung sehr flexibel und für verschiedenste Zielumgebungen programmieren.

Die Unterschiede der einzelnen Arten des Nachrichtenaustauschs werden nochmals in Abbildung 4-1 deutlich gemacht. Dort werden die symmetrische Direktadressierung, Nachrichtenaustausch über Mailbox und portorientierte Kommunikation gezeigt. Es werden von den vielen genannten Varianten die einfacheren gewählt, z.B. keine Gruppenkommunikation. Die gewählte Syntax ist erfunden und ist beispielhaft zu verstehen.

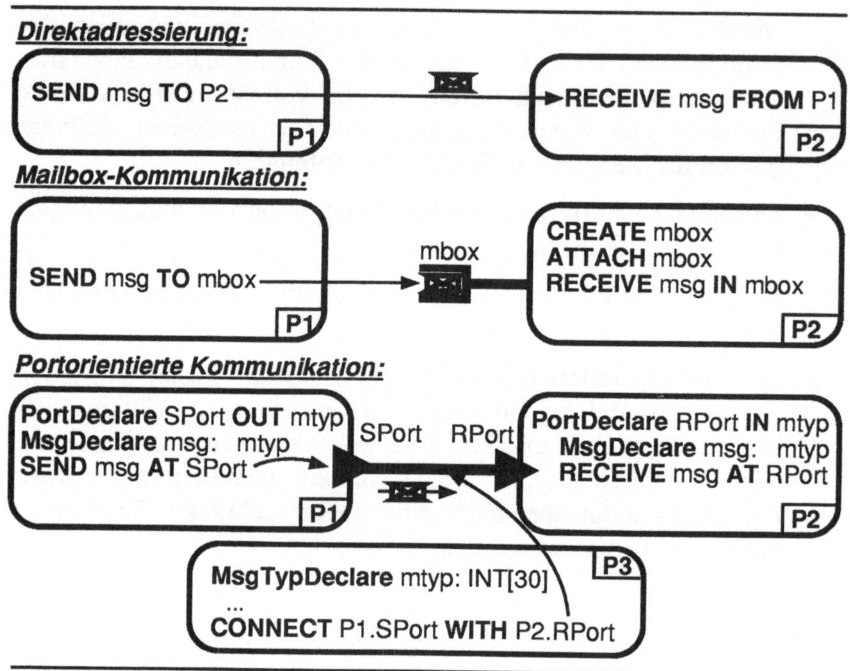

Abb 4-1 Arten des Nachrichtenaustauschs

Beispiele für den Nachrichtenaustausch mit Sprachintegration sind in verteilten Programmiersprachen wie z.B. *Conic* [KMS89] zu finden. Auch die Sprachen *CSP* [HOA78] und *Occam* [MAY83] mit direktem Nachrichtenaustausch zwischen Prozessen sind an dieser Stelle zu nennen. Das bereits oben erwähnte System *MACH* [JRT85] stellt eine direkte Erweiterung eines Betriebssystemansatzes um typisierte Nachrichten dar.

Insgesamt ergeben sich beim sprachintegrierten Nachrichtenaustausch einige Verbesserungen gegenüber einem untypisierten Nachrichtenaustausch auf Betriebssystemebene. Beispielsweise ist eine Prüfung der Typkompatibilität von Nachrichten und ggf. Ports oder Mailboxen und damit eine verbesserte Fehlererkennung möglich, bei Ports außerdem die Typkompatibilität verknüpfter Ports. Außerdem kann eine transparente Behandlung der Heterogenitätsproblematik bei der Kopplung unterschiedlicher Rechnersysteme für die vorgegebenen Nachrichtentypen beim Sende- und

Empfangsvorgang erfolgen. Dazu muß den zuständigen Instanzen der Darstellungsschicht die entsprechende Typbeschreibungsinformation vorliegen. Auf dieser Basis kann auch eine transparente Übertragung komplexer Strukturen erfolgen, die auch Zeiger enthalten können.

4.2 Remote Procedure Call: Überblick

Der *Remote Procedure Call (RPC)* ist ein inzwischen weit verbreiteter Mechanismus, um die Programmierung verteilter Anwendungen zu unterstützen und zu erleichtern. Ein RPC ist in seiner Grundform ein synchroner, also für den Aufrufenden blockierender entfernter Prozeduraufruf. Die aufrufende Einheit wird dabei üblicherweise als *Klient* bezeichnet, während die aufgerufene Einheit *Server* genannt wird. Es wird versucht, den RPC möglichst eng an den lokalen Prozeduraufruf anzugleichen. Daher werden die Daten wie im lokalen Fall als Prozedurparameter übergeben. Allerdings bestehen durchaus nicht zu verdeckende semantische Unterschiede zwischen lokalen und entfernten Aufrufen; so können zum Beispiel Referenzparameter meist nur sehr eingeschränkt verwendet werden und es ist möglich, daß ein RPC wegen eines System- oder Übertragungsfehlers scheitert, der im lokalen Falle nicht hätte auftreten können. Außerdem ist der Laufzeitaufwand für entfernte Aufrufe um teilweise 2-3 Größenordnungen höher als für lokale Aufrufe. Dennoch ist der RPC heute der verbreitetste Mechanismus zur verteilten Programmierung, vor allem wegen seiner relativ einfachen Handhabung.

Mit Hilfe des RPC lassen sich gut verteilte Anwendungen auf der Basis des Klienten/Server-Modells [SVO84] entwickeln: Verschiedene Server stellen Schnittstellenprozeduren zur Verfügung, die von entfernten Klienten mit Hilfe von RPCs aufgerufen werden können. Das RPC-System übernimmt dabei die Kodierung und Übertragung der Aufrufe einschließlich der Parameter. Teilweise wird zusätzlich die Lokalisierung von Servern, die Übertragung komplexer Parameterstrukturen oder auch die Behandlung von Übertragungsfehlern oder Rechnerausfällen durch das System vorgenommen. Konkrete

Beispiele für Server sind Instanzen zum entfernten Datenbankzugriff, zur Bearbeitung von Druckaufträgen oder zur Durchführung komplexer Berechnungen.

Wichtige RPC-Systeme sind zum Beispiel *XEROX Cedar* [BIN84], der *SUN RPC* [SUN85], der *Apollo RPC* [DLM87] oder der *Modula/V RPC* [ALM86]. Diese Systeme bieten neben dem RPC-Basismechanismus teilweise auch effiziente asynchrone, also nicht blockierende Aufrufe sowie bestimmte semantische Garantien im Falle von Systemfehlern an. Außerdem stellen alle Systeme eine eigene Schnittstellen-Beschreibungssprache zur Verfügung, mit der die Prozedurschnittstellen von Servern definiert werden können und so potentiellen Klienten bekannt gemacht werden können.

Eine Modifikation des RPC-Ansatzes ist das *Rendezvous*-Konzept, das zum Beispiel in der Programmiersprache *ADA* [USD83, PYL81] zu finden ist. Dabei bestimmt ein Server explizit durch eine *Accept*-Anweisung, wann er bereit ist, einen bestimmten Aufruf anzunehmen. Dies erleichtert die Synchronisation zwischen nebenläufigen Aufrufen innerhalb des Servers, es kann jedoch bei einfachen Anwendungen auch den Implementierungsaufwand erhöhen.

Inzwischen befinden sich auch bereits einige RPC-Ansätze in der Phase der Standardisierung, was mittelfristig sicherlich zu einer noch stärkeren Bedeutung und Verbreitung dieses Mechanismus führen wird. Details der genannten Systeme, spezielle RPC-Laufzeitmechanismen und aktuelle Erweiterungen des RPC-Konzeptes werden ausführlich in Kapitel 5 erörtert.

4.3 Verteilte objektorientierte Ansätze: Überblick

Verteilte objektorientierte Ansätze und Systeme lassen sich als eine Weiterentwicklung des RPC erklären. Während die Kommunikationspartner beim RPC im allgemeinen Module oder Betriebssystemprozesse von grober Granularität sind, werden verteilte objektorientierte Anwendungen auf der Basis eines sehr feinkörnigen Objektmodells realisiert. Jedes Objekt umfaßt dabei eine Datenstruktur und einen Satz von Operationen, die auf dieser

Datenstruktur arbeiten und sie manipulieren können. Eine Verarbeitung findet statt, indem die Objekte gegenseitig ihre Operationen im Rahmen eines Programmes aufrufen.

Die einzelnen Objekte stellen nun aber gleichzeitig auch die Einheiten der Plazierung dar, sie können also unabhängig auf verschiedenen Rechnerknoten plaziert werden. Während der Verarbeitung spielt es ähnlich wie beim RPC keine Rolle, ob ein aufgerufenes Objekt lokal zum Aufrufer oder entfernt ist; das System leitet einen entfernten Aufruf in transparenter Weise an die richtige Lokation weiter. Anders als beim RPC ist es aber auch möglich, beliebige Aufrufparameter zu übergeben, insbesondere auch Zeiger auf Objekte. Dies führt dann zur Existenz entfernter Objektreferenzen, über die wiederum entfernte Aufrufe getätigt werden können.

Zusätzlich ist es noch möglich, Objekte dynamisch zur Laufzeit zwischen Rechnerknoten zu verlagern, also zu *migrieren*. Dadurch können beispielsweise kommunizierende Objekte an einer Lokation zusammengeführt werden, um lokale und damit effizientere Kommunikation betreiben zu können. Auch migrierte Objekte werden bei späteren Aufrufen für die Anwendung transparent lokalisiert.

Wichtige Systeme in diesem Bereich sind zum Beispiel *Eden* [ABL85], *Emerald* [BHJ87], *Distributed Smalltalk* [BEN87, BEN90] und *Comandos* [KMN90]. Diese Systeme sowie vor allem die zugrundeliegenden Basismechanismen werden im Kapitel 6 genauer besprochen.

4.4 Verteilte Konfigurationsverwaltung: Überblick

Die verteilte Konfigurationsverwaltung befaßt sich damit, die verschiedenen Komponenten oder Module eines verteilten Programmes zu definieren, zu erzeugen und zu plazieren, geeignete logische Kommunikationspfade bzw. Verbindungen zwischen den Module zu etablieren und die Modulkonfiguration dynamisch an veränderte System- und Anwendungseigenschaften anzupassen. Die Konfigurationsverwaltung verteilter Programme kann auch als *verteilte*

Programmierung im Großen bezeichnet werden, um diesen Bereich gegenüber der elementaren Modulimplementierung und -kommunikation (*verteilte Programmierung im Kleinen*) abzugrenzen.

Die verteilte Programmierung im Kleinen kann dabei mittels verteilter Programmiersprachen erfolgen, die auf der Basis der angesprochenen Mechanismen, also des Nachrichtenaustausches, des RPC oder der verteilten Objekt-Interaktion arbeiten. Um aber eine flexible und komfortable strukturelle Konfigurationserwaltung verteilter Programme zu ermöglichen, ist eine geeignete zusätzliche Sprach- und Laufzeitunterstützung erforderlich. Dabei wird meist zwischen einer initialen Konfigurationsbeschreibungssprache zur Definition einer initialen Anwendungsstruktur und einer dynamischen Änderungssprache zur Anforderung von Konfigurationsänderungen zur Laufzeit unterschieden. Zu beiden Sprachkomponenten gehören entsprechende Laufzeitwerkzeuge, die die angeforderten Strukturen initialisieren bzw. modifizieren. Außerdem müssen die verwendeten Kommunikationsmechanismen und die strukturellen Verwaltungsmechanismen gegenseitig aufeinander abgestimmt werden.

Einige existierende Systeme realisieren diese Aufgaben durch unterschiedliche Lösungsansätze. Dabei sind vor allem das sehr weit entwickelte System *Conic* [KRM85, KMS89], aber zum Beispiel auch die älteren Systeme *PCL* [LSB79] oder *PRONET* [LEM82] zu nennen. Diese Ansätze und vor allem die allgemeinen Sprach- und Laufzeitmechanismen zur verteilten Konfigurationsverwaltung werden in Kapitel 7 im Detail behandelt.

4.5 Verteilte Programmiersprachen

Verteilte Programmiersprachen bieten die beschriebenen Kommunikationsprimitive des *Nachrichtenaustausches*, des *RPC* oder des *objektorientierten Ansatzes* in sprachintegrierter Form an. Außerdem ermöglichen sie meist auch die nebenläufige Verarbeitung innerhalb eines Programmes, indem sie zum Beispiel quasi-parallele Prozesse durch die Sprache unterstützen. Einige Sprachen bieten überdies spezielle Möglichkeiten zur Reaktion auf typische Systemfehler in verteilten Systemen wie zum Beispiel den Absturz eines Rechnerknotens oder den Verlust von Nachrichten. Im folgenden sollen einige wichtige verteilte Programmiersprachen kurz anhand einer Übersichtstabelle miteinander verglichen werden. Eine ausführliche Übersicht und Bibliographie über das Gebiet wird in [BST89] gegeben. Die wichtigsten Vergleichskriterien in der nachfolgenden Zusammenstellung der Sprachen sind die *Art der Kommunikation*, die Möglichkeiten zur *nebenläufigen Verarbeitung*, die Sprachkonstrukte zum *nondeterministischen Empfangen* im Rahmen der Kommunikation sowie die Konstrukte zur *Erzielung von Fehlertoleranz*.

Art der Kommunikation

Bei der Kommunikation wird unterschieden zwischen den verschiedenen Arten des Nachrichtenaustauschs, dem RPC, dem Rendezvous und den verteilten objektorientierten Interaktionsmöglichkeiten. Außerdem wird noch ein Kommunikationskonzept auf der Basis verteilter Datenstrukturen berücksichtigt, bei dem die Kommunikationspartner indirekt Daten (sogenannte *Tupel*) austauschen, indem sie lesend und schreibend auf einen globalen, aber verteilt implementierten Datenraum (*Tupel Space)* zugreifen.

Nebenläufige Verarbeitung

Beim Kriterium der nebenläufigen Verarbeitung wird unterschieden, ob quasi-parallele Prozesse dynamisch zur Laufzeit erzeugt werden können oder ob ihre Anzahl bereits statisch fest definiert werden muß. Die erste Möglichkeit könnte durch die folgenden, am Beispiel illustrierten Sprachkonstrukte erreicht werden:

```
process_type Maschine ( Integer MaschinenNummer )
 { // Implementierung };

for i=1..maxp do
  create_process m:Maschine ( i );
```

Dabei wird zunächst ein Prozeßtyp *Maschine* definiert, wobei auch der Implementierungsrumpf, also der vom Prozeß auszuführende Code gegeben wird. Der Prozeßtyp verfügt über einen Initialisierungsparameter, auf dessen Wert im Implementierungsrumpf zugegriffen werden kann. Anschließend wird im Rahmen der Anwendung eine erst dynamisch festgelegte Anzahl (*maxp*) quasi-paralleler Prozesse erzeugt, die verschiedene Initialisierungsparameter-Werte erhalten. Bei einer statischen Prozeßdefinition müßte dagegen die genaue Anzahl von Prozessen, also hier von Maschinen, zur Übersetzungszeit festgelegt werden.

Nichtdeterministisches Empfangen

Mit der Kommunikation konzeptionell verbunden sind Sprachkonstrukte zum nichtdeterministischen Empfangen. Eine verteilte Anwendung kann bedingt durch parallele Verarbeitung und variierende Nachrichtenlaufzeiten generell nichtdeterministische Abläufe enthalten. Für einen Empfänger ist es daher nicht immer vorhersagbar, in welcher Reihenfolge bestimmte Nachrichten von verschiedenen Sendern ankommen werden. Aus diesem Grunde stellen viele verteilte Programmiersprachen Konstrukte zum selektiven Empfangen von Nachrichten zur Verfügung. Dadurch kann zum Beispiel eine bestimmte Menge von Nachrichtentypen angegeben werden, die ein Empfänger zu einem Zeitpunkt entgegennehmen möchte. Dies kann teilweise auch mit datenabhängigen Bedingungen verknüpft werden, die in Abhängigkeit von Nachrichten- und Umgebungsdaten über die Nachrichtenannahme bestimmen. Im folgenden soll ein kleines Beispiel für ein entsprechendes Sprachkonstrukt aus der Sprache *CSP* [HOA78] gegeben werden:

```
[
 not voll(Lager); Maschine ? LagereWerkstück(ws) ->
// nehme ws in das Lager auf

 []
 not leer(Lager); Maschine ? BeschaffeWerkstück( )
                    -> Maschine ! SendeWerkstück(ws)
// liefere Werkstück aus
]
```

Die Notation <i>?<n> bzw. <i>!<n> bedeutet dabei, daß eine Nachricht vom Typ n von der Instanz i empfangen werden soll bzw. an die Instanz i gesendet werden soll.

Das Lager prüft bei Ankunft einer Nachricht zunächst seinen eigenen Status, also ob es etwa voll oder leer ist. Falls es nicht voll ist und eine Nachricht vom Typ *LagereWerkstück* von der Maschine vorliegt, so wird das gesendete Werkstück in das Lager aufgenommen. Falls dagegen eine Nachricht vom Typ *BeschaffeWerkstück* empfangen wird und das Lager nicht leer ist, so wird ein Werkstück an die Maschine geschickt.

Erzielung von Fehlertoleranz

Die Problematik der Fehlerbehandlung und -toleranz spielt in verteilten Systemen eine besondere Rolle; generell können Systemkomponenten unabhängig voneinander ausfallen, wobei dann die übrigen Komponenten weiterrechnen. Dies kann zu komplexen Fehlersituationen führen, auf die flexibel reagiert werden muß. Aus diesem Grunde stellen einige Sprachen spezielle Konstrukte und Mechanismen zur Erzielung von Fehlertoleranz bereit. Dabei werden vor allem die Behandlung von Ausnahmen, die Replikation von Ausführungseinheiten, die Implementierung verteilter, rücksetzbarer Transaktionen sowie die dynamische Rekonfiguration einer Anwendung unterstützt.

Vergleich

Die Tabelle in Abbildung 4-2 zeigt nun eine Gesamtübersicht über verschiedene verteilte Programmiersprachen auf der Basis dieser Kriterien.

Der Kommunikationsmechanismus in den Sprachen *CSP* [HOA78] und *Occam* [MAY83] ist der synchrone Nachrichtenaustausch mit Direktadressierung von Prozessen; *Occam* ermöglicht aber auch die indirekte Adressierung über *Kanäle.* In *CSP* wird außerdem symmetrisch kommuniziert, d.h. der Empfänger muß den Sender explizit benennen. Eine Vielzahl von Systemen, u.a. *Conic* [KRM85, KMS89], *NIL* [STY83] und *LADY* [WYB90] bieten Sprachen mit asynchronem (und teilweise zusätzlich auch synchronem) Nachrichtenaustausch und mit indirekter Port-basierter Adressierung an. Der Remote Procedure Call wird neben einer Implementierung von Birrell und Nelson [BIN84] (s. Kapitel 5) z.B. auch von *DP* [BRI78], *LYNX* [SCO87], *SR (Synchronizing Resources)* [AND81] oder *Argus* [LIS83] angeboten. *SR* bietet kombiniert damit auch einen einfachen Nachrichtenaustausch sowie das Rendezvous-Konzept an. Auch *ADA* [USD83] und *Concurrent C* [GER86] ermöglichen die Rendezvous-basierte Kommunikation. *Argus* unterstützt vor allem verteilte Transaktionen in Verbindung mit dem RPC. Die verteilten objektorientierten Programmiersprachen *Emerald* [BHJ87] und *Distributed Smalltalk* [BEN90] bieten den lokationsunabhängigen Operationsaufruf auf Objekten als Kommunikationsmechanismus an.

Verteilte Prog.sprache	Art der Kommunikation	Neben-läufigkeit	Nichtdeterm Empfangen	Erzielung von Fehlertoleranz
CSP	symm., synch.N., direkt adressiert	statische Anzahl von Prozessen	*select*-Anweisung	
Occam	synchrone N., indirekt adressiert	dyn. Anzahl v.P. "parbegin"	*ALT*-Konstrukt	
NIL	asynchrone N., indirekt adressiert	dyn. Anzahl von Prozessen	Guarded Command	
Conic	asynchrone N., indirekt adressiert	dyn. Anzahl von Prozessen		Dynamische Rekonfiguration
LADY	asynchrone N., indirekt adressiert	dyn. Anzahl von Prozessen		Dynamische Rekonfiguration
ADA	Rendezvous	stat. od.dyn.Anz. von Prozessen	*select*-Anweisung	Ausnahme-behandlung
Concurrent C	Rendezvous, bedingte Annahme	dyn. Anzahl von Prozessen	*select*-Anweisung	Replikation von Prozessen
Distributed Processes (DP)	RPC	statische Anzahl von Prozessen	Guarded Region	
LYNX	RPC	dyn. Anzahl von Prozessen		
SR	kombin. (Nachr., RPC, Rend.)	dyn. Anzahl von Prozessen	*alternative*-Anweisung	Ausnahmen, Fehlermonitore
Argus	RPC und vert. Transaktionen	dyn. Anzahl von Prozessen		Rücksetzen von Transaktionen
Emerald	Verteilte Objekt-interaktion	dyn. Anzahl von Prozessen		Objektmigration
Distributed Smalltalk	Verteilte Objekt-interaktion	dyn. Anzahl von Prozessen		Objektmigration
Linda	Globaler Datenraum	dyn. Anzahl von Prozessen		Interne Replikation von Tupeln

Abb 4-2 Vergleich verteilter Programmiersprachen

Die Sprache *Linda* [ACG86] ermöglicht die indirekte Kommunikation über einen globalen verteilten Datenraum; dazu werden die folgenden, am Beispiel erläuterten Sprachkonstrukte angeboten:

out ("Werkstück", typ, größe)

dient zur Ausgabe eines Tupels durch ein Programm; das Tupel mit den gegebenen Datenkomponenten wird dadurch in den globalen Datenraum eingefügt. Die im Beispiel gewählten Variablen *typ* und *größe* müssen mit aktuellen Werten vorbelegt sein. Das System entscheidet intern über die Verteilung oder Replikation des Tupels auf bestimmten Rechnerknoten.

Die Operation

read ("Werkstück", 17, x)

versucht, ein Tupel mit dem Namen *Werkstück* vom Typ Nr. *17* im Datenraum zu finden und in das Anwendungsprogramm einzulesen. Falls ein solches Tupel vorliegt, wird seine dritte Komponente gelesen und der Variablen *x* zugewiesen. Das Tupel verbleibt im Datenraum. Falls kein Tupel mit den ersten beiden gegebenen Komponenten verfügbar ist, wird der Aufrufende blockiert, bis ein solches in den Datenraum eingefügt wird. Falls mehrere entsprechende Tupel verfügbar sind, wird eines davon zufällig ausgewählt. Die Operation

in ("Werkstück", 17, x)

führt die gleiche Aktion (Einlesen eines Tupels) durch, entfernt aber das Tupel aus dem Datenraum. Auf der Basis dieser einfachen Operationen lassen sich komplexe verteilte Programme schreiben, deren Komponenten stets einen indirekten Datenaustausch über den Datenraum vornehmen. Allerdings wird keine Typsicherheit geboten, d.h. es kann nicht von einem Compiler überprüft werden, ob der Aufbau eines einzufügenden Tupels überhaupt einem zulässigen Typ entspricht.

Alle Systeme unterstützen die nebenläufige Verarbeitung durch Prozesse, wobei allerdings die Anzahl der Prozesse in den Sprachen *CSP* und *DP* statisch zur Übersetzungszeit festgelegt werden muß. Einige Sprachen wie zum Beispiel *Occam* bieten außerdem spezielle Konstrukte wie *parbegin* an, die die Spezifikation von nebenläufig auszuführenden Anweisungen erlauben. Dabei werden dann implizit mehrere Prozesse erzeugt.

Zahlreiche Sprachen ermöglichen das nichtdeterministische Empfangen von Nachrichten oder Aufrufen. Die verschiedenen Sprachkonstrukte hierfür werden oft unterschiedlich bezeichnet, so z.B. als *Select*-Anweisungen, *ALT(ernative)*-Konstrukte, *Guarded Commands* oder *Guarded Regions*, sie haben aber durchweg eine ähnliche Syntax und Semantik gemäß der obigen Erläuterungen am Beispiel von CSP (s. nichtdeterministisches Empfangen).

Um Fehlertoleranz zu ermöglichen, bieten *Conic* und *Lady* Mechanismen zur dynamischen Rekonfiguration auf der Basis einer verteilten Konfigurationsverwaltung. Damit können beispielsweise bei Ausfall eines Rechnerknotens die darauf ablaufenden Prozesse an einer anderen Lokation neu gestartet werden; entsprechende Anweisungen können in einer separaten Konfigurationssprache definiert werden. *ADA* unterstützt die Signalisierung und Behandlung von Ausnahmen, wenn zum Beispiel ein Fehler bei einer Operationsausführung gemeldet wird oder ein Timeout beim Warten auf eine Nachricht abläuft. Allerdings müssen die korrigierenden Reaktionen dabei von der Anwendung selbst spezifiziert werden. Auch die Sprache *SR* ermöglicht eine solche Ausnahmebehandlung, wobei aber das System zusätzlich noch bestimmte Anwendungskomponenten durch *Fehlermonitore* auf Fehler überwacht und dann automatisch Ausnahmen auslösen kann. Eine Erweiterung von *Concurrent C* erlaubt die Replikation von Prozessen und damit auch die replizierte Operationsausführung. Eine Operation ist damit erfolgreich, solange mindestens ein Replikat erfolgreich terminiert. Im System *Argus* kann auf Fehler reagiert werden, indem Transaktionen zurückgesetzt und gegebenenfalls wiederholt werden. In jedem Fall ist garantiert, daß eine fehlerhafte Operation keine Effekte hinterläßt. Die objektorientierten Systeme *Emerald* und *Distributed Smalltalk* erlauben eine Reaktion auf *angekündigte* Systemausfälle, indem zuvor alle relevanten Objekte eines Rechnerknotens auf andere Knoten verlagert (migriert) werden. Allerdings kann dieser Ansatz bei nicht angekündigten Ausfällen nicht verwendet werden. Bestimmte Implementierungen von *Linda* erlauben die interne Replikation von Tupeln des verteilten Datenraumes, so daß der Ausfall von Rechnerknoten teilweise toleriert werden kann.

Insgesamt wurde deutlich, daß fast alle verteilten Programmiersprachen Unterstützung für verteilte Kommunikation, Nebenläufigkeit und teilweise Nichtdeterminismus bieten und auch begrenzt Methoden zur Fehlerbehandlung und zur Erzielung von Fehlertoleranz bereitstellen. Die verglichenen Sprachen sind dabei nur ein kleiner Auszug aus der Fülle der verteilten Programmiersprachen; dabei muß allerdings gesagt werden, daß die meisten dieser Sprachen nur Forschungs-Prototypen sind und bisher keine sehr weite Verbreitung gefunden haben.

Auf einzelne Sprachen und zugehörige Systeme wird in den nachfolgenden Kapiteln genauer eingegangen, wenn die Konzepte des RPC, der verteilten objektorientierten Systeme und der verteilten Konfigurationsverwaltung näher erläutert werden.

5 Remote Procedure Call

Der Remote Procedure Call (RPC) ist ein inzwischen recht weit verbreiteter Mechanismus zur Programmierung verteilter Anwendungsprogramme auf der Basis verteilter Systeme. In seiner einfachsten Form erlaubt der RPC den Fernaufruf einer Prozedur durch einen Klienten bei einem Server auf einem anderen Rechner [HOF86]. Dabei können Eingabe- und Ausgabeparameter wie bei lokalen Prozeduraufrufen übergeben werden. Generell wird häufig angestrebt, den RPC syntaktisch und semantisch möglichst stark dem lokalen Prozeduraufruf anzugleichen, ihn also verteilungstransparent zu gestalten. Allerdings kann in der Praxis nur eine begrenzte Verteilungstransparenz des RPC erreicht werden. Dennoch wird dem Entwickler einer verteilten Anwendung durch den RPC ein vertrauter, einfach zu handhabender Mechanismus angeboten.

Im folgenden werden zunächst die Grundlagen des RPC diskutiert, um dann auf zahlreiche Detailaspekte wie zum Beispiel die Zuordnung von RPC-Aufrufen zu ausführenden Servern (Bindevorgang), die verteilte Abwicklung von RPCs zur Laufzeit, die Transparenzproblematik des RPC oder die Behandlung von Systemfehlern während einer RPC-Ausführung einzugehen. Außerdem werden einige aktuelle Erweiterungen des RPC vorgestellt, um beispielsweise Massendatentransfer mittels RPCs effizienter durchzuführen, Sicherheitsaspekte in offenen Systemen zu behandeln, RPCs über Weitverkehrsnetze abzuwickeln oder heterogene RPC-Implementierungen zu koppeln. Schließlich wird auch noch kurz auf aktuelle Standardisierungsbestrebungen im Bereich des RPC eingegangen.

5.1 Grundlagen des RPC

Im folgenden wird zunächst der Begriff des RPC genauer definiert und der Ablauf eines RPC zur Laufzeit schematisch erläutert. Außerdem wird eine Abgrenzung gegenüber dem einfachen Nachrichtenaustausch gegeben. Im Anschluß daran werden dann weitere technische Aspekte im Detail erläutert.

5.1.1 Begriffsdefinition

Eine der ersten umfangreichen wissenschaftlichen Arbeiten über den RPC ist die Dissertation von Nelson [NEL81], in der der Begriff des RPC definiert wird als

"... die synchrone Übergabe des Kontrollflusses auf der Ebene der Programmiersprache zwischen Programmen, die sich in unterschiedlichen Adreßräumen befinden und über einen schmalen Kanal Daten in Form von Aufrufparametern und Ergebnissen austauschen."

Diese Definition legt bereits zahlreiche wichtige Details des RPC fest: Die Übergabe des Kontrollflusses in Form eines entfernten Prozeduraufrufes ist zunächst generell *synchron*, d.h. der aufrufende Klient blockiert so lange, bis er vom aufgerufenen Server eine Rückmeldung nach Ende der entfernten Prozedurbearbeitung erhält. Die Übergabe des Kontrollflusses findet auf Ebene der *Programmiersprache* statt, d.h. RPC-Aufrufe sind üblicherweise syntaktisch und semantisch in eine Programmiersprache eingebettet. Da sich die kommunizierenden Programme, also Klient und Server in *verschiedenen Adreßräumen* befinden, können keine netzweit eindeutigen Speicheradressen vorausgesetzt werden, d.h. Aufrufparameter und Ergebnisse können nicht ohne weiteres Zeiger auf lokale Datenstrukturen umfassen. Mit der Bezeichnung *schmaler Kanal* wird schließlich noch ausgesagt, daß die RPC-Kommunikation über einen speziellen Interaktionspfad stattfindet, der generell nicht so leistungsfähig ist wie die lokalen Interaktionsmechanismen innerhalb eines Rechners oder gar innerhalb eines Adreßraumes. Im allgemeinen wird dieser Interaktionspfad auf unterliegende Basismechanismen zum entfernten Datentransport mittels Nachrichten abgebildet (s. Abschnitt 4.1).

Nelson sieht sein wichtigstes Ziel darin, dem Programmierer einen transparenten Mechanismus zur Verfügung zu stellen, um so verteiltes Rechnen so einfach wie möglich zu machen. Der Programmierer soll beim Erstellen des Programmes nicht berücksichtigen müssen, daß es in einer verteilten Umgebung ablaufen kann. So soll er im Programm keine Vorkehrungen, wie z.B. Ausnahmebehandlungen gegen Fehlerfälle der Übertragung treffen müssen, wie dies unter Verwendung expliziter Primitive eines konventionellen, nachrichtenorientierten Systems notwendig wäre. Zur Transparenz gehört auch, daß der Umfang der Sprache, in die der RPC eingebettet ist, nicht eingeschränkt wird. Soll der RPC als allgemeines Programmierparadigma verwendet werden, so darf der Programmierer weder auf eine Untermenge der Sprache noch auf einen besonderen Programmierstil eingeschränkt werden. Die Erfüllung dieser Kriterien soll daran meßbar sein, wie einfach man ein Programm, welches für eine lokale Umgebung entwickelt worden ist, auf eine verteilte Umgebung portieren kann. Daß der RPC nicht den Programmierstil beeinflußt und sehr flexibel gegenüber Umgebungsänderungen ist, unterscheidet ihn besonders von den Primitiven der Nachrichtenübertragung, wie später noch gezeigt wird.

5.1.2 Grundlegender Ablauf eines RPC

Abbildung 5-1 zeigt den grundlegenden Ablauf eines RPC. Beim Aufruf einer entfernten Prozedur durch ein Anwendungsprogramm wird der aufrufende Prozeß in den Wartezustand versetzt und die Parameter werden in geeigneter Form über ein Kommunikationsnetz zur Zielumgebung in Form von Nachrichten übertragen. Daraufhin wird die Prozedur dann dort innerhalb des Serverprogrammes gestartet und abgearbeitet. Wenn die Prozedurausführung zu Ende ist und die Ergebnisse vorliegen, werden sie anschließend über das Netz zum Klienten zurückgeschickt. Dieser fährt dann wie nach der Rückkehr eines einfachen lokalen Prozeduraufrufs mit der weiteren Ausführung des Programmes fort.

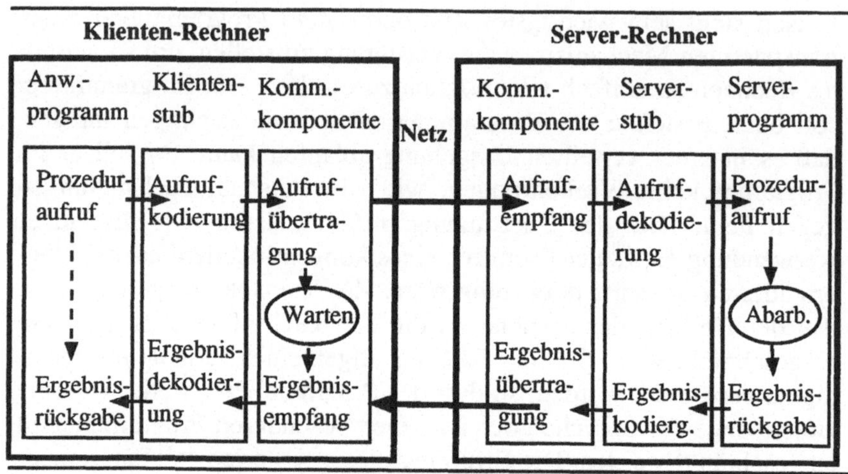

Abb 5-1 Genereller Ablauf eines RPC

Um einen Aufruf sowie die Parameter über das Netz übertragen zu können, muß eine geeignete Kodierung durchgeführt werden, bei der die entsprechenden Daten in eine flache Repräsentation transformiert werden. Diese Kodierung wird durch den sogenannten Klienten-Stub realisiert. Die Stub-Komponente verwendet hierzu Beschreibungsinformation, die sie aus der Spezifikation der Prozedurschnittstelle gewinnt (s. Abschnitt 5.2). Die korrespondierende Aufrufdekodierung auf Seiten des Servers wird durch eine Server-Stub-Komponente durchgeführt. In gleicher Form erfolgt schließlich die Kodierung und Dekodierung der Ergebnisse nach Abarbeitung des Aufrufs. Um die Stub-Komponenten von den speziellen Eigenschaften des zugrundeliegenden Kommunikationssystems unabhängig zu machen, wird der gesamte Nachrichtenaustausch zur Abwicklung eines RPC von speziellen Kommunikationskomponenten des Klienten und des Servers abgewickelt. Diese verwenden dazu wiederum die Transportdienste des Kommunikationssystems.

5.1.3 Abgrenzung zum einfachen Nachrichtenaustausch

Um die generellen Eigenschaften des RPC noch deutlicher zu machen, wird im folgenden eine Abgrenzung gegenüber dem einfachen Nachrichtenaustausch durchgeführt. Primär gilt, daß der RPC nach Nelsons Definition ein Verfahren zum synchronen Datenaustausch ist. Der Rufende wartet, bis das Ergebnis zurückgeliefert wird. Der Nachrichtenaustausch ist dagegen inhärent asynchron: Nachrichten werden zum Empfänger gesendet, wobei der Rückerhalt eines Ergebnisses separat durch eine weitere Nachricht in entgegengesetzter Richtung organisiert werden muß. Damit ist der zweite große Unterschied offensichtlich: Beim RPC genügt ein Sprachprimitiv zur beidseitigen Kommunikation, für den Nachrichtenaustausch werden zwei Primitive benötigt: SEND und RECEIVE. Diese Primitive sind zwar einfacher und effizienter implementierbar als ein RPC, jedoch wird dem Anwendungsprogrammierer durch zwei Primitive die Aufgabe auferlegt, die Zuordnung einer RECEIVE-Nachricht zu einem vielleicht nicht direkt vorangegangenen SEND vorzunehmen. Dies bedeutet, daß der Programmierer selbst für die Synchronisation beider Primitive sorgen muß. Wie später deutlich wird, ist die garantierte Einhaltung der Reihenfolgebeziehungen von Aufrufen und zugeordneten Ergebnisrückgaben beim generellen RPC wie auch beim erweiterten asynchronen RPC ein wesentlicher Vorteil gegenüber dem asynchronen Nachrichtenaustausch. Ein weiterer wichtiger Vorteil des RPC ist die Transparenz der Aufrufkodierung für den Anwender. Beim Nachrichtenaustausch müssen dagegen die Übertragungsnachrichten explizit konfiguriert werden.

Deutliche Vorteile des Nachrichtenaustauschs gegenüber dem synchronen RPC liegen jedoch darin, daß gleich mehrere Nachrichten versendet werden können, ohne auf eine Rückantwort warten zu müssen. Außerdem kann ein aufgerufener Server mit der Rücksendung umfangreicher Ergebnisdaten beginnen, sobald Teile davon schon vorliegen; beim RPC muß der Server dagegen damit bis zur vollständigen Berechnung des Ergebnisses warten. Somit wird durch Nachrichtenaustausch direkte Nebenläufigkeit betont. Ein anderer Vorteil ist, daß der Programmierer beim Nachrichtenaustausch die volle Gewalt über den Adressierungsmechanismus besitzt. So kann flexibel bestimmt werden, ob physische, logische, Gruppen- oder Broadcast-Adressierung verwendet wird. Dies ist allerdings ein

Aspekt, der im RPC-Konzept absichtlich verborgen bleiben soll und somit nur eingeschränkt als Vorteil für spezielle Anwendungen gesehen werden kann.

Sehr deutlich werden die Unterschiede der beiden Mechanismen, wenn man ihre Garantien bezüglich Fehlerfällen betrachtet. Während ein erfolgreicher RPC genau einmal beim Server ausgeführt wird (exactly-once-*execution)*, garantiert eine erfolgreiche Nachrichtenübertragung lediglich die Auslieferung der Nachricht (exactly-once-*delivery)*. Es wird dabei also keine Aussage über die Anzahl der Ausführungen der damit verbundenen Operationen gemacht. Entsprechend diesen Betrachtungen kann man für beide Mechanismen Fehlerklassen definieren, die ihre semantischen Eigenschaften in bezug auf Fehlerfälle der beteiligten Rechner und des Kommunikationssystems beschreiben (s. auch Abschnitt 5.4). Dabei stellt man fest, daß die Menge der Fehlerklassen des RPC beim Nachrichtenaustausch in drei getrennte, den einzelnen Primitiven SEND und RECEIVE sowie der Operationsausführung zugeordnete Fehlerklassenmengen zerfällt. Diese Fehlerklassenmengen sind dabei voneinander unabhängig und es ist daher schwer, exakte Aussagen über das Fehlerverhalten eines Nachrichten-basierten Kommunikations-Szenarios zu machen.

5.2 Der Bindevorgang beim RPC

Bevor ein Klient einen entfernten Aufruf an einen Server absetzen kann, muß überhaupt erst festgelegt werden, welche Server hierfür in Frage kommen und schließlich einer der möglichen Server ausgewählt werden. Diesen Vorgang bezeichnet man auch als *Binden* eines Prozeduraufrufs zu einem Ausführungsserver.

5.2.1 Beschreibung von RPC-Schnittstellen

Ein Prozeduraufruf kann im Rahmen des Bindevorgangs nur einem solchen Server zugeordnet werden, der die gewünschte Prozedur auch tatsächlich zur Verfügung stellt, also implementiert. Damit ein

Klient geeignete Server lokalisieren kann, müssen daher Schnittstellenbeschreibungen für die im verteilten Gesamtsystem angebotenen Prozeduren vorliegen und entfernt zugänglich gemacht werden. Eine Schnittstellenbeschreibung umfaßt im allgemeinen den Namen einer Prozedur sowie die Typen ihrer Ein- und Ausgabeparameter. Falls dies durch die verwendete Programmiersprache unterstützt wird, kann sie außerdem auch eine Liste der möglichen Ausnahmen umfassen, die im Rahmen einer Ausnahmebehandlung zulässig sind. Die Gesamtheit dieser Information wird auch als *Signatur* einer Prozedur bezeichnet.

Schnittstellenbeschreibungssprachen

Neben der Möglichkeit, die Konformität einer angebotenen Prozedur mit der gewünschten Prozedur zu prüfen, werden diese Schnittstellenbeschreibungen auch zur automatischen Generierung der Stub-Komponenten verwendet. Aus diesem Grunde reichen die Angaben zu Prozedurschnittstellen in Programmiersprachen wie zum Beispiel *C* nicht aus, um sie direkt für ein RPC-System zu verwenden. So wird dort beispielsweise nicht explizit zwischen Ein- und Ausgabeparametern unterschieden. Außerdem lassen sich viele Datentypen nicht eindeutig interpretieren; ein einfacher Zeiger (*char** oder *void**) kann zum Beispiel auf einen einfachen Buchstaben, auf eine Null-terminierte Zeichenfolge oder auf einen untypisierten Speicherbereich von spezieller Größe verweisen. Daher verwenden die meisten bekannten RPC-Systeme eigene Schnittstellen-Beschreibungssprachen, die die Spezifikation der entsprechenden Details erlauben. Dies soll kurz am Beispiel der Sprache *Matchmaker* [JRT85] erläutert werden, die zum RPC des Systems *MACH* [JOR86] gehört. Diese Sprache erlaubt neben den üblichen Typ- und Prozedurdefinitionen auch die explizite Unterscheidung zwischen Ein- und Ausgabeparametern, die Beschreibung von Parametern variabler Größe mit Größenangabe zur Laufzeit und die Spezifikation von Ausnahmen, die durch aufgerufene Prozeduren signalisiert werden können.

```
Constant MaxStringLength = 100;
Type WerkstückBeschreibung = packed array [*] of Character; // variables Array
     Werkstück = record
               typ : Byte;
               name : packed array [MaxStringLength] of Character;
          end record;

RemoteProcedure BeschaffeWerkstück (
     in   wb [ n ] : WerkstückBeschreibung; // Eingabeparameter: Beschreibung d.
                                            // Werkstücks ( mit Angabe der
                                            // Feldgröße zur Laufzeit )
     in   suchArt : Integer;              // Eingabeparameter zur Kontrolle der Suche
     out ws : Werkstück;                  // Ausgabeparameter: Beschafftes Werkstück
     ) : Boolean;                         // Rückgabe einer Statusanzeige

AlternateReply BeschreibungsFehler, LaufzeitFehler; // mögliche Ausnahmen
```

Abb 5-2 Beispiel einer Schnittstellenbeschreibung mit Matchmaker

Abbildung 5-2 zeigt ein entsprechendes Beispiel einer einfachen Schnittstellenbeschreibung in der Sprache Matchmaker. Dabei wird die Prozedurschnittstelle zur Beschaffung eines Werkstücks aus einem Lager aus der Abschnitt 1.3 eingeführten Beispielanwendung definiert. Die Prozedur wird in der konkreten Anwendung von den *Lager*-Modulen als Server angeboten und von *Maschinen* bzw. von der *Fertigungskontrolle* als Klienten aufgerufen (hier nicht gezeigt). Jedes der beteiligten Module muß über die gegebene Schnittstellenbeschreibung verfügen. In ihr werden zunächst die erforderlichen Datentypen *WerkstückBeschreibung* und *Werkstück* definiert. Die Prozedur *BeschaffeWerkstück* selbst hat dann drei Parameter; eine Beschreibung des gewünschten Werkstücks sowie ein Parameter zur Steuerung des Suchvorgangs werden eingegeben und bei erfolgreichem Auffinden eines entprechenden Werkstücks wird dieses als Ausgabeparameter zurückgeliefert. Außerdem zeigt die Prozedur durch einen booleschen Rückgabewert an, ob ein Werkstück beschafft werden konnte. Bestimmte Ausnahmen signalisieren, ob die Werkstückbeschreibung unzulässig war oder ob ein erkannter Laufzeitfehler bei einer der beteiligten Komponenten auftrat. Eine Besonderheit ist die Parametrisierung der Feldgröße der Werkstückbeschreibung zur Laufzeit; auf diese Weise kann flexibel mit Beschreibungen von sehr unterschiedlichem Umfang gearbeitet werden und dennoch eine vollautomatische Stub-Bearbeitung erfolgen.

Ein vergleichbarer Mechanismus ist im System *Cedar* zu finden. Das Stub-Generator-Programm *Lupine* erzeugt dort auf der Basis einer Modulbeschreibung in der Sprache *Mesa* automatisch Klienten- und Server-Stubs. Dieser Ansatz integriert die Schnittstellenbeschreibung direkt in die Programmiersprache, wodurch Redundanz vermieden wird. Dagegen ermöglicht Matchmaker aber die Koexistenz verschiedener Programmiersprachen, was vor allem in heterogenen verteilten Systemen von Bedeutung ist (s. Abschnitt 5.10.2).

Port-Konzept
Um zu verhindern, daß entfernte Programme unkontrolliert auf eigene Prozeduren zugreifen können, wurde für einige RPC-Systeme ein sogenanntes Port-Konzept entwickelt. Jede Einheit macht für jede exportierte Prozedur einen Port bekannt, über den diese ausschließlich aufgerufen werden kann. Im Gegensatz zum Portkonzept, wie es für den Nachrichtenaustausch mit Sprachintegration beschrieben wurde, adressieren hier Klient und Server denselben Port. Ein Port ist formal ein einfacher Wert und ist gleichbedeutend mit der Fähigkeit, eine Prozedur aufrufen zu können. Ein wichtiger Aspekt ist, daß Ports damit als vollwertige Objekte behandelt werden. Das bedeutet, daß sie nicht nur verwendet werden, um statisch die möglichen Kommunikationsbeziehungen zu definieren, sondern auch dynamisch als Argumente oder Ergebnisse von RPCs übertragen werden können. Ein Beispiel für die dynamische Weitergabe von Ports ist eine Anfrage an einen Auskunftsdienst, wo z.B. ein spezieller Formatierer erreichbar ist. In diesem Fall kann der Auskunftsdienst mit der Rückgabe der Ports aller ihm bekannten Formatierdienste antworten. Durch die Möglichkeit der Port-Weitergabe wird auch eine dezentrale Registrierung von Diensten erleichtert; dadurch kann gegebenenfalls auf ein zentrales Verzeichnis verzichtet werden, was aus Laufzeit- und Zuverlässigkeitsgesichtspunkten von besonderer Wichtigkeit in verteilten Systemen ist.

Abgesehen von der dynamischen Weitergabe von Ports muß auch die Möglichkeit ihrer dynamischen Erzeugung beachtet werden. Für ein flexibles System ist es wichtig, daß auch während des Ablaufs eine Möglichkeit besteht, einen neuen Anwendungsdienst einzurichten.

Das bedeutet, daß eine vorher nicht exportierte Prozedur nun bekannt gemacht wird, indem für sie ein Port eingerichtet und als Ergebnisparameter zurückgegeben wird.
Eine detaillierte Darstellung des Port-Konzeptes erfolgt in [LIS88]; die Hervorhebung von Prozedurbenennungen als vollwertige, transferierbare Objekte wird bei [GIG88] im *Channel*-Konzept betont. Ein Vergleich mit dem objektorientierten Ansatz (s. Kapitel 6) zeigt, daß dort die eben beschriebenen Möglichkeiten implizit durch Referenzen realisiert sind, welche beliebig ausgetauscht werden können, wenn ein übergreifender verteilter Adressierungmechanismus zugrunde liegt.

Export und Import von RPC-Schnittstellen
Um ein Binden zwischen Klienten und Servern zu ermöglichen, muß zunächst ein Server eine entsprechende Prozedur in Form ihrer Schnittstellenbeschreibung *exportieren*, d.h. Klienten den Zugriff auf die Prozedur ermöglichen. Dies kann je nach Implementierung auf verschiedene Art und Weise erfolgen, z.B. durch Eintrag in eine für den Server lokale Export-Tabelle, durch Meldung an eine zentrale Verwaltungsinstanz oder durch direktes Informieren einer Menge von Servern. In jedem Fall muß die Prozedur beim Export so bekannt gemacht werden, daß die Lokalisierungsstrategie eines potentiellen Klienten erfolgreich ist. Beim Import muß die gewünschte Prozedur vom Klienten gemäß den vorhandenen Benennungskonventionen spezifiziert und über ein verteiltes Lokalisierungsverfahren ermittelt werden. Steht schließlich der anbietende Server und die Prozedurinstanz fest, so erfolgt noch die Überprüfung der Parameter auf Typ-Kompatibilität.

Benennung gewünschter Prozeduren
Die einfachste Art der Benennung gewünschter Prozeduren durch Klienten ist ihre direkte, eindeutige Bezeichnung im Anwendungsprogramm, wie es auch im lokalen Fall geschieht. Bei entfernten Prozeduren würde dann der Binder merken, daß die verlangte Prozedur nicht lokal definiert ist und kann dann transparent für den Benutzer einen Aufruf des RPC-Bindemechanismus an der entsprechenden Stelle einfügen.

Die direkte Benennung der Prozedur kann aber für ein sich dynamisch entwickelndes System zu unflexibel sein. Lockert man in diesem Punkt die Transparenzforderung und erlaubt es dem Programmierer, lediglich einen Dienst zu spezifizieren, den ihm ein bestimmter Typ von Prozedur erbringen soll, so kann man darauf verzichten, sich auf einen eindeutigen Prozedurnamen festzulegen. In [BIN84] wird vorgeschlagen, die Benennung durch Bezeichner auf Typebene zu erweitern: Das aufrufende Programm gibt dem Lokalisierungsmechanismus lediglich den Typ des Dienstes an, z.B. *Datei-Server*, und wird von ihm z.B. mit der Export-Schnittstelle einer bestimmten Version des lokalen Dateiservers verbunden. Im Gegensatz zur Instanzbenennung bietet diese Typbenennung eine größere Flexibilität gegenüber sich verändernden Programmen und Umgebungen, eine weitergehende Unterstützung durch die Lokalisierungsmechanismen ist jedoch in diesem Fall notwendig. Auch kann dadurch eine bessere Auslastung verteilter Betriebsmittel gewährleistet werden, indem die Lokalisierungsinstanz Anfragen nach einem bestimmten Diensttyp auf alle Instanzen dieses Typs gleichmäßig verteilen kann.

5.2.2 Lokalisierung

Aus der Angabe einer gewünschten Prozedur nach einem der oben genannten Schemata muß nun schließlich auch die momentane Adresse des Servers und seines Rechners ermittelt werden, der sie exportiert.

Programmierte Ortsangabe
Die einfachste, aber zugleich schlechteste und unflexibelste Lösung besteht darin, daß die Ortsangabe der gewünschten Prozedur als vollständige Netzadresse schon im Anwendungsprogramm kodiert ist; dies wird auch als *statisches Binden zur Übersetzungszeit* des Programmes bezeichnet. Diese sehr frühe Festlegung der Lokation ermöglicht jedoch keinerlei Lokationstransparenz; es wird eine vollkommen statisch verteilte Umgebung vorausgesetzt bzw. es sind ständige Programmanpassungen bei Umgebungsänderungen erforderlich. Trotzdem wird sie im *Cedar*-System [BIN84] offenbar aus Effizienzgründen als Zusatzmöglichkeit angeboten.

Broadcast
Eine ganz andere, vollkommen dezentrale Möglichkeit der Lokalisierung besteht darin, einen Verteilruf (Broadcast) von einem Klienten an alle Stationen im Netz zu senden und darauf zu warten, daß die

exportierende Station sich meldet. Interessant kann dieses Verfahren bei Netzen sein, die mediumbedingt den Verteilruf unterstützen, wie z.B. das Ethernet. Damit aber nicht zuviel Kommunikation mit Unbeteiligten betrieben wird, ist die Anwendbarkeit dieses Lokalisierungsverfahrens auf kleine, isolierte Netze eingeschränkt und schließt eine Kommunikation über Weitverkehrsnetze oder über einen Netzverbund wie das *Internet* aus. Die Lokalisierung durch Broadcast kann entweder schon beim Start einer Anwendung (*dynamisches Binden zur Initialisierungszeit*) oder erst direkt mit dem Absetzen eines Aufrufs (*dynamisches Binden zur Laufzeit*) erfolgen.

Directory-Dienst

Am weitesten verbreitet ist die Verwendung eines Datenbanksystems bzw. Directory-Dienstes, um Informationen bereitzustellen, welcher Dienst bzw. welche Prozedur an welchem Ort zu finden ist. In [BIN84] wird ein solches Konzept mit Hilfe des verteilten Datenbanksystems *Grapevine* [BLN82] realisiert, das als verteilter Directory-Dienst eingesetzt wird. Dadurch, daß man die Lokalisierungsinformation verteilt hält, überwindet man den Engpaß, den eine zentrale Auskunftsinstanz im Netz darstellen würde. In Grapevine werden die Einträge außerdem repliziert gehalten, um so Anfragen besonders schnell und effizient beantworten zu können. Der Export einer Prozedur schlägt sich also in diesem Fall in einem oder mehreren Einträgen in der verteilten Datenbank nieder. Um einen Import durchzuführen, kann eine Anfrage an die Datenbank entweder mit einer direkten Ortsangabe für den gewünschten Dienst beantwortet werden, oder es kann dem importierenden Klienten eine Referenzliste aller möglichen Server für diesen Dienst angeboten werden. Die Lokalisierung kann wie bei Broadcast-Verfahren zur Initialisierungszeit oder zur Laufzeit erfolgen.

Abbildung 5-3 zeigt ein konkretes Beispiel für den Bindevorgang auf der Basis eines Directory-Servers. Ein Server exportiert zunächst die o.g. Prozedur *BeschaffeWerkstück* und informiert dabei den Directory-Server, der die Schnittstelleninformation in seine Verwaltungstabelle einträgt. Anschließend wendet sich ein Klient mit einer korrespondierenden Import-Anfrage an den Directory-Server. Dieser liefert ihm die Adresse des anbietenden Servers. Danach kann noch eine optionale Interaktion zwischen Klient und Server erfolgen, um eine interne Binde-Nummer für die Prozedur zu vereinbaren. Diese

Nummer dient später zum effizienteren Aufruf der Prozedur durch den Server. Danach können RPC-Aufrufe durch Angabe des Prozedurnamens oder der Binde-Nummer erfolgen.

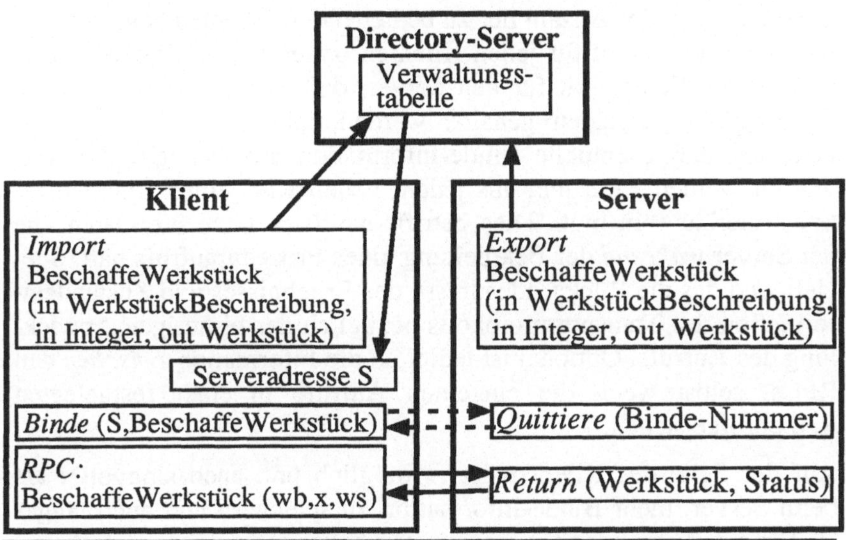

Abb 5-3 Beispiel eines RPC-Bindevorganges

Mit Grapevine wurde auch das Benennungsverfahren durch Angabe des Typs eines Dienstes realisiert, wie es im vorangegangenen Abschnitt vorgestellt wurde. Die Datenhaltung ist damit zweistufig: zu jedem Dienst werden Verweise auf alle ihn implementierenden Instanzen gesammelt und zu jeder Instanz die entspechende Rechneradresse. Ein Vorteil der Lokalisierung mit einem Datenbanksystem ist, daß dieses eine günstige Stelle ist, um Schutzaspekte und Zugriffsrechte auf Prozeduren mit den bekannten Verfahren der Datenbanktechnik zu realisieren. Auch kann man das Datenbanksystem als Schlüsselvergabeinstanz bei chiffrierter Kommunikation benutzen. Auf diesen Aspekt wird in Abschnitt 5.9 noch eingegangen.

5.2.3 Optimierung des Bindevorgangs

Normalerweise wird keine Verbindungsinformation zwischen einem Klienten und einem Server, die über RPC miteinander kommunizieren, gehalten. Dies ist schon deshalb nicht ratsam, da ein Server prinzipiell nicht in der Anzahl der zu bedienenden Klienten begrenzt sein soll und daher nicht für jeden Klienten beliebig viele Daten ansammeln kann. Ferner gilt für den Server, daß alle Daten, die aus Effizienzgründen trotzdem gehalten werden, optional sein müssen. Das bedeutet, daß eventuelle Binde-Information aus Platzgründen verworfen werden kann und aus jedem neuen RPC eines Klienten rekonstruierbar sein muß. Dies betrifft natürlich nicht die Daten, die der Server *während* der Bearbeitung eines Prozeduraufrufs hält. Speziell sind das die Rücksendeadresse des Ergebnisses und Zustandsinformation des Transportprotokolls bezüglich der bisherigen Abwicklung des Aufrufs. Optional ist lediglich die Information *zwischen* den RPCs, selbst wenn die einzelnen Aufrufe in einer festgelegten Reihenfolge stehen.

Auf der Seite des Klienten ist es möglich und auch sinnvoller als beim Server, mehr Binde-Information zu speichern und auch länger als für den Ablauf des Programmes zu halten. Dies wurde im obigen Beispiel ausgenutzt, wo der Klient eine vom Server vergebene Binde-Nummer speichert. Solche Binde-Information eines Programmes kann auch anderen, auf dem gleichen Rechner ablaufenden Programmen zugänglich gemacht werden. Wenn dabei der Rechner für alle Programme gemeinsam Binde-Daten verwaltet, kann er damit die Anzahl der Lokalisierungsanfragen an einen Directory-Server gering halten, indem er feststellt, daß eine Anfrage schon einmal durchgeführt wurde und er das Ergebnis noch bereithält [OTO87]. Bei solchen Optimierungen muß jedoch berücksichtigt werden, daß die gehaltene Information veraltet sein kann. Dies kann bei einer Rekonfiguration der Server-Struktur der Fall sein, wenn zum Beispiel neue Server-Adressen vergeben werden. Es muß also immer möglich sein, eine erneute Lokalisierungsanfrage über den Directory-Dienst durchzuführen.

5.3 Abwicklung von RPCs zur Laufzeit

Der RPC-Mechanismus soll nach außen hin möglichst von allen Merkmalen einer entfernten Ausführung abstrahieren; da sich die aufzurufenden Prozeduren aber auf einem entfernten Rechner befinden, müssen RPC-Aufrufe zur Laufzeit durch die Stub-Komponenten kodiert werden und von den Kommunikationskomponenten mit Hilfe der Basisprimitive *SEND* und *RECEIVE* übertragen werden. Dabei wird üblicherweise ein zugrundeliegendes Transportprotokoll eingesetzt. Eine weitere wichtige Aufgabe zur Laufzeit ist die Verteilung ankommender Aufrufe an ausführende Prozesse auf der Seite des Servers. Diese verschiedenen Aspekte werden im folgenden näher erläutert.

5.3.1 Kodierung von Übertragungsdaten

Beim RPC wird zunächst wie im lokalen Fall ein syntaktisch gleichlautender Aufruf vom Anwendungsprogramm abgesetzt, der aber an den Klienten-Stub weitergereicht wird und dort eine zugehörige *Stub-Routine* aktiviert. Diese Routine wurde zur Übersetzungszeit durch einen *Stub-Generator* auf der Basis einer Schnittstellenbeschreibung erzeugt (s. Abschnitt 5.2). Die Stub-Routine hat Zugriff auf den Parameter-Keller des ursprünglichen Aufrufs und kodiert nun die einzelnen Parameter in Form einer flachen Speicherrepräsentation. Dazu müssen beispielsweise Parameter von variabler Struktur oder Länge wie im obigen Beispiel gesondert behandelt werden, indem die korrekte Datenmenge von der entsprechenden Speicheradresse kopiert wird [HEL82]. Die gesamten kodierten Parameterdaten werden schließlich noch um die Bindungskennung, die Ortsangabe des Servers und die Spezifikation der Zielprozedur ergänzt. Die Dekodierung eines eintreffenden Aufrufs auf der Seite des Servers erfolgt analog über eine korrespondierende Stub-Routine; auch diese wurde unter Verwendung der Schnittstellenbeschreibung generiert. Gleiches gilt für die Kodierung und Dekodierung der Ergebnisdaten eines Aufrufs.

Kodierung in heterogenen Rechnersystemen

In heterogenen Rechnersystemen mit unterschiedlichen Datenrepräsentationen auf den einzelnen Rechnerknoten besteht zusätzlich die

Notwendigkeit, die übertragenen Daten an das jeweilige Format anzupassen. So kann es zum Beispiel erforderlich sein, Zeichenfolgen in ASCII-Repräsenation in ein EBCDIC-Format zu transformieren, das auf einem anderen Rechnerknoten verwendet wird. Dies kann generell durch direkte Konvertierungsfunktionen zwischen den einzelnen Formaten oder durch Verwendung eines gemeinsamen Transferformates geschehen. Im letzteren Falle sind lediglich 2n Konvertierungsfunktionen von den lokalen Formaten in das Transferformat und umgekehrt erforderlich; bei direkter Konvertierung sind es dagegen n*n Funktionen. Allerdings kann eine direkte Konvertierung effizienter implementiert werden, da nur ein Konvertierungsvorgang pro Aufruf oder Rückmeldung erforderlich ist. Der von der ISO (International Standards Organization) hierfür standardisierte Ansatz basiert auf einem gemeinsamen Transferformat (*Transfersyntax*). Die zugehörige uniforme Beschreibung von Datenstrukturen wird dabei in der Beschreibungssprache *ASN.1* [ASN85] gegeben.

5.3.2 Zugrundeliegende Transportmechanismen

Nach der Kodierung müssen die vorliegenden Daten in Form von Kommunikationspaketen sicher, zuverlässig und effizient mittels eines Transportprotokolls zum Server übertragen werden.

Ziele bei der Auswahl eines Transportprotokolls für den RPC
Um den RPC mit seinen bereits vorgestellten Charakteristika durchgehend effizient zu realisieren, muß das Transportprotokoll auf die folgenden Aspekte hin optimiert sein.

- Das Transportprotokoll soll die Minimierung der Wartezeit zwischen Aufruf und Ergebnisrückgabe unterstützen.
- Kurze Aufrufe sollen am effizientesten bearbeitet werden können. Es sollte also möglichst die Prozedurkennung samt aller Argumente und zusätzlicher Verbindungsinformation in ein Paket passen, so daß im optimalen Fall bei nicht zu großen Argumenten genau zwei Pakete (Aufruf und Ergebnis) übertragen werden.

- Das Transportprotokoll darf den Server nicht durch Ansammlung von relativ viel Verbindungsinformation je Klient bei potentiell vielen Aufrufern belasten.

Funktionalität des Transportprotokolls
Das Transportprotokoll muß dem Aufrufer die eindeutige Zuordnung der Antworten zu seinen Aufrufen ermöglichen sowie Duplikate auf Paketebene eliminieren. Beides wird durch einen jeweils vom Aufrufer inkrementierten Zähler erreicht, dessen Inhalt als Ruf-Identifikator verwendet und mit dem Ergebnis wieder zurückgegeben wird. Mit diesem Identifikator können verspätet eintreffende Ergebnisse eines vorhergehenden Aufrufs sowie durch Übertragungswiederholungen erzeugte Duplikate entdeckt und beseitigt werden. Um die Übertragung der Pakete sicher zu gewährleisten, wird sowohl das Aufruf-Paket wie auch das Ergebnis-Paket bestätigt. Damit nun nicht für einen RPC generell vier Pakete übertragen werden müssen, können die Bestätigungen implizit mit der Antwort bzw. mit dem nächsten RPC des rufenden Prozesses mitgeteilt werden. Um die nötige Funktionalität zu erreichen, gibt es verschiedene Möglichkeiten:

- **Standardtransportprotokolle**
  Unterlegt man dem RPC ein normales Transportprotokoll, so leiden darunter zwar die oben genannten Effizienz-Ziele, die Semantik eines RPC ist aber durchaus damit realisierbar. Ferner bietet die Verwendung eines existierenden und vielfach getesteten Transportprotokolls die Möglichkeit, eine rasche Prototypentwicklung eines RPC auf eine gut abgrenzbare Transportschnittstelle aufzusetzen. Ein Beispiel für die Realisierung auf diese Art ist das *Xerox NS "Courier" RPC-Protokoll*, welches das *Xerox NS sequenced packet protocol* verwendet [COU81]. Die Anfragesprache des verteilten Datenbanksystems *Grapevine* [BLN82], die ähnliche Charakteristika wie ein RPC aufweist, wurde mit Hilfe des *PUP byte-stream-protocol* [BST80] implementiert, das ebenfalls ein konventionelles Transportprotokoll ist.

- **Standardtransportprotokoll mit spezieller Implementierung**
In [BIN84] wird die Möglichkeit, eine Standardprotokolldefinition zu nehmen und in ihrem Rahmen die Implementierung speziell auf den RPC-Einsatz zuzuschneiden, als Lösung zwischen einem vielseitigen Standardprotokoll und einer speziellen Protokollentwicklung genannt. Das Vorgehen wird allerdings für untauglich gehalten, da sich das Aufruf- und Antwortverhalten einer RPC-Kommunikation erheblich von dem des Massendatentransfers unterscheidet und auch mit der speziellen Implementierung eines universellen Protokolls nicht genügend auf die oben genannten geforderten Eigenschaften eingegangen werden kann.
- **Spezielles Transportprotokoll für den RPC**
Vergleichende Messungen für Standard- und spezielle Transportprotokolle wurden schon früh durchgeführt [NEL81]. Dabei zeigte sich ein Effizienzgewinn um den Faktor 10, wenn das Transportprotokoll auf die oben beschriebenen Charakteristika des RPC abgestimmt war und der tatsächlich anfallende Datentransfer auch in diesem erwarteten Rahmen blieb.

Ein spezielles Transportprotokoll besitzt die folgenden, von universellen Transportprotokollen abweichenden Merkmale [BIN84]:

- Es findet kein spezieller Verbindungsaufbau statt. Ein *2-Pakete-Handshake*, wie in anderen Protokollen üblich, ist für den RPC zu zeitaufwendig.
- Der Erhalt eines Aufruf-Pakets von einem vorher unbekannten Aufrufer, der durch Rechner und Prozeß identifiziert wird, führt zum impliziten Aufbau einer Verbindung.
- Eine Verbindung wird *aktiv* genannt, wenn der Ruf gerade bearbeitet wird oder wenn das Ergebnis schon zurückgegeben worden, aber noch keine Bestätigung dafür eingetroffen ist. Im aktiven Zustand wird die ganze mit dem Ruf erhaltene Verbindungsinformation gespeichert.

- Eine Verbindung geht nach einer Weile in den *ruhenden* Zustand über, wenn keine weiteren RPCs vom rufenden Prozeß nachfolgen.
- Beim Server wird für einige Zeit lediglich ein Eintrag der Sequenznummer des letzten Aufrufs jedes sendenden Prozesses in einer Tabelle gehalten, um die Erkennung verspäteter oder doppelter Pakete zu ermöglichen.
- Beim Aufrufer besteht die Verbindunginformation lediglich in einem allen Prozessen zugänglichen, maschinenweit eindeutigen Zähler, der als Sequenznummerngenerator dient und bei jedem RPC inkrementiert wird.
- Es gibt keine explizite Verbindungsauflösung. Der Server kann nach einiger Zeit (z.B. nach mehreren Minuten), wenn die Wahrscheinlichkeit für doppelte oder verspätete Pakete sehr gering geworden ist, den Eintrag der letzten Sequenznummer einer rufenden Instanz löschen. Die Verbindung löst sich damit implizit auf.
- Es gibt keine Test-Pakete, die eine ruhende Verbindung daraufhin überprüfen, ob sie noch besteht. Ein nachfolgender Aufruf kann eine aufgelöste Verbindung ohne weiteres wieder herstellen.
- Es warten auch keine Prozesse während einer ruhenden Verbindung. Eventuell wartet ein Prozeß für alle einkommenden Aufrufe einer Maschine, um sie zu verteilen, oder aber die Verteilung wird über den Aufruf einer Unterbrechungsroutine beim Eintreffen des Rufs geregelt.

Entscheidungszeitpunkt für ein Protokoll

Üblicherweise entscheidet sich der Entwickler eines RPC-Mechanismus schon beim Entwurf für einen der oben genannten Protokolltypen. Eine andere Möglichkeit, wie sie in [BCL88] vorgeschlagen wird, verschiebt diese Entscheidung auf den Zeitpunkt des Bindevorgangs. Dabei wird die Art des vom Klienten und Server zu verwendenden Transportprotokolls in einem abstrakten Transportpaket parametrisiert. Beim Binden der Programme mit den Prozeduren wird z.B. festgelegt, ob über einen gemeinsamen Speicherbereich, mit einem *packet-exchange*-Verfahren oder mit

TCP/IP transportiert werden soll. Die Entscheidung kann anhand der geforderten Verfügbarkeits- und Leistungsmerkmale getroffen werden. Eine Implementierung, die diese Flexibilität aufweist und damit den zusätzlichen Aufwand beim Binden in Kauf nimmt, ist das *DEC SRC* RPC-System [BCL85].

5.3.3 Prozeßverwaltung bei Klient und Server

Im lokalen Fall ist es ein und derselbe Prozeß, der mit der Ausführung eines Programmes und einer darin enthaltenen Prozedur befaßt ist. Beim Prozeduraufruf fährt er lediglich an einer anderen Stelle im Programmcode fort, indem der Programmzähler umgesetzt wird. Beim RPC muß die Prozedur jedoch durch einen neuen Prozeß bearbeitet werden, da der aufrufende Prozeß des Klienten nicht über Rechnergrenzen mitwandern kann. Es ist also erforderlich, daß auf Seite des Servers ein eigener Prozeß bereitgestellt wird. Generell kann dies ein einzelner, sequentiell arbeitender Betriebssystemprozeß sein, der bei einem RPC-Aufruf an die entsprechende Stelle im Serverprogramm verzweigt. Dadurch wäre jedoch keinerlei Nebenläufigkeit innerhalb eines Servers möglich und es könnten insbesondere lang andauernde Aufrufe nicht quasi-gleichzeitig in fairer Weise bearbeitet werden. Es ist auch nicht sinnvoll, für jeden eintreffenden Aufruf jeweils einen neuen Betriebssystemprozeß bereitzustellen, da diese Prozesse sehr Betriebsmittel-intensiv sind; sie verfügen jeweils über einen eigenen Adreßraum und über umfangreiche Zustandsdaten.

Leichtgewichtige Prozesse

Aus diesem Grunde werden RPC-Server meist durch sogenannte *leichtgewichtige Prozesse* implementiert [ANS83]. Mehrere leichtgewichtige Prozesse laufen dabei innerhalb eines Betriebssystem-Prozesses ab und verfügen daher über einen gemeinsamen Adreßraum. Sie umfassen nur recht wenig eigene Zustandsinformation; im minimalen Fall ist das der Prozeßkeller und der Programmzähler. Aus diesen Gründen sind solche Prozesse effizient erzeugbar und umschaltbar. Beim Eintreffen eines RPC-Aufrufs wird nun durch eine Unterbrechungs-Routine bzw. durch einem speziellen Empfangsprozeß jeweils ein eigener leichtgewichtiger Prozeß bereitgestellt und mit der Einsprungstelle der Prozedur und den Argumenten initialisiert, um dann die Prozedur abzuarbeiten. Durch dieses Konzept wird die Nebenläufigkeit innerhalb des Servers implizit unterstützt.

Prozeßverteilung auf eintreffende Aufrufe

Es gibt zwei verschiedene Methoden, Prozesse zur Bearbeitung erhaltener Prozeduraufrufe bereitzustellen. Die erste ist prinzipieller Natur, die zweite eine Optimierung:

- **Proßzeßerzeugung**
  Man kann für jeden entfernten Prozeduraufruf, den ein Rechner entgegennimmt, einen neuen Prozeß erzeugen, ihn den Aufruf bearbeiten lassen und nach der Ergebnisrückgabe wieder vernichten. Eine Prozeßerzeugung, verbunden mit einer Zustandsinitialisierung ist jedoch immer noch recht aufwendig im Vergleich zu einer Prozeßumschaltung eines ruhenden Prozesses in einen arbeitenden Zustand. Daher wird das folgende Verfahren bevorzugt, bei dem jede als Server dienende Maschine eine Menge ruhender Prozesse bereithält.

- **Prozeß-Pool**
  Bei der Initialisierung eines Rechners wird speziell zur Bearbeitung eintreffender Prozeduraufrufe eine feste Anzahl von Prozessen (*Prozeß-Pool*) erzeugt und in den Wartezustand versetzt. Erhält die Maschine einen RPC-Aufruf, so wird einer der ruhenden Prozesse aktiviert, beginnt mit der Ausführung der Prozedur, sorgt für die Ergebnisrückgabe und reiht sich danach wieder in den Pool ein. Neue Prozesse müssen jetzt nur erzeugt werden, falls der Vorrat an ruhenden Prozessen erschöpft ist.
  Mit diesem Verfahren wird die Laufzeiteffizienz gegen Speichereffizienz abgewogen, wobei das Verhältnis zueinander durch die Größe des Pools gegeben ist. Steht ein ruhender Prozeß bereit, so kann der ganze RPC durch insgesamt vier Prozeßumschaltungen (Unterbrechungsroutine in der Server-Maschine, Server-Prozeß, Unterbrechungsroutine in der Klienten-Maschine, Fortsetzung des Klienten-Prozesses) durchgeführt werden. Durch Änderung des Mikrocodes der Maschinen und unter Aufgabe der Transparenz kann hier noch weiter optimiert werden, so daß ein ankommendes Paket direkt an einen wartenden Prozeß verteilt wird (nur zwei Umschaltungen).

Optimierung durch Pufferweitergabe
Im RPC-System *DASE* [OTO87] werden alle ruhenden Prozesse mit Puffern ausgestattet. Es gibt dabei sowohl Anfrage-Puffer als auch Ergebnis-Puffer. Diese Puffer werden innerhalb einer Maschine über alle Schichten der Bearbeitung (Server-Routine und Server-Stub) weitergereicht und vermeiden dadurch ein wiederholtes Kopieren der Aufruf- und Ergebniswerte.

5.4 Fehlersemantik des RPC

Im entfernten Fall des RPCs können generell alle beteiligten Komponenten unabhängig ausfallen. Außerdem können anwendungsspezifische Fehlersituationen während der Prozedurausführung selbst auftreten. Die entsprechenden Fehlerursachen werden im nachfolgend diskutiert, um daraus verschiedene Fehlersemantik-Klassen für existierende RPC-Systeme abzuleiten.

5.4.1 Fehlerursachen beim RPC

Folgende Umstände können zu einer Beeinträchtigung des RPC führen:

Zusammenbruch eines beteiligten Rechners

Im Laufe der Kommunikation fällt einer der beiden Rechner - der des Servers oder der des Klienten - aus. Es kommt zu einem Kommunikationsabbruch, der sich in einem von vielen Zwischenzuständen des Aufrufs ereignen kann.
Zwei Beispiele sollen im folgenden die möglichen Zustände verdeutlichen: Ein noch relativ günstiger Fehlerzeitpunkt wäre, wenn die Parameterkodierung schon erfolgt, aber noch nichts an den entfernten Rechner versendet worden ist; ein ungünstigerer Zeitpunkt wäre, wenn die Operation schon auf dem entfernten Rechner durchgeführt und das Ergebnis bereits abgesendet wurde, aber noch nicht auf der Seite des Klienten angekommen ist. Es wird deutlich, daß das Proto-

koll für sehr viele Fehlermöglichkeiten und Fehlerzeitpunkte Behandlungen vorsehen muß, um insbesondere die folgenden beiden Auswirkungen zu verhindern:

- **Endloses Warten**
  Wenn ein Programm einen Aufruf abgesetzt hat, darf es nicht in Folge eines Übertragungsfehlers endlos warten.
- **Orphans, verwaiste Aufrufbearbeitungen**
  Wenn ein Prozeduraufruf auf der entfernten Maschine angefangen hat zu rechnen, und der Klient existiert in Folge eines Rechnerausfalls nicht mehr, so soll die Aufrufbearbeitung nicht als verwaister Aufruf, als sogenannter *Orphan* weiterarbeiten und vor allem nicht versuchen, das Ergebnis trotzdem zurückzugeben.

Der Aufwand, der betrieben werden muß, um alle Fehlerfälle und speziell alle ihre Auswirkungen zu vermeiden, ist ganz beträchtlich. Daher sind in den Realisierungen abgestufte Fehlerklassen implementiert. Diese werden im Abschnitt 5.4.2 zur *Fehlersemantik* genauer vorgestellt.

Unerreichbarkeit des Zielknotens
Der Aufruf wurde korrekt initiiert und versendet, aber die Empfängeradresse nie erreicht. Diese Fehlerart ist durch das Transportprotokoll gut handhabbar, da eine Rückmeldung an den Absender erfolgen kann. Dieser hat dann die Möglichkeit, noch im Transportprotokoll, also transparent für das RPC-System und den Benutzer, den Aufruf mehrfach erneut zu versuchen. Gibt das Transportsystem schließlich eine Fehlermeldung an das RPC-System zurück, so ist bereits festgestellt worden, daß es sich nicht nur um eine kurzfristige Störung handelt, sondern daß die Verbindung wirklich unterbrochen ist. Das Problem kann dann gegebenenfalls durch erneutes Binden zu einem alternativen Server bzw. durch voll dynamisches Binden behandelt werden.

Prozedur nicht mehr exportiert
Diese Fehlerursache kann nur in einer dynamischen Arbeitsumgebung auftreten, in der Installationen wechseln bzw. Rechner rekonfiguriert werden, so daß die folgende Situation auftritt: Aufgrund der

vorliegenden Binde-Information wird ein RPC im Klienten-Stub mit der vermeintlichen Zieladresse versehen und von einem Transportsystem dorthin gesendet. Der empfangende Rechner stellt fest, daß er den Aufruf an keine Prozedur mehr verteilen kann, da offenbar inzwischen der Export eingestellt worden ist. Die zurückkehrende Fehlermeldung stammt diesmal nicht vom Transportsystem, sondern ist vom Zielrechner erstellt worden. Auch hier hängt die Fehlerbehandlung nur davon ab, wieviel durch neues dynamisches Binden erreicht werden bzw. in welcher Form eine Meldung an das Programm zurückgegeben werden kann. Es bleiben jedoch keine inkonsistenten Systemzustände wie beim Rechnerausfall zurück.

5.4.2 Fehlersemantik-Klassen

Um die Zusicherungen exakt zu beschreiben, die dem RPC-Benutzer in den verschiedenen Fehlerfällen durch das RPC-System gemacht werden, wurden in [SPE82] verschiedene Fehlersemantik-Klassen eingeführt, die in Abbildung 5-4 zusammengefaßt sind. Generell ist in diesem Zusammenhang zu sagen, daß leider oft unterschiedliche und teilweise widersprüchliche Begriffe zur Beschreibung der verschiedenen Fehlerklassen in der Literatur zu finden sind; im folgenden wird die genannte Originalliteratur [SPE82] zugrundegelegt.

Ohne Systemausfälle kann jeder der Mechanismen eine *exactly-once*-Semantik garantieren, wie es auch bei nicht verteilten Prozeduraufrufen der Fall ist. Ansonsten muß aber zwischen den verschiedenen Fehlerklassen sorgfältig unterschieden werden [HOF86]:

- **Maybe-Semantik**
  Dem Benutzer des RPC wird nur garantiert, daß die Prozedur höchstens einmal ausgeführt wurde. Es ist aber nach dem Auftreten eines beliebigen Fehlers nicht bekannt, ob sie auf der Zielmaschine gar nicht erst begonnen hat, ob sie teilweise durchgeführt oder ganz fertiggestellt worden ist. Diese recht schwache Garantie kann für reine Auskunftsdienste durchaus adäquat in bezug auf Leistungsfähigkeit und Aufwand sein. Für Operationen auf konsistenten Datenbeständen ist sie jedoch nicht ausreichend.

Fehlerarten / Fehlerklassen	Fehlerfreier Ablauf	Nachrichten-verluste	Zusätzlich Ausfall des Servers	Zusätzlich Ausfall des Klienten
Maybe	Ausführg.: 1 Ergebnis: 1	Ausführg.: 0/1 Ergebnis: 0/1	Ausführg.: 0/1 Ergebnis: 0/1	Ausführg.: 0/1 Ergebnis: 0/1
At-Least-Once	Ausführg.: 1 Ergebnis: 1	Ausführg.: >=1 Ergebnis: >=1	Ausführg.: >=0 Ergebnis: >=0	Ausführg.: >=0 Ergebnis: 0
At-Most-Once (Only-Once-Type-1)	Ausführg.: 1 Ergebnis: 1	Ausführg.: 1 Ergebnis: 1	Ausführg.: 0/1 Ergebnis: 0/1	Ausführg.: 0/1 Ergebnis: 0
Exactly-Once (Only-Once-Type-2)	Ausführg.: 1 Ergebnis: 1	Ausführg.: 1 Ergebnis: 1	Ausführg.: 1 Ergebnis: 1	Ausführg.: 1 Ergebnis: 1

Abb 5-4 Fehlersemantik-Klassen des RPC

- **At-Least-Once-Semantik**
  Der Benutzer kann davon ausgehen, daß trotz eines Nachrichtenverlustes die Operation mindestens einmal durchgeführt wird. Bei Rechnerausfällen kann jedoch auch keine Ausführung erfolgt sein. Generell ist nicht bekannt, wie oft die Prozedurausführung im Fehlerfalle erfolgte. Ein sinnvoller Einsatz eines solchen Protokolls ist bei Verwendung ausschließlich idempotenter Operationen gegeben, bei denen duplizierte Aufrufe das gleiche Ergebnis und die gleichen Nebenwirkungen wie der erste Aufruf haben [HOF86]. Ein Beispiel einer idempotenten Operation ist das Lesen einer Datei. Ein Protokoll dieser Klasse kann auch zur Implementierung von mächtigeren Fehlerklassen verwendet werden [NEL81].
- **At-Most-Once-Semantik (Only-Once-Type-1-Semantik)**
  Durch diese Klasse wird die Atomarität der Operationen garantiert [GIG88]. Das bedeutet, daß eine Prozedur entweder ganz ausgeführt wird oder im Fehlerfall keine Auswirkungen hinterläßt und nur den Fehler zurückmeldet. Damit bleibt es dem Anwendungsprogramm überlassen, auf den Fehler zu reagieren und eventuell den Aufruf erneut durchzuführen. Im Falle von Nachrichtenverlusten kann sogar eine genau einmalige Durchführung einer Operation garantiert werden.

- **Exactly-Once-Semantik (Only-Once-Type-2-Semantik)**
  Diese noch stärkere Fehlersemantik-Klasse schließt im Fehlerfall zusätzlich auch einen nachfolgenden Wiederanlauf der ausgefallenen Komponenten mit ein. Dabei garantieren konsistente Rücksetzmaßnahmen, daß eine Operation in jedem Fall genau einmal durchgeführt wird. Diese Fehlersemantik kann erzielt werden, indem auf ein Protokoll der *At-Most-Once*-Klasse ein verteiltes Transaktionskonzept aufgesetzt wird. Allerdings ist der damit verbundene Implementierungs- und Laufzeitaufwand (persistente Datenhaltung und verteilte Transaktionsprotokolle) erheblich. Daher ist dieses Konzept nur für Anwendungen mit entsprechend hohen Zuverlässigkeitsanforderungen sinnvoll.

Die meisten existierenden RPC-Systeme sind in die Fehlerklasse *At-Most-Once* einzuordnen (s.u.). Damit wird ein Kompromiß zwischen Implementierungsaufwand und Effizienz einerseits und semantischer Mächtigkeit andererseits erreicht: Das RPC-System macht Übertragungsfehler transparent, es vermeidet jedoch den mit verteilten Transaktionen verbundenen Aufwand und überläßt die Behandlung von Rechnerausfällen der Anwendung.

5.5 Beispiele für existierende RPC-Systeme

In Abbildung 5-5 werden einige existierende RPC-Systeme aufgrund charakteristischer Eigenschaften verglichen (s. auch [TAA90]).
Das System *Xerox Courier* [XER81] bietet blockierende RPCs mit der Fehlersemantik *At-Most-Once* an. Der Bindevorgang wird durch den Directory-Dienst *Clearinghouse* unterstützt. Die Generierung von Stubs erfolgt automatisch auf der Basis einer Schnittstellenbeschreibung in Courier-Notation. Als Transportprotokoll wird das herstellerspezifische, verbindungsorientierte Protokoll *XNS SPP* eingesetzt. Das Nachfolgersystem *Xerox Cedar* [BIN84] verwendet dagegen ein effizienteres verbindungsloses Datagramm-Protokoll, das speziell für das RPC-System entwickelt wurde. Die Stub-Generierung basiert hier auf einer *Mesa*-Schnittstellenbeschreibung (s. Abschnitt 5.2). Zur Laufzeit können periodisch Testnachrichten

vom Klienten zum Server geschickt werden, um eventuelle Serverausfälle zu erkennen. Auch Cedar setzt einen Directory-Dienst, das System *Grapevine* [SBN84], zum Binden ein..

Eigenschaften / Systeme	Aufrufweise	Fehlersemantik	Bindevorgang	Schnittst. beschr.	Statustest d. Servers	Transportprotokoll
Xerox Courier	blockier..	At-Most-Once	dynam.	Couriernotation	—	XNS SPP
Xerox Cedar	blockier.	At-Most-Once	dynam.	Mesa	Test-nachr.	Spezielles Protokoll
SUN RPC	blockier. n.bl./best. broadcast	abhängig v. Transportpr.	statisch u. dyn..	RPCL	—	TCP/IP UDP/IP
Apollo RPC	blockier. n.bl. /unbest.	Maybe / At-Least-O./ At-Most-O.	dynam.	NIDL	Test-nachr.	UDP/IP DDS
Modula/V RPC	blockier	At-Least-O./ At-Most-O.	dynam.	Modula-2	—	VMTP

Abb 5-5 Vergleich einiger RPC-Systeme

Das relativ weit verbreitete RPC-System der Firma *SUN* [SUN85] unterstützt auch asynchrone Aufrufe, die gebündelt bestätigt werden können. Außerdem ermöglicht es Broadcast-Aufrufe. Die Fehlersemantik ist vom unterliegenden Transportprotokoll abhängig und daher nicht eindeutig festgelegt; es können die Protokolle *TCP/IP* oder *UDP/IP* eingesetzt werden. Es wird sowohl statisches wie auch dynamisches Binden unterstützt. Die Stub-Generierung beruht auf der Beschreibungsnotation *RPCL*. Eine detaillierte Spezifikation der Programmierschnittstelle des SUN RPC wird in [COR90] gegeben.

Der *Apollo RPC* [DLM87] ermöglicht ebenfalls asynchrone Aufrufe, jedoch ohne nachfolgende Synchronisation, sowie Broadcast-RPCs. Abhängig von der Aufrufweise und von einer zusätzlichen Parametrisierung ist die Fehlersemantik entweder *Maybe* (bei asynchronen Aufrufen) oder *At-Least-Once* bzw. *At-Most-Once*. Auch der Apollo RPC ermöglicht Testnachrichten, um Serverausfälle zu erkennen. Das Binden erfolgt dynamisch und die Stub-Generierung basiert auf der Beschreibungssprache *NIDL*. Als Transportprotokolle können das herstellereigene *DDS* sowie *UDP/IP* eingesetzt werden.

Der RPC-Ansatz innerhalb des Systems *V*, der *Modula/V RPC* [ALM86] ermöglicht ebenfalls die Wahl zwischen *At-Most-Once* und *At-Least-Once*-Fehlersemantik, und zwar über eine explizite Beschreibung, ob eine angebotene Prozedur idempotent ist. Für solche Prozeduren genügt dann die schwächere *At-Least-Once*-Semantik, die eine effizientere Aufrufabwicklung ermöglicht. Die Aufrufe sind generell blockierend; Nebenläufigkeit innerhalb des Klienten wird über leichtgewichtige Prozesse erreicht. Die Stub-Generierung erfolgt auf der Basis von Modulschnittstellen, die in der Sprache *Modula-2* beschrieben werden. Zur Datenübertragung wird das Transportprotokoll *VMTP* des Systems *V* eingesetzt. Durch dieses Protokoll sowie durch eine stark optimierte Implementierung wird die besonders hohe Effizienz des *Modula/V RPC* erreicht.

5.6 Probleme mit herkömmlichen RPC-Protokollen

Nelson weist schon bei seiner Definition des RPC darauf hin, daß es nicht für alle Situationen der verteilten Programmierung sinnvoll sein muß, auf den RPC als Kommunikationsmechanismus zurückzugreifen. Spezielle Charakteristika einer Anwendung können zum Beispiel eher durch Multicast oder Broadcast-Mechanismen unterstützt werden. Auch kann es sein, daß für manche Anwendungen der RPC semantisch nicht mächtig genug ist, so daß seine Uniformität einer unsauberen aber effizienteren Lösung unterliegen wird. In einem kritischen Bericht zeigt Tanenbaum [TAR88] auf, zu welchen Nachteilen der Gebrauch klassischer RPC-Mechanismen führt, wenn diese als universelles Kommunikationsmittel auch für Kommunikationsprofile eingesetzt werden, für die sie nicht konstruiert sind. Im folgenden werden die Bereiche genauer beleuchtet, bei denen der zuvor beschriebene RPC Probleme aufwirft.

Transparenzverletzungen

Die Transparenz des RPC in bezug auf die Verteilung und im Vergleich zum lokalen Prozeduraufruf kann in mehreren Punkten nicht oder nur durch zusätzliche Maßnahmen aufrechterhalten werden:

- **Fehlerfälle**
  Während ein Aufruf im lokalen Fall entweder erfolgreich durchgeführt wird oder aber bei einem Systemausfall das gesamte Programm abgebrochen wird, sind in einer verteilten RPC-Umgebung *unabhängige* Fehler der einzelnen beteiligten Komponenten möglich. Dadurch ergibt sich eine sehr viel komplexere Fehlersemantik; zu jedem Zeitpunkt kann ein Klient, ein Server oder das Kommunikationssystem ausfallen, wobei die noch funktionsfähigen Komponenten aber weiterarbeiten. Die entsprechenden Fehler müssen erkannt und behandelt oder zumindest gemeldet werden (s. Abschnitt 5.7). Es ist aber praktisch nicht möglich, exakt die gleiche Semantik für Fehlerfälle zu erreichen wie im lokalen Fall.

- **Zahl und Typen der Parameter**
  Bei nicht typsicheren Sprachen, wie z.B. *C*, können die Anzahl und die Typen der Parameter einer Prozedur bei der Parameter-Kodierung nicht immer leicht bestimmt werden. Im lokalen Fall mag das keine Probleme aufwerfen, für den abgesetzten Aufruf müssen die Anzahl und die Typen der Parameter aber dem Laufzeitsystem semantisch exakt bekannt gemacht werden, da es sie linearisieren und in eine Transportsyntax umsetzen muß.

- **Zeigerparameter**
  Bei der Übertragung von Zeigerparametern im Zuge eines RPC wird das Verfahren, sowohl Zeiger als auch bezeichnete Objekte zu übertragen, nicht immer für sinnvoll gehalten. Ließe man die Zeiger hingegen, so müßten sie in der Zielumgebung als Zeiger auf externe Objekte besonders gekennzeichnet werden. Dazu müßte der Compiler das lokale Dereferenzieren vom abgesetzten Dereferenzieren einer Zeigervariablen unterscheiden. Tatsächlich gehen verteilte objektorientierte Ansätze wie z.B. *Emerald* [JLH88] diesen Weg und fügen für die Adreßverwaltung eine weitere Indirektionsstufe ein, um lokale von abgesetzten Adressen systemintern zu unterscheiden.

- **Globale Variablen**
  Falls eine Prozedur, die für den lokalen Aufruf entworfen wurde, auf einen entfernten Knoten verlegt wird, so wird ihr Zugriff auf eine globale Variable scheitern, da sich die Umgebung ver-

ändert hat. Andererseits wäre das Verbieten von globalen Variablen bei Verwendung des RPC eine Einschränkung des Sprachschatzes und somit ebenfalls eine Transparenzverletzung.

Übertragung großer Datenmengen

Da das aufrufende Programm durch den RPC blockiert wird, muß die Wartezeit so klein wie möglich gehalten werden; die meisten RPC-Systeme sind unter diesem Gesichtspunkt optimiert. Das hat zur Folge, daß die Übertragungseinheiten klein sein sollten und es nicht sinnvoll ist, mehr als die zur Fehlererkennung erforderliche elementare Verbindungssemantik aufzubauen. Dies verhindert z.B. auch Flußkontrollmaßnahmen und im Zusammenhang damit eine Pufferung von Aufrufen zur effizienteren Übertragung, wie sie bei universellen Übertragungsmechanismen für den Transfer großer Datenmengen nützlich sind. Es ist festzustellen, daß der RPC-Mechanismus bei großen Datenmengen, die durch viele Aufrufe in Folge bewältigt werden müssen, ein schlechteres Verhalten aufweist als Protokolle für den Massendatentransfer, welche hauptsächlich den Durchsatz optimieren. Analoge Probleme ergeben sich bei Aufrufen mit langen Parametern.

Für Kommunikationsprofile mit Massendatentransfer rät Tanenbaum daher zum Einsatz von stärker verbindungsorientierten Mechanismen, z.B. einer virtuellen Verbindung, wie sie von ISO/OSI vorgeschlagen wird, um die Vorteile der Flußkontrolle, der Datenpufferung und des Richtungstausches bei der Kommunikation wahrnehmen zu können.

Verkettung von Verarbeitungseinheiten

Der Nachteil, daß nicht schon vorab Teilergebnisse eines RPC zurückgeschickt werden können, wie sie z.B. bei einer Datenbankanfrage entstehen, wurde bereits bei der Gegenüberstellung von RPC und Nachrichtenaustausch erläutert. Ergänzend zu diesem Punkt zeigt Tanenbaum, daß es nicht möglich ist, mit dem RPC-Mechanismus Verkettungen von Verarbeitungseinheiten mit der Weitergabe von Daten und Zwischenergebnissen zu modellieren, wie sie z.B im lokalen Bereich durch eine *Unix-Pipe* gegeben sind. Es scheitert daran, daß das strenge Gefüge von Klient und Server zu starr ist und bei Pipe-artigen Verkettungen die Rollen der Teilnehmer nicht eindeutig als Klient oder Server zu bezeichnen sind.

Vertauschung der Rollen von Klient und Server
Der RPC-Mechanismus ist daraufhin ausgelegt, um zu Anfragen eines Klienten auf einem Server Ergebnisse zu errechnen und genau diese zurückzugeben. Dabei kann es aber Situationen geben, in denen der Server im Zusammenhang mit der Anfrage wichtige Informationen für den Klienten besitzt, die dieser aber nicht erwartet. Um sich mitzuteilen, müßte ein Rollenwechsel stattfinden, der Server müßte also als Klient arbeiten. Bei einer voll-duplex virtuellen Verbindung wäre es dagegen für den Server kein Problem, kurzzeitig als Initiator aufzutreten, indem er eine höherpriore (*emergency*) Nachricht in rückwärtiger Richtung versendet.

Multicast- und Broadcast-Szenarien
Der RPC ist inhärent ein Kommunikationsmechanismus zwischen genau zwei Partnern und eignet sich nicht für Verteilrufe. Es wäre ungünstig, eine gleichzeitige Nachrichtenversendung an viele oder alle Knoten im Netz durch RPCs zu simulieren, zumal die meisten Netze spezielle Hardware-Mechanismen bereitstellen, die den Verteilruf schon unterstützen und die dann gar nicht genutzt würden.

Die vorausgegangene Auflistung von Problemen und Schwachstellen des RPC zeigt, daß noch an einigen Stellen an der Funktionalität gearbeitet werden muß, um ihn voll transparent zu machen, andererseits es aber durchaus ratsam sein kann, nicht transparente Stellen zu akzeptieren und deutlich zu kennzeichnen. Einige der genannten Probleme werden durch die unten beschriebenen RPC-Erweiterungen auch direkt angegangen.

5.7 Fehlerbehandlung in RPC-Systemen

Die oben angesprochenen Fehlermöglichkeiten bei der Abwicklung von RPCs müssen geeignet erkannt und dem Anwendungsprogramm gemeldet werden. Zum Teil können sie sogar durch redundante Ausführungsmechanismen oder durch Transaktionskonzepte vollständig transparent gemacht werden. Auf diese Punkte wird im folgenden genauer eingegangen.

5.7.1 Fehlerbenachrichtigung

Das aufrufende Programm muß über alle Fehlerfälle benachrichtigt werden, die nicht vom RPC-Mechanismus selbst behoben werden können. In Abhängigkeit von der einbettenden Sprache ergeben sich zwei mögliche Verfahren:

- **Ausgezeichneter Fehlerwert**
Entweder man definiert einen gesonderten Fehlerparameter mit ausgezeichneten Werten für das Scheitern der entfernten Ausführung oder man behält innerhalb des Wertebereiches der regulären Parameter einige Werte für Fehlerfälle vor. Diese Vorgehensweise ist nicht sehr transparent gegenüber der entfernten Ausführung, da das Programm dabei den Wertebereich der Fehlermenge kennen muß bzw. weil Prozeduren, die lokal nicht scheitern können, jetzt um Fehlerrückgaben erweitert werden müssen.
- **Ausnahmebehandlung**
Bei diesem Verfahren wird für eine Prozedur außer den Parametern auch eine Menge von *Ausnahmen* definiert, die die Prozedur auslösen kann. Der Unterschied zu den Ergebnisparametern ist der, daß nach einer Prozedurrückkehr mit einer Ausnahme nicht im Programm fortgefahren, sondern die nächste in der Umgebung befindliche Anweisungsfolge zur Ausnahmebehandlung angesprungen wird; dort kann in einer Fallunterscheidung je nach Art der Ausnahme differenziert reagiert werden, wobei auch eine Default-Auflösung für unerwartete Ereignisse möglich ist. Dieser Aspekt ist für die Transparenz besonders wichtig: Alle Fehlerfälle, die im lokalen Bereich nicht vorkommen konnten, sind jetzt innerhalb des Programmes zumindest durch die Default-Ausnahme behandelbar, ohne daß das Programm an die verteilte Umgebung angepaßt werden muß. Soll differenziert auf die einzelnen Fehlerfälle reagiert werden, so muß aber die Transparenz teilweise aufgegeben werden, indem speziell die verteilungsbezogenen Aspekte berücksichtigt werden.
Sprachkonstrukte und Mechanismen zur Ausnahmebehandlung finden sich in Programmiersprachen wie *CLU*, *ADA* oder *Argus*.

- **Entfernte Weitergabe von Ausnahmen**
  Ein anderer Aspekt ist die Weitergabe von Ausnahmen, welche innerhalb der entfernten Prozedur ausgelöst wurden. Wenn der RPC diese Signale propagiert, kann mit Hilfe der Ausnahmebehandlung in der aufrufenden Umgebung die gleiche Ausnahme ausgelöst und damit die lokale Aufrufsemantik erfüllt werden.

Beim asynchronen, nicht blockierend aufgerufenen RPC (siehe Abschnitt 5.8) ist die Ergebnisrückgabe vom Aufruf entkoppelt. Die Rückgabe eines Fehlercodes oder einer Ausnahme kann daher nicht beim asynchronen Aufruf selbst erfolgen. Sie muß vielmehr beim nächsten zwischen dem Klienten und dem Server durchgeführten synchronen Prozeduraufruf nachgeholt werden oder nach einem expliziten Synchronisationsprimitiv erfolgen, das von den meisten asynchronen Mechanismen angeboten wird.

5.7.2 Behandlung verwaister Aufrufe

Verwaiste RPCs *(Orphans)* sind Aufrufe, die zwar noch von einem Server bearbeitet werden, an denen aber kein zugehöriger Klient mehr interessiert ist. Gründe hierfür können zum Beispiel der Ausfall des Klienten-Rechners oder der Ablauf eines zu kurzen Timeout-Intervalls zum Warten auf Rückantwort auf Klienten-Seite sein. Falls im ersten Fall kein Wiederanlauf des Klienten im Zustand des Ausfallzeitpunkts möglich ist, hat dieser keine Information über den noch laufenden entfernten Aufruf mehr. Im zweiten Fall geht der Klient davon aus, daß der Aufruf aufgrund eines Systemfehlers nicht erfolgreich abgewickelt werden konnte. Mögliche Annahmen können sein, daß die Aufrufnachricht auch nach mehrfachen Versuchen nicht an den Server übertragen werden konnte oder daß der Server-Rechner inzwischen ausgefallen ist. Die grundlegende Problematik in all diesen Fällen ist, daß der Klient den Aufruf aus seiner Sicht sinnvollerweise wiederholen sollte, daß eine solche wiederholte Ausführung aber eventuell unerwünschte Interferenzen mit der noch laufenden verwaisten Ausführung haben kann; hiermit ist vor allem der unerwartete konkurrierende Zugriff auf Datenstrukturen gemeint. Außerdem beanspruchen verwaiste Aufrufe generell Betriebsmittel, die meist nur in beschränktem Umfang verfügbar sind. Aus diesen

Gründen realisieren einige RPC-Ansätze Methoden, um verwaiste Aufrufe zu erkennen und zu terminieren.

Ein fortgeschrittener Ansatz hierfür wurde im System *Radjoot* [PAS88] implementiert und soll im folgenden als repräsentatives Beispiel vorgestellt werden. Zunächst wird für jeden RPC eine maximale Ausführungszeit spezifiziert. Nach Ablauf dieser Zeit beendet der Server die Prozedurausführung mit einer Ausnahme, die dem Klienten signalisiert wird. Das verwendete Timeout-Intervall des Klienten wird an diese maximale Ausführungszeit angepaßt. Dadurch werden verwaiste Aufrufe, die ansonsten durch Klienten-Timeouts verursacht würden, gelöscht.
Um aber auch verwaiste Aufrufe aufgrund von Systemausfällen zu behandeln, führt jeder Rechnerknoten einen Ausfallzähler in stabilem Speicher, der seine bisherige Gesamtanzahl von Ausfällen wiedergibt. Zusätzlich führt jeder Server einen solchen Zähler für jeden seiner bisherigen Klienten; dieser Zähler gibt jeweils den letzten ihm bekannten Wert wieder. Jeder RPC-Aufruf enthält den momentanen Wert des Ausfallzählers des aufrufenden Klienten. Falls dieser Wert größer als der dem Server bekannte Wert ist, lag zwischenzeitlich ein Ausfall vor. Der Server terminiert dann alle noch bei ihm laufenden Aufrufe dieses Klienten und paßt seinen zugehörigen Ausfallzähler an. Erst danach beginnt er mit der Ausführung des vorliegenden Aufrufs. Dadurch werden Interferenzen mit früheren verwaisten Aufrufen desselben Klienten verhindert.
Um zusätzlich zu garantieren, daß verwaiste Aufrufe auch dann abgebrochen werden, wenn die zugehörigen Klienten nicht wiederanlaufen oder keine Folgeaufrufe durchführen, sendet schließlich jeder Server periodisch Nachrichten zur Statusabfrage an alle ihm bekannten Klienten. Wenn ihm daraufhin ein erhöhter Ausfallzählerwert von einem Klienten gemeldet wird oder er wiederholt keine Antwort erhält, so terminiert er ebenfalls alle noch laufenden Aufrufe des entsprechenden Klienten.

Diese Mechanismen sind wirkungsvoll und verursachen keinen maßgeblichen Zusatzaufwand. Die Statusabfragen werden nur im Abstand von Minuten gesendet und die erforderlichen Zähler und Zählerwertmeldungen sind aus Aufwandsgesichtspunkten vergleichsweise vernachlässigbar. Problematisch kann allerdings die Vorgabe einer maximalen Bearbeitungszeit sein; diese kann bei stark datenabhängigen oder gar interaktiven Operationen kaum a priori abgeschätzt werden.

5.7.3 Fehlertoleranz durch replizierte Aufrufe

Ein Vorteil, der generell verteilten Rechnersystemen zugeschrieben wird, ist eine erhöhte Verfügbarkeit der Rechenleistung, sofern innerhalb der Verteilung gleiche Komponenten mehrfach vorhanden sind. Bisher wurde der RPC zwischen zwei Rechnern betrachtet und sein Verhalten in Fehlerfällen durch die Fehlersemantik beschrieben. Will man verteilte Programme mit hoher Verfügbarkeit entwerfen, genügt es nicht, Programmodule zu replizieren. Zur Erhöhung der Fehlertoleranz bedarf es auch der Unterstützung des Kommunikationsmechanismus, der die redundanten Komponenten koordiniert, indem er einzelne vom Benutzer durchgeführte RPCs repliziert und an mehrere Prozedurinstanzen auf verschiedenen Rechnern schickt. Fehler, die durch solche Verfahren maskiert werden können, gehören der *Fail-Stop*-Klasse an. Das bedeutet, daß ein Fehler in einem Rechner zu dessen vollständigem Ausfall führt und der Rechner nicht mit unvorhersagbarem Verhalten weiterarbeitet.

Die bisher vorgestellten Mechanismen versuchen, bei einem Hardwarefehler das Programm und seine Aufrufe möglichst geordnet abzubrechen und gegebenenfalls wiederaufzusetzen. Bei der Replikation geht es dagegen darum, die Wahrscheinlichkeit, daß ein Systemfehler überhaupt zu Auswirkungen innerhalb der Anwendung führt, zu reduzieren. Dazu sollen nun zwei verschiedene Klassen von Verfahren, das passive *Primary-Standby*-Verfahren und das aktive *Modulare-Redundanz*-Verfahren, vorgestellt werden, die beide mittels Replikation die Fehlertoleranz erhöhen. Gemein ist beiden Verfahren, daß sie nach außen vollkommen transparent sind, der Benutzer also nicht bemerkt, daß mehrere RPCs initiiert und mehrere Ergebnisse geliefert werden. Die Existenz redundanter Module und replizierter Aufrufe bleibt in den Stub-Generatoren verborgen. Ferner werden die Replikationen von Prozeduren an verschiedenen Knoten zu einer Gruppe zusammengefaßt, die als ein logisches Modul betrachtet werden kann. Es gibt eine Server-Gruppe, deren Elemente alle parallel den Aufruf bearbeiten, sowie eine Klienten-Gruppe, deren Elemente den Aufruf initiieren. Jedes Programm, das aus solchen Gruppen besteht, bleibt so lange ausführbar, wie aus jeder Gruppe mindestens ein Modul funktionsfähig ist. Der Grad der Verfügbarkeit kann durch den Grad der Replikation eingestellt werden und ist teilweise sogar zur Laufzeit veränderbar.

Modulare Redundanz
Bei Verfahren dieser Klasse wird keine Unterscheidung zwischen den redundanten Kopien getroffen. Entfernte Prozeduraufrufe werden an alle Kopien geschickt und von allen bearbeitet, wobei jeder Aufrufer alle Ergebnisse zurückerhält und eventuell durch ein Abstimmungsverfahren das korrekte Resultat ermitteln kann. Der Nachteil dieses Verfahrens liegt offensichtlich im Kommunikationsaufwand: Bei *n* Aufrufern und *m* Kopien des verlangten Dienstes werden $O(n*m)$ Nachrichten benötigt, was durch Abbildung 5-6 verdeutlicht wird. Dieser Nachteil muß jedoch nicht so gravierend sein, wenn dem System ein Verteilmedium, wie z.B. das Ethernet, zugrunde liegt und die RPC-Implementierung dies berücksichtigt.

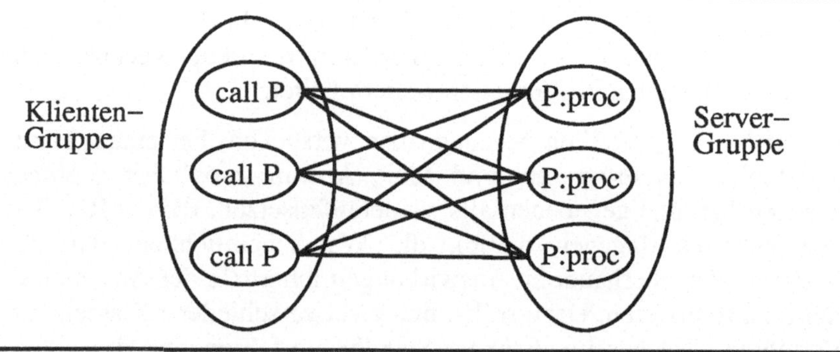

Abb 5-6 Replizierter RPC mit modularer Redundanz

Primary-Standby-Ansatz
An der Kommunikation beteiligte Komponenten sind hierbei redundant vorhanden, jedoch arbeitet immer nur ein Replikat, die primäre Kopie. Alle sekundären Replikate werden vom primären periodisch durch Sicherungspunkte aktualisiert, so daß sie im Fehlerfall mit dem Informationsstand des letzten Sicherungspunkts die aktive Rolle übernehmen können. Aufgrund ihrer passiven Rolle bezeichnet man die sekundären Komponenten auch als Backup-Kopien. Der Nachteil dieses Verfahrens liegt darin, daß eine beträchtliche Systemunter-

stützung für das Ausschreiben von Sicherungspunkten sowie für Wiederaufsetz-Mechanismen zur Fortführung ab dem letzten Sicherungspunkt benötigt wird. Verfahren dieser Klasse sind in [BJR84], [BBG83] und [WPE83] beschrieben.

Im weiteren sollen zwei konkrete Verfahren betrachtet werden: Coopers Ansatz [COO84], der modulare Redundanz durch exakt gleichberechtigte Kopien verwirklicht, sowie ein modifiziertes Verfahren nach Yap et al. [YJT88], bei dem alle Kopien zwar aktiv arbeiten, das aber trotzdem primäre und sekundäre Kopien unterscheidet; dies läßt sich also als Kombination der modularen Redundanz und des Primary-Standby-Ansatzes betrachten.

Coopers Verfahren: Modulare Redundanz

Bei diesem Verfahren besteht keine Ordnung unter den Elementen einer Gruppe. Jedes Mitglied der Klienten-Gruppe schickt einen Aufruf an jedes der Server-Gruppe, deren Komponenten alle den Aufruf bearbeiten und alle ein Ergebnis zu jedem Aufrufer zurücksenden. Ein solcher Ablauf ist in Abbildung 5-6 dargestellt. Sind die Module vollständig deterministisch, so sind alle Ergebnisse gleich bzw. abweichende Ergebnisse fehlerhaft. Vollständig deterministisch bedeutet hierbei, daß alle Komponenten einer Gruppe bei gleichem Zustand nach Erhalt eines Aufrufs die gleiche Ausführungsreihenfolge besitzen, gleiche Nebenwirkungen und Ergebnisse erzeugen und in den gleichen Endzustand übergehen.

Für praktische Anwendungen zeigte sich der vollständige Determinismus speziell aufgrund der Parallelität mit anderen Aufrufen in verteilten Systemen als zu restriktiv. Es wurde vorgeschlagen, nur einen Determinismus innerhalb einer definierten Äquivalenz zu verlangen und damit einen akzeptablen, aber von der Anwendung zu bestimmenden Anteil an Indeterminismus zuzulassen. Anstatt der Gleichheit von Ergebnissen muß nun eine Vergleichsinstanz zu den replizierten Aufrufen die Zustandsäquivalenz, die Parameteräquivalenz und die Ergebnisäquivalenz feststellen.

Die Kommunikation zwischen den Gruppen wird durch Multicast-Aufrufe modelliert: Jedes Mitglied der Klienten-Gruppe schickt ein Multicast an alle Mitglieder der Server-Gruppe. Jedes Mitglied der Server-Gruppe muß beim Eintreffen eines Aufrufs entscheiden können, ob es ein einzelner Aufruf oder ein Teil eines replizierten Aufrufs ist bzw. ob mehrere eingetroffenen Aufrufe zu einem gemeinsamen replizierten Aufruf gehören. Ermöglicht wird das durch spezielle Gruppen- und Rufkennungen innerhalb der RPCs.

Geschachtelte RPCs, also Aufrufe, die während ihrer Bearbeitung erneut einen entfernten Prozeduraufruf durchführen, sind bei diesem Verfahren mit der Gefahr verbunden, eine lawinenartige Ausbreitung des Kommunikationsverhaltens auszulösen und werden daher in den angebotenen Systemen oft nicht unterstützt. Eine Implementierung des Verfahrens wurde im replizierten RPC-System *Circus* [COO84] durchgeführt.

Yaps Verfahren: Kombination von modularer Redundanz und Primary-Standby-Ansatz

In diesem Schema wurde versucht, die Vorteile der modularen Redundanz (aktives Mitrechnen) und des Primary-Standby-Ansatzes (geringer Kommunikationsaufwand) zu verbinden. Wie Abbildung 5-7 zeigt, stehen die Mitglieder der Server- und Klienten-Gruppen in einer linearen Ordnung, wobei es in jeder Gruppe eine primäre Kopie gibt und alle anderen als aktive sekundäre Replikate betrachtet werden.

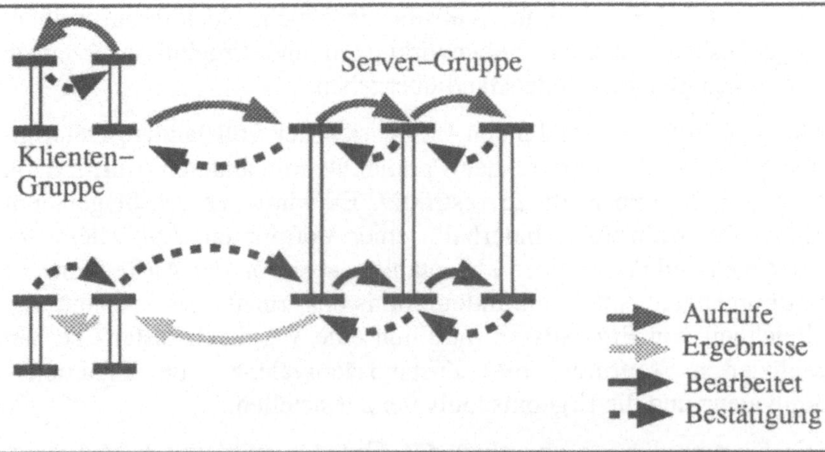

Abb 5-7 Replizierter RPC nach Yap

Ein Benutzerprogramm macht seinen Aufruf über die primäre Klienten-Kopie, diese informiert erst ihre sekundären Replikate innerhalb der Klienten-Gruppe und führt dann den Aufruf beim Primär-Replikat der Server-Gruppe durch. Die Mitglieder der Server-Gruppe verfahren analog: erst wird jeweils der Auftrag an den direkten Nachfolger in der Gruppe weitergegeben, dann wird mit der Berechnung angefangen. So erarbeiten alle Server-Replikate das Ergebnis minimal zeitlich versetzt. Zurückgegeben an die Klienten-Gruppe wird das Ergebnis aber nur vom Primär-Replikat der Server-Gruppe; dieses informiert gleichzeitig seinen Nachfolger mit einer *Bearbeitet*-Nachricht davon und unterbindet damit weitere Ergebnisübertragungen. Jedes Replikat überwacht seinen Vorgänger durch die *Bearbeitet*-Nachrichten und Bestätigungen, die dieses bei ordnungsgemäßer Funktion weiterzugeben hat, und kann bei deren Ausbleiben nach einem Timeout selbst dessen Rolle übernehmen, ohne daß ein Sicherungspunkt gelesen werden muß.

Eine Reduzierung des Kommunikationsverhaltens von $O(n*m)$ auf $O(n+m)$ wird erreicht, indem nicht jeder Klient an alle Server sendet, sondern nur die beiden primären Kopien zwischen den Gruppen kommunizieren und sonst jeder nur seinen Nachfolger informiert. Ein großer Vorteil dieses Ansatzes ist die effiziente Unterstützung geschachtelter Aufrufe. Sie werden nur von den primären Replikaten durchgeführt, die danach das Ergebnis ihren Nachfolgern mitteilen. Damit wird die exponentielle Ausweitung des Kommunikationsverhaltens verhindert.

Das Zeitverhalten des Verfahrens wird im fehlerfreien Betrieb dadurch bestimmt, daß ein Gruppenmitglied immer erst den Auftrag an seinen Nachfolger weitergeben muß, bevor es selbst tätig wird. Im Fehlerfall bestimmt das Timeout-Intervall der ausbleibenden *Bearbeitet*-Meldung die Zeit, bis eine sekundäre Kopie die Führungsrolle übernimmt. Insgesamt kann das Zeitverhalten in bezug auf die erhöhte Zuverlässigkeit als günstig bezeichnet werden, da der Zusatzaufwand im störungsfreien Betrieb gering ist.

Vergleich

Vergleicht man beide Verfahren, so zeigt sich Yaps Ansatz als eine Weiterentwicklung und Optimierung von Coopers Verfahren, da der unnötig hohe Kommunikationsaufwand verringert wird. Unterschiede bzw. Erweiterungen von Yap liegen in der linearen Ordnung der Instanzen, der damit verbundenen effizienteren Kommunikationsstruktur und in der Unterstützung geschachtelter Aufrufe. Allerdings muß dabei das deterministische Verhalten aller replizierten Instanzen vorausgesetzt werden; dies stellt eine Einschränkung gegenüber Coopers Ansatz dar.

5.7.4 Atomarität

Außer dem Verhalten von Kommunikationskomponenten in Fehlerfällen und den Maßnahmen zur Reduzierung der Ausfallwahrscheinlichkeit muß auch die Möglichkeit zur Konsistenzsicherung des verteilten RPC-Systems untersucht werden. Für viele Anwendungen ist es nicht tolerierbar, daß ein RPC im Fehlerfall mitten in der Abarbeitung abgebrochen wird und dabei Auswirkungen zurückläßt. Um eine Konsistenz des Systemzustandes zu garantieren, wurden atomare Operationen definiert [LIG85]. Eine Operation wird als *atomar* bezeichnet, wenn sie *total* und *serialisierbar* ist.
Ursprünglich stammt der Begriff der Atomarität aus der Datenbanktechnik und wurde durch verteilte Transaktionen auf verteilte Systeme übertragen [RED83]. In *ARGUS* [LIS83] werden *Actions* definiert, die immer atomar ausgeführt werden und dabei auch geschachtelt werden können. In *LOCUS* [WPE83] und *TABS* [SBD85] gibt es Transaktionen und Subtransaktionen, jedoch können bei *TABS* im Gegensatz zu *LOCUS* Subtransaktionen nicht auf gesperrte Daten der umfassenden Transaktion zugreifen. Vergleicht man die Wiederaufsetzstrategie der atomaren Aufrufe mit dem Ansatz der replizierten Aufrufe, so kann die atomare als *rückwärtsgerichtetes* Wiederaufsetzen bezeichnet werden, die sämtliche Effekte beseitigt, und die der replizierten als *vorwärtsgerichtet*, da sie in jedem Fall die geforderte Leistung des RPC zu erbringen versucht.

Totalität

Die *Totalität* einer Operation bedeutet, daß entweder *alle* Ergebnisse einer Operation vorliegen und bestehen bleiben oder *keine* Auswirkungen wahrgenommen werden. Endet ein atomarer Prozeduraufruf erfolgreich, so führt er das System von einem konsistenten Zustand wieder in einen konsistenten. Andernfalls bleibt es im alten Zustand, als sei der Aufruf nicht durchgeführt worden. Geschachtelte atomare Aufrufe bedürfen einer besonderen Berücksichtigung. Es muß definiert werden, wann ein geschachtelter atomarer Aufruf Dauerhaftigkeit (Persistenz) erlangt: Entweder schon nachdem er selbst erfolgreich beendet wurde oder erst nachdem auch die ihn initiierende Prozedur endete. Im System *ZMOB* [LIG85] werden beim Abbruch eines atomaren Aufrufs auch alle von ihm selbst bereits durchgeführten Aufrufe wieder zurückgesetzt. Die Prozeduren müssen dafür vor jedem Aufruf den Inhalt ihrer statischen Variablen in Form eines Sicherungspunktes nichtflüchtig sichern, um ein eventuelles Wiederaufsetzen auf den vorherigen Zustand zu ermöglichen. Wegen des damit verbundenen Aufwands bietet *ZMOB* dem Benutzer unter Aufgabe der Transparenz beide Arten von Aufrufen an: Atomare mit *Exactly-Once*-Semantik und nicht atomare mit *At-Most-Once*-Semantik.

Serialisierbarkeit

Eine Menge von Operationen wird *serialisierbar* genannt, wenn das Ergebnis aller parallel ausgeführten Operationen auch durch irgendeine lineare Ausführungsreihenfolge hätte entstehen können. Es muß also ausgeschlossen werden, daß mehrere Aufrufe einer Prozedur in einer Weise verzahnt ablaufen, in der sie inkonsistente Zwischenergebnisse wahrnehmen. Prozeduren ohne statische Variable können jederzeit unabhängig von anderen aufgerufen werden.

Bei Prozeduren mit statischen Variablen kann die Serialisierbarkeit entweder über exklusive *Zugriffssperren* für die betroffenen Daten oder über eine spezielle *Serialisierbarkeits-Prüfung* gewährleistet werden. Um Sperrmechanismen zu implementieren, müssen zunächst die zu sperrenden Einheiten festgelegt werden, also z.B. die Inhalte statischer Variablen oder die über solche Variablen eventuell referenzierten Objekte. Vor einem Zugriff werden dann diese Elemente exklusiv oder gegebenenfalls nur für den lesenden Zugriff gesperrt, wie es in Datenbanksystemen üblich ist. Allerdings müssen bei geschachtelten atomaren Aufrufen alle Sperren bis zum vollständigen Ende des initiierenden *Wurzelaufrufs* gehalten werden, um inkonsistente Zugriffe bei mehrfacher Verwendung eines Datums durch verschiedene untergeordnete Aufrufe zu verhindern. Außerdem müssen Mechanismen zur Behandlung von möglichen Verklemmungen vorgesehen werden.

Ein Verfahren zur Serialisierbarkeitsprüfung

Als Alternative ist eine Serialisierbarkeitsprüfung vor Aufruf einer Prozedur möglich, wie es im System *ZMOB* [LIG85] realisiert wurde. Dabei muß aber vorausgesetzt werden, daß die maximale, von der Prozedur verwendete Datenmenge a priori bekannt ist; dies ist zum Beispiel bei fest definierten, statischen Variablen der Fall. Atomare RPCs werden in *ZMOB* nur synchron aufgerufen. Dabei ist es auch möglich, daß ein Aufrufer mehrere synchrone RPCs quasi-gleichzeitig absetzt; dabei blockiert er dann, bis alle Aufrufe beendet sind.

Jedem atomaren RPC wird nun eine *Aufrufpfad-Kennung* mitgegeben, die die Aufrufhistorie beschreibt und bei jedem geschachtelten Folgeaufruf erweitert wird. Jede Prozedur merkt sich außerdem die Aufrufpfad-Kennung des letzten von ihr angenommenen oder sogar noch aktiven atomaren Aufrufs sowie eine lokale Sequenznummer; diese wird immer dann um 1 inkrementiert, bevor eine Prozedur selbst einen erneuten Aufruf durchführt. Bei mehreren quasi-gleichzeitigen Aufrufen wird die Sequenznummer aber nur einmal erhöht.

Die gespeicherte Aufrufpfadkennung einer Prozedur wird gelöscht bzw. durch Null ersetzt, wenn die gesamte übergeordnete atomare Ausführung beendet ist. Dies wird den beteiligten Prozeduren im Rahmen eines Commit-Protokolls mitgeteilt. Eine gesamte Aufrufpfad-Kennung umfaßt in abstrahierter Form die folgende Information:

- Die *Wurzelkennung:* dies ist der Bezeichner der durch den Wurzelaufruf aktivierten Prozedur.
- Die *Schachtelungstiefe:* dies ist die Anzahl der davon ausgehenden geschachtelten Aufrufe bis hin zum aktuellen Aufruf.
- Die *Aufrufelemente:* dies sind die Bezeichner der innerhalb eines Aufrufpfades geschachtelt aufgerufenen Prozeduren sowie die aktuellen lokalen Sequenznummern ihrer Aufrufer.

Zwischen verschiedenen Aufrufpfad-Kennungen wird eine Teilpfad-Relation eingeführt; Aufrufpfad-Kennung X ist Teilpfad von Aufrufpfad-Kennung Y, wenn beide die gleiche Wurzelkennung besitzen, die Schachtelungstiefe *s* von X kleiner oder gleich der von Y ist und die Folge der Aufrufelemente von X identisch mit den ersten *s* Aufrufelementen von Y ist.

Bei Eintreffen eines neuen atomaren Aufrufs vergleicht nun die aufgerufene Prozedur dessen Aufrufpfadkennung mit der Kennung des letzten von ihr ausgeführten Aufrufs unter Berücksichtigung ihres momentanen Aufrufzustandes. Dabei sind die folgenden Fälle zu unterscheiden:

1. Die Prozedur ist noch mit einer Ausführung beschäftigt. Dann werden nur rekursive Aufrufe angenommen, die also von einem direkten oder inderekten Aufgerufenen der Prozedur stammen. Alle anderen Aufrufe könnten zu einer mit der Ausführung in Konflikt stehenden Datenmanipulation führen. Rekursive Aufrufe können daran erkannt werden, daß die bereits in der Prozedur gemerkte Pfadbeschreibung des in Bearbeitung befindlichen Aufrufs ein Teilpfad des neuen Aufrufs sein muß.
2. Die Prozedur wird momentan nicht ausgeführt. Falls die vorherige Aufrufpfad-Kennung im Rahmen des Commit-Protokolls gelöscht wurde, kann jeder beliebige Aufruf angenommen werden; in diesem Fall wurde der vorherige atomare Aufruf vollständig beendet. Andernfalls dürfen nur Aufrufe von früheren direkten oder indirekten Aufrufern in sequentieller Reihenfolge angenommen werden. Dies wird daran erkannt, daß die Pfadbeschreibung des Aufrufs ein Teilpfad der in der Prozedur gemerkten Pfadbeschreibung ist oder daß zumindest beide Pfade bis zu einem bestimmten Aufrufelement exakt übereinstimmen (die leere Menge von Elementen ist dabei auch zulässig) und die Prozedurbezeichner des nächsten Aufrufelementes auch noch übereinstimmen, aber die Sequenznummer dieses Aufrufelementes höher ist. Dadurch wird gewährleistet, daß diese zum gleichen übergeordneten Aufruf gehören und sequentiell initiiert wurden, also insbesondere nicht von verschiedenen nebenläufigen Aufrufen innerhalb des übergeordneten Aufrufs abstammen. In diesem Fall wäre nämlich die Sequenznummer des angesprochenen Aufrufelementes gleich groß wie die des gespeicherten, da alle nebenläufigen Aufrufe eines Aufrufers die gleiche Sequenznummer erhalten (s.o.).

Das folgende Beispiel (Abbildung 5-8) soll den Sachverhalt nochmals näher erläutern. Ein atomarer RPC-Wurzelaufruf wird bei Prozedur A durchgeführt. Diese ruft die Prozeduren B und C quasigleichzeitig mittels des atomaren RPC auf. C ruft weiterhin die

Prozedur D auf, die dann wiederum einen quasi-gleichzeitigen Aufruf an E und F absetzt. Die dabei von den einzelnen Prozeduren gespeicherte Aufrufinformation ist tabellarisch aufgeführt.

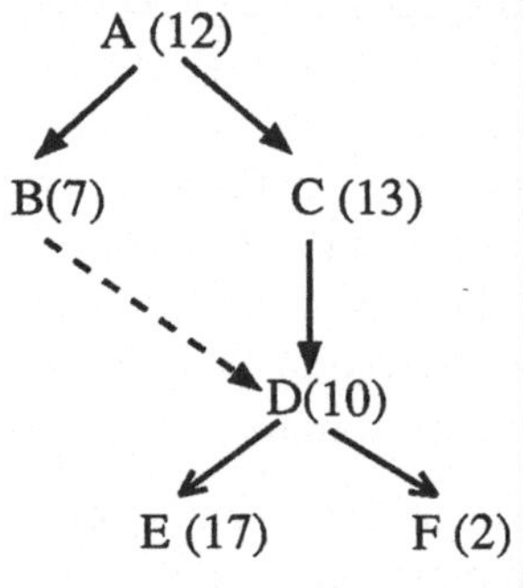

A (12)
B(7) C (13)
D(10)
E (17) F (2)

Prozedur	Aufrufpfad-Kennung {Wurzelkennung, Schachtelungstiefe, {{ Aufrufelement },...}}
A	{A,0,{}}
B	{A,1,{{A,12}}}
C	{A,1,{{A,12}}}
D	{A,2,{{A,12},{C,13}}}
E	{A,3,{{A,12},{C,13},{D,10}}}
F	{A,3,{{A,12},{C,13},{D,10}}}

Abb 5-8 Aufrufpfad-Kennungen atomarer Aufrufe

Die Sequenznummern der einzelnen Prozeduren sind willkürlich gewählt und in Klammern hinter den Prozedurbezeichnern angegeben. Der gestrichelt von B nach D angezeigte Aufruf ist zum gegebenen Zeitpunkt nicht zulässig und wird von D daher abgewiesen. Dies kann erkannt werden, indem man die Aufrufpfadbeschreibung von D ({A,2,{{A,12},{C,13}}}) mit der Pfadbeschreibung des neuen Aufrufs ({A,2,{{A,12},{B,7}}}) vergleicht. Wie oben verlangt, stimmen zwar die Wurzelelemente der Aufrufpfade überein und das erste Aufrufelement ist ebenfalls bei beiden Pfaden gleich, aber die jeweils darauffolgenden Aufrufelemente sind auch in ihren Prozedurbezeichnern verschieden und erfüllen daher nicht die geforderte Bedingung. Dagegen wäre ein späterer Aufruf von D über A und B mit der Aufrufpfad-Kennung {A,2,{{A,13},{B,7}}} durchaus zulässig. Hier stimmen "die ersten 0" Aufrufelemente exakt überein, d.h. es handelt sich um den Sonderfall der leeren Menge von übereinstimmenden Elementen. Die darauffolgenden Elemente haben den gleichen Prozedurbezeichner, nämlich A, aber das neue Aufrufelement hat eine höhere Sequenznummer (13) und ist damit zulässig. Anschaulich betrachtet bedeutet das, daß der Aufruf von A nach C,

D, E und F bereits terminiert hat und A daraufhin einen weiteren sequentiellen Aufruf an B mit der inkrementierten Sequenznummer abgesetzt hat, was natürlich zulässig ist.

5.8 Asynchrone RPCs und Massendatentransfer

Der RPC ist in seiner Grundform nach der Meinung vieler Autoren nicht sehr gut zum Transfer von großen Datenmengen (Massendaten) geeignet [TAR88]. Dies wird im folgenden durch einen Vergleich bestimmter charakteristischer Eigenschaften des RPC einerseits und von Protokollen zum Massendatentransfer andererseits deutlich. Allerdings können die Eigenschaften des RPC in bezug auf Massendatentransfer verbessert werden, wie später gezeigt wird. Dabei spielen das Konzept des asynchronen, nicht blockierenden RPC sowie einige andere Erweiterungen eine wichtige Rolle.

5.8.1 RPC und Massendatentransfer: Vergleich

Ein allgemeiner Vergleich zwischen dem RPC und Protokollen zum Massendatentransfer wird in Abbildung 5-9 gegeben und im folgenden näher erläutert. Beim RPC wird vor allem versucht, die *Antwortzeit* zu optimieren, um Klienten nur so kurz wie möglich zu blockieren. Eine Antwortzeitoptimierung ist beim Massendatentransfer nur von geringer Bedeutung, da hier im allgemeinen nicht auf Ergebnisse auf Ebene der Anwendung gewartet wird, sondern allenfalls nach einer größeren Anzahl von Sendevorgängen eine Bestätigung gesendet wird, um zum Beispiel ein Flußkontrollverfahren zu ermöglichen. Dagegen wird aber versucht, den *Durchsatz* beim Massendatentransfer zu optimieren, um in möglichst kurzer Zeit möglichst viele Daten zu übertragen. Dies spielt beim RPC kaum eine Rolle, da die meist von Anwendungen mit geringen zu übertragenden Datenmengen ausgegangen wird.
Es ist aber wichtig, die *Belastung* von RPC-Servern zu begrenzen, da oft ein Server von sehr vielen Klienten verwendet wird; man denke nur an einen Dateiserver in einer verteilten Umgebung. Eine solche Belastungskontrolle kann zum Beispiel durch Verlagerung von Auf-

rufen auf alternative Server oder notfalls auch durch Ablehnung von Aufrufen erreicht werden. Auf diese Weise kann auch ein weiteres Ziel unterstützt werden, die *Minimierung von Zustandsinformation* auf der Seite eines Servers. Dagegen ist Zustandsinformation über eine bestimmte Assoziation zwischen Kommunikationspartnern sehr wichtig für den Massendatentransfer und wird daher im Rahmen eines *Verbindungsaufbaus* etabliert. So können beispielsweise interne Verbindungskennungen vereinbart werden, um den Aufwand zur Übertragung einzelner Pakete, insbesondere beim Routing, zu reduzieren. Außerdem kann es sinnvoll sein, ein spezielles zugrundeliegendes Kommunikationsprotokoll in dieser Phase auszuwählen oder große Sende- und Empfangspuffer zu reservieren. Verbindungen werden dabei im allgemeinen so lange gehalten, bis sie explizit aufgelöst werden.

	RPC	**Protokolle zum Massendatentransfer**
Optimierung der Antwortzeit	sehr wichtig	geringe Bedeutung
Optimierung des Durchsatzes	geringe Bedeutung	sehr wichtig
Begrenzung der Server-Belastung	sehr wichtig	geringe Bedeutung
Speicherung von Zustandsinformation	soll möglichst vermieden werden	von großer Bedeutung zu Optimierungszwecken
Protokoll zum Verbindungsaufbau	nicht vorh. oder implizit	wichtig zur Vereinbarung von Verbindungsparametern
Initiierung von Sendevorgängen	sofort nach Absetzen eines RPC-Aufrufs	gegebenenfalls erst nach Vorliegen großer Datenmengen

Abb 5-9 Vergleich von RPC und Protokollen zum Massendatentransfer

Bei längeren Transferpausen können zusätzlich Testpakete ausgetauscht werden, um das Fortbestehen der Verbindung zu überprüfen. Beim RPC wird dagegen entweder überhaupt keine Verbindung aufgebaut und mit einem verbindungslosen Datagrammdienst gearbeitet, oder es erfolgt ein impliziter Verbindungsaufbau mit dem ersten Aufruf an einen bestimmten Rechnerknoten; solche Verbindungen werden dann üblicherweise auch nach einem Timeout wieder automatisch abgebaut.

Die Sendevorgänge werden beim RPC sofort nach Absetzen eines Aufrufs initiiert, um eine möglichst kurze Antwortzeit zu gewährleisten. Dagegen ist es bei Massendatentransfer üblich, kleine Datenmengen zunächst zwischenzupuffern, bis eine möglichst günstige Transporteinheit gebildet werden kann, also zum Beispiel die maximale Länge eines Übertragungspakets erreicht ist; dadurch kann der Durchsatz weiter verbessert werden. Eine solche Pufferung verlangt zusätzliche Synchronisationsprimitive, um das Ausschreiben des Puffers bei Bedarf auch erzwingen zu können.

5.8.2 Integration der beiden Mechanismen

Im folgenden sollen nun zunächst die möglichen Ansatzpunkte untersucht werden, wie der RPC-Mechanismus erweitert werden kann, um auch Kommunikationsprofile zu unterstützen, in denen sowohl kurze Aufrufe im Sinne des herkömmlichen RPC wie auch lange Datenübertragungen mit großen Datenmengen stattfinden. Das Ziel dabei ist es, einen gemeinsamen Mechanismus für beide Arten mit einer einheitlichen Schnittstelle zu finden, die möglichst genauso klar strukturiert ist wie die des synchronen RPC. Dieses Ziel wird, wie die folgende Übersicht über die möglichen Entwicklungsrichtungen zeigt, in sehr unterschiedlichem Maß erreicht.

RPC-Multiplex
Speziell bei zu großen Parametern, die nicht in einem Aufrufpaket untergebracht werden können, wurde vorgeschlagen, den durchzuführenden Aufruf auf mehrere Prozesse zu verteilen. Jeder Prozeß führt dann einen eigenen RPC aus, der im Server vor der Bearbeitung wieder zusammengesetzt wird. Dieses Verfahren ist sicher nur für ganz spezielle Fälle geeignet und setzt die genaue Analyse des Zeitverhaltens bei Prozeßwechseln in der jeweiligen Umgebung voraus.

Umschalten zwischen zwei Protokollen
Dem Benutzer werden alternative Protokolle zur Auswahl angeboten. Jedes Protokoll besteht aus einzelnen, für den jeweiligen Einsatzbereich optimierten Schichten. Es findet keine Integration statt, sondern es wird lediglich versucht, das Umschalten zwischen beiden Protokollen unter einer gemeinsamen Schnittstelle zu verbergen.
Das System *RPC2* [SAS90] erweitert den Fernaufruf durch die Möglichkeit, anwendungsspezifische Protokolle, wie z.B. ein File-

Transfer-Protokoll, einzubinden. Dieser Ansatz hat aber allerdings zur Folge, daß jede Anwendung schließlich ihre eigenen speziellen Netzoptimierungen vornimmt, anstatt einen transparenten Mechanismus zu verwenden.

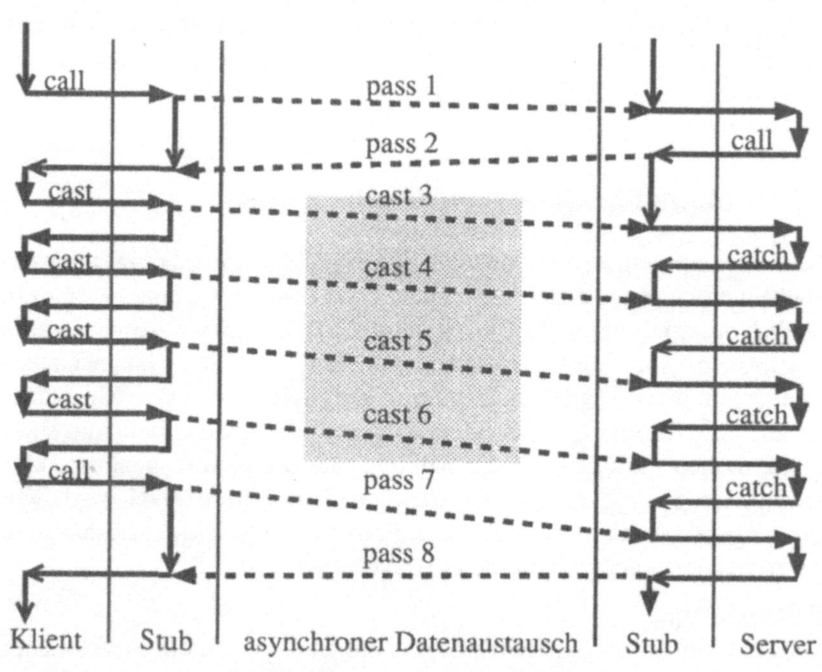

Abb 5-10 Synchrone Einbettung asynchroner Aufrufe

Synchron eingebetteter asynchroner Datentransfer

Im System *DASE* [OTO87] wird vorgeschlagen, einen langen, umfangreichen Datentransfer mit einer Folge schneller asynchroner Nachrichten durchzuführen, die durch zwei synchrone RPCs eingerahmt werden und den nötigen Verbindungskontext herstellen. Ein solcher Ablauf ist in Abbildung 5-10 dargestellt. Die inneren unidirektionalen Aufrufe, *Casts* genannt, werden ohne Quittung der Reihe nach abgeschickt und vom Server fortlaufend aufgenommen. Stellt der Server bei der Übertragung einen Fehler fest, so kann er diesen erst in der abschließenden, wieder synchronisierenden Antwort zurückmelden und gegebenenfalls die Wiederholung bestimmter *Casts* anfordern. Die inneren Nachrichten sind auf hohen Durchsatz hin optimiert, berücksichtigen aber die Verläßlichkeit der Auslieferung nicht mehr, da es keine Möglichkeit gibt, sofort eine Wiederholung zu veranlassen. Die Richtung der Casts kann durch die Übergabe eines Tokens noch innerhalb des umschließenden synchronen Rahmens umgekehrt werden, so daß bidirektionaler Massendatentransfer modelliert werden kann.

Ein verwandter Ansatz konzentriert sich darauf, asynchrone RPCs ähnlich wie oben zum Transfer größerer Datenmengen zu verwenden, diese aber auch syntaktisch und semantisch stark dem RPC anzupassen. Insbesondere ist es dabei möglich, explizit die Ergebnisse eines asynchronen RPCs über bestimmte Sprachprimitive abzufragen. Auf diese Weise wird auch eine Synchronisation eines Klienten mit noch ausstehenden Aufrufen gewährleistet. Da diese Mechanismen durch ihre Uniformität in bezug auf den RPC-Ansatz sehr interessant scheinen, sollen sie ausführlicher im nächsten Abschnitt erläutert werden.

5.8.3 Asynchrone RPCs mit Ergebnisrückgabe

Eine RPC-Erweiterung durch asynchrone Aufrufe mit Ergebnisrückgabe und Synchronisationsmechanismen wurde zum Beispiel im Rahmen des Systems *Cronus* [WFN90] realisiert. Sogenannte *Futures* werden dort als Platzhalter für später eintreffende Ergebnisse eines asynchronen RPC eingeführt. Der aufrufende Klient erhält zunächst ein Future-Objekt als Resultat. Auf einem solchen Objekt können dann später Operationen aufgerufen werden, um auf ein Aufrufergebnis zu warten und es dann schließlich zu empfangen, oder um nicht blockierend zu testen, ob ein Resultat eingetroffen ist. Zuvor können andere parallele RPC-Aufrufe asynchron abgesetzt werden oder lokale Berechnungen fortgesetzt werden. Ein Stub-Generator erzeugt für jede angebotene Prozedur streng typisierte Future-Operationen; so entsprechen zum Beispiel die Rückgabeparameter der Warteoperation jeweils den Rückgabeparametern der angebotenen Prozedur. Asynchron abgesetzte Aufrufe werden in Cronus sofort ungepuffert abgesendet.

Andere Systemen (s.u.) versuchen dagegen, bei asynchronen Aufrufen den Durchsatz durch Zwischenpufferung kleiner Datenmengen zu optimieren. Ergebnisse parallel abgesetzter Aufrufe können in jeder beliebigen Reihenfolge über die entsprechenden Futures erfragt und empfangen werden. Mehrere Futures können auch zu sogenannten *Futuresets* zusammengefaßt werden. Auf einem Futureset sind die gleichen Operationen wie auf einem Future definiert. Sobald für eines der Futures eines Futureset ein Ergebnis bereitsteht, liefert damit zum Beispiel die Warteoperation des Futureset dieses Ergebnis. Dadurch wird eine oder-verknüpfte Warteoperation realisiert. Zusätzlich werden auch Broadcast-RPCs unterstützt, wobei die einzelnen Ergebnisse aber nicht einem Futureset, sondern nacheinander einem einzelnen Future-Objekt zugewiesen werden. Die Warteoperation kann dann mehrmals auf das Objekt angewandt werden.

```
Operation BeschaffeWerkstück (wb: WerkstückBeschreibung, suchArt: Integer)
   returns (ws: Werkstück, status: Boolean); // Prozedur-Schnittstellenbeschreibung


Future bw = FInvokeBeschaffeWerkstück (wb1,sa1); // Asynchroner Prozeduraufruf
...
if IsReady (bw, timeout)                          // Test, ob ein Ergebnis vorliegt
      FClaimBeschaffeWerkstück (bw,ws1,status1); // Einlesen der Ergebnisse
else ...
Discard (bw); // Löschen des Future-Objektes nach Gebrauch
------------------------------------------------------------------------------------
for i = 1..10 {
  bw = FInvokeBeschaffeWerkstück (wb[i],sa[i]);        // Asynchrone Aufrufe
  FuturesetAdd (bwFutureSet, bw);          // Einfügen des Future-Objektes in Menge
  }
for i = 1..10 {
  FutureSetExtractReady (bwFutureSet, bw);  // Erfragen eines bereiten Future-Obj.
  FClaimBeschaffeWerkstück (bw,ws1,status1);  // Extrahieren des Ergebnisses
  output (ws1,status1);                       // Ausgabe des Ergebnisses
  }
```

Abb 5-11 Beispiel für die Verwendung von Futures

Ein Beispiel für Futures wird in Abbildung 5-11 gegeben; aus Platzgründen wurden dabei aber die erforderlichen Variablendefinitionen weggelassen. Zunächst wird die aus vorherigen Beispielen bekannte Operation zum Beschaffen von Werkstücken in einer Fertigungsumgebung (*BeschaffeWerkstück*) mit der gezeigten Signatur asynchron aufgerufen (mittels *FInvokeBeschaffeWerkstück*). Danach wird mit *IsReady* getestet, ob schon ein Ergebnis vorliegt. Diese

Operation kann durch Angabe einer Zeitdauer auch bedingt blockierend aufgerufen werden; das System führt den Test dann bei Bedarf wiederholt aus, bis die gegebene Zeit abgelaufen ist.
Die Operation *FClaimBeschaffeWerkstück* liefert schließlich im Erfolgsfall das gewünschte Werkstück sowie eine Statusanzeige als Ergebnis. Diese Rückgabeparameter sind konform zur Signatur der Operation *BeschaffeWerkstück.* Danach wird das Future-Objekt explizit gelöscht. Im unteren Teil der Abbildung wird auch die Verwendung eines Futureset gezeigt: Während des Absetzens mehrerer RPCs werden die erhaltenen Futures in eine Menge eingefügt und schließlich werden die Ergebnisse durch wiederholtes Abfragen des Futureset empfangen.

Verwandte Ansätze

Ein verwandter Ansatz ist das System *Mercury* [LBG88], das in Entsprechung zu Futures sogenannte *Promises* [LSH88] anbietet. Auch diese Objekte sind Platzhalter für spätere Ergebnisse asynchroner RPCs und sind ebenfalls programmiersprachlich integriert. Zusätzlich können die asynchronen Aufrufe aber auch gepuffert und in Blöcken gesendet werden, um den Durchsatz zu erhöhen.Dadurch wird zum einen die Anzahl der Systemaufrufe reduziert und zum anderen werden die potentiellen Paketgrößen des unterliegenden Transportsystems besser ausgenutzt. Eine weitere Besonderheit ist, daß die Ordnung der Aufrufe bei der Prozedurausführung innerhalb eines Servers erhalten bleibt und daß auch die Ergebnisse über Promises in dieser Ordnung geliefert werden.
Ähnliche Zielsetzungen liegen dem sogenannten *Pipe*-Ansatz aus [GIG88] zugrunde. Dort wird bereits bei Übersetzung einer Server-Schnittstelle festgelegt, welche Operationen nicht blockierend aufgerufen werden. Diese sind dann über sogenannte *Pipes* zugänglich. Alle übrigen Aufrufe werden über herkömmliche RPCs abgewickelt. Die Syntax für beide Aufrufarten ist nahezu identisch. Obwohl die Pipe-Aufrufe aber kein Ergebnis liefern, ist eine spätere Synchronisation mit ihnen möglich. Die entsprechende Operation *synch* wartet, bis alle zuvor asynchron abgesetzten Pipe-Aufrufe beendet sind. Auch dieser Ansatz puffert gegebenenfalls Aufrufe, um durch gesammelte Übertragung den Durchsatz zu erhöhen. Mittels der Operation *flush* kann jedoch jederzeit ein Absenden gepufferter Aufrufe erzwungen werden. Synch bewirkt ebenfalls implizit einen flush-Aufruf. Wie auch beim Promises-Ansatz wird die Ordnung der

Pipe-Aufrufausführung innerhalb eines Servers bewahrt. Zusätzlich können noch mehrere Pipes, also mehrere asynchron angebotene Operationen zu Gruppen zusammengefaßt werden. Dadurch wird dann die Aufrufreihenfolge sogar innerhalb der gesamten Gruppe bewahrt.

Zeitverhalten asynchroner Aufrufe

Analysiert man die Abläufe synchroner und asynchroner Aufrufe, so kommt man zu der Aussage, daß *k* asynchrone Aufrufe mit späterer nebenläufiger Ergebnisrückgabe an den gleichen Server höchstens *min* $(1+ts/ta, k)$ mal schneller als *k* synchrone Prozeduraufrufe sein können, wobei *ts* dabei die Übertragungszeit und *ta* die lokale Prozedurausführungsdauer sind.

Anschaulich betrachtet läßt sich das wie folgt erklären: In beiden Fällen (synchron bzw. asynchroner Aufruf) muß die Summe der Ausführungszeiten aller Aufrufe berücksichtigt werden, da ja in jedem Fall nur die gleiche, begrenzte Rechnerleistung des Servers vorausgesetzt wird. Wenn die Übertragungszeit demgegenüber sehr klein ist, geht der Term *ts/ta* gegen Null und es wird mit dem "Verbesserungsfaktor" von nahezu 1 keine wirkliche Verbesserung erreicht.

Wenn dagegen die Ausführungszeit sehr klein gegenüber der Übertragungszeit ist, wird im asynchronen Fall pro Aufruf etwa einmal die Übertragungszeit eingespart, da ja der synchrone RPC noch auf die Rückantwort warten muß; die Rückmeldung erfordert aber gerade eine Übertragung über das Netz. Inzwischen kann mit dem asynchronen RPC bereits wieder der nächste Aufruf abgesendet werden. Die Ergebnismeldungen laufen asynchron dazu und bringen daher nur am Schluß eine zusätzliche Verzögerung um eine Übertragungs-Zeiteinheit, wenn vom Einfluß des Konkurrenzverkehrs von Aufrufen und Rückantworten auf dem Netz abgesehen wird. Der Term *ts/ta* wird in diesem Fall sehr groß und geht mit zunehmender Übertragungszeit gegen unendlich. Damit wird der maximale Verbesserungsfaktor durch die Anzahl der Aufrufe *k* bestimmt.

5.9 Sicherheitsaspekte des RPC

Durch Verschlüsselungs- und Identifizierungstechniken kann eine abhörsichere Kommunikation zwischen zwei Teilnehmern in einem verteilten System gewährleistet werden; die entsprechenden Mechanismen können insbesondere auch auf RPC-basierte Kommunikation angewandt und direkt mit einem RPC-Basissystem integriert werden. Das Spektrum der erforderlichen Schutzmaßnahmen erstreckt sich von der Übertragung von Passwörtern und vertraulichen Dokumenten bis hin zur Zugangsbeschränkung nicht frei angebotener Dienste. Im folgenden werden zunächst die möglichen Beeinträchtigungen der Sicherheit bei RPC-Abläufen erläutert, um dann die anzuwendenden Schutzmaßnahmen im einzelnen vorzustellen und zu bewerten.

5.9.1 Mögliche Beeinträchtigungen der Sicherheit

Jede nicht von einem Server oder Klienten beabsichtigte Teilnahme eines Dritten an einem Kommunikationsablauf kann generell als Eingriff eines Störers gesehen werden. Es gibt dabei vier Arten von Eingriffen, gegen die ein Sicherheitssystem schützen soll:

1. **Mithören**: Ein *Lauscher* versucht an irgendeiner Stelle des Kommunikationsweges, die übertragenen Daten, das Muster der Daten oder zumindest Paketformate und Abläufe der Kommunikation zu beobachten.

2. **Veränderung**: Ein *Störer* kann Nachrichten unabhängig von ihrem Inhalt verfälschen, um sie unlesbar zu machen. Bei genauer Kenntnis von Nachrichtenformaten und Protokolldetails kann er auch gezielt versuchen, den Inhalt zu verändern, ohne daß der Empfänger es bemerkt. Die Kenntnis über Nachrichtenformate und Abläufe kann aber auch gewonnen werden, indem die Reaktion des Protokolls auf explizit herbeigeführte Veränderungen beobachtet wird.

3. **Wiederholung**: Wiederholungen von Nachrichten können einerseits durch das Transportsystem bei Verzögerungen in der Übertragung erzeugt werden, andererseits aber auch bewußt zur Störung des Aufrufs, zur Erzeugung ungewünschter Protokoll-

zustände und zur Provokation beobachtbarer Reaktionen herbeigeführt werden. Es liegt nahe, gutartige und manipulierte Wiederholungen durch einen gemeinsamen Mechanismus zu beseitigen.

4. **Erzeugung von Aufrufen**: Ein Störer versendet Aufrufe und Nachrichten unter falschem Namen und kompromittiert dadurch den vermeintlichen Absender. Eventuell kann er dadurch Operationen ausführen, für die er keine Rechte besitzt und sich auf diese Weise sogar solche Rechte dauerhaft beschaffen.

Der erste Aspekt stellt einen *passiven* Eingriff dar, die drei anderen sind *aktive* Beeinflussungen des Datenverkehrs.

Maßnahmen:
Den unterschiedlichen Beeinträchtigungen des Datenverkehrs durch Störer kann vor allem mit zwei Maßnahmen begegnet werden:

- Verschlüsselung der Daten
- Identifizierung und Authentisierung der beteiligten Partner

Verfahren zur Verschlüsselung verhindern die Beeinträchtigungen vom Typ 1-3 und Authentisierung die vom Typ 4.

5.9.2 Verschlüsselung

Um die Verschlüsselung von RPCs sinnvoll einzusetzen, benötigt man ein Verfahren, das einerseits flexibel zwischen vielen Partnern verwendet werden und andererseits mit der Übertragungsrate des unterliegenden Mediums schritthalten kann. Aufgrund dieser Randbedingungen wurde in [BIR85] der vom US-Wirtschaftsministerium genormte *Data-Encryption-Standard (DES)* [NBS77] verwendet. Der Chiffrieralgorithmus ist auch in Form schneller Hardware erhältlich, so daß mit einem solchen Chip fortlaufend etwa 14 Megabit pro Sekunde verschlüsselt werden können.

DES setzt private Schlüssel zwischen je zwei Kommunikationspartnern voraus, was für dynamische Klienten-Server-Strukturen einen nicht akzeptablen Aufwand an Statusinformation implizieren würde. Daher wurde eine zentrale *Schlüsselvergabestelle* in Form eines verteilten Directory-Servers eingerichtet; eine solche Server-Instanz wurde bereits für das Binden diskutiert (s. Abschnitt 5.2). Jede Instanz, sowohl Server als auch Klient, besitzt einen privaten Schlüssel, den außer ihr nur die Schlüsselvergabestelle kennt. Für eine Folge von RPCs begeben sich Klient und Server in einen Konversations-Kontext, für den sie von der Schlüsselvergabestelle einen *Konversationsschlüssel* erhalten. Der Aufbau eines solchen Konversations-Kontextes geschieht analog zum Binden und wird durch entsprechende Erweiterung der Stub-Routinen auch implementierungstechnisch damit verknüpft.

Ist der Konversations-Kontext einmal aufgebaut, so kann die nachfolgende Kommunikation direkt durch RPCs zwischen Klient und Server mit Hilfe des Konversations-Schlüssels und ohne Einbeziehung der Schlüsselvergabestelle abgewickelt werden. Ferner ist das Speichern der Kontextinformation für den Server optional. Bei einem eingetroffenen verschlüsselten Aufruf kann er jederzeit den Konversations-Schlüssel für den Absender von der Schlüsselvergabestelle erfragen, falls er die Information aus der Tabelle seiner bestehenden Konversationen löschte. In dem Verfahren können mehrere Prozesse an einer Konversation teilnehmen und dabei auch mehrere Aufrufe in verschiedenen Richtungen durch wechselnde Klienten-Server-Rollen stattfinden. Eine echte Mehrteilnehmer-Kommunikation mit gemeinsamem Schlüssel wird jedoch nicht unterstützt, sondern müßte durch eine Schlüsselweitergabe emuliert werden.

Ein Beispiel für einen verschlüsselten Kommunikationsablauf auf der Basis des beschriebenen Verfahrens ist in Abbildung 5-12 gegeben. Dabei bedeutet die Notation *{X}K bzw. {<N>}K*, daß das Datum *X* bzw. der Inhalt der Nachricht *N* mit dem Schlüssel *K* verschlüsselt wird.
Der Klient K mit privatem Schlüssel *S1* fordert zunächst den Konversationsschlüssel *KS* unter Angabe seiner Identität sowie der des Servers von der Schlüsselvergabestelle an. Diese generiert den Konversationsschlüssel *KS* und sendet ihn verschlüsselt mit *S1* an den Klienten. In der gleichen Nachricht ist auch *KS* verschlüsselt mit *S2* (privater Schlüssel des Servers) enthalten. *KS* wird später von beiden Kommunikationspartnern zum Verschlüsseln von Nachrichten

verwendet und ist so aufgebaut, daß diese Nachrichten wieder mit *S1* oder *S2* entschlüsselt werden können. Der Klient sendet mit dem ersten RPC die mit *S2* verschlüsselte Version von *KS* an den Server; von nun an verfügen beide Partner über *KS* und können sicher kommunizieren.

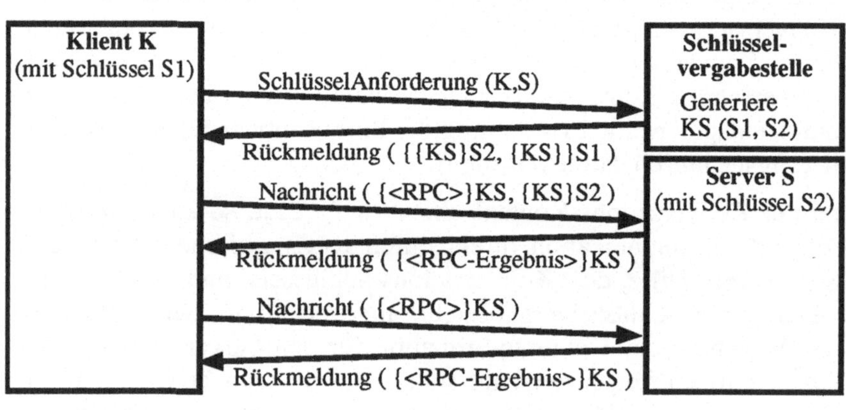

Abb 5-12 Beispiel für einen verschlüsselten RPC

Das neuere System *Kerberos* [SNS88], das von der *Open Software Foundation (OSF)* im Rahmen des *OSF Distributed Computing Environments* unterstützt wird, basiert auf dem gleichen Ansatz und arbeitet daher ebenfalls mit privaten Schlüsseln. Es wird auch im Rahmen eines RPC-Systems, des OSF-RPC, eingesetzt. Kerberos geht davon aus, daß die Betriebssysteme der beteiligten Rechner, die Rechneradressen sowie die Kommunikationskanäle und -protokolle generell nicht vertrauenswürdig sind. Es macht also keine speziellen Annahmen über die Schutzmechanismen innerhalb dieser Komponenten. Allerdings muß auch in Kerberos eine vertrauenswürdige Schlüsselvergabestelle vorhanden sein, die durch zusätzliche Sicherheitsmaßnahmen vor unberechtigtem Zugriff geschützt wird. Ein Kerberos-Server agiert wie oben gleichzeitig als Schlüsselvergabestelle und als Authentisierungsdienst. Es ist bei Kerberos zusätzlich auch möglich, explizit Zugriffsrechte verschiedener Klienten auf verschiedene Server zu unterscheiden und auch Zugriffsrechte an andere Klienten weiterzugeben oder wieder zurückzunehmen. Die

Benennung von Servern kann durch ein- oder mehrstufige Namen erfolgen, wodurch insbesondere hierarchische Strukturen in großen Systemen unterstützt werden. Es können auch Gruppennamen vergeben werden, um zum Beispiel die Identifizierung einer Menge von Servern durch einen einzigen Namen zu ermöglichen.
Bedingt durch seine flexible Funktionalität und vor allem durch die Unterstützung durch das Hersteller-Konsortium OSF hat sich Kerberos inzwischen schon zum de-facto Standard in verteilten Systemen entwickelt und wird sicherlich in der Zukunft noch mehr an Bedeutung gewinnen.

Neben den hier vorgestellten Verfahren auf der Basis privater Schlüssel gibt es auch Ansätze, die *öffentliche Schlüssel* verwenden. Bei solchen Verfahren generiert jeder potentielle Empfänger zunächst einen geheimen Schlüssel *KE* zur Entschlüsselung empfangener Nachrichten. Aus diesem Schlüssel berechnet er unter Verwendung einer allgemein bekannten Funktion *F* einen korrespondierenden öffentlichen Schlüssel *KV* zur Verschlüsselung und macht diesen allen potentiellen Sendern bekannt. Die Besonderheit dabei ist, daß die Funktion *F* so gewählt wird, daß ihre Umkehrfunktion praktisch nicht berechenbar ist; dies wird durch ein Verfahren auf der Basis einer speziellen Primzahl-Zerlegung erreicht. Damit kann *KE* nicht unter Verwendung von *KV* berechnet werden und ist also nur dem Empfänger bekannt. Die Verschlüsselung und Entschlüsselung erfolgt durch zwei getrennte öffentliche Funktionen unter Eingabe des jeweiligen Schlüssels.
Verfahren auf der Basis öffentlicher Schlüssel können eventuell höhere Sicherheit als der genormte *DES*-Standard bieten und erfordern nicht unbedingt eine vertrauenswürdige Schlüsselvergabestelle. Sie haben aber den Nachteil, daß Paare von Verschlüsselungsfunktionen anstatt Schlüssel einer Standardfunktion in der Bibliothek gespeichert werden müssen. Außerdem kann die Berechnung der erforderlichen Funktionen zeitaufwendiger sein als bei privaten Schlüsselverfahren.

5.9.3 Identifizierung und Authentisierung

Unter *Identifizierung* versteht man den Vorgang des Präsentierens und der Kenntnisnahme einer systemweit eindeutigen Kennung. Mit der Identifizierung verbundene Alternativen und Probleme wurden bereits beim Binden in Abschnitt 5.2 im Zusammenhang mit den unterschiedlichen Möglichkeiten zur Benennung der entfernten Prozeduren betrachtet. Als *Authentisierung* wird die Verifikation der vorgegebenen Identität eines Benutzers [DIT81] oder in diesem Fall der aufrufenden Instanz eines RPC bezeichnet. Eine solche Verifikation kann zum Beispiel durch Präsentation einer geheimen Kennung geschehen, von der sicher ist, daß sie nur die entsprechende Instanz besitzt. In Betriebssystemen oder bei Bankautomaten wird dabei als Kennung üblicherweise ein Passwort verwendet.

Das oben beschriebene Verfahren zur Durchführung verschlüsselter RPCs umfaßt ebenfalls einen Authentisierungsvorgang. Die geheime Kennung ist dabei jeweils der private Schlüssel der Kommunikationspartner. Die Authentisierung des Klienten ist garantiert, da er den erhaltenen Konversationsschlüssel nur durch seinen privaten Schlüssel entschlüsseln kann; bei einfacher Vorgabe einer falschen Identität wäre also für ihn keine Kommunikation mit dem Server möglich. Die Authentisierung des Servers erfolgt auf ähnliche Weise; nur durch Verwendung seines privaten Schlüssels kann er den ihm vom Klienten gesendeten Konversationsschlüssel lesen und nur unter Verwendung dieses Konversationsschlüssels kann er schließlich die Nachricht entschlüsseln. Die Schlüsselvergabestelle arbeitet dabei als Authentisierungsdienst und muß daher für alle Kommunikationspartner vertrauenswürdig sein. Aus diesem Grunde muß sie durch zusätzliche Maßnahmen, wie sie zum Beispiel in Betriebssystemen zu finden sind, vor jeglichem unberechtigten Zugriff streng geschützt werden.

5.9.4 Mögliche Garantien und Kosten

Durch die Integration der vorgeschlagenen Maßnahmen in ein RPC-System können folgende Sicherheitsgarantien gegeben werden:

Der RPC wird auf sichere Weise mit dem Konversations-Schlüssel durchgeführt, der nur den beiden Kommunikationspartnern bekannt ist. Das bedeutet:

- Es ist nicht möglich, Aufrufe zu beobachten: Weder ist feststellbar, welche Prozedur aufgerufen noch welche Argumente übergeben bzw. welche Resultate erhalten wurden.
- Es gibt keine unbemerkte Modifikation des Aufrufs oder des Ergebnisses.
- Aufrufe unter falscher Identität und Aufrufwiederholungen sind nicht möglich.
- Aber: Verkehrsdichte-Analysen sind dadurch nicht verhinderbar.

Jedem Teilnehmer wird außerdem garantiert, daß er innerhalb einer Konversation immer noch mit dem Teilnehmer kommuniziert, mit dem er sie begonnen hat. Dabei gilt:

- Der Klient erhält die Garantie, daß der RPC nur von dem Server ausgeführt wird, den er bestimmt hat.
- Dem Server wird der korrekte Absender des Aufrufs genannt.

Diese Garantien können natürlich nicht absolut gesehen werden. Alle Maßnahmen reduzieren die möglichen Beeinträchtigungen auf ein minimales Restrisiko, indem sie den Zeitaufwand und die Kosten für einen unbemerkten Eingriff so erhöhen, daß es für einen Eindringling unattraktiv wird.

Kosten der Sicherheit
Die Vermutung, daß die Verschlüsselung der Daten die Gesamtübertragungsdauer in jedem Falle signifikant beeinträchtigt, trifft bei Verwendung standardisierter und Hardware-unterstützter Verfahren zumindest im 10 Megabit/s-Bereich heutiger lokaler Netze nicht zu. Der Nutzen der Chiffrierung zur Sicherung des Datenverkehrs wird daher allgemein höher bewertet als die anfallenden Kosten, zumal die Sicherheit für viele Bereiche, wie z.B. die Passwortübermittlung, eine unabdingbare Randbedingung ist.

Die trotzdem vorhandenen Leistungseinbußen werden durch die aufwendigeren Protokolle verursacht. Sämtliche Identifikator- und Sequenznummern-Wertebereiche müssen wesentlich erweitert werden, um Pakete dauerhaft eindeutig erkennen zu können. Die Implementierung von *Gifford* [GIG88] verwendet zur Identifikation eines Paketes insgesamt 14 Bytes anstatt sonst 6 Bytes: 2 Bytes als Rechneridentifikator, 4 Bytes als Konversationskennung, 4 Bytes als Rufsequenznummer, 2 Bytes als Prozeßidentifikator im Klartext und weitere 2 Bytes dafür im chiffrierten Text.

5.10 RPC in offenen verteilten Systemen

Ein weiterer spezieller Aspekt von RPC-Systemen ist ihr Einsatz in offenen verteilten Umgebungen, die durch ihre Größe, durch die noch stärkere Dezentralisierung der Kontrolle und durch die zunehmende Systemheterogenität gekennzeichnet sind. In solchen Systemen sind zunächst die oben dargestellten Sicherheitsmechanismen von größter Bedeutung, aber es entstehen noch zusätzliche Anforderungen: In jedem Fall muß dedizierte Systemunterstützung zur Behandlung der Heterogenitätsproblematik angeboten werden, die neben den Unterschieden bei Hardware und Betriebssystem sich auch auf Sprachen und auf einzelne RPC-Implementierungen erstrecken kann. Wenn Weitverkehrsnetze mit einbezogen werden, sind zusätzlich auch entsprechend angepaßte Kommunikations- und Verwaltungskonzepte erforderlich. Diese Punkte sollen im folgenden genauer erörtert werden.

5.10.1 RPC über Weitverkehrsnetze

Datenübertragungen über *Weitverkehrsnetze (Wide-Area-Networks, WANs)* sind im Vergleich zur lokalen Übertragung durch lange Antwortzeiten, geringere Datenraten und niedrigeren Durchsatz charakterisiert. Führt man den RPC über ein WAN bzw. einen Netzverbund (*Internet*) durch, so wird die Übertragungszeit oft zum bestimmenden Faktor der gesamten Ausführungsdauer. Ein weiteres Problem liegt darin, daß aufgrund der größeren Zahl an beteiligten und einflußnehmenden Komponenten die Ausführungsdauer sehr stark variieren kann und kaum noch abgeschätzt werden kann. Als Konsequenz aus den genannten Problemen bleibt der Anwendungsbereich von RPCs über WANs fast ausschließlich auf äußerst rechenzeitintensive Aufrufe beschränkt, bei denen selbst die lange Übertragungsdauer lediglich einen geringen Teil an der Ausführungszeit ausmacht. Ein anderes Einsatzgebiet liegt in der Kopplung mehrerer verteilter Betriebssysteme, die jeweils auf lokalen Netzen mit RPC-Kommunikation basieren. Dabei liegt der Schwerpunkt auf der Frage, wie die lokale Verteilung mit Hilfe von Gateways auf eine weite Verteilung transparent ausgedehnt werden kann.

Zur Erzielung einer solchen Konfiguration werden mehrere Netze über Gateways verbunden, die sich je nach ihrer Funktionalität auf den verschiedenen Ebenen als sogenannte *Repeater*, *Relays* oder *Gateways* klassifizieren lassen. Repeater koppeln verschiedene Netzsegmente physikalisch auf Signalebene bzw. auf der Bitübertragungsschicht des ISO/OSI-Referenzmodells [TAN81]. Dies ist allerdings nur bei gleichartigen Netzen wie z.B. bei mehreren *Ethernets* möglich. Relays sind auf der Sicherungsschicht angesiedelt und ermöglichen eine Kopplung von Netzen mit gleichartigen Netzzugangsprotokollen. Für echt heterogene Netze muß die Kopplung dagegen mittels Gateways auf einer der nächsthöheren Schichten erfolgen, also auf der Netzwerkschicht, der Transportschicht oder einer der Anwendungsschichten. Eine besondere Rolle für den weitentfernten RPC nehmen dabei die Gateways auf Ebene der Sitzungsschicht ein, die die volle Kontrolle über die zugrundeliegenden, eventuell heterogenen Netze und Transportprotokolle ermöglichen und damit die Aufrechterhaltung der Netztransparenz in heterogenen Umgebungen gewährleisten. Um die unterschiedlichen Charakteristika der Übertragung innerhalb lokaler Netze und über WANs auszugleichen, erzeugen die Gateways nach der Lokalisierung des Dienstes in beiden lokalen Systemen Alias-Prozesse, wie sie in Abbildung 5-13 gezeigt werden. Auf der Aufrufseite repräsentiert der Alias-Prozeß als *Server-Agent* den Server und führt über das WAN die Übertragung zum *Klienten-Agent* durch, der analog im Zielnetz für den Server den Klient vertritt. Dadurch ist es möglich, daß Server und Klient weiterhin den Eindruck haben, lokal zu kommunizieren, obwohl die Aufrufe über das WAN gesendet werden. Beide Agenten bilden zusammen ein Gateway der Sitzungsebene, das die Umsetzung der Transportprotokolle verwirklicht und so den Klienten und Servern ermöglicht, weiterhin mit dem für lokale Topologien optimierten RPC-Protokoll zu arbeiten. Ein solcher Ansatz wurde im Rahmen des verteilten Betriebssystems *Amoeba* [TRS90] implementiert und wurde bereits in [RTS87] näher beschrieben.

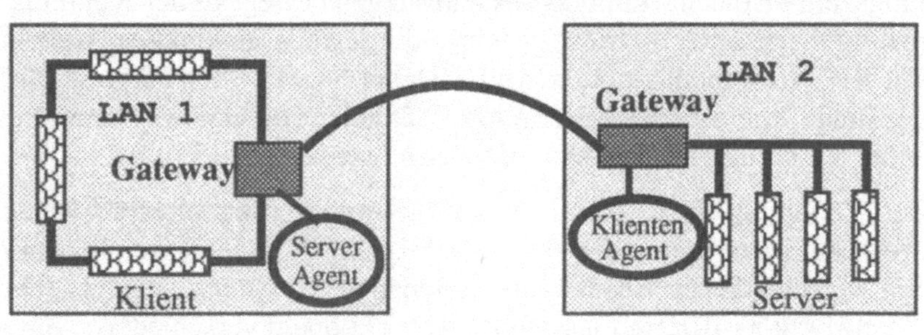

Abb 5-13 RPC unter Kopplung lokaler Netze über ein WAN

Namensverwaltung

Ein weiterer spezieller Aspekt der RPC-Kommunikation über WANs ist auch die globale Namensverwaltung für entfernte Dienste sowie deren Lokalisierung. Ein Broadcast-Verfahren zur Lokalisierung einer Prozedur wurde im Rahmen des Bindens bei lokalen Netzen (s. Abschnitt 5.2) nur als eingeschränkt tauglich beurteilt. In einer WAN-Topologie ist der Aufwand eines über Gateways weitergeleiteten Broadcasts in alle Teile des Netzes nicht vertretbar und steht in keinem Verhältnis zum Nutzen. Selbst ein in lokalen Netzen einsetzbarer zentraler Directory-Server eignet sich nicht für WAN-Strukturen, da eine zentrale Stelle einen systemweiten Engpaß und eine globale Fehlerquelle darstellen würde. Dabei könnte insbesondere der Großteil von netzlokalen Anfragen nicht effizient genug unterstützt werden.

Eine bessere Lösung des Problems der Namensverwaltung stellt das *Domänen*-Konzept dar. Server können ihre Prozedurnamen bzw. deren Netzadressen in einem speziellen Bereich, der *Domäne*, in der sie erreichbar sein wollen, bekanntgeben. Für jede Domäne werden die Prozedurnamen durch einen Directory-Server verwaltet, der selbst über eine reservierte, in allen Domänen gleiche Adresse erreichbar ist. Bei Bedarf sind auch Anfragen nach Servern in entfernten Domänen möglich, die vom lokalen Directory-Server an den zuständigen entfernten Directory-Server weitergeleitet werden.

5.10.2 Heterogene RPC-Systeme und Implementierungen

Neben der Heterogenität von Netzprotokollen können auch die einzelnen Betriebssysteme der beteiligten Rechner, die Programmiersprachen der kooperierenden Klienten und Server sowie die Implementierungen des RPC-Systems auf den einzelnen Rechnern unterschiedlich sein. Diese verschiedenen Aspekte sollen im folgenden anhand weiterer Systembeispiele näher erläutert werden.

Heterogenität von Hardware und Programmiersprachen
Hardware- und Sprachheterogenität werden zum Beispiel vom System *Mach* mit der Schnittstellen-Beschreibungssprache *Matchmaker* [JRT85], [JOR86] behandelt (s. auch Abschnitt 5.2.1). Aus einer Schnittstellenspezifikation in Matchmaker können Stubs für die Sprachen *C, PERQ Pascal, Common LISP* und *ADA* generiert werden. Dabei werden die Unterschiede der einzelnen Sprachen in bezug auf die Aufrufsyntax, die Typrepräsentation, die sprachabhängige Speicherrepräsentation von Datenstrukturen und die Ausnahmebehandlung beachtet. Die Hardwareheterogenität hat außerdem Auswirkungen auf die Speicherrepräsentation elementarer Datentypen. Um auch hier Konversionen zwischen verschiedenen Formaten zu ermöglichen, enthalten alle übertragenen RPC-Nachrichten vollständige Typinformation für die übertragenen Daten. Ein empfangender Nachrichten-Prozeß führt auf dieser Basis die Konvertierung in die jeweilige lokale Repräsentation durch.
Unterschiede zwischen den verwendeten, kooperierenden Betriebssystemen *Mach, Accent* und *Unix* werden durch eine weitgehende Anpassung der Kernoperationen an Unix behandelt. Die Behandlung von Hardware-Heterogenität wird auch durch das System *DAPHNE* [LMN88] ermöglicht, das einen in *Modula-2* eingebetteten RPC-Mechanismus anbietet. Der Ansatz ist konzeptionell auch auf Sprachheterogenität erweiterbar.

Das System *Horus* [GIB87] realisiert einen noch flexibleren, erweiterbaren Ansatz zur integrierten Behandlung von Hardware- und Sprachheterogenität. Dazu erhält der Horus-Stub-Generator dreierlei Eingaben (s. Abbildung 5-14). Zum einen werden die Schnittstellen der einzelnen Prozeduren in einer ähnlichen Form wie mit Matchmaker beschrieben. Außerdem wird aber auch eine Spezifikation der jeweiligen *Maschineneigenschaften* und der jeweils verwendeten *Programmiersprache* gegeben. Die Maschineneigen-

schaften umfassen die Speichergröße der Standarddatentypen (z.B. 32 bit für Integer), ihre Bitrepräsentation (z.B. Zweierkomplement) sowie die Byteordnung der Maschine (hohes oder niedriges Bit führend). Auf diese Weise kann das System eine Abbildungsfunktion für alle elementaren Datentypen auf das entsprechende lokale Maschinenformat generieren. Die Spracheigenschaften beschreiben eine Abbildung der Datentypen der Schnittstellensprache auf die der Zielsprache (zum Beispiel wird *ShortIntegerType* auf *typedef unsigned short ShortInteger* in *C* abgebildet). Die Abbildungsfunktion kann auch freie Variablen enthalten. Dadurch können dann zum Beispiel die Komponenten einer zusammengesetzten Datenstruktur vom Typ *RecordType* generisch auf entsprechende Komponenten einer *C struct* abgebildet werden. Die Abbildung wird also nicht für konkrete Anwendungs-Datentypen definiert, sondern lediglich für die von der Sprache generisch angebotenen Typen.
Wichtige Grundlage des Ansatzes sind die vereinbarte universelle Schnittstellensprache sowie eine vereinbarte universelle Datenrepräsentation während der Übertragung. Es sind lediglich *n+m* Abbildungsfunktionen für *n* Programmiersprachen und *m* Rechnersysteme erforderlich, da die beiden Arten der Heterogenität getrennt behandelt werden.

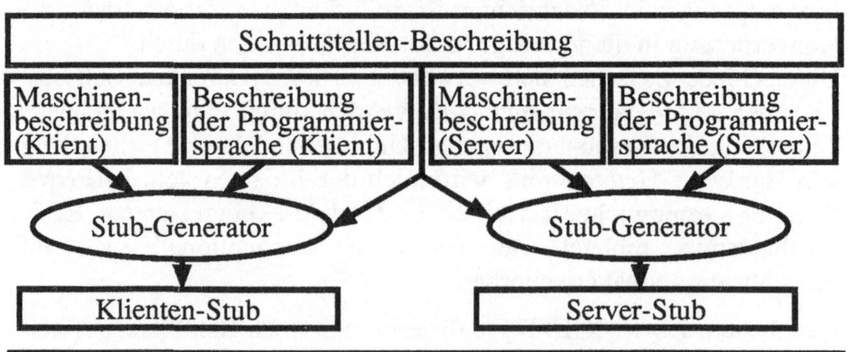

Abb 5-14 Funktionsweise des Horus-Stub-Generators

Heterogenität von RPC-Implementierungen

Das Problem koexistierender heterogener RPC-Implementierungen wird vom System *HRPC* [BCL88] angegangen. Dieser Ansatz führt eine strenge Modularisierung der einzelnen Komponenten einer

RPC-Implementierung ein: Die Stub-Komponenten, die Protokollabwicklung zum Binden von Klient und Server, die Generierung der Datenrepräsentation zur Übertragung, das verwendete Transportprotokoll sowie ein Kontrollprotokoll zur internen Zustandsverwaltung werden jeweils in Komponenten mit wohldefinierten Schnittstellen eingebettet (s. Abbildung 5-15).

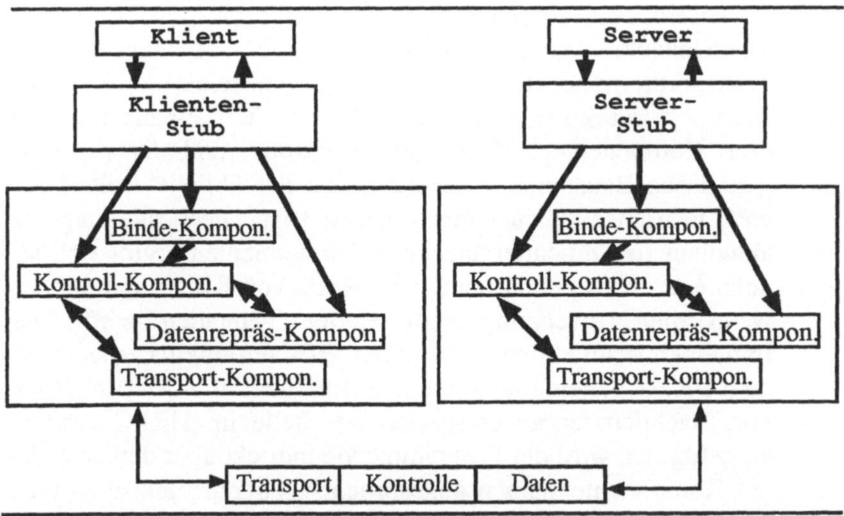

Abb 5-15 Architektur des HRPC-Ansatzes

Die einzelnen Komponenten haben die folgende Funktionalität:

- **Binde-Komponente**
  Diese Komponente umfaßt die Mechanismen zum Binden von Klienten zu bestimmten Servern, also vor allem zur Lokalisierung von Servern auf der Basis einer Schnittstellenbeschreibung und zur Prüfung auf Schnittstellen-Kompatibilität.
- **Kontroll-Komponente**
  In der Kontroll-Komponente sind die Strukturen und die Semantik von Nachrichten zwischen Klient und Server während eines Aufrufs definiert. Dabei werden Aufruf und Ergebnisnachrichten sowie die verschiedenen Rollen von Klient und Server unterschieden.

- **Datenrepräsentations-Komponente**
  In ihr finden sich Konversionsvorschriften der Datendarstellungen von der lokalen Maschine in ein Transportformat, die die Übertragung ermöglichen und eine Kompatibilität zwischen Klient und Server auch über verschiedene Programmiersprachen hinweg herstellen.
- **Transport-Komponente**
  In diesem Teil werden die für den Datentransport benötigten Mechanismen beschrieben. Durch die Isolierung der Transportkomponente ist es möglich, bausteinartig Standard-Transportprotokolle, wie z.B. *UDP* oder *TCP*, einzusetzen.Die drei Komponenten, Transport, Kontrolle und Daten, sind generische Bausteine, zwischen denen der übliche Ablauf des RPC in immer gleicher Form definiert ist. Die Festlegung der aktuellen Implementierung dieser Komponenten ergibt sich jedoch erst durch gemeinsame Protokolle von Klient und Server, wenn die Anwendung zum Starten gebunden wird. Die Implementierung eines speziellen RPC-Protokolls, das nach dem HRPC-Schema faktorisiert wurde, liegt in einer Bibliothek vor. Nachdem er an entspechender Stelle im HRPC-Schema eingefügt ist, wird der Programmcode indirekt über den abstrakten Komponentennamen angesprochen. Hierzu muß allerdings beim Binden mehr Information vorliegen als bisher, da neben dem Ort des Dienstes nun auch zu entscheiden ist, mit welchen Protokollkomponenten die Kommunikation geführt werden kann.

Durch die beschriebene Dekomposition werden die einzelnen Teile leicht austauschbar. Dies ermöglicht zum Beispiel eine einfache Portierung auf ein Rechnersystem mit einem anderen Transportprotokoll; dazu wird lediglich die Transportkomponente ersetzt. Zur Interaktion zweier unterschiedlicher RPC-Implementierungen wird um die entsprechenden Komponenten eines der Systeme eine Schale gelegt, die die korrespondierenden Komponenten des anderen Systems emuliert. Dies ist allerdings nur dann möglich, wenn die Systeme bereits modular entwickelt wurden; für unabhängig entwickelte Systeme kann dieser Mechanismus nur schwer angewandt werden. Praktische Experimente, die mit modularen

HRPC-Implementierungen auf SUN- und VAX-Rechnern durchgeführt wurden, zeigten mit herkömmlichen Systemen vergleichbare Laufzeitergebnisse.
Probleme ergeben sich jedoch bei ungleicher Mächtigkeit der einzelnen RPC-Mechanismen in einem HRPC-System. Kann z.B. ein RPC-Mechanismus keine gesonderten Fehlerbehandlungen in Form von Ausnahmen weiterleiten, so muß das HRPC-Verfahren die Verwendung dieses Leistungsmerkmals auch im anderen Mechanismus unterbinden. Es muß also eine Abstimmung der RPCs aufeinander erfolgen, bei der die Gemeinsamkeiten ausgehandelt werden. Ein weiterer Problempunkt kann die geforderte Modularität der Implementierung eines RPC-Mechanismus sein; bei älteren, existierenden RPC-Implementierungen ist dies im allgemeinen nicht gegeben, so daß sie sich nicht ohne maßgebliche Anpassungen in die HRPC-Architektur einbetten lassen.

5.11 Standardisierungsbestrebungen im Bereich des RPC

Abschließend soll noch kurz auf aktuelle Standardisierungsbestrebungen im Bereich des RPC eingegangen werden. Dabei ist zunächst der RPC der Hersteller-Vereinigung *Open Software Foundation (OSF)* zu nennen, ein Quasi-Standard, der oben bereits erwähnt wurde. Außerdem wird in der *European Computer Manufacturers Association (ECMA)* an einem RPC-Standard gearbeitet, der auch die Basis für die RPC-Standardisierungsbestrebungen der *International Standards Organization (ISO)* darstellt.

5.11.1 Der RPC der Open Software Foundation

Der OSF-RPC [OSF90II] ist Teil des OSF Distributed Computing Environment (DCE) und ermöglicht die Kommunikation zwischen Klienten und Servern in einer heterogenen Systemumgebung. Zur Beschreibung von Server-Schnittstellen wird die *DCE Interface Definition Language (IDL)* verwendet, die auf *ANSI C* basiert. Ein Compiler generiert aus einer solchen Beschreibung jeweils Stub-

Routinen für Klient und Server. Das Problem heterogener Datenformate wird durch die Konvertierung empfangener Daten in das jeweilige lokale Format auf der Seite des Empfängers behandelt. Dazu werden alle übertragenen Daten mit einer Formatbeschreibung versehen. Auf diese Weise ist nur eine Konvertierung pro Übertragungsvorgang erforderlich; bei Verwendung eines gemeinsamen kanonischen Formats wären dagegen normalerweise zwei Konvertierungen erforderlich. Der gewählte Ansatz wird von OSF als praktikabel eingestuft, da auch in offenen heterogenen Systemen generell nur eine kleine Anzahl verschiedener Datenrepräsentationen verwendet werden.

Der OSF-RPC ist unabhängig von den zugrundeliegenden Transportprotokollen und macht daher auch keine speziellen Annahmen über deren semantische Eigenschaften. Die Fehlersemantik ist wahlweise *At-Most-Once* oder *At-Least-Once*; durch die letztere Möglichkeit wird die effiziente Bearbeitung idempotenter Operationen unterstützt, wo keine *At-Most-Once*-Semantik erforderlich ist. Es wird außerdem ein mit dem RPC integrierter Massendatentransfer unterstützt. Dazu werden sogenannte *Pipes* eingeführt, die zur effizienten Übertragung typisierter Daten von großem Umfang zwischen Klienten und Servern eingesetzt werden. Asynchrone RPCs werden außerdem indirekt durch die Bereitstellung leichtgewichtiger Prozesse innerhalb des OSF DCE ermöglicht; für jeden asynchronen RPC wird dabei auf der Seite eines Klienten ein leichtgewichtiger Prozeß erzeugt, der selbst einen synchronen RPC ausführt. Der ursprüngliche Aufrufer kann dann später die Berechnungsergebnisse des leichtgewichtigen Prozesses erfragen.
Die Verwaltung von Server-Namen erfolgt über einen globalen Directory-Dienst auf der Basis von X.500, der implementierungstechnisch durch mehrere lokale und replizierte Directory-Server realisiert wird. Dieser Dienst ermöglicht auch die Suche nach Servern auf der Basis von beschreibenden Attributen, also nicht nur einfach durch Angabe eines logischen Namens. Verschlüsselung und Authentisierung werden durch das oben angesprochene System *Kerberos* realisiert.
Die Implementierungen des OSF-RPC sind weitgehend portabel und sind generell konform zu einer einheitlichen Spezifikation des OSF-RPC-Protokolls. Außerdem ist die OSF bestrebt, den RPC an sich entwickelnde internationale Standards anzupassen, die im folgenden

beschrieben werden. Insgesamt dürfte der OSF-RPC recht große Bedeutung gewinnen, da er von zahlreichen Rechnerherstellern unterstützt wird und eine praxisnahe, real implementierte Lösung darstellt.

5.11.2 Der RPC der ECMA und der ISO

Im Rahmen der *European Computer Manufacturers Association (ECMA)* wird seit 1986 ebenfalls an einem RPC-Standard gearbeitet (*ECMA-Standard 127*) [ECM90]. Dieser Ansatz versteht sich als eine Ergänzung der ISO/OSI-Dienste und -Protokolle der Anwendungsschicht, um eine RPC-Interaktion zwischen Klienten und Servern zu ermöglichen. Der Standard definiert das zugehörige Verarbeitungsmodell für die RPC-Kommunikation, eine Schnittstellenbeschreibungsnotation (*Interface Definition Notation (IDN)*) sowie den eigentlichen RPC-Dienst und das ihn implementierende RPC-Protokoll. Dabei wird ein zugrundeliegendes verbindungsorientiertes Transportprotokoll vorausgesetzt.

Die Schnittstellenbeschreibungssprache *IDN* erlaubt die Unterscheidung zwischen Ein- und Ausgabeparametern, die Definition von Ausnahmen, die Beschreibung komplex strukturierter Parameter einschließlich Zeigertypen sowie die Unterscheidung zwischen verschiedenen Versionen einer Prozedurschnittstelle. Die durch Zeiger-Parameter referenzierten Daten werden zur Laufzeit in den Adreßraum des Servers kopiert.
Der ECMA-RPC erlaubt statisches oder dynamisches Binden, wobei in beiden Fällen entweder direkt nach dem Binden oder beim ersten Prozeduraufruf eine Verbindung (*Association*) zwischen Klient und Server aufgebaut wird. Pro Verbindung darf jeweils nur ein Aufruf aktiv sein; allerdings können mehrere Verbindungen zwischen zwei Kommunikationspartnern eingerichtet werden. Die RPCs sind generell *synchron*; eine Besonderheit dabei ist, daß ein Server während der Abarbeitung eines RPC einen *RPC-Rückaufruf* an den Klienten durchführen kann, um zum Beispiel weitere Daten anzufordern. Dabei wird dann ebenfalls eine Prozedur entfernt aufgerufen, die innerhalb der Schnittstelle des Klienten definiert sein muß. Außerdem ist es einem Klienten möglich, einen in Ausführung

befindlichen RPC explizit abzubrechen; dazu steht ein spezielles Dienstelement *cancel* zur Verfügung.

Der Standard definiert keine Integration der RPC-Mechanismen in eine bestimmte Programmiersprache und auch keine spezielle Systemarchitektur. Diese Punkte sind zukünftigen Erweiterungen oder anderen Standards vorbehalten bzw. können jeweils implementierungsspezifisch festgelegt werden.
Als mögliche direkte technische Erweiterungen des RPC-Standards werden asynchrone Aufrufe, Multicast-Aufrufe an mehrere Server, die Erkennung und Behandlung verwaister Aufrufe sowie die Behandlung von Sicherheitsaspekten genannt.

Insgesamt stellt der ECMA-RPC einen wichtigen Vorstoß in Richtung RPC-Standardisierung dar und berücksichtigt vor allem auch die an Bedeutung gewinnenden ISO/OSI-Dienste. Allerdings läßt der Ansatz, wie oben erwähnt, noch zahlreiche praxisnahe Punkte offen und basiert auch nicht auf einer funktionsfähigen realen Implementierung. Daher wird noch einiges an Entwicklungsarbeit zu leisten sein, bis dieser Standard eine breite Akzeptanz finden kann.

Der ECMA-RPC-Standard bildet auch die Grundlage für die Normung eines RPC-Ansatzes durch die *International Standards Organisation (ISO)*. Die entsprechenden Arbeiten werden in der Arbeitsgruppe *ISO/IEC JTC 1/SC 21 WG 6* durchgeführt [ISO90]. Technisch ist der Vorschlag nahezu identisch mit dem ECMA-RPC, wobei aber noch stärker auf die Integration mit existierenden ISO/OSI-Diensten eingegangen wird. Das zugehörige Dokument ist allerdings noch im Stadium des *Working Draft*; es bleibt also abzuwarten, inwieweit eine technische Konsolidierung noch zu maßgeblichen Änderungen und Erweiterungen, vor allem im Hinblick auf die oben genannten Aspekte, führen wird.

6 Verteilte objektorientierte Ansätze

Verteilte objektorientierte Systeme bieten neue Möglichkeiten zur Strukturierung verteilter Programme auf der Basis von Objekten feiner Granularität. Die Objekte sind dabei die elementaren Verteilungseinheiten. Eine verteilte Verarbeitung erfolgt, indem Objekte lokal oder entfernt kommunizieren und dabei gegenseitig Operationen auf ihren Datenstrukturen aufrufen. Eine wichtige Eigenschaft solcher Systeme ist ihr relativ hoher Grad an Verteilungstransparenz im Vergleich zu den anderen wichtigen Ansätzen zur verteilten Programmierung.
Dieser Abschnitt führt zunächst die Grundlagen des objektorientierten Ansatzes ein und beschreibt dann die Erweiterungen dieser Konzepte auf verteilte Umgebungen im Detail und auch in Anlehnung an eigene Vorarbeiten [SCH90, SCH91I].

6.1 Grundlagen des objektorientierten Ansatzes

Der objektorientierte Ansatz [GOR83, WEG87, BAW88] geht auf die Programmiersprache *Simula* [DAM70] zurück, die bereits seit Beginn der 70er Jahre existiert. Stärkere Verbreitung fand dieser Ansatz jedoch erst in den 80er Jahren mit dem System *Smalltalk* und mit nachfolgenden hybriden objektorientierten Sprachen. Mit den Grundprinzipien der *Datenabstraktion*, der *Vererbung* und des *dynamischen Bindens* führt der objektorientierte Ansatz zur Strukturierung einer Anwendung in Form von kommunizierenden Objekten. Die Kommunikation zwischen Objekten erfolgt dabei ausschließlich über *Nachrichten*, die zum Aufruf von Operationen (*Methoden*) auf Objekten führen. Eine solche Nachricht darf nicht mit dem obigen Begriff der Übertragungsnachricht verwechselt werden, sondern stellt eine Aufforderung zur Ausführung einer bestimmten Operation durch das Empfängerobjekt auf Anwendungsebene dar.

Dieses Prinzip läßt sich auch auf verteilte Systeme erweitern. Ein erster Ansatz dazu wurde bereits durch *Monitore* [HOA74] mit verteilter Realisierung aufgezeigt. Dabei wird der Zugriff auf die eingekapselten Daten über spezielle Serverprozesse abgewickelt. In existierenden verteilten objektorientierten Systemen erfolgt die Kommunikation zwischen Objekten i.a. nach dem Prinzip des RPC; die meisten der existierenden Systeme erlauben jedoch auch den asynchronen Austausch von Nachrichten. Im Vergleich zum RPC wird jedoch eine erweiterte Semantik in bezug auf *entfernte Objektreferenzen* und *Objektmobilität* geboten (Abschnitt 6.6). Das grundlegende Modell des verteilten objektorientierten Ansatzes wurde in verschiedenen verteilten Systemen realisiert (s. z.B. [BEN90], [DEC86], [BHJ87]). Die speziellen Eigenschaften des Ansatzes und seiner Realisierungen werden unten ausführlich diskutiert; an dieser Stelle reicht die Beschreibung des Grundprinzips für eine Bewertung aus.
Die zentrale Motivation für den objektorientierten Ansatz liegt in der zunehmenden Komplexität von Softwaresystemen, die sich durch konsequente Einkapselung von Daten und Operationen besser beherrschen läßt. Gleichzeitig besteht Bedarf nach der Wiederverwendung existierender Software, was durch das Prinzip der Vererbung ermöglicht wird. Der Softwareentwurf wird durch die Möglichkeit der direkten Abbildung von Elementen des Problembereichs auf Objekte begünstigt. Im Vergleich zum objektorientierten Ansatz realisieren statische Modulkonzepte zur Einkapselung von Datenstrukturen und Operationen wie z.B. *Packages* in *ADA* [BAR84] zwar das Prinzip der Datenabstraktion, ermöglichen aber keine *dynamische Generierung neuer Modulinstanzen* und unterstützen die Vererbung und das dynamische Binden nicht.

6.2 Zentrale Begriffsdefinitionen

Die wichtigsten Begriffe der objektorientierten Programmierung sind *Objekte, Klassen, Methoden* und *Nachrichten* bzw. *Methodenaufrufe* sowie *Vererbung* (Abbildung 6-1). Ein *Objekt* umfaßt eine Datenstruktur sowie zugehörige Operationen (*Methoden*). Gleichartige Objekte werden durch Klassen beschrieben, die den Typ der Datenstruktur und die Implementierung der zugehörigen Methoden definieren. Objekte werden auch als *Instanzen* bezeichnet.

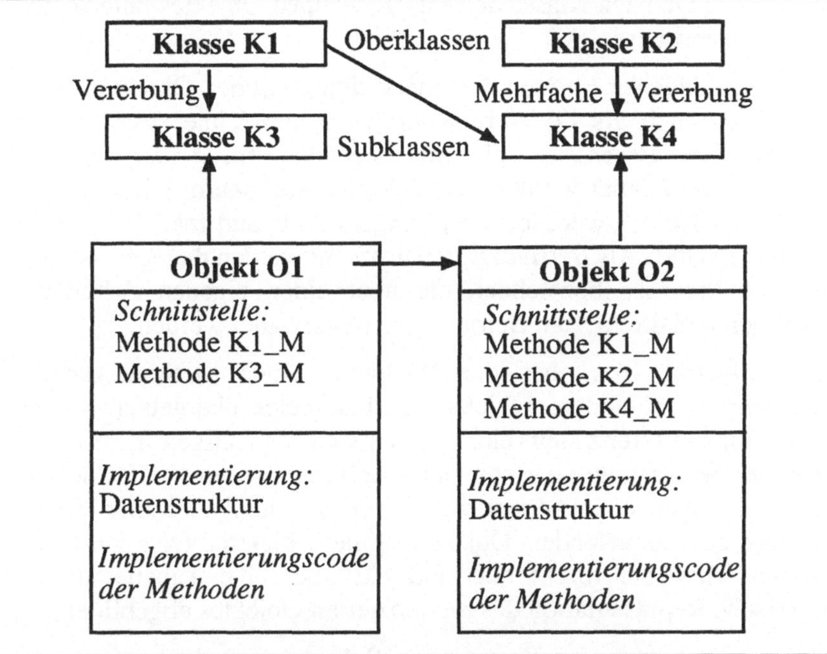

Abb 6-1 Elemente der objektorientierten Programmierung

Eine Verarbeitung innerhalb eines objektorientierten Systems erfolgt auf der Basis des *Nachrichtenaustauschs* zwischen Objekten. Eine Nachricht stellt eine Aufforderung zur Ausführung einer Methode dar und soll im folgenden auch als *Methodenaufruf* bezeichnet werden. Das empfangende Objekt führt die in einer Nachricht spezifizierte Methode aus und gibt dem sendenden Objekt im synchronen Fall anschließend eine Rückmeldung. Auf die Rückkehr eines *asynchronen Methodenaufrufs* in Systemen mit parallelen oder quasi-parallelen Prozessen wird dagegen nicht vom Sender gewartet; dieser kann mit seiner Bearbeitung sofort nach dem Absetzen des Aufrufs fortfahren.

Das *dynamische Binden* erlaubt es, die Implementierung einer aufgerufenen Methode erst zur Laufzeit gemäß der Klasse des aufgerufenen Objektes auszuwählen. Dies ist bei generischen Klassen wie beispielsweise Listen wichtig. Durch das dynamische Binden kann z.B. auf allen Objekten einer Liste eine Operation ausgeführt werden, die je nach Klasse des entsprechenden Objektes unterschiedlich realisiert wird.

Die verschiedenen Formen der Interaktion zwischen Objekten sollen allgemein auch als *Objektkommunikation* bezeichnet werden. Der Begriff des *Prozesses* soll im folgenden für *leichtgewichtige Prozesse* verwendet werden, die sich den Adreßraum teilen und bei denen ein Kontextwechsel mit geringem Aufwand realisiert werden kann [SSW88]. Als *Betriebssystemprozesse* werden dagegen konventionelle Prozesse bezeichnet, die über einen eigenen Adreßraum verfügen und direkt vom Betriebssystem verwaltet werden.

Beim Aufruf bzw. bei der Rückkehr einer Methode können *Referenzen* auf andere Objekte als Parameter übergeben werden. Eine Objektreferenz stellt einen systemweit eindeutigen Identifikator dar, der bei Erzeugung eines Objektes generiert wird [KHC86]. Zu jedem gültigen Objekt-Identifikator existiert stets auch eine gültige Instanz des betreffenden Objektes. Eine Objektreferenz wird vom System entweder direkt oder indirekt über eine Tabelle auf die physische Repräsentation des referenzierten Objektes abgebildet.

Ein weiteres zentrales Konzept im Rahmen des objektorientierten Ansatzes ist die *Vererbung*. Hierdurch wird es möglich, die Eigenschaften existierender Objektklassen bei der Definition neuer Klassen wiederzuverwenden und zu ergänzen. Dabei erfolgt eine Vererbung der Datenstruktur und der Operationen einer *Oberklasse* an eine *Subklasse*. Objekte der Subklasse bieten also mindestens alle Operationen ihrer Oberklasse nach außen an. Sprachen mit Objekten, aber ohne Vererbung, werden im Gegensatz zu den objektorientierten Sprachen lediglich als *objektbasiert* bezeichnet [WEG87].

6.3 Spezielle Eigenschaften

Neben den elementaren Grundbegriffen sind zusätzlich die angebotene *Typisierung*, die verschiedenen *Arten der Vererbung*, die mögliche *Nebenläufigkeit* in Form von *quasi-paralleler* oder *echt paralleler* Verarbeitung sowie die angebotene *Speicherverwaltung* als spezielle Eigenschaften des objektorientierten Ansatzes von besonderer Bedeutung.

Untypisierte Sprachen behandeln alle Referenzen auf Objekte gleich; es ist daher keine Überprüfung von Objektreferenzen zur Übersetzungszeit möglich. Bei *typisierten* Sprachen kann neben einer solchen Fehlerprüfung in vielen Fällen auch eine Zuordnung von Methodenaufrufen zu deren Implementierung zur Übersetzungszeit erfolgen, wodurch Effizienzprobleme bei Methodenaufrufen weitgehend behoben werden.

Bei den angebotenen *Vererbungsmechanismen* wird zwischen *einfacher* und *mehrfacher* Vererbung unterschieden. Sprachen mit einfacher Vererbung erlauben für jede Klasse nur maximal eine Oberklasse, während die Zahl der Oberklassen bei mehrfacher Vererbung beliebig ist. Bei mehrfacher Vererbung sind Namenskonflikte zwischen gleichnamigen Methoden und zwischen Instanzvariablen verschiedener Oberklassen aufzulösen. Einfache Ansätze verwenden dazu feste systeminterne Schemata wie z.B. im einfachsten Fall die Reihenfolge der einzelnen Oberklassen; weitergehende Ansätze lassen dagegen explizite Angaben des Softwareentwicklers bzgl. der Konfliktauflösung zu. Durch unabhängige, quasi-parallele oder echt parallele Prozesse in objektorientierten Programmiersprachen bzw. Systemen wird *Nebenläufigkeit* innerhalb einer Anwendung ermöglicht. Echte Parallelität ist dabei nur auf einem Multiprozessorsystem möglich. Generell sind Prozeßkommunikations- und -synchronisationsprimitiven erforderlich, die meist selbst wieder in Form von Methoden spezieller Objektklassen angeboten werden.

Die *Speicherverwaltung* in objektorientierten Systemen ist komplexer als in konventionellen Systemen, da Objekte fast immer über die Dauer von Aufrufen hinweg existieren und oft von mehreren Seiten referenziert und aufgerufen werden. Daher ist zur Freigabe von nicht mehr verwendeten Objekten Systemunterstützung wünschenswert. Bekannte Verfahren zu einer entsprechenden automatischen Speicherverwaltung sind *Mark-and-Sweep* und *Reference Counting* [ATN88].

6.4 Existierende Sprachen und Systeme

Existierende objektorientierte Sprachen lassen sich grob in *reine* und in *hybride* Ansätze gliedern. Reine objektorientierte Sprachen beschränken sich weitgehend auf die elementaren Konstrukte *Klasse, Objekt, Methode* und *Nachricht*. Hybride objektorientierte Sprachen umfassen neben diesen objektorientierten Elementen auch konventionelle prozedurale bzw. funktionale Konstrukte. Damit ist die Weiterverwendung existierender nicht objektorientierter Software leichter möglich. Anwendungen mit eher funktionsorientiertem Charakter lassen sich außerdem in hybrider Form adäquater repräsentieren. In der Tabelle in Abbildung 6-2 werden die beschriebenen speziellen Elemente des objektorientierten Ansatzes den wichtigsten existierenden Sprachen zugeordnet, die im folgenden aufgeführt werden.

	Smalltalk	Concurr. Smalltalk	C++	PRESTO	Objective C	Trellis/ Owl	Eiffel
Vererbung	X	X	X	X	X	X	X
mehrfache Vererbung	(X)		X		X	X	X
strenge Typisierung			X	X		X	X
Hybrider Ansatz			X	X	X		
Dynamisches Binden	X	X	X	X	X	X	X
Automatische Speicherverw	X	X			X	X	X
Quasi-Parallelität		X	X	X		X	
Echte Parallelität				X			

Abb 6-2 Vergleich objektorientierter Programmiersprachen

Wichtige Vertreter reiner objektorientierter Sprachen und Systeme sind *Smalltalk* [GOR83], *Trellis/Owl* [SCB86] und *Eiffel* [MEY88]. *Smalltalk* war die erste vollständig realisierte objektorientierte Sprache. Neben der Sprache selbst umfaßt das System eine komfortable Programmierumgebung mit einer graphischen Benutzerschnittstelle. Die Sprache bietet jedoch keine strenge Typisierung und läßt in ihrer Grundform nur die einfache Vererbung zu. Inzwischen existieren jedoch erweiterte Implementierungen, die - wie in der

Tabelle in Klammern angegeben - mehrfache Vererbung erlauben. *Concurrent Smalltalk* [YOT87] erweitert die Sprache um quasiparallele Prozesse. *Trellis/Owl* dagegen realisiert eine volle Typisierung und bietet ebenfalls quasi-parallele Prozesse und auch *permanente Objekte* mit Datenbankunterstützung an. *Eiffel* realisiert neben einer strengen Typisierung auch einige höhere Konstrukte zur Entwurfsunterstützung, wie z.B. vom System überprüfbare Vor- und Nachbedingungen von Methoden.

Die existierenden hybriden objektorientierten Sprachen sind Erweiterungen prozeduraler oder funktionaler Sprachen. Wichtige Beispiele für prozedurale objektorientierte Sprachen sind *C++* [STR86] und *Objective-C* [COX86]. *C++* ist die inzwischen wohl am weitesten verbreitete objektorientierte Sprache und realisiert neben objektorientierten Konstrukten auch wichtige allgemeine Erweiterungen der Sprache *C*. Dazu gehört z.B. ein strenges Typkonzept oder auch das Überladen von Operatoren. Als Besonderheit erlaubt *C++* es, auf Objekte fremder Klassen aus Effizienzgründen anstatt über Methodenaufrufe auch direkt zuzugreifen; dies geschieht jedoch nur in kontrollierter Weise mit Hilfe des sogenannten *Friend-Access*. *C++* erlaubt auch mehrfache Vererbung, es realisiert aber keine automatische Speicherverwaltung wie z.B. *Smalltalk* oder *Eiffel*. Das System *Presto* [BLL88] erweitert *C++* um parallele Prozesse auf einer Multiprozessorarchitektur mit gemeinsamem Speicher. *Objective-C* ist ebenfalls eine objektorientierte Erweiterung von *C*, es unterstützt jedoch keine strenge Typisierung. Für *Pascal* existieren ähnliche Erweiterungen. Bei den funktionalen Sprachen sind z.B. *LOOPS* [SBM83], *FLAVORS* [MOO86] oder auch *ABCL* [YBS86] zu nennen, die fast alle auf dem *ACTOR-Modell* [AGH86] basieren.

6.5 Verteilte Erweiterungen

Das uniforme Modell der objektorientierten Programmierung mit dem Austausch von Nachrichten als einziger Interaktionsmöglichkeit zwischen Objekten legt eine Erweiterung auf verteilte Systeme nahe. Objekte sind in diesem Fall die elementaren Einheiten der Verteilung. Interagierende Objekte können generell auf verschiedene *logische Knoten* verteilt sein (Abbildung 6-3). Ein logischer Knoten wird durch den Adreßraum eines Betriebssystemprozesses repräsentiert. Charakteristisch für logische Knoten ist es, daß Objekte auf dem gleichen logischen Knoten über gemeinsamen Speicher kommunizieren können, während bei Interaktionen zwischen Objekten auf verschiedenen logischen Knoten stets ein erheblich aufwendigerer Nachrichtenaustausch zumindest auf Betriebssystemebene erfolgen muß. Zwischen logischen Knoten, die verschiedenen physikalischen Knoten zugeordnet sind, müssen zusätzlich transportorientierte Kommunikationsprotokolle eingesetzt werden.

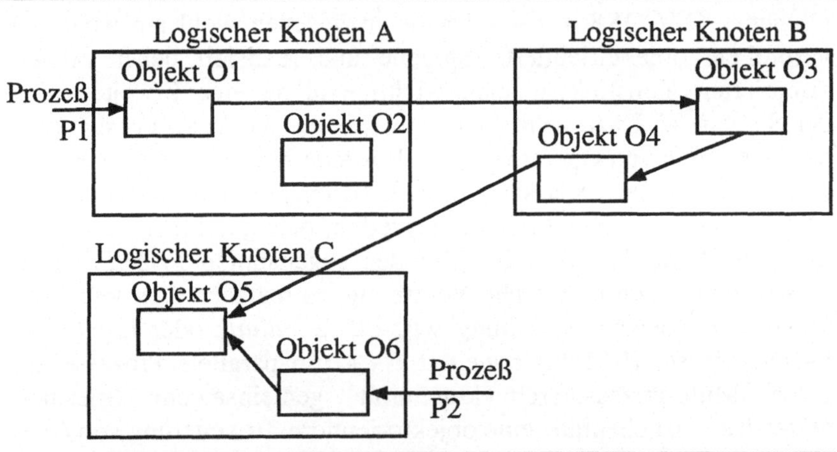

Abb 6-3 Logische Knoten und verteilte Objekte

6.5.1 Zentrale Eigenschaften

Mit der Verteilung von Objekten auf verschiedene Knoten sind eine Reihe zentraler Eigenschaften verbunden:

- Entfernte Referenzier- und Lokalisierbarkeit von Objekten
- Verteilungsunabhängige Ausführung von Methodenaufrufen
- Objektmigration zwischen logischen Knoten

Die Verteilung von Objekten auf unterschiedliche logische Knoten führt zu entfernten *Objektreferenzen*, die vom System unterstützt werden müssen. Damit verbunden ist die Forderung nach der *Lokalisierbarkeit* von Objekten. Zu jedem Zeitpunkt muß die aktuelle *Lokation* eines Objektes, d.h. seine momentane Zuordnung zu einem logischen Knoten mit Hilfe einer Systemoperation ermittelt werden können.
Ein entfernter Methodenaufruf sollte vom System *transparent* an das aufgerufene Objekt über Rechnergrenzen hinweg weitergeleitet und damit aus Sicht des Anwendungsentwicklers verteilungsunabhängig ausgeführt werden. Bei synchronen Aufrufen wird der aufrufende Anwendungsprozeß an der Lokation des aufgerufenen Objektes fortgesetzt und kehrt nach Ende des Aufrufs wieder an die Lokation des Aufrufenden zurück. Der im vorangegangenen Abschnitt eingeführte Prozeßbegriff soll daher nun um den Verteilungsaspekt erweitert werden. Ein *Prozeß* repräsentiert demnach einen *zusammenhängenden, sequentiellen Kontrollfluß, der sich auch über Rechnergrenzen hinweg erstrecken kann.*

Die *Objektmobilität* ermöglicht die Modifikation der momentanen Objektplazierung durch dynamische Verlagerung (*Migration*) von Objekten zwischen logischen Knoten. Die technischen Details von Migrationsoperationen sollten dem Anwendungsentwickler vollständig verborgen bleiben. Bei der dynamischen Änderung von Objektlokationen muß die Referenzierung entfernter Objekte speziell behandelt werden. Gleiches gilt für die Weiterleitung entfernter Methodenaufrufe und insbesondere für die transparente Fortsetzung eines laufenden Aufrufs nach einer Migration. Die Mobilität von Objekten sollte unabhängig von den darauf aktiven Aufrufen sein, um generelle Einschränkungen zu vermeiden. Lösungen für die genannten Probleme werden bei der Betrachtung existierender Ansätze und bei der Diskussion der Objektmobilität angesprochen.

6.5.2 Resultierende Vorteile

Der Hauptvorteil des objektorientierten Ansatzes ist die Uniformität bei der Objektkommunikation. Für potentiell entfernte Operationen müssen nicht wie in den anderen Ansätzen getrennte Konstrukte verwendet werden, sondern es gibt nur eine einzige einheitliche Form der Objektkommunikation. Damit wird die Verteilungstransparenz bei der Kommunikation nicht nur für spezielle Konstrukte, sondern für Gesamtheit aller Mechanismen erreicht. Dies gilt zwar prinzipiell auch für den Remote Procedure Call; im Gegensatz hierzu wird beim objektorientierten Ansatz jedoch auch bei entfernten Aufrufen die gleiche Semantik wie im lokalen Fall erreicht. Dies gilt insbesondere für Referenzparameter, die beim RPC nur eingeschränkt behandelt werden (s. Kapitel 5). Durch intern verwaltete Indirektionen werden beim objektorientierten Ansatz auch entfernte Objektreferenzen und damit auch Referenzparameter bei entfernten Aufrufen transparent unterstützt. Durch die noch zu diskutierende Mobilität von Objekten wird außerdem eine Flexibilität bei der Plazierung kommunizierender Einheiten erreicht, die beim RPC nicht gegeben ist. Dies kann zur Verbesserung der Laufzeiteigenschaften und auch zur Realisierung dynamischer Konfigurationsänderungen ausgenutzt werden.

Im Detail ergeben sich aus den genannten Eigenschaften des verteilten objektorientierten Ansatzes wichtige Vorteile für die Entwicklung verteilter Anwendungen. Dabei sind vor allem die *Verteilungsunabhängigkeit des Implementierungscodes*, der *Direktzugriff auf Objekte* mit flexibler Verteilungsgranularität, die gegebenen Möglichkeiten zur *Übertragung von Objektdaten* und *die Behandlung der Heterogenitätsproblematik* zu nennen.

Durch die *Verteilungsunabhängigkeit von Methodenaufrufen* wird eine weitgehende Verteilungsunabhängigkeit des Implementierungscodes erreicht. Lediglich die Operationen zur Vorgabe und Modifikation der Objektplazierung sind abhängig von Verteilungsaspekten. Bei der Entwicklung von Anwendungen kann jedoch zunächst auf diese Teile verzichtet werden, wodurch das verteilungsunabhängige Testen der Anwendung in einer lokalen Umgebung ermöglicht wird. Auch die Installation in unterschiedlichen verteilten Zielumgebungen wird durch die Trennung verteilungsunabhängiger und verteilungsabhängiger Aspekte begünstigt; ggf. müssen lediglich die Plazierungsanweisungen modifiziert werden.

Der Zugriff auf Objekte kann in jedem Fall *direkt* über Methodenaufrufe erfolgen. Im Gegensatz zu anderen Ansätzen sind keine Interaktionen mit verwaltenden Betriebssystemprozessen erforderlich. Entsprechende Interaktionen werden in den Systemkern verlagert und sind für die Anwendung transparent. Methodenaufrufe können um *Zugriffsschutzmaßnahmen* ergänzt werden; damit werden die Einheiten der Verteilung gleichzeitig auch zu Einheiten des Zugriffsschutzes. Die Größe und die Funktionalität von Objekten, d.h. ihr Datenvolumen und ihre Operationen können frei vorgegeben werden; somit wird eine *flexible Verteilungsgranularität* erreicht. Generell können beliebige Objekte einer Anwendung zu Einheiten der Verteilung werden und sind damit entfernt referenzierbar und migrierbar.

Bei der *Übertragung von Objektdaten* zwischen logischen Knoten ist keine explizite Transformation in ein geeignetes Übertragungsformat im Rahmen der Anwendungsimplementierung erforderlich. Stattdessen können Migrationsoperationen eingesetzt werden, um Objekte und ihre Daten zu übertragen. Dabei werden auch Objektreferenzen automatisch transformiert, was besonders bei komplex strukturierten Objekten [LAM85] von Bedeutung ist.

Bei der Datenübertragung zwischen *heterogenen Rechnern* mit unterschiedlichen Datenformaten sind grundsätzlich Datentransformationen erforderlich. Da Datenübertragungen lediglich mit Hilfe von Objektmigrationen erfolgen, können diese Transformationen in die Migrationsoperation des jeweiligen Systems integriert werden. Dabei können bekannte Techniken angewendet werden [ISO85]; die dazu erforderliche Beschreibungsinformation kann vom Sprachcompiler erzeugt und bei der zugehörigen Objektklasse abgelegt werden.

6.5.3 Anwendungsbeispiel

Die beschriebenen Mechanismen sollen anhand des Beispiels der rechnerintegrierten Fertigung aus Abschnitt 1.3 veranschaulicht werden; es ist unten in Abbildung 6-4 nochmals in vereinfachter und etwas angepaßter Form gezeigt. Dabei werden die einzelnen Komponenten als Objekte realisiert, die jeweils über eine private Datenstruktur sowie über öffentlich zugängliche Operationen verfügen.

Die Bearbeitung eines Fertigungsvorgangs erfolgt durch den schrittweisen Aufruf von Operationen (Methoden), wobei jeweils Objektreferenzen als Parameter übergeben werden können. Zunächst ruft die Fertigungskontrolle die Methode *Fertige* einer Maschine auf und übergibt ihr dabei ein Objekt, das einen Fertigungsplan repräsentiert. Die Maschine greift nun auf den Fertigungsplan zu und arbeitet die einzelnen dadurch spezifizierten Fertigungsschritte ab. Dazu beschafft sie Werkstücke aus dem Lager mittels dessen Methode *BeschaffeWerkstück*. Analog zum Beispiel in Abschnitt 5.2.1 erhält die Methode *BeschaffeWerkstück* eine Werkstückbeschreibung und die Spezifikation einer Suchoption als Eingabe und liefert ein Werkstück als Ausgabe. Die Werkstückbeschreibung und das Werkstück werden selbst ebenfalls als Objekte implementiert. Für jedes beschaffte Werkstück führt die Maschine dann die Bearbeitung jeweils mittels dessen Methode *Bearbeite* durch.

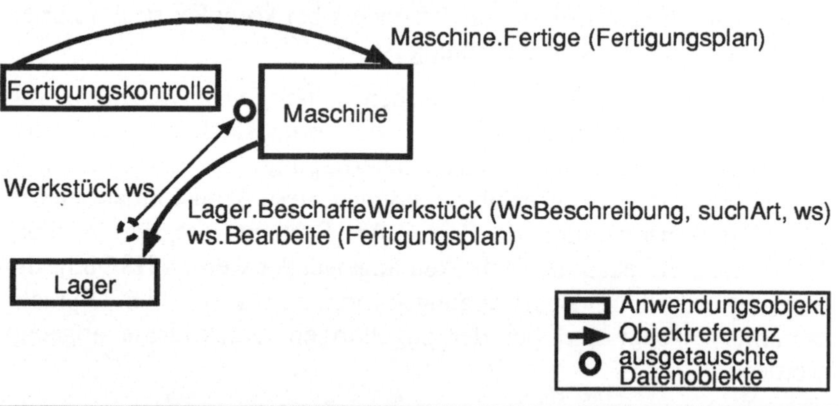

Abb 6-4 Verteilte objektorientierte Beispielanwendung

Als erste Besonderheit ist festzustellen, daß die Operationen nun auch syntaktisch bei ihrer Definition und ihrem Aufruf strikt bestimmten Objekten bzw. Anwendungskomponenten zugeordnet werden. Dies ist generell allen objektorientierten Ansätzen gemein und unterstützt vor allem eine klare Programmstruktur. In verteilten Systemen wird dadurch außerdem ein implizites Binden von Aufrufen zu konkreten Objekten und Lokationen festgelegt; sobald ein Aufrufer über eine bestimmte Objektreferenz verfügt, werden vom System automatisch alle damit durchgeführten Methodenaufrufe an die entsprechende Lokation weitergeleitet. Die Installation von Objektreferenzen kann initial zu Beginn einer Anwendung erfolgen;

im Beispiel trifft dies für die Referenzen zwischen den gröber granulierten, rechteckig dargestellten Anwendungsobjekten zu. Dagegen werden aber Referenzen auf dynamisch erzeugte, fein granulierte Datenobjekte typischerweise dynamisch als Methodenparameter weitergegeben und dann z.B. vom Empfänger eines Aufrufs installiert. Dies ist konkret bei den Referenzen der Maschine auf den Fertigungsplan oder das Werkstück der Fall.

Die Lokationsunabhängigkeit der Aufrufe wird im obigen Beispiel an mehreren Stellen ausgenutzt. Zunächst befindet sich die Fertigungskontrolle typischerweise auf einem anderen Rechnerknoten als die einzelnen Maschinen. Es ist aber nicht erfoderlich, daß die Fertigungskontrolle beim Aufruf der Methode *Fertige* über irgendeine Art von Lokationsinformation für die Maschine verfügt. Sie besitzt nur eine global eindeutige Objektreferenz für das Objekt *Maschine*, aus der dann beim Aufruf die tatsächliche Lokation der Maschine durch das System ermittelt wird. Die dazu verwendeten Techniken werden später erläutert. In gleicher Weise ist auch der Aufruf der Maschine an das Lager und an das Werkstück lokationsunabhängig. Dadurch können die Methodenaufrufe im entsprechenden Anwendungsprogramm quasi ohne Berücksichtigung der Verteilung implementiert werden.

Um nun aber in bestimmten Fällen dennoch dynamisch Einfluß auf die Objektplazierung nehmen zu können, wird die Fähigkeit zur Objektmigration ausgenutzt. Im Beispiel liegt es auf der Hand, daß die Maschine häufig auf den von der Fertigungskontrolle gelieferten Fertigungsplan zugreift, um ihn abzuarbeiten. Aus diesem Grunde ist es sehr sinnvoll, das Objekt *Fertigungsplan* für die Zeit der Bearbeitung an die Lokation der Maschine zu migrieren. Auf diese Weise können dann alle Zugriffe lokal ausgeführt werden, was sehr viel effizienter ist. Andererseits könnte eine Migration aber auch nicht sinnvoll sein, wenn der Fertigungsplan eine sehr große Datenmenge umfaßt, also seine Übertragung und damit die Migration sehr aufwendig wäre, oder wenn gleichzeitig mehrere verteilte Maschinen auf den Fertigungsplan zugreifen. Im letzteren Falle wäre aber die Migration von Replikaten sinnvoll, sofern nicht schreibend auf den Fertigungsplan zugegriffen wird. In gleicher Weise ist es auch wünschenswert, das beschaffte Werkstück für die Zeitdauer der Bearbeitung an die Lokation der Maschine zu migrieren, um lokale Zugriffe zu ermöglichen. Auch hier gelten aber entsprechende

Restriktionen, falls mehrere Seiten gleichzeitig auf das Werkstück zugreifen müssen. Allgemein ist zu sagen, daß die Objektmigration nur ein Mechanismus zur Optimierung der Laufzeit ist, aber nicht die Korrektheit einer Anwendung beeinflußt, da Aufrufe lokal wie auch entfernt in bezug auf die Parameterübergabe syntaktisch und semantisch gleich ablaufen.

Zusätzlich ist es auch möglich, Objekte an einer unerwünschten Migration zu hindern; im Beispiel wäre dies sicherlich für die Fertigungskontrolle, die Maschine und das Lager gegeben. Diese Objekte sind von groberer Granularität und sind typischerweise auch direkt von Betriebsmitteln (Dateisystem, Graphik-Schnittstelle etc.) abhängig. Aus diesen Gründen ist ihre Migration nicht wünschenswert.

6.5.4 Existierende Systeme

Nach dem Überblick über die grundlegenden Eigenschaften des verteilten objektorientierten Ansatzes sollen nun die wichtigsten existierenden Systeme dieses Bereiches vorgestellt werden. Die Systeme lassen sich grob klassifizieren in *Betriebssystemansätze*, *integrierte verteilte objektorientierte Sprachen*, *Erweiterungen existierender objektorientierter Sprachen*, *Datenbank-orientierte Ansätze* und *integrierte Gesamtarchitekturen*. Zu jeder dieser Klassen soll zumindest ein repräsentatives Beispiel angesprochen werden.

Betriebssystemansatz:
Das System *EDEN* [ABL85], das an der University of Washington in Seattle entwickelt wurde, ist in den Bereich der Betriebssystemansätze einzuordnen. Es bietet eine eigene objektorientierte Programmiersprache, die eine freie Definition neuer Klassen und Objekte ermöglicht. Das System unterstützt transparente entfernte Aufrufe und Objektmobilität. Allerdings sind die Objekte (sogenannte *Ejects*) als Betriebssystemprozesse realisiert und bieten damit nur eine fest vorgegebene, relativ grobe Verteilungsgranularität.

Integriertes Sprachkonzept:
Wie bereits *EDEN* wurde auch das System *Emerald* [BHJ87, JLH88] an der University of Washington entwickelt. Es basiert auf einem uniformen Objektmodell für alle Objekte einer Anwendung

unabhängig von ihrer Verwendung oder Verteilung. *Emerald* stellt eine eigene objektorientierte Sprache mit Integration der Verteilungsaspekte zur Verfügung. Damit wird im Gegensatz zu den verteilten Spracherweiterungen eine umfangreiche Systemunterstützung gerade für die Verteilungsproblematik ermöglicht; dies gilt insbesondere für die Migration, die auch bei Objekten mit laufenden Methodenaufrufen uneingeschränkt möglich ist. Die entsprechenden speziellen Fähigkeiten werden unten bei der Diskussion der Objektmobilität beschrieben. Neben den Verteilungsaspekten bietet *Emerald* auch quasi-parallele Prozesse sowie ein strenges Typkonzept mit dem Begriff der Typkonformität [BHJ87]. *Emerald* ist das momentan am weitesten entwickelte System mit voller Integration der Verteilung. Die Sprache *Emerald* wurde inzwischen auch um spezielle Vererbungsmechanismen erweitert [RTL91] - allerdings nicht direkt im Hinblick auf die Verteilungsproblematik.

Erweiterung existierender Sprachen:
Smalltalk wurde im Rahmen verschiedener Projekte auf verteilte Systeme erweitert [DEC86], [BEN90]. Diese Ansätze bieten alle eine ähnliche Funktionalität; sie realisieren transparente entfernte Objektzugriffe und auch die Objektmobilität. In allen existierenden Smalltalk-Erweiterungen sind jedoch nur solche Objekte migrierbar, auf denen momentan keine Operationen aktiv sind. Ziel dieser Erweiterungen ist es vor allem, eine Kopplung existierender Anwendungen zu ermöglichen; Emerald wurde dagegen primär zur Realisierung neuer verteilter Anwendungen geschaffen. Daher wurde bei diesem System besonderer Wert auf die Effizienz gelegt.

Das System *Hermes* [BLA90] erweitert die Sprache *Modula-2+* um verteilte Objekte, Migration und lokationsunabhängige Aufrufe. Eine Besonderheit dabei ist die Integration einer Komponente zur verteilten Namensverwaltung sowie vor allem die Möglichkeit, Objekte persistent zu speichern. Dies wird durch die sogenannte *Storesite* realisiert, die den Knoten festlegt, der für die persistente Speicherung eines bestimmten Objektes zuständig ist; die Storesites verschiedener Objekte können sich dabei durchaus unterscheiden. Es ist sowohl die Migration der flüchtigen Objektrepräsentation wie auch die Migration der persistenten Repräsentation eines Objektes möglich.

Das System *Trellis/Dowl* [HEA89] erweitert die Sprache *Trellis* um Verteilungskonzepte. Dabei werden ähnlich wie in Emerald spezielle

Sprachkonstrukte für Objektmigrationen und für verwandte Aufgaben eingeführt. Außerdem wird speziell auch die dynamische Zusammenführung von Objektgruppen durch Migration an eine Lokation nach [SCH90] vorgesehen.

Außerdem soll noch ein Nachfolgesystem von *Emerald* erwähnt werden, das eine verteilte Erweiterung von *C++* realisiert und momentan ebenfalls an der University of Washington in Seattle entwickelt wird. Dieses System mit dem Namen *Amber* [CAL89] bietet nahezu die gleiche Funktionalität wie *Emerald*; es ist jedoch wegen der starken Verbreitung von *C++* von größerer praktischer Relevanz. In [FBC91] wird dargestellt, wie man mit Hilfe von *Amber* auch dynamische Rekonfigurationen bei angekündigten Systemausfällen durchführen kann; hierzu wird die Objektmigration als Basismechanismus verwendet. Auch das Projekt *Arjuna* [SDP91] erweitert *C++* um Verteilungsaspekte, wobei zwar keine vollständige Transparenz bei Aufrufen erreicht wird, aber dafür spezielle Unterstützung für verteilte Transaktionen gegeben wird.

Datenbankorientierter Ansatz:
GEMSTONE [PSM87] realisiert eine Kopplung einer objektorientierten Datenbank mit Smalltalk-Systemen. Interessante Aspekte ergeben sich aus der freien Wahl des Ausführungsortes von Operationen und aus der Migrierbarkeit von Objekten zwischen der Datenbank und einer Smalltalk-Workstation. Es werden hierzu zwar keine Steuerungsmechanismen vorgeschlagen, jedoch zumindest die grundlegenden Probleme aufgezeigt. Neben der Kopplung mit objektorientierten Smalltalk-Systemen bietet *GEMSTONE* auch eine Schnittstelle zur Sprache *C*, dabei geht jedoch die Verteilungstransparenz von Operationsaufrufen verloren.

Integrierte Gesamtarchitekturen:
CSA (*C*ommunications *S*ystems *A*rchitecture) [KRA88] ist ein im Rahmen eines *ESPRIT*-Projektes entwickelter Ansatz und definiert eine objektorientierte Basisarchitektur für verteilte Anwendungen aus dem Bürobereich. Die Konzepte beschränken sich jedoch weitgehend auf die transparente Objektkommunikation; für die Objektmigration existieren nur rudimentäre Ansätze. Dagegen definiert *COMANDOS* [HOR87, HOR88] mit der Sprache *Guide* [KMN90], das ebenfalls im Rahmen eines *ESPRIT*-Projektes entwickelt wird, eine vollständige Architektur für ein integriertes

Gesamtsystem. Die Konzepte von *COMANDOS* umfassen neben der vollen Unterstützung transparenter entfernter Aufrufe und der Objektmigration auch Datenbank-orientierte Elemente wie Transaktionen, persistente Objekte und Versionen, eine streng typisierte objektorientierte Programmiersprache, höhere Synchronisationsprimitiven für Objekte und ein spezielles Architekturmodell für Abläufe mit entfernten Interaktionen. Im Rahmen des COMANDOS-Projektes wird außerdem eine verteilte C++-Erweiterung mit dem Namen *Amadeus* entwickelt [HOC91].

Ein anderes ESPRIT-Projekt, das sich auf verteilte objektorientierte Techniken konzentriert, ist *ISA* (*Integrated Systems Architecture*). Dort wird ebenfalls ein verteiltes Objektmodell definiert, das speziell für Büroanwendungen eingesetzt wird. Das Projekt setzt auf dem Projekt *ANSA* (*Advanced Network Systems Architecture*) [ANS89] auf, in dem bereits ein verteiltes Objektsystem im Hinblick auf die Bestrebungen im Bereich *Open Distributed Processing (ODP)*, s. Kapitel 10, entwickelt wurde.

6.6 Objektmobilität

Dieser Abschnitt vertieft die Problematik der *Mobilität* von Objekten von feiner Granularität. Nach der Einführung elementarer Definitionen werden auch realisierungstechnische Probleme erörtert. Als wichtigster Vertreter einer praktischen Realisierung wird dann die Objektmobilität im verteilten objektorientierten System *Emerald* beschrieben. Anschließend wird noch kurz auf den Mechanismus der Prozeßmigration eingegangen und eine Abgrenzung gegenüber der Objektmobilität vorgenommen.

6.6.1 Grundbegriffe

Objektmobilität wird als die *Möglichkeit der Migration von Objekten* in einer verteilten objektorientierten Anwendung verstanden. Bei einer *Objektmigration* wird ein Objekt mit den zugeordneten Instanzdaten und allen momentan darauf aktiven Prozeßsegmenten von

seiner momentanen Lokation, dem *Ausgangsknoten*, auf einen anderen Rechnerknoten, den *Zielknoten*, verlagert. Unter einem *Prozeßsegment* wird in diesem Zusammenhang der zu einem entsprechenden Methodenaufruf gehörige Kontext eines Prozesses, bestehend aus Stacksegment und Registern, verstanden.
Die beliebige Migrierbarkeit von Objekten unabhängig von den momentan darauf aktiven Aufrufen soll als *absolute Objektmobilität* bezeichnet werden. Systeme mit *beschränkter Objektmobilität* können dagegen nur Objekte ohne laufende Methodenaufrufe migrieren.

Eine wichtige Eigenschaft bei der Migration ist die *Erhaltung des transparenten Zugriffs* auf ein migriertes Objekt. Jeder Aufruf an ein solches Objekt muß vom System transparent an die neue Lokation weitergeleitet werden. Ebenso muß jeder Aufruf, der vom migrierten Objekt selbst ausgeht, verteilungstransparent ausgeführt werden; dies gilt insbesondere für Aufrufe auf Objekten an der bisherigen Lokation.

6.6.2 Realisierung von Objektmigrationen

Mit der Realisierung von Objektmigrationen sind eine Reihe technischer Probleme verbunden, die das *Auffinden von Objektreferenzen,* die *absolute Mobilität* und die *transparente Weiterleitung von Aufrufen* an ein Objekt nach der Migration betreffen.

Die von einem migrierenden Objekt ausgehenden Referenzen müssen aus zwei Gründen erkannt werden: Zum einen müssen ggf. speziell gekennzeichnete Referenzen mit enger Bindung gefunden werden, um die so referenzierten Objekte gemeinsam zu migrieren, zum anderen müssen Objektreferenzen nach einer Migration ggf. an die neue Lokation angepaßt werden. Eine wichtige Voraussetzung dafür ist die Erzeugung entsprechender Formatbeschreibungen für Objektklassen durch den Compiler. Solche Formatbeschreibungen können zusätzlich auch die Transformation zwischen heterogenen Datenformaten unterstützen.

Mit der Realisierung *absoluter Objektmobilität* sind spezielle technische Probleme verbunden, da das System über eine Formatbeschreibung für die Stacksegmente aktiver Methodenaufrufe verfügen muß, um diese zusammen mit dem Objekt migrieren und auf der entfernten Seite reinstantiieren zu können. Die Stacksegmente selbst müssen also auch einzeln migrierbar sein. Außerdem muß jedes Objekt zunächst über Referenzen auf alle zugehörigen Aufrufstacks verfügen. Solche Fähigkeiten sind nur durch umfangreiche Eingriffe in den Compiler und das Laufzeitsystem einer existierenden Sprache oder durch Neukonzeption einer verteilten objektorientierten Sprache zu erreichen, wie es bei Emerald der Fall ist [JLH88]. Die verteilten Smalltalk-Erweiterungen realisieren dagegen nur beschränkte Mobilität. Zur transparenten Weiterleitung von Aufrufen an ein migriertes Objekt existieren im wesentlichen drei Techniken, das *Forward Addressing,* das *Immediate Update* und der Einsatz eines *Name-Servers.* Beim *Forward Addressing* [BHJ87] wird an der bisherigen Lokation ein Vorwärtsverweis auf die neue Lokation eingetragen. Aufrufe werden indirekt über die bisherige Lokation vom System weitergeleitet. Andere Knoten mit referenzierenden Objekten müssen daher nicht sofort von einer Migration unterrichtet werden; dies erfolgt erst beim nächsten Zugriff über die Forward Address. Bei mehreren aufeinanderfolgenden Migrationen entstehen Referenzketten; dies erhöht den Aufwand bei nachfolgenden Zugriffen, es werden dann jedoch i.a. alle Referenzen einer solchen Kette aktualisiert. Falls eine Referenzkette durch den möglichen Absturz eines Knotens unterbrochen wurde, wird auf ein Broadcast-Verfahren zur Lokalisierung eines migrierten Objektes zurückgegriffen. Das System *Emerald* arbeitet mit dem Prinzip des Forward Addressing.

Beim *Immediate Update* [DEC86] werden alle Knoten mit referenzierenden Objekten von der Migration des referenzierten Objektes unterrichtet. Damit werden Ketten von Forward Addresses vermieden. Jeder referenzierende Knoten verfügt über ein sogenanntes *Proxy-Objekt,* das einen lokalen Stellvertreter des referenzierten Objektes darstellt und einen Verweis auf die aktuelle Lokation dieses Objektes umfaßt. Dieses Verfahren wird in den verteilten Smalltalk-Erweiterungen eingesetzt. Dabei entsteht jedoch ein zusätzlicher Aufwand bei der Migration, selbst wenn vor einer eventuellen Rückmigration keine Zugriffe von entfernt referenzierenden Objekten auf ein migriertes Objekt erfolgen. Dieser Aufwand ist bei vielfach referenzierten Objekten signifikant und daher in großen Systemen problematisch. Ein weiterer Nachteil ist die Notwendigkeit von Rückverweisen auf alle Knoten mit referenzierenden Objekten.

Eine weitere Alternative ist die indirekte Verwaltung von entfernten Objektreferenzen über einen *Name-Server* [COP89]. Ein zentraler Ansatz hat dabei jedoch neben Verfügbarkeitsproblemen auch Effizienzprobleme zur Folge, während eine verteilte Lösung recht aufwendig zu implementieren ist. Daher wird dieser Ansatz von keinem der beschriebenen Systeme gewählt und bisher lediglich in verteilten Betriebssystemen zur Objektverwaltung eingesetzt. Bei den auf diese Weise verwalteten Objekten handelt es sich dann meist um Repräsentanten von Betriebssystemdiensten, auf die meist mit geringerer Intensität zugegriffen wird als auf die Objekte einer verteilten Anwendung. Durch eine verteilte Realisierung in Form eines dezentralen Name-Servers können die Probleme einer zentralen Lösung jedoch teilweise kompensiert werden.

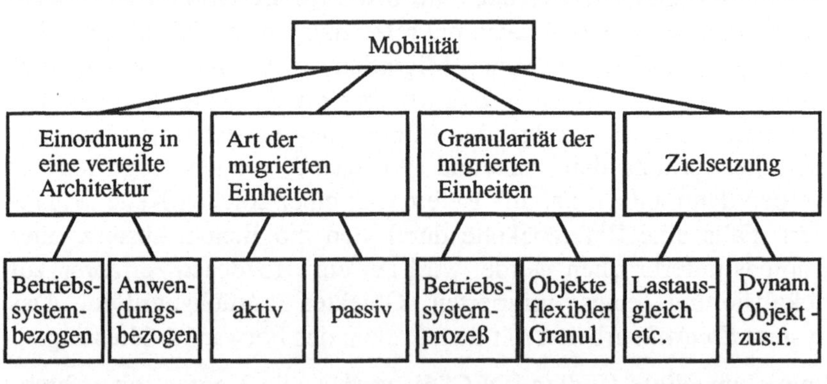

Abb 6-5 Klassifikationskriterien für Objekt- und Prozeßmigration

Die Unterschiede zwischen Objekt- und Prozeßmigration lassen sich anhand der folgenden Klassifikationskriterien verdeutlichen (Abbildung 6-5):

- Einordnung in die Architektur eines verteilten Systems
- Art und Granularität der migrierten Einheiten
- Zielsetzungen von Migrationen

Die *Einordnung* von Objekt- und Prozeßmobilität in die Architektur eines verteilten Systems ergibt sich direkt aus der entsprechenden Einordnung der migrierten Einheiten. Zu migrierende Objekte sind Bestandteil einer verteilten Anwendung, während zu migrierende Prozesse Bestandteil des unterliegenden verteilten Systems sind. Somit kann man die Objektmigration als einen Mechanismus zur Unterstützung *verteilter Anwendungen* betrachten, während die Prozeßmigration einen *Betriebssystemmechanismus* darstellt. Diese Unterscheidung wird auch durch die unterschiedlichen *Bezugspunkte* zur Beschreibung der Ziellokation von Migrationen deutlich. Bezugspunkt einer Prozeßmigration ist ein *physikalischer Rechnerknoten,* während der Bezugspunkt von Objektmigrationen durch *Objekte der Anwendung* oder durch einen *logischen Knoten* bestimmt wird.

Die *migrierten Einheiten* lassen sich grob in *aktive* und *passive* Einheiten sowie in Kombinationen derselben klassifizieren. Sowohl bei Objekt- als auch bei Prozeßmigrationen können beide Arten von Einheiten auch gemeinsam auftreten. Bei der Prozeßmigration ist jedoch immer eine Kombination in Form von *Prozeßkontext* (aktive Einheit) und *Adreßraum* (passive Einheit) gegeben, während Objektmigrationen sich häufig auch nur auf passive Einheiten, also auf die *Datenstrukturen von Objekten*, beziehen.

Die *Granularität* der bei Prozeß- bzw. Objektmigrationen verlagerten Einheiten unterscheidet sich wesentlich. Während bei Objektmigrationen lediglich Objektdaten und ggf. assoziierte Prozeßsegmente laufender Methodenaufrufe verlagert werden [JLH88], umfaßt eine Prozeßmigration i.a. den Transfer der Daten des gesamten Adreßraums eines Betriebssystemprozesses [SMI88]. Der Unterschied der übertragenen Datenmengen beträgt daher i.a. mehrere Größenordnungen. Die bei Objektmigrationen meist sehr viel kleinere Granularität erlaubt einen relativ häufigen Einsatz dieser Art der Migration. Insbesondere können Objektmigrationen direkt mit Interaktionsereignissen innerhalb der verteilten Anwendung gekoppelt werden, wie dies bei der Aufrufmigration im System *Emerald* deutlich wurde. Die Objektmigration kann daher auch als eine Ergänzung der Kommunikationsmechanismen in verteilten objektorientierten Anwendungen verstanden werden.

Die Hauptzielsetzungen von Objektmigrationen sind die *dynamische Zusammenführung kommunizierender Objekte* an einer gemeinsamen

Lokation und die *verteilungstransparente Übertragung* von Objektdaten. Prozeßmigrationen konzentrieren sich dagegen auf den *Lastausgleich* in einem verteilten System und auf die *Reduzierung von Antwortzeiten* einzelner Benutzeraufträge durch Migration auf gering belastete physikalische Knoten. Diese Unterscheidung ist jedoch nur als tendenziell anzusehen; Mischformen sind generell möglich [JLH88].

6.7 Beispiel eines verteilten objektorientierten Systems

In diesem Abschnitt werden die Konzepte des Systems *Emerald* [BHJ87] vorgestellt. Emerald, an der Universtität Washington in Seattle entwickelt, ist ein verteiltes objektorientiertes System. Es bietet ein Modell des verteilten Rechnens an, das es erlaubt, Objekte zu definieren und sie sowohl lokal wie auch verteilt anzuwenden. Emerald besteht aus einer objektorientierten Sprache und aus einem verteilten Laufzeitsystem, das die Objektverteilung für den Programmierer transparent verwaltet. Emerald gehört zu den typisierten Sprachen, die die Konformitätsprüfung von Aufrufen schon bei der Übersetzung ermöglichen.

Alle Objekte werden nach dem selben Objektdefinitionsmechanismus erzeugt, unabhängig von ihrer Größe bzw. Aufgabe. Das Objektmodell beschreibt gleichzeitig kleine Objekte wie *Integer* und große Objekte wie *Compiler* oder *Verzeichnisse*. Emerald-Objekte sind mobil, sie können jederzeit ohne Kenntnis ihrer Lokation migriert und aufgerufen werden. Jedes Emerald-Objekt hat vier Komponenten:

- Ein systemweit eindeutiger *Objektbezeichner* zur Referenzierung des Objektes auch über Rechnergrenzen hinweg,
- Ein *Datenbereich*, der die Daten des Objektes sowie seine Referenzen auf andere Objekte umfaßt,
- Eine Menge von auf dem Objekt ausführbaren *Operationen*, wobei zwischen *privaten* (nur vom Objekt selbst aufrufbaren)

und *exportierten* (von anderen Objekten aufrufbaren) Operationen unterschieden wird,

- Ein optionaler, mit dem Objekt assoziierter *Prozeß*, der bei der Erzeugung des Objektes vom System gestartet wird.

Jedes Emerald-Objekt hat mehrere Attribute:

- Ein Attribut spezifiziert, auf welchem Knoten sich das Objekt momentan befindet.
- Ein Attribut gibt an, ob Änderungen am Dateninhalt des Objektes zur Laufzeit durchgeführt werden dürfen (*immutable / mutable*).
- Ein Attribut gibt an, ob ein Objekt auf einem Knoten fixiert ist, oder ob es auf andere Knoten verlagert werden kann (*immobile / mobile*).

Jedes Emerald-Objekt ist außerdem in Sektionen eingeteilt :

- Die *Datensektion:* Sie enthält die Konstanten und Variablen des Objekts.
- Die *Operationssektion:* Sie enthält die Operationen, die auf dem Objekt ausführbar sind.
- Die *Initialisierungssektion:* Sie enthält eine Routine, die bei der Erzeugung des Objekts einmalig durchlaufen wird.
- Die *Prozeß-Sektion:* Hier kann eine namenlose, parameterlose Routine stehen, die als unabhängiger Prozeß gestartet wird, sobald das Objekt initialisiert ist.
- Der *Monitor:* Der Monitor ist keine eigene Sektion innerhalb des Objekts, sondern wird über einen beliebigen Bereich des Objektes gelegt (ausgenommen die Prozeß-Sektion). Alle Daten und Operationen die sich im Monitor befinden, sind durch eine systeminterne binäre Semaphore geschützt.

Emerald ist eine typisierte Sprache, d.h. man muß bei der Deklaration von Variablen ihren Typ angeben. Der Vorteil einer typisierten Sprache ist die Möglichkeit der frühen Fehlerkontrolle. Typkonflikte werden schon zur Übersetzungszeit bemerkt (durch den sogenannten *Conformity Check*). Treten Inkompabilitätsprobleme zur Laufzeit auf, können präzise Fehlermeldungen vom Stil *"Objekt P ist nicht vom Typ T"* ausgegeben werden.
In Emerald werden alle Operationsaufrufe als *Nachricht* an Objekte aufgefaßt. Das hat den Vorteil, daß nur auf die Daten des Objektes, auf dem der Operationsaufruf ausgeführt wird, zugegriffen wird. Alle andern Objekte, die bei der Ausführung benötigt werden, werden durch weitere Operationsaufrufe angesprochen. So bleibt die Realisierung der Operationen hinter der Schnittstelle des Aufrufs verborgen.
Emerald ist eine verteilte Sprache. Ein Objekt kann immer nur auf einem Knoten liegen. Konzeptionell gesehen, ist der Knoten ein vordefinierter Systemtyp. In Emerald ist das Finden eines Zielobjektes Aufgabe des Systems, nicht des Programmierers. Ein Objekt kann immer migriert werden, insbesondere auch während eines Aufrufs. Objekte, die intensiv miteinander kommunizieren, können auf einem Knoten zusammengeführt werden, um den Kommunikationsaufwand zu verringern. Lange mathematische Operationen werden schneller ausgeführt, wenn man unabhängige Teilrechnungen auf verschiedenen Knoten parallel ausführt. In Emerald kann der Programmierer durch explizite Sprachprimitive bestimmen, wann Objekte migrieren. Mobile Objekte haben eine 64-bit-Objektreferenz und einen Eintrag in der Objekttabelle. Die Objektreferenzen werden übersetzt, wenn das Objekt von einem Knoten zu einem anderen wandert. Auf dem alten Knoten wird eine *Forwarding-Address* hinterlassen, die es ermöglicht, Aufrufe, die noch an die alte Adresse geschickt werden, weiterzuleiten.
Das Migrieren von Objekten ist sehr effizient realisiert worden. Im Grunde genommen müssen nur die Objektdeskriptoren auf beiden Knoten verändert, sowie die Objekt-Kennung, der Datenbereich und darauf aktive Prozeßsegmente übertragen werden. Ist auf dem neuen Knoten kein Eintrag in der Objekttabelle zu der Objekt-Kennung vorhanden, wird ein neuer angelegt. Dann wird ein Deskriptor erzeugt, Speicher auf der Halde für den Datenbereich des Objektes allokiert und alle Verweise entsprechend übersetzt.

Wenn ein Objekt migriert, hinterläßt es eine Spur über die Forwarding-Addresses. Fällt ein Knoten aus, kann eventuell das Objekt nicht mehr aufgefunden werden. In diesem Fall muß dann eine vollständige Suche mit Hilfe eines Broadcast-Protokolls durchgeführt werden.

6.7.1 Prozesse in Emerald

Emerald unterstützt die Parallelität zwischen Objekten und innerhalb von Objekten. Jedes Objekt kann eine Prozeß-Sektion haben, die maximal eine namens- und parameterlose Operation enthält, die nach der Initialisierung des Objektes als unabhängiger Prozeß gestartet wird. Prozesse auf dem selben Prozessor laufen quasiparallel ab, Prozesse auf verschiedenen Prozessoren laufen echt parallel ab. Ein Objekt kann nur einen unabhängigen Prozeß haben (Objektprozeß), aber beliebige andere Objekte können Operationen eines Objektes parallel aufrufen. Daten und Operationen können in der Monitorsektion definiert werden. Prozesse, die Monitorfunktionen ausführen, haben exklusives Zugriffsrecht auf die in der Monitorsektion deklarierten Variablen. Objektprozesse laufen außerhalb der Monitorsektion ab, aber über den Aufruf von Monitorfunktionen erhalten sie auch Zugriff auf die geschützten Variablen.

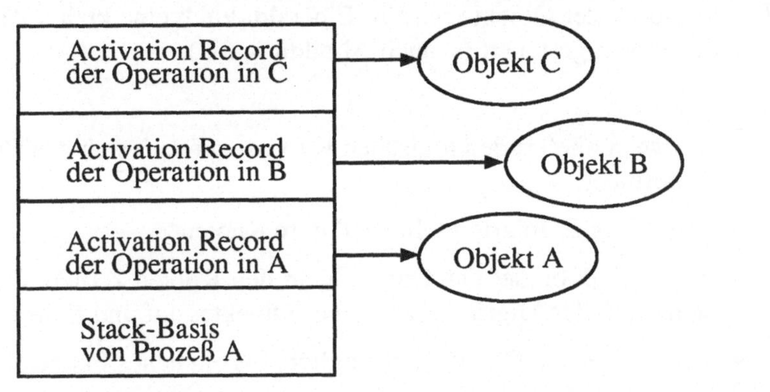

Abb 6-6 Prozeß-Stack mit Activation-Records

In Emerald besteht ein Prozeß aus einem *Stack* und aus *Activation-Records*. Ein Activation-Record enthält die Referenzen auf die Parameterobjekte des Aufrufs. Für jeden Operationsaufruf wird ein Activation-Record angelegt. Der Prozeß arbeitet den Stack ab. Dabei gilt, daß der Activation-Record sich immer auf dem Knoten befindet, auf dem auch das Objekt ist, das von ihm aufgerufen wird. Die Prozeßkontrolle geht immer zu dem Objekt über, das gerade bearbeitet wird. Im Beispiel von Abbildung 6-6 wird ein Prozeß auf Objekt A gestartet und dann Operationen auf den Objekten A,B,C aufgerufen. Wenn ein auf einem entfernten Knoten liegendes Objekt aufgerufen wird, wird dort ein neuer Activation-Record angelegt.

Der Aufrufstack eines Emerald-Prozesses kann also über mehrere Knoten verteilt sein. Besondere Schwierigkeiten entstehen, wenn Objekt B zu einem andern Knoten migriert, während der Operationsaufruf abgearbeitet wird. Dann muß automatisch auch der Activation-Record des Operationsaufrufes migrieren. Wenn die Operation auf dem Objekt C beendet ist, muß der Rückgabewert auf einen anderen Knoten zurückgeschickt werden (s. auch Abbildung 6-8 unten).

6.7.2 Objektmobilität

Primitive zur Steuerung von Objektmigrationen
Die Mobilität der Objekte wird in Emerald durch eine kleine Anzahl von Primitiven gesteuert (s. auch Abbildung 6-7):

- *Locate X:* liefert den logischen Knoten, auf dem sich das Objekt X befindet.
- *Move X to Z:* migriert Objekt X zum Knoten Z.
- *Fix X at Z*: bindet das Objekt X an den Knoten Z (hebt die Eigenschaft der Migrierbarkeit eines Objektes auf und fixiert es)
- *Unfix X*: macht Objekt X beweglich, bis ein neues Fix erfolgt.
- *Refix X at Y*: bringt das gebundene Objekt X auf einen anderen Knoten Y, wobei automatisch die Operationen Unfix, Move zum neuen Knoten Y und Fix auf dem neuen Knoten in atomarer Form durchgeführt werden.

Die Move-Primitive ist nur von temporärer Wirkung, das Objekt muß nicht auf dem Zielknoten verbleiben. Fix und Refix dagegen haben dauerhafte Wirkung. Bis ein Unfix erfolgt, verbleibt das Objekt auf dem spezifizierten Knoten. Der Programmierer kann die Ziel-Lokation einer Objektmigration entweder absolut durch Angabe eines Knotenobjektes oder relativ über Angabe eines beliebigen anderen Objektes festlegen. Im letzteren Falle wird der Knoten gewählt, auf dem das angegebene Objekt liegt.

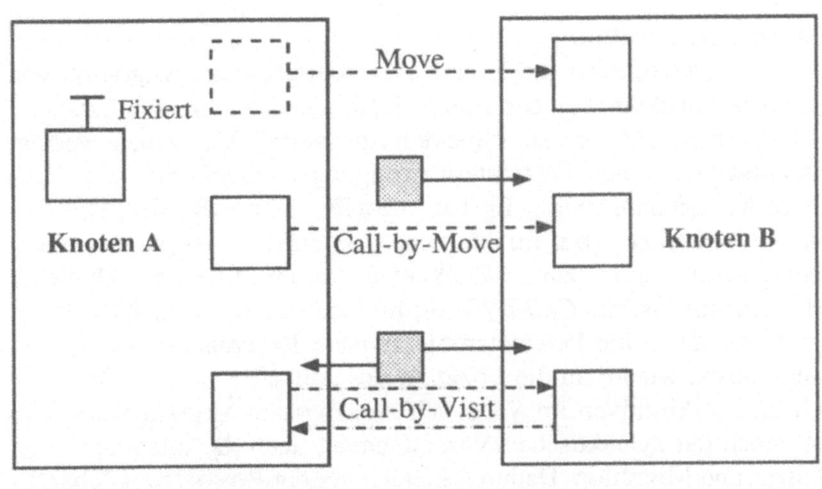

Abb 6-7 Objektmobilität in Emerald

Attachment:
Ein Problem bei der Migrationssteuerung ist die Frage, ob die von einem Objekt referenzierten Objekte mit diesen zusammen migriert werden sollen. In Emerald wird die Definition größerer Migrationseinheiten unterstützt. Dazu können Objektreferenzen innerhalb der Klassendefinition mit dem Attribut attached versehen werden. Ein über eine solche Referenz zur Laufzeit erreichtes Objekt migriert stets zusammen mit dem referenzierenden Objekt. Auf diese Weise lassen sich auch komplex strukturierte Objekte als Einheit beschreiben und migrieren. Die Relation des Attachments zwischen Objekten ist transitiv und irreflexiv.

Der Parameterübergabealgorithmus in Emerald

Emerald benutzt die *Call-By-Object-Reference* Parameterübergabemethode. Im lokalen wie im entfernten Fall bewirkt der Aufruf die Erstellung eines Activation-Records, der Referenzen auf die Argument-Objekte enthält. Ist das Objekt, auf dem eine Operation aufgerufen wird, lokal zu dem Objekt, das den Aufruf absendet, dann wird nur ein Zeiger auf den Activation-Record an das aufgerufene Objekt gesendet. Im entfernten Fall muß der Activation-Record auf dem Zielknoten rekonstruiert werden. Die Basisoperationen und die Semantik sind dabei identisch.

Parametermigration

Emerald erlaubt auch die direkte Anforderung einer Migration von Parameterobjekten bei entfernten Methodenaufrufen, um entfernte Folgeaufrufe auf diesen Objekten zu vermeiden. Dazu verfügt Emerald über einen Parameterübertragungsmechanismus, der *Call-By-Move* genannt wird. Er hat dieselbe Semantik wie *Call-By-Object-Reference,* aber im Moment des Aufrufs werden die Argumentobjekte mit zum Zielknoten migriert. Ein ähnlicher Mechanismus ist das *Call-By-Visit*; im Unterschied zu Call-By-Move migrieren dabei die Parameterobjekte nach Beendigung des Aufrufs automatisch wieder an die Lokation des Aufrufers zurück. Der Vorteil dieser Primitiven im Vergleich zu separaten Migrationsaufrufen ist neben der syntaktischen Vereinfachung auch die Integration von Aufruf und Migration. Dadurch können bei der Realisierung Übertragungspakete des unterliegenden Kommunikationssystems eingespart werden; die Argumentobjekte können mit in das Übertragungspaket gepackt werden, das den Aufruf überträgt.

Objektimplementierung

In Emerald wurde versucht, durch spezielle Objekt-Implementierungstechniken Laufzeitverbesserungen vorzunehmen. Alle Objekte werden in gleicher Weise definiert, aber je nach dem, wie sie zur Laufzeit genutzt werden, unterscheidet der Compiler drei verschiedene Arten von Objekten. Die jeweiligen Objekte werden für ihre Verwendung so effizient wie möglich implementiert.

- *Local Object:* Lokale Objekte sind Objekte, die vollständig in andere Objekte integriert sind. Sie können nicht selbständig migriert werden.

- *Direct Object:* Direkte Objekte sind lokale Objekte, deren Datenbereich direkt im umschließenden Objekt allokiert wird (z.B. einfache Integers).
- *Global Object:* Globale Objekte können frei migriert werden. Ein Objektdeskriptor enthält Informationen über den Status und die aktuelle Lokation des globalen Objektes. Jeder Knoten hat einen Objektdeskriptor für jedes lokal vorhandene Objekt und für jedes entfernte Objekt, auf das eine Referenz auf dem Knoten existiert. Ist die letzte Referenz gelöscht, kann der Objektdeskriptor durch die automatische Speicherverwaltung gelöscht werden.

Ein *Objektdeskriptor* setzt sich wie folgt zusammen: Das erste Speicherwort identifiziert den Deskriptor als solchen und enthält Kontrollbits, die angeben, ob das Objekt global oder lokal ist (G-bit) und ob das Objekt auf dem Knoten liegt (R-bit). Ist das R-bit gesetzt, dann folgt die Speicheradresse des Datenbereiches, sonst die Forwarding Address.

6.7.3 Objektlokalisierung

Jeder Knoten hat eine Objekttabelle, die für jede bekannte Objekt-Kennung den Zeiger auf den zugehörigen Objektdeskriptor enthält. Die Objekttabelle hat einen Eintrag für jedes lokale Objekt, auf das eine entfernte Referenz existiert und für jedes entfernte Objekt, auf das auf dem Knoten eine Referenz existiert. Ein Objektdeskriptor enthält eine Forwarding Address. Eine Forwarding Address ist ein Tupel aus einem Knotennamen und einem Zeitstempel. Der Knotenname gibt den Knoten an, auf dem sich das Objekt zu dem Zeitpunkt befand, der durch den Zeitstempel angegeben wird. Existieren widersprüchliche Angaben für dasselbe Objekt, ist leicht festzustellen, welche Angabe die aktuellere ist. Es wurde gezeigt, das es genügt, als Zeitstempel die Anzahl der bis dahin durchgeführten Migrationen zu wählen. Wird ein Objekt migriert oder eine Objektreferenz übertragen, dann aktualisieren die beiden betroffenen Knoten ihre Forwarding Address, aber keine weiteren Knoten werden informiert. Die *Locate*-Primitive funktioniert also wie folgt: Wenn über die eigene Objekttabelle eine Forwarding Address gefunden wird, dann wird bei dem entsprechenden Knoten nachgefragt, ob das Objekt dort vorhanden ist. Ist die Antwort positiv, dann ist das Objekt gefunden. Hat der angesprochene Knoten jedoch eine jüngere Adressinformation, wird dort nachgefragt usw. Sobald der Knoten gefunden ist, auf dem sich das gesuchte Objekt befindet, wird die eigene Forwarding Address aktualisiert. Kann man das Objekt so nicht finden, weil z.B. ein Knoten nicht erreichbar ist, dann benutzt man ein Broadcast-Protokoll, um eine erschöpfende Suche im ganzen System durchzuführen. In einem ersten Schritt sendet der suchende Knoten eine Nachricht an alle Knoten. Nur der Knoten, auf dem sich das Objekt befindet, darf antworten. Erhält der suchende Knoten bis zum Verstreichen einer Timeout-Zeit keine Antwort, dann sendet er im zweiten Schritt eine Nachricht die von jedem Knoten mit einer positiven oder negativen Antwort erwidert wird. Im dritten Schritt wird an alle Knoten, die nicht sofort geantwortet haben, eine explizite Aufforderung geschickt, zu antworten. Sind alle Antworten negativ, dann wird das referenzierte Objekt als ungültig identifiziert.

Entfernte Operationsaufrufe werden stets ohne vorherige Lokalisierung des referenzierten Objektes abgesendet, und erst, wenn das fehlschlägt, wird über die Primitive *Locate* versucht, den neuen Standort des Objekts herauszufinden. Dies erhöht die Effizienz, da in der Regel die eigene Forwarding Address gültig ist.

6.7.4 Implementierung von Objektmigrationen

Datenobjekte, auf denen keine Operationsaufrufe aktiv sind, können am leichtesten migriert werden. Dazu erzeugt das System eine Nachricht, die den Datenbereich und Informationen über die Referenzen des Objektes enthält, die den Zielknoten beim Übernehmen des Objektes unterstützen. Für Referenzen auf globale Objekte wird die Objekt-Kennung und die Forwarding Address, für lokale Objekte ihr Datenbereich mitgesendet. Der Zielknoten empfängt die Nachricht. Dann wird Speicherplatz entsprechend der Nachrichtenlänge allokiert und eine Übersetzungstabelle erzeugt, um die alten Zeigeradressen in die neu allokierten Adressen zu übersetzen. Die Objekt-Kennungen werden dazu verwendet, um die Forwarding Address existierender Objekte zu aktualisieren, oder falls unbekannt, einen neuen Objektdeskriptor zu erstellen. Dann legt das System

Templates (Kopien der Definitionen der abstrakten Datentypen) entsprechend der Datentypen der migrierten Objekte an. Ist der Datentyp auf dem Zielknoten unbekannt, fordert er eine Kopie beim sendenden Knoten an.

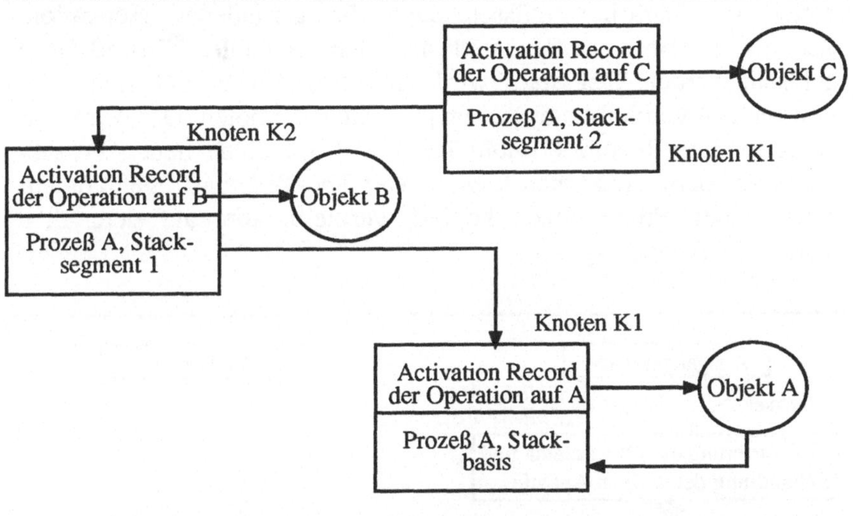

Abb 6-8 Aufteilung des Prozeß-Stacks bei der Migration

Wie schon erwähnt, müssen bei der Migration eines Objektes auch Teile der Prozesse, die gerade Operationen auf diesem Objekt ausführen, migriert werden (s. Abbildung 6-8). Das Problem dabei ist es herauszufinden, welche Activation-Records migriert werden müssen. In Emerald wurde dazu eine recht effiziente Lösung gewählt. Activation-Records werden zu den Objektdeskriptoren hinzugebunden, auf denen sie die Operation ausführen. Das würde aber jeden Operationsaufruf um 50 Prozent langsamer machen. Deshalb wird ein Activation-Record nicht sofort zu Beginn des Aufrufs an den Objektdeskriptor angefügt, sondern nur auf dem Prozeß-Stack als *unlinked* gekennzeichnet. Erst wenn ein Emerald-Prozeß unterbrochen wird, wird sein Stack von oben nach unten auf Activation-Records abgesucht, die als *unlinked* gekennzeichnet sind und diese zu den entsprechenden Objektdeskriptoren dazugebunden. Die Suche ist beendet, sobald man auf den ersten Activation-Record trifft, der mit *linked* markiert ist. Jede Operation muß bei ihrem Ende überprüfen, ob ihr Activation-Record mit *linked* markiert ist. Wenn ja, dann muß sie ihn beim Objektdeskriptor aushängen, bevor sie ihn freigibt.

Man findet also alle Activation-Records, die auf dem Objekt aktiv sind, indem man die Liste durchgeht, die an den Objektdeskriptor angefügt ist. Natürlich müssen dann die gefundenen Activation-Records migriert werden und aus dem aktuellen Prozeß-Stack gelöscht werden. Der Stack wird dazu in drei Teile aufgeteilt: Der *Bottom*-Teil verbleibt auf dem ursprünglichen Knoten. Der betreffende Activation-Record (*Middle*-Teil) wird auf einen neuen Prozeß-Stack auf dem Zielknoten kopiert. Der *Top*-Teil wird ebenfalls auf einen neuen Prozeß-Stack kopiert, verbleibt aber auf dem alten Knoten (s. Abbildung 6-8).

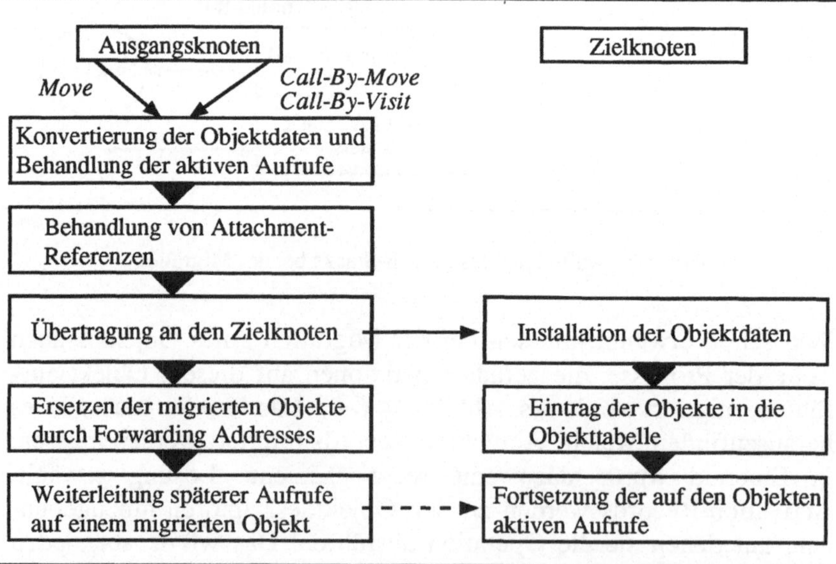

Abb 6-9 Ablauf einer Objektmigration in Emerald

Abbildung 6-9 zeigt noch einmal zusammenfassend den Ablauf einer Objektmigration in Emerald. Eine Migration kann direkt mit Hilfe der Operation *Move* oder indirekt unter Einsatz von *Call-By-Move* oder *Call-By-Visit* angefordert werden. Zunächst werden die Daten des zu migrierenden Objektes sowie der zugehörigen lokalen Objekte in ein Übertragungsformat konvertiert. Hierzu werden Formatbeschreibungen eingesetzt, die vom Compiler generiert werden. Außerdem werden die Stacksegmente der momentan auf dem Objekt aktiven Aufrufe ermittelt und ebenfalls in ein Übertragungsformat konvertiert. Die Aufrufe selbst werden bereits zu Beginn der Migrationsoperation suspendiert. Schließlich werden noch die ggf. über Attach-Relationen referenzierten Objekte ermittelt und auf ihnen rekursiv die Migrationsoperation aufgerufen. Die damit zusätzlich zu übertragenden Daten werden aus Effizienzgründen in einen gemeinsamen Übertragungspuffer kopiert. Nun erfolgt die Übertragung der Objektdaten an den Zielknoten mit Hilfe eines entsprechenden Protokollelementes. Außerdem werden die migrierten Objekte in der Objekttabelle des Ausgangsknotens durch Forwarding Addresses ersetzt. Am Zielknoten werden die empfangenen Objektdaten installiert, indem die zugehörigen Objekte generiert und mit den Objektdaten initialisiert werden. Anschließend werden die Objekte in die Objekttabelle des Zielknotens eingetragen. Außerdem werden die Stacksegmente der auf den migrierten Objekten aktiven Aufrufe am Zielknoten installiert und fortgesetzt. Dazu werden sie intern in die lokale Prozeßverwaltung des logischen Knotens aufgenommen.

Spätere Aufrufe auf einem migrierten Objekt werden vom Ausgangsknoten unter Verwendung seiner Forwarding Address an den Zielknoten der Migration weitergeleitet.

6.8 Programmiersprachliche Anwendung

Um die beschriebenen Sprachprimitive anschaulich genauer zu illustrieren, sollen sie abschließend auf das eingeführte Beispiel angewandt werden. Allerdings wird dabei nicht mit der Sprache Emerald gearbeitet, da diese einige nicht mit der Verteilung im Zusammenhang stehende Besonderheiten aufweist, die das Verständnis an dieser Stelle nur erschweren würden. Vielmehr werden die verteilungsbezogenen Sprachprimitive aus Emerald konzeptionell auf die weit verbreitete und oben bereits erwähnte Sprache *C++* [STR86] abgebildet und dort in Form einer speziellen Objektklasse realisiert. Die Objektklassen der Anwendung werden dann als Subklassen definiert und erben dadurch die verteilungsbezogenen Operationen. Lediglich die Anweisungen zur Parametermigration müssen als minimale Spracherweiterungen von C++ definiert werden. Zur Repräsentation logischer Rechnerknoten ist ebenfalls eine eigene Objektklasse erfoderlich, die im folgenden definiert wird:

```
class LogischerKnoten {                  // Objektklasse der log. Knoten
    String name;                         // Name des Knotens
    NetzAdresse adresse;                 // Netzadresse des Knotens
  public:
    LogischerKnoten ( String, NetzAdresse );
                                         // Konstruktor
    ~LogischerKnoten ( );                // Destruktor
    NetzAdresse holeAdresse ( );         // Ausgabe der Netzadresse
    String holeName ( );                 // Ausgabe des Knotennamens
    };
```

Diese Objektklasse stellt Operationen zum Erzeugen (Konstruktor) und Löschen (Destruktor) logischer Knoten bereit. Jeder Knoten verfügt über einen Namen und eine Netzadresse; diese Daten werden beim Aufruf des Konstruktors als Parameter vorgegeben und können auch mit Hilfe der gezeigten Methoden erfragt werden. Unter Verwendung dieser Klasse kann nun die spezielle Oberklasse der migrierbaren Objekte einer verteilten Anwendung definiert werden:

```
class VObjekt {                          // Oberkl. der verteilten Obj.
    LogischerKnoten* Lokation;           // Aktuelle Lokation des Obj.
    boolean Fixierung;                   // Anzeige, ob Objekt fixiert
  public:
    VObjekt ( LogischerKnoten*, boolean Fixierung = False );
                                                  // Konstruktor
    ~VObjekt ( );                                 // Destruktor
    LogischerKnoten* Lokalisiere ( );             // Lokalisieren
    boolean Migriere ( LogischerKnoten* );        // Migration
    boolean Migriere ( VObjekt* );                // Relative Migr.
    void Fixiere ( );                             // Fixieren des Obj.
    void Freigabe ( );                            // Freigabe
    boolean MigriereUndFixiere ( LogischerKnoten* );
    };                                            // Migr. m. Fixierung
```

Objekte dieser Klasse erhalten bei ihrer Erzeugung ein Lokationsattribut, das ihre initiale Lokation bestimmt. Das System muß dafür sorgen, daß das Objekt tatsächlich am entsprechenden logischen Knoten erzeugt wird. Außerdem kann vorgegeben werden, daß das Objekt initial fixiert sein soll; der Default ist hierbei aber, daß das Objekt frei migrierbar ist. Weiterhin stehen die im Zusammenhang mit Emerald beschriebenen Operationen zum Lokalisieren und Migrieren von Objekten zur Verfügung. Eine Besonderheit dabei ist, daß der Zielknoten einer Migration sowohl absolut wie auch relativ gegeben werden kann; dies wird durch Überlagern der Migrationsoperation erreicht. Bei relativer Angabe wird ein anderes Anwendungsobjekt als Parameter spezifiziert. Das System bestimmt dann zunächst dessen Lokation mit Hilfe der Methode *Lokalisiere* und migriert dann das aufgerufene Objekt dorthin. Dadurch kann zum Beispiel die lokale Zusammenführung von Objekten ohne absolute Lokationsangabe erreicht werden. Außerdem stehen Operationen zum Fixieren von Objekten und zur Aufhebung der Fixierung zur Verfügung. Die Operation *MigriereUndFixiere* entspricht schließlich noch der Operation *Refix* in Emerald; damit kann ein fixiertes Objekt dennoch migriert werden und wird am Zielknoten sofort wieder fixiert.

Nun können die Objektklassen der Anwendung aus Abschnitt 6.5.3 als Subklassen von *VObjekt* definiert werden. Dies soll nur exemplarisch anhand der Klasse *Lager* durchgeführt werden; die übrigen benötigten Objektklassen werden nur deklariert, aber nicht definiert:

```
class WsBeschreibung;            // Beschreibg. von Werkstücken
class Werkstück;                 // Werkstücke
class ObjektListe;               // Liste von Objekten

class Lager : public VObjekt {   // Lager für Werkstücke
    int Kapazität;               // Lagerkapazität
    ObjektListe inhalt;          // Interne Lagerliste
  public:
    Lager ( LogischerKnoten*, int);// Konstruktor m. Kapaz.ang.
    ~Lager ( );                        // Destruktor
    boolean BeschaffeWerkstück ( visit WsBeschreibung*, int,
            move Werkstück** );        // Ausliefern eines Werkstücks
    boolean LagereWerkstück ( move Werkstück* );
    };                                 // Lagern eines Werkstücks
```

Die Klasse *Lager* erbt alle Methoden von der Oberklasse *VObjekt*, kann also zum Beispiel nach ihrer Lokation gefragt werden. Beim Erzeugen eines Lagers muß dem Konstruktor eine initiale Lokation übergeben werden; diese wird in der Implementierung an den Konstruktor von *VObjekt* weitergereicht.
Die Methode *BeschaffeWerkstück* zum Ausliefern eines Werkstücks weist als Besonderheit die Verwendung der *Call-By-Visit* und *Call-By-Move*-Parameterübergabe auf, was durch die neu eingeführten Schlüsselwörter *visit* und *move* angezeigt wird. Dadurch wird beim Aufruf der Methode das Objekt zur Werkstückbeschreibung an die Lokation des Aufgerufenen, also des Lagers, migriert und später zurückmigriert. Ebenso wird das aufgefundene Werkstück nach Abschluß des Methodenaufrufs zur Lokation des Aufrufenden migriert. Um die Rückgabe einer Objektreferenz auf das Werkstück als Parameter zu ermöglichen, wird ein Doppelzeiger verwendet. Der Aufruf der Methode *LagereWerkstück* führt in ähnlicher Weise zur Migration des übergebenen Werkstücks an die Lokation des Lagers.
Abschließend soll noch andeutungsweise gezeigt werden, wie die entsprechenden Aufrufe zum Beschaffen und Bearbeiten eines Werkstücks durch eine Maschine durchgeführt werden. Sie sind in eine umfassende Methode *Fertigung* der Maschine eingebettet:

```
class FertigungsPlan;
boolean Maschine::Fertige ( FertigungsPlan* fp,
    WsBeschreibung* wb )              // Fertigungsmethode
 {
 Werkstück* ws;                       // Zu bearbeitendes Werkstück
 boolean status = lager->BeschaffeWerkstück ( wb, 0, &ws );
                                      // Anlieferung
 if ( status>0 ) {
  ws->Fixiere ( );                    // Fixierung des Werkstücks
  status = ws->Bearbeite ( fp );      // Bearbeitung
  ws->Freigabe ( );                   // Aufhebung der Fixierung
  ws->Migriere ( fp->endLokation ( ) );
  };                                  // Abschließende Migration
 return status;                       // Status-Rückgabe
 };
```

In der Methode wird zunächst das Werkstück aufgrund der übergebenen Beschreibung beschafft, indem die entsprechende Methode des Lagers aufgerufen wird. Bei erfolgreicher Anlieferung wird das Werkstück, das durch *Call-By-Move* migrierte (s.o.), an der Lokation der Maschine fixiert, um eine weitere Migration während der Bearbeitung auszuschließen. Danach erfolgt die Bearbeitung auf der Basis des vorliegenden Fertigungsplans. Schließlich kann das Werkstück dann wieder zur Migration freigegeben werden und wird an eine endgültige Lokation migriert, die durch den Fertigungsplan spezifiziert ist.

Insgesamt wurde deutlich, daß die Mechanismen zur Verwaltung von Objekten in verteilten Umgebungen keine allzu großen Spracherweiterungen erfordern; zwei zusätzliche Klassen und wenige neue Schlüsselwörter haben offensichtlich ausgereicht. Allerdings muß auch gesagt werden, daß gerade die sich darin äußernde Transparenz einen hohen Aufwand bei der Implementierung der zugrundeliegenden Mechanismen erfordert. So müssen zum Beispiel umfangreiche Formatbeschreibungen für migrierende Objekte vorliegen, die nur durch Einsatz entsprechender Compiler-Techniken gewonnen werden können. Auch die Laufzeitmechanismen zur Lokalisierung von Objekten erfordern eine aufwendige Implementierung.

6.9 Weitere Aspekte verteilter objektorientierter Ansätze

Abschließend sollen noch einige spezielle Aspekte, Realisierungsalternativen und Entwicklungstendenzen im Bereich der verteilten objektorientierten Systeme angesprochen werden, die teilweise auch in aktuellen Übersichtsarbeiten wie z.B. [CHC91] diskutiert werden. Dies sind vor allem alternative Objektmodelle, die Integration verteilter Transaktionskonzepte und die Sicherheitsproblematik.

Alternative Objektmodelle

Bisher wurde davon ausgegangen, daß Objekte generell passiv sind und orthogonal dazu leichtgewichtige, verteilte Prozesse Aufrufe auf diesen Objekten durchführen. Dabei nimmt jedes Objekt generell jeden für sich eintreffenden Aufruf entgegen und führt ihn aus. Eine interne Zugriffssynchronisation kann dabei durch binäre Semaphore oder Monitore wie in Emerald innerhalb des Objektes durchgeführt werden.

Als Alternative hierzu bietet sich aber auch an, jedes Objekt als eine autonome Verarbeitungseinheit zu betrachten, die aktiv ist und über einen oder mehrere, ausschließlich Objekt-intern arbeitende Prozesse verfügt. Die Prozesse eines solchen Objektes können dann Methodenaufrufe entgegennehmen, sie können diese aber auch verzögern und erst zu einem geeigneten Zeitpunkt bearbeiten oder gar zurückweisen. Die entsprechenden Mechanismen können dabei auch direkt in die Programmiersprache integriert werden, zum Beispiel in Form von *Guarded Commands*. Ein solches Modell wird beispielsweise durch das System *Argus* [LIS88] realisiert, wobei dort die Prozesse eines Objektes sogar in beliebiger Zahl dynamisch zur Laufzeit erzeugt werden können. Allerdings sind die Objekte in Argus von sehr grober Granularität und können nicht migrieren. Es werden auch keine Vererbungsmechanismen innerhalb der zugehörigen Sprache angeboten. Damit ist das System eigentlich nicht zur Kategorie der verteilten objektorientierten Systeme zu rechnen. Trotzdem zeigt sein Objektmodell eine interessante Variante auf, die bei der Modellierung aktiver Einheiten einer Anwendung sehr nützlich sein kann. Daher bleibt abzuwarten, inwieweit ein solches Modell auch Eingang in verteilte objektorientierte Systeme mit fein granulierten Objekten findet.

Integration verteilter Transaktionskonzepte

Die im Rahmen der RPC-Ansätze besprochenen verteilten Transaktionskonzepte zur Realisierung atomarer Aufrufe können auch direkt auf verteilte objektorientierte Systeme übertragen werden. Sie scheinen hier sogar konzeptionell einfacher realisierbar zu sein, da durch Objekte jeweils klar festgelegt wird, welche Dateneinheiten im Rahmen einer Transaktion bearbeitet wurden. Auch hier gibt es bereits einige Systemrealisierungen wie das oben genannte System *Argus* oder auch das verteilte Betriebssystem *Clouds* [ADL87], wobei aber die Verarbeitungseinheiten wiederum von sehr grober Granularität sind. Um diese Konzepte auf verteilte objektorientierte Systeme zu übertragen, muß vor allem die Problematik der Effizienz gelöst werden. Ein wichtiges Problem besteht dabei darin, daß oft sehr viele kleine Objekte von einer größeren verteilten Transaktion betroffen sind und daß es aufwendig sein kann, separat für jedes Objekt Änderungen persistent zu speichern, um gegebenenfalls eine Transaktion zurücksetzen zu können. Dies ist vor allem eine implementierungstechnische Frage.

Sicherheitsproblematik

In verteilten objektorientierten Systemen muß im Rahmen der Sicherheitsproblematik ein ausreichender Zugriffsschutz auf Objekte gewährleistet werden. Dabei wird prinizpiell eine abstrakte Zugriffsmatrix definiert, deren Zeilen den Objekten im System und deren Spalten den darauf zugreifenden Einheiten entsprechen. Diese Zugriffsmatrix kann dann praktisch auf zwei Arten implementiert werden.

Durch Zugriffsberechtigungen für Objekte *(Capabilities)* [TMR86], die an die zugreifenden Einheiten vergeben werden, ergibt sich eine spaltenweise Realisierung der abstrakten Zugriffsmatrix, da jeder zugreifenden Einheit lokal eine Menge von Capabilities zugeordnet werden. Jede Capability besteht aus einem Identifikator für das entsprechende Objekt und einem Feld, das die erlaubten Zugriffsrechte spezifiziert, also z.B. das Lesen, Schreiben oder Ausführen bestimmter Operationen. Capabilities können zwischen zugreifenden Einheiten weitergegeben werden. Um sie ungültig zu machen bzw. einzuziehen, müssen nicht alle Besitzer einer Capability für ein bestimmtes Objekt bekannt sein; es genügt vielmehr, den Kennungsidentifikator des Objektes zu ändern und alte Identifikatoren nicht wiederzuverwenden. Dadurch werden alle Capabilities, die den alten Identifikator enthalten, automatisch wertlos. Um die Fälschung von Capabilities zu verhindern, müssen diese zusätzlich verschlüsselt werden. Jedem Aufruf muß eine Capability für das aufgerufene Objekt mitgegeben werden, die dann vom Objekt geprüft wird.

Eine zeilenweise Implementierung der abstrakten Zugriffsmatrix wird dagegen durch *Zugriffskontrollisten* erreicht. Dabei wird jedem Objekt eine Liste der erlaubten zugreifenden Einheiten mit den entsprechenden Zugriffsrechten angefügt. Jedes Objekt kontrolliert dann bei einem eintreffenden Zugriff, ob die zugreifende Einheit in die Zugriffskontrolliste eingetragen ist. Dabei muß aber außerdem auch durch zusätzliche Mechanismen die korrekte Authentisierung der zugreifenden Einheiten garantiert werden.

Insgesamt scheinen Capabilities für den Einsatz in verteilten Umgebungen flexibler, da sie zwischen Instanzen kontrolliert weitergegeben werden können und trotzdem leicht entzogen werden können. In den oben beschriebenen verteilten objektorientierten Systemen fanden solche Zugriffsschutzverfahren aber noch kaum Eingang.

7 Konfigurationsverwaltung in verteilten Systemen

Dieses Kapitel befaßt sich mit der strukturellen Verwaltung einer verteilten Anwendung, was auch als *verteilte Konfigurationsverwaltung* bezeichnet wird. Die Hauptaufgabe dabei ist es, die verteilten Anwendungskomponenten zu definieren, zu erzeugen und schließlich auf das reale verteilte System abzubilden und dort zu installieren. Außerdem ist es wünschenswert, daß eine einmal definierte Systemstruktur auch dynamisch geändert werden kann, um eine Anwendung zum Beispiel an neue Umgebungsanforderungen anzupassen. Für diesen Gesamtbereich bieten einige Systeme spezielle Sprach- und Laufzeitmechanismen an, die im folgenden vorgestellt werden sollen. Dazu wird zunächst ein allgemeines Modell einer Konfigurationsverwaltung eingeführt, das dann anhand eines Beispielsystems konkretisiert wird. Abschließend wird auch noch im Detail auf die erforderlichen Eigenschaften eines zugrundeliegenden verteilten Basissystems eingegangen.

7.1 Motivation

Die Elemente einer verteilten *Anwendungskonfiguration* (s. Abbildung 7-1) sind typischerweise Softwaremoduln, die durch Betriebssystemprozesse oder ausgewählte Objekte unter Verwendung einer verteilten Programmiersprache implementiert werden. Diese Elemente können auf unterschiedlichen Rechnerknoten plaziert werden und kommunizieren dann dynamisch zur Laufzeit. Die Verwaltung der Anwendungskonfiguration könnte generell unter der Kontrolle des Anwendungsprogrammes ablaufen.

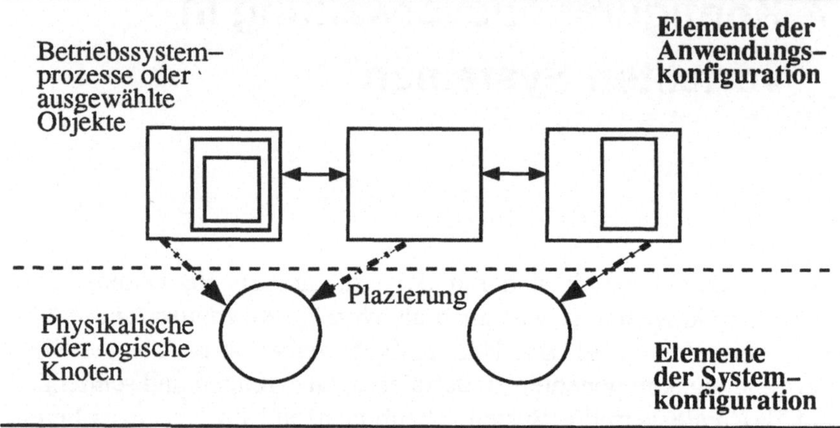

Abb 7-1 Elemente der Konfigurationsverwaltung

Eine implizite Verwaltung der Konfiguration im Anwendungsprogramm hat jedoch folgende Nachteile:

Mangelnde Portabilität: Eine Anpassung an eine neue Systemumgebung ist schwierig.

Erschwerte Verständlichkeit: Allgemeine Bedingungen an eine Konfiguration werden nicht explizit sichtbar gemacht.

Mangelnde dynamische Flexibilität: Änderungen zur Laufzeit sind schwer zu erreichen und auf Konsistenz zu überprüfen.

Dies führt zu Schwierigkeiten bei der Softwareerstellung und der Wartung. Stattdessen ist es günstiger, eine Trennung der verteilten Programmierung und der verteilten Konfigurationsverwaltung vorzunehmen.

Die der *Konfigurationsverwaltung* verteilter Anwendungen [KMS89] zugrundeliegende Idee ist die explizite Unterscheidung zwischen

- der Programmierung der Verteilungseinheiten und
- der Anwendungskonfigurierung.

Wird diese Trennung vollzogen, so setzt sich ein verteiltes System aus den folgenden Komponenten zusammen:

- *Verteilte Programmiersprache und zugehöriger Übersetzer:* In der verteilten Programmiersprache werden die Verteilungseinheiten implementiert. Je nach Typ des verteilten Systems können die Verteilungseinheiten dabei einzelne sequentielle Prozesse oder Objekte sein.
- *Konfigurationsverwaltung*: Die Konfigurationsverwaltung stellt Mittel zur Beschreibung der Konfiguration bereit und verwaltet die Konfiguration zur Laufzeit.
- *Verteiltes Betriebssystem*: Ein dem verteilten System zugrundeliegendes Betriebssystem stellt der Konfigurationsverwaltung Dienste zur Erfüllung ihrer Aufgabe zur Verfügung.

7.2 Vorteile einer Konfigurationsverwaltung

Der Verzicht auf eine eigenständige Konfigurationsverwaltung hätte zur Folge, daß das Anwendungsprogramm die Aufgaben der Konfigurationsverwaltung übernehmen muß. Auf diesem Hintergrund ergeben sich folgende Vorteile der konzeptionellen Trennung zwischen der Programmierung der Verteilungseinheiten (*Programmierung im Kleinen*) und der Konfigurierung der Anwendung (*Programmierung im Großen*):

Einfache Modellierung der Verteilung: Eine Modellierung der Verteilung der Anwendung wird vereinfacht, wenn zur Beschreibung der Verteilung spezielle Sprachkonstrukte zur Verfügung stehen und die Verteilungsaspekte unabhängig vom internen Verhalten der Verteilungseinheiten beschrieben werden können.

Verteilungsunabhängiges Testen der Verteilungseinheiten: Wenn der Code der Verteilungseinheiten nicht die Kontrolle über die Konfiguration enthält, ist ein von der konkreten Verteilung unabhängiges Testen der Einheiten möglich.

Wiederverwendbarkeit der Verteilungseinheiten: Die Wiederverwendbarkeit der Verteilungseinheiten in verschiedenen verteilten Anwendungen wird durch die Trennung erhöht.
Anpassung an eine veränderte Umgebung: Eine laufende Anwendung kann leichter an eine veränderte Umgebung angepaßt werden. Hierzu notwendige Konfigurationsänderungen können zur Laufzeit mittels der Konfigurationsverwaltung durchgeführt werden.
Portabilität: Die Portabilität erhöht sich, da zur strukturellen Anpassung der verteilten Anwendung an eine neue Hardware-Umgebung nur die Spezifikation der initialen Konfiguration geändert werden muß.
Definition von Bedingungen: Für die Konfiguration einer Anwendung bestehen oft Bedingungen, durch welche die Generierung der Konfiguration gesteuert werden kann, oder die die Konfiguration erfüllen soll. Die Berücksichtigung solcher Bedingungen in einer impliziten, im Anwendungsprogramm integrierten Konfigurationsverwaltung erschwert die Programmentwicklung, Wartung und Portabilität. Insbesondere besteht auch das Problem des Einfügens, Änderns oder Löschens von Bedingungen zur Laufzeit. Eine explizite Konfigurationsverwaltung kann Mechanismen zur Definition und Änderung von Bedingungen zur Laufzeit zur Verfügung stellen.
Konsistenzkontrolle: Änderungen der Anwendungskonfiguration dürfen nur über die Konfigurationsverwaltung erfolgen. Diese besitzt die Information, bestehend aus dem aktuellen Konfigurationszustand und den gültigen Regeln, um die Konsistenz des aktuellen Zustandes bzw. die Konsistenzerhaltung bei Konfigurationsänderungen zu überprüfen. Insbesondere können inkonsistente Änderungen zurückgewiesen werden.
Rekonfiguration: Bei Ausfällen von Teilen des Systems kann die Konfigurationsverwaltung aufgrund ihrer Information eine Rekonfiguration der Anwendung mit dem Ziel des Erreichens eines konsistenten Zustandes vornehmen bzw. die nicht mehr vorhandene Konsistenz melden.
Heuristiken: Die Abbildung der Verteilungseinheiten auf das unterliegende System kann mit Hilfe heuristischer Algorithmen erfolgen, die die Entscheidung aufgrund der Konfigurationsbeschreibungen mit den darin definierten Bedingungen treffen. Dadurch ist der Implementierer einer Anwendung zumindest teilweise davon entlastet, selbst konsistente Konfigurationen ermitteln zu müssen.

7.3 Modell einer Konfigurationsverwaltung

Die Konfigurationsverwaltung übernimmt die Kontrolle über die Konfiguration der Anwendung. Die Verwaltung betrifft:

- Die Kontrolle über die im *Anwendungssystem* existierenden Verteilungseinheiten. Hierzu zählt das Erzeugen neuer und das Löschen existierender Verteilungseinheiten.
- Die Kontrolle über die logischen *Verbindungen* zwischen den Verteilungseinheiten. Dies betrifft sowohl den Verbindungsaufbau als auch den Verbindungsabbau.
- Die Kontrolle über die *Plazierung* der Verteilungseinheiten auf dem zugrundeliegenden physikalischen Netz. Hierzu gehört das Erzeugen der Verteilungseinheit auf bestimmten Knoten sowie die Migration von Verteilungseinheiten innerhalb des Netzes.

Um die geforderte Verwaltung zu gewährleisten, muß die Konfigurationsverwaltung Mechanismen zur Beschreibung der Konfiguration, die *Konfigurationssprache*, sowie eine Komponente, die die Verwaltung zur Laufzeit übernimmt, den *Konfigurationsmanager*, zur Verfügung stellen.
Eine andere Art der Einteilung ist die Unterscheidung zwischen der initialen Konfiguration, welche vor dem Start des Anwendungsprogramms aufgebaut wird und *Konfigurationsänderungen*, um Modifikationen zur Laufzeit durchzuführen. Es ergeben sich damit die in Abbildung 7-2 dargestellten Komponenten einer Konfigurationsverwaltung.

	Initiale Konfiguration	*Konfigurationsänderungen*
Konfigurationssprache	Sprache zur Definiton der initialen Konfiguration	Sprache zur Definiton v. Konfigurationsänderungen
Konfigurationsmanager	Manager zum Aufbau der initialen Konfiguration	Manager zur Durchführung v. Konfigurationsänderungen

Abb 7-2 Komponenten einer Konfigurationsverwaltung

Der Aufbau der *initialen Konfiguration* läßt sich folgendermaßen skizzieren: Die Beschreibung der initialen Konfiguration erfolgt mit der entsprechenden Komponente der Konfigurationssprache. Der Übersetzer erstellt aus der Beschreibung Zwischeninformation, aus welcher der Konfigurationsmanager die initiale Konfiguration erzeugt. Der Konfigurationsmanager speichert die Konfigurationsinformation, um darauf aufbauend die Laufzeitverwaltung der Konfiguration vorzunehmen. Dann wird die reale Konfiguration auf das verteilte System abgebildet, indem die Anwendungskomponenten generiert und plaziert werden. In die Plazierungsentscheidungen fließen zahlreiche Daten mit ein, die beispielhaft in Abbildung 7-3 zusammengefaßt sind.

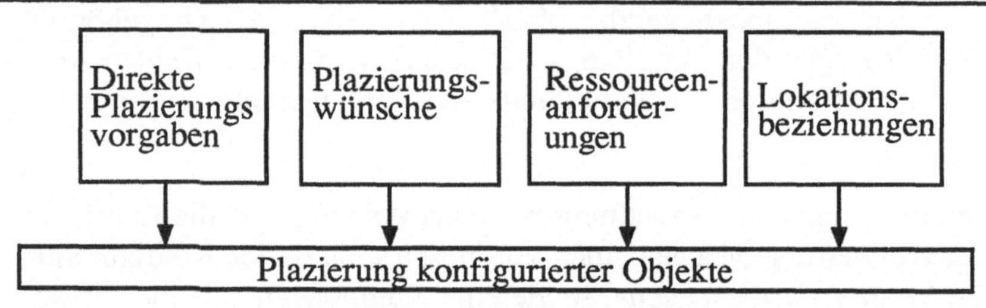

Abb 7-3 Einflüsse auf initiale Plazierungsentscheidungen

Der skizzierte Ablauf erfolgt in dieser Art nicht bei einer reduzierten, rein *statischen Konfigurierung*, die die Unterstützung von Konfigurationsänderungen ausschließt. In diesem Fall wird die Verwaltung der Konfiguration auf die Erzeugung der initialen Konfiguration beschränkt. Es wird nur aus der Beschreibung der initialen Konfiguration ein *Load-Image* erstellt, aus dem der *Loader* das Anwendungssystem erzeugt. Ein Konfigurationsmanager und eine Sprache zur Definition von Konfigurationsänderungen entfallen bei solch einer reduzierten Verwaltung der Konfiguration.
Gegenstand der weiteren Betrachtungen ist stets eine Konfigurationsverwaltung, die die volle oben beschriebene Funktionalität besitzt.

Konfigurationsänderungen

Zur Laufzeit des Systems können *Änderungen an der Konfiguration* notwendig werden. Mögliche Ursachen hierfür sind z.B.:

- Die Veränderung des zugrundeliegenden Netzes
- Änderungen der Anforderungen der Anwendung
- Änderungen der Belastung einzelner Verteilungseinheiten

Für Konfigurationsänderungen ergeben sich zwei verschiedene Abläufe:

Automatische Konfigurationsänderungen: Veränderungen im System können selbständig ausgeführte Konfigurationsänderungen durch den Konfigurationsmanager notwendig machen. Basis solcher automatischen Änderungen ist die Information, die der Konfigurationsmanager über die Konfiguration besitzt.

Konfigurationsänderungen über die Konfigurationssprache: Über die Konfigurationssprache angeforderte Veränderungen werden vom Konfigurationsmanager auf ihre Konsistenz mit der vorhandenen Information über die Konfiguration geprüft. Im Fall der Konsistenz führt der Konfigurationsmanager die Konfigurationsänderungen durch.

7.4 Beispiele existierender Konfigurationsverwaltungen

Im folgenden werden drei Beispiele für verteilte Systeme mit expliziter Konfigurationsverwaltung vorgestellt:

Conic [KRM85, KMS89]

PCL (Process Control Language) [LSB79]

PRONET [LEM82]

Das System *Conic* wird ausführlich behandelt und auch später noch mit den abstrakten Anforderungen einer Konfigurationsverwaltung verglichen. Die Systeme *PCL* und *PRONET* werden dagegen nur kurz im Anschluß an Conic beschrieben.

Das System Conic

Das System Conic wird durch das sogenannte *Conic Toolkit* realisiert, das sich in die folgenden Teile aufgliedert:

- Conic Module Programming Language
- Conic Configuration Language
- Konfigurationsmanager
- Verteiltes Conic Betriebssystem.

Die Conic Module Programming Language ist eine verteilte Programmiersprache, deren Eigenschaften schon oben in Kapitel 4 kurz zusammengefaßt wurden. Sie basiert auf dem Prinzip der portorientierten Nachrichtenkommunikation und dient zur Implementierung von kommunizierenden Softwaremoduln. Unten wird auch ein Sprachbeispiel gegeben.
Die Conic Configuration Language ist eine verteilte Konfigurationssprache, die zur Strukturierung und Plazierung der definierten Module eingesetzt wird; auch sie wird am Beispiel erläutert. Es wird auch gezeigt, wie mit der zugehörigen Änderungssprache dynamische Konfigurationsänderungen angefordert werden können. Der Konfigurationsmanager hat vor allem die Aufgabe, die in der Konfigurationssprache gegebenen Anweisungen auf das reale System abzubilden und arbeitet prinizpiell so, wie es oben allgemein beschrieben wurde. Als Basis dient das verteilte Conic Betriebssystem, das elementare Kommunikationsmechanismen implementiert. Hierauf wird nicht im Detail eingegangen; Grundkonzepte solcher Systeme wurden bereits in Kapitel 3 erläutert.

Beispiel:
CONIC Task Module innerhalb der Conic Module Programming Language verfügen über typisierte Schnittstellen, die alle Informationen enthalten, welche für die Einbindung des Moduls in ein verteiltes System benötigt werden.
Die Verbindungen zwischen Modulen und die zu sendenden bzw. zu empfangenden Nachrichten werden mit Hilfe von sogenannten *Ports* spezifiziert. Ein *Exitport* stellt eine Schnittstelle dar, von der Nachrichtenübertragungen ausgehen können. Der Port besteht aus einem

lokalen Namen und dem Typ der zu sendenden Nachrichten. Bei der Konfiguration kann der Exitport mit jedem mit seinem Nachrichtentyp kompatiblen *Entryport* eines anderen Task Moduls verbunden werden.
Die Programmiersprache benutzt lokale Namen für die Ports an Stelle der direkten Angabe der Sender und Empfänger einer Nachricht (indirekte Benennung). Die Anbindung der Exitports an Entryports ist Aufgabe der Konfigurationssprache und erfolgt nicht in Termen der Programmiersprache. Daher besteht nicht die Notwendigkeit, Task Module neu zu übersetzen, wenn sich die Kommunikationspartner einer Anwendung ändern.

Nachfolgend wird ein Beispiel eines Conic Task Moduls angeführt, das in der Conic Module Programming Language implementiert ist. Das Beispiel zeigt, wie eine Maschine der Beispielanwendung aus Abschnitt 1.3 in Conic modelliert werden kann. Die Maschine erhält über einen Port mit dem Namen *Aufträge* typisierte Nachrichten, die Fertigungsaufträge repräsentieren. Sie erhöht dabei jeweils einen internen Auftragszähler und ruft eine Operation *StarteBearbeitung* asynchron, also nicht blockierend auf. Um die Darstellung zu vereinfachen, wird dies syntaktisch als normaler Operationsaufruf modelliert; in einer realen Conic-Implementierung müßte dies als ein weiterer Nachrichtenaustausch mit einem internen Bearbeitungsmodul konfiguriert werden. Die Operation erzeugt nach ihrer Beendigung eine Unterbrechung vom Typ *Bearbeitet*, die von der Maschine empfangen wird. In der realen Implementierung entspräche das einer Nachricht des internen Bearbeitungsmoduls an die Maschine. Die Maschine empfängt diese Unterbrechung bzw. Nachricht und sendet dann den bearbeiteten Fertigungsauftrag über den Port mit der Bezeichnung *Auftragsbestätigungen* nach außen an übergeordnete Instanzen zurück. Über den Port mit Bezeichnung *Status* kann außerdem die momentane Anzahl der in Bearbeitung befindlichen Aufträge erfragt werden. Dieser Port ist ein sogenannter *Request-Reply*-Port, der bidirektionalen Nachrichtenaustausch erlaubt. Die beiden anderen Ports dienen nur zur unidirektionalen Kommunikation.

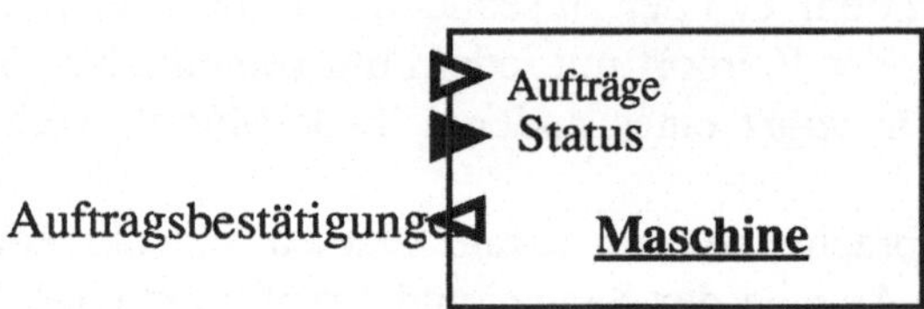


```
task module Maschine;
  entryport
    Aufträge: Fertigungsauftrag fa; // Entgegennahme von Aufträgen
    Status: Anfrage reply integer;  // Statusanfragen
  exitport
    Auftragsbestätigungen: Fertigungsauftrag fa;
                                    // Fertigmeldung von Aufträgen
  var anzahlAufträge: integer;      // Momentane Auftragsanzahl

  begin
    anzahlAufträge := 0;
    loop
      select
          receive fa from Aufträge     // Neuer Fertigungsauftrag
            =>anzahlAufträge := anzahlAufträge + 1;
              StarteBearbeitung (fa);
                                       // Weitergabe zur Bearb.
      or
          receive Bearbeitet (fa)      // Interne Fertigmeldung
            => anzahlAufträge := anzahlAufträge - 1;
                send fa to Auftragsbestätigungen;
                                       // Externe Fertigmeldung

      or
          receive Anfrage from Status reply anzahlAufträge;
                              // Beantwortung einer Statusanfrage
      end;
    end;
end.
```

Abb 7-4 Beispiel für die Conic Module Programming Language

Basierend auf dem Beispiel für die Programmiersprache ließe sich dann folgende initiale Konfiguration durch eine in der CONIC-Konfigurationssprache gegebene Beschreibung erzeugen:

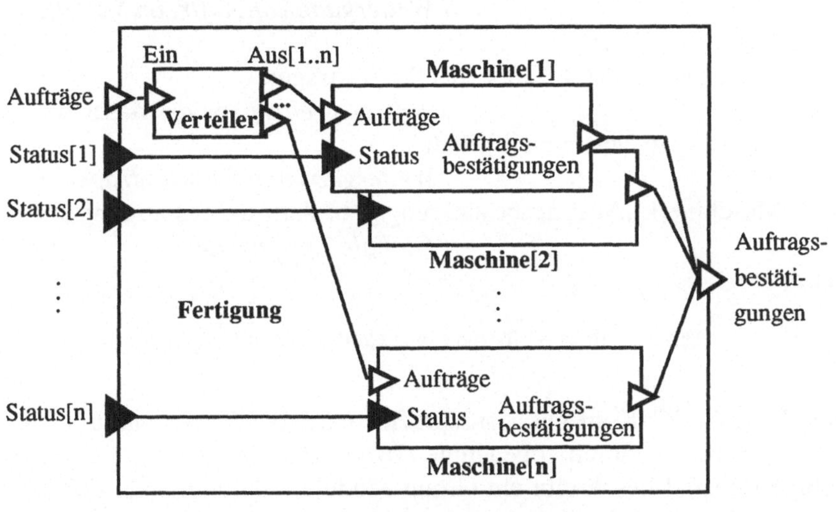


```
group module Fertigung ( n: integer := 2 );

  entryport
    Aufträge : Fertigungsauftrag;
                                  // Fertigungsaufträge

    Status [1..n]: Anfrage reply integer;
                                  // Statusanfragen pro Maschine
  exitport
    Auftragsbestätigungen : Fertigungsauftrag;
                                  // Rückmeldung nach Bearbeitung
  use
    Verteiler, Maschine;          // Intern benutzte Task-Modultypen
  create
    Verteiler at Knoten_X;        // Erzeugung eines Verteilermoduls
```

```
create family k:[1..n]
    Maschine[k]: Maschine at Knoten[k];
                              // Erzeugung mehrerer Maschinen
link
    Aufträge to Verteiler.Ein
                              // Weitergabe von Auftr. an Verteiler
link family k:[1..n]
    Verteiler.Aus[k]  to Maschine[k].Aufträge;
                              // Auftragsweitergabe an Maschine
    Status[k] to Maschine[k].Status;
                              // Weitergabe von Statusanfragen
    Maschine[k].Auftragsbestätigungen to Auftragsbestätigungen;
                              // Globale Ausgabe der bearb. Auftr.
end.
```

Abb 7-5 Beispiel für die Conic Configuration Language

In der *CONIC* Konfigurationssprache wird die Taskstruktur eines Rechnerknotens durch sogenannte *Group Modules* beschrieben. Das obige Beispiel beschreibt ein Group Module *Fertigung*, das sich aus den beiden Task-Modultypen *Maschine* und *Verteiler* zusammensetzt, wobei mehrere Instanzen vom Typ Maschine intern an verschiedenen Rechnerknoten erzeugt werden. Der Verteiler hat die Aufgabe, ankommende Aufträge zu analysieren und an eine bestimmte Maschine weiterzuleiten. Die Interna dieses Moduls werden aus Platzgründen nicht gezeigt; es sei zum Vergleich auf die Struktur des Maschinen-Moduls verwiesen.
Zunächst werden die Ports des Group Modules spezifiziert; die Syntax ist identisch zu der in den Task-Modulen verwendeten Notation. Es ist auch möglich, Reihungen von Ports zu definieren, was bei den Status-Ports ausgenutzt wurde. Mittels des *use*-Konstrukts werden die Menge der verwendeten Task- und Group Module-Typen beschrieben. Es wäre also auch möglich, Group Modules intern hierarchisch zu schachteln, wovon aber hier kein Gebrauch gemacht wird.
Instanzen eines Task oder Group Module-Typs werden dann mittels des *create*-Konstrukts erzeugt. Hierbei können auch Familien von Tasks durch das *family*-Konstrukt spezifiziert werden, die als Reihung implementiert werden; dies wurde bei den Maschinen ausgenutzt.

Mittels des *link*-Konstrukts werden dann die ein Modul umfassenden Tasks und Group Module-Instanzen über ihre Ports intern sowie mit der äußeren Schnittstelle verknüpft. Hierbei wird die Typkompatibilität der Ports durch das System geprüft. Dabei können mehrere Exitports mit einen Entryport (z.B. bei den Auftragsbestätigungs-Ports) und mehrere Entryports mit einem Exitport (z.B. zum Versenden von Multicast-Nachrichten) verknüpft werden.
Nachdem die reale Konfiguration vom System aufgebaut wurde, werden dann Nachrichten automatisch von den Exitports an die mit ihnen verknüpften Entryports weitergeleitet.

Beispiel einer dynamischen Konfigurationsänderung:

Basierend auf dem schon definierten Group Module soll nun auch eine dynamische Konfigurationsänderung durchgeführt werden. Ziel ist es, die erste Maschine fehlertolerant zu machen, indem eine zusätzliche Maschine an einem anderen Rechnerknoten eingeführt wird und alle Aufträge für die erste Maschine auch an diese übergeben und redundant bearbeitet werden.

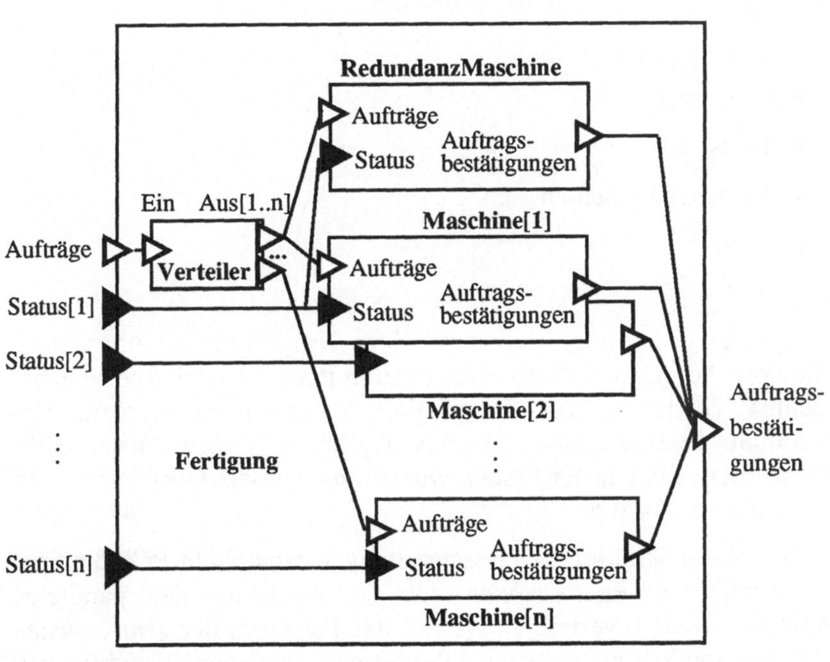

```
create RedundanzMaschine: Maschine at Knoten[0];
                                   // Erzeugen einer neuen Maschine
link Verteiler.Aus[1] to RedundanzMaschine.Aufträge;
                                   // Auftragsweiterleitung
     Status[1] to RedundanzMaschine.Status;
                                   // Statusanfrage-Weiterleitung
     RedundanzMaschine.Auftragsbestätigungen to
       Auftragsbestätigungen;      // Ausgabe-Weiterleitung
start RedundanzMaschine;           // Starten der neuen Maschine
```

Abb 7-6 Beispiel für eine Konfigurationsänderung in Conic

Das Eliminieren der im Normalbetrieb duplizierten Auftragsrückmeldungen muß dann allerdings zusätzlich noch extern realisiert werden. Die neue Maschine wird mit den unten aufgeführten Anweisungen erzeugt und in die gezeigte neue Konfiguration eingebunden.

Die Konfigurationssprache PCL

Die deklarative Sprache *PCL* ermöglicht die Beschreibung von *komplexen Prozeßstrukturen* bestehend aus

- Prozessen
- Ports
- Speichersegmenten
- Links

Die Prozesse kommunizieren mit ihrer Umgebung nur über Ports. Die Ports können über Links mit anderen Ports oder mit Speichersegmenten (Elemente zur Datenhaltung) verbunden werden. Um hierarchische Beschreibungen zu ermöglichen, können *Cluster* gebildet werden. Ein Cluster besteht wieder aus den vier Grundelementen und anderen Clustern.

Neben diesen strukturellen Beschreibungen ermöglicht *PCL* die Spezifikation von *Replikationen* zur Unterstützung des parallelen Ablaufs in einem verteilten System, das Festlegen der *gemeinsamen Nutzung* von Komponenten und die Beschreibung der *Wiederverwen-*

dung von Komponenten. Die Basisinformation für Aktivitäten zur Laufzeit sind:

Process Network Template: Dies gibt die statische Beschreibung der Prozeßstruktur wieder.
Dynamic Process Network: Dies beschreibt den laufenden Zustand einer Prozeßstruktur, die gerade in der Ausführung ist. *PCL* stellt Beschreibungen verschiedener Zustände zur Verfügung, um Laufzeiteigenschaften optimieren zu können.
Process-Processor Bindung: Dies legt die Abbildung der Komponenten auf das physikalische Netz fest.

Zu Laufzeitänderungen steht eine Schnittstelle der bereits erzeugten Prozesse zu einem *PCL*-Interpreter zur Verfügung.

Das System PRONET

PRONET besteht aus den beiden Sprachen *ALSTEN* und *NETSLA*:

ALSTEN ist eine Nachrichten-orientierte verteilte Programmiersprache, die die transparente Kommunikation zwischen Prozessen über Ports erlaubt. Hierzu stehen spezielle Kommunikationsoperationen bereit. *NETSLA* ist eine Konfigurationssprache, welche die Spezifikation von Instanzen, Links und Konfigurationsänderungen erlaubt.

Konfigurationsänderungen werden durch einen Ereignismechanismus unterstützt. *ALSTEN* stellt hierzu Konstrukte bereit, mit denen die Ankündigung von Ereignissen durch Prozesse zur Laufzeit definiert werden kann. Entsprechend können in *NETSLA* Konfigurationsoperationen beschrieben werden, die an ein Ereignis gekoppelt werden können und im Falle der Ankündigung desselben ausgelöst werden.

Weitere Systemansätze

In jüngerer Zeit gab es auch noch einige andere Systementwicklungen auf dem Gebiet der verteilten Konfigurationsverwaltung, die hier aber nur exemplarisch kurz genannt werden sollen. Im Hinblick auf Detailkonzepte sei in diesem Rahmen auf das doch für den Gesamtbereich relativ repräsentative System *Conic* verwiesen, das recht ausführlich diskutiert wurde.
Das System und Projekt *REX* [MKS90] ist ein Nachfolgeprojekt von *Conic* und versucht, dessen Konzepte vor allem auf heterogene

Sprach- und Systemumgebungen auszudehnen. Die verteilte Konfigurations- und Programmiersprache *Lady* [WYB90] bietet ähnliche Konzepte wie *Conic* an, führt aber noch einige spezielle Objekttypen (z.B. für Datenspeicher) ein. Das System *Durra* [BDW90] konzentriert sich dagegen stärker auf teilautomatische Rekonfigurationen, die durch spezielle Anwendungsereignisse ausgelöst werden. Gerade dieser Bereich scheint ein sehr interessantes zukünftiges Entwicklungsgebiet zu sein, das unter anderem inzwischen auch von der Conic-Projektgruppe angegangen wird.

Ausgehend von diesen Systembeispielen werden im folgenden abstrakte Anforderungen an Basissysteme zur Konfigurationsverwaltung zusammengestellt und deren konkrete Realisierung jeweils am Beispiel von Conic erörtert.

7.5 Erforderliche Systemeigenschaften

Um eine Konfigurationsverwaltung mit dem beschriebenen Modellcharakter zu ermöglichen, müssen eine Reihe von Anforderungen an die Eigenschaften und Komponenten des zugrundeliegenden verteilten Systems gestellt werden [KRM85]. Dies sind vor allem Anforderungen an die verteilte Programmiersprache und das zugrundeliegende Betriebssystem, die erfüllt sein sollten, um eine Konfigurationsverwaltung zu ermöglichen bzw. die Implementierung einer Konfigurationsverwaltung zu vereinfachen. Außerdem müssen die Komponenten zur Konfigurationsverwaltung selbst bestimmte Anforderungen erfüllen, um flexible Mechanismen mit hoher Funktionalität zu gewährleisten.

7.5.1 Eigenschaften des zugrundeliegenden Systems

Verteilte Programmiersprache
Die verwendete verteilte Programmiersprache muß die folgenden notwendigen Eigenschaften besitzen:

Modularität: Die Verteilungseinheiten müssen unabhängig von der Anwendungskonfiguration, in der sie später ablaufen sollen, implementiert und übersetzt werden können. Dies wird als *Kontextunabhängigkeit* bezeichnet. Insbesondere soll keine modulübergreifende Referenzierung gemeinsamer Daten erfolgen. Nur Verteilungseinheiten, die dieser Bedingung genügen, können von der Konfigurationsverwaltung ohne Kenntnis der internen Implementierung verwaltet werden.

Nicht direkt benannte Verbindung: Kommunikation zwischen zwei Verteilungseinheiten soll nicht auf der Basis der direkten Benennung ablaufen; eine Verteilungseinheit soll nur über ihre Schnittstelle mit anderen Verteilungseinheiten kommunizieren, ohne deren Identität aber selbst innerhalb ihrer Implementierung angeben zu müssen. Wenn dies nicht erfüllt ist, erfordert eine Kommunikation mit einem Modul anderer Bezeichnung und gleicher Funktionalität eine Neuübersetzung und senkt damit die Flexibilität der Konfigurierung.

Wohldefinierte Schnittstelle: Die Kommunikation zwischen Modulen darf nur über wohldefinierte Schnittstellen erfolgen. Somit müssen der Konfigurationsverwaltung nur die Schnittstellen der Verteilungseinheiten bekannt sein, um die Konsistenz aufzubauender Verbindungen zu überprüfen.

Transparenz der Verteilung: Bei der Kommunikation zwischen Verteilungseinheiten müssen lokale Kommunikation (beide Verteilungseinheiten auf einem Knoten) und entfernte Kommunikation (die Verteilungseinheiten befinden sich auf entfernten Knoten) syntaktisch und semantisch gleich sein. Ist dies nicht der Fall, muß von der Konfigurationsverwaltung noch beachtet werden, welche Verteilungseinheiten aufgrund dieser Unterschiede zusammen auf einem Knoten plaziert werden müssen. Insgesamt würde die Flexibilität der Konfiguration gesenkt werden.

Eine zusätzliche wünschenswerte Eigenschaft der verteilten Programmiersprache ist die *Typdefinition*: Die verteilte Programmiersprache sollte die Definition von Typen von Verteilungseinheiten erlauben. Die typkonformen Instanzen der Verteilungseinheiten werden dann von der Konfigurationsverwaltung erzeugt.

Die *Conic Module Programming Language* besitzt alle Spracheigenschaften, die aus der Sicht der Konfigurationsverwaltung notwendig sind:

- Die Modularität und die Möglichkeit der Typdefinition werden durch die Bildung von *Task Module*-Typen unterstützt.
- Die Transparenz der Verteilung, nicht direkt benannte Verbindungen und wohldefinierte Schnittstellen werden über das Port-Konzept der Sprache erreicht.

Verteiltes Betriebssystem

Das zugrundeliegende verteilte Betriebssystem oder ein verteiltes Basissystem, welches entsprechende Aufgaben übernimmt, muß der Konfigurationsverwaltung außerdem spezielle Basisfunktionen zur Konfigurierung zur Verfügung stellen. Notwendige Eigenschaften des Betriebssystems bzw. des Basissystems sind dabei:

Erzeugen und Löschen von Verteilungseinheiten: Das Betriebssystem muß der Konfigurationsverwaltung Funktionen zum Erzeugen und Löschen von Verteilungseinheiten zur Verfügung stellen.
Auf- und Abbau von Verbindungen: Funktionen zum Aufbau und zum Abbau von Kommunikationsbeziehungen zwischen Verteilungseinheiten müssen vorhanden sein.
Start/Stop der Verarbeitung: Das Betriebssystem muß Funktionen zum Starten und Beenden der Verarbeitung in den Verteilungseinheiten zur Verfügung stellen.
Statusanfragen: Das Betriebssystem muß Anfragen bezüglich des Status einzelner Verteilungseinheiten anbieten.
Kommunikationsunterstützung: Die Kommunikation zwischen den Modulen wird durch das verteilte Betriebssystem realisiert.

Zusätzliche wünschenswerte Eigenschaften des verteilten Betriebssystems sind:

Änderungen der Konfiguration in Realzeit: Von der Konfigurationsverwaltung abgesetzte Befehle zum Verändern der Konfiguration sollten in Realzeit durchgeführt werden. Dies ist interessant im Hinblick auf Konfigurationsänderungen in Fehlerfällen.
Effizienz: Die zur Erbringung der Dienste der Konfigurationsverwaltung notwendige Zusatzaufwand sollte das Laufzeitverhalten nur minimal beeinträchtigen. Der Speicheraufwand sollte gering sein, um die notwendigen Dienste auch auf kleinen Rechnern erbringen zu können.

Logische Verbindung: Die Kommunikation innerhalb des physikalischen Netzes sollte so unterstützt werden, daß zwei Verteilungseinheiten auf beliebigen Knoten stets miteinander kommunizieren können. Die Konfigurationsverwaltung muß dann bei der Plazierung von Verteilungseinheiten nicht mehr prüfen, ob eine Kommunikation möglich ist.
Flexible Konfiguration des verteilten Betriebssystems: Das Betriebssystem sollte selbst flexibel konfigurierbar sein, damit auf den einzelnen physikalischen Knoten des Netzes nur diejenigen Teile plaziert werden, die benötigt werden. So benötigen z.B. statisch konfigurierte, ROM-basierte Knoten keine Unterstützung der Konfigurationsverwaltung.
Atomares Einbringen von Änderungen: Mehrere Änderungen sollen atomar eingebracht werden können. Tritt während des Einbringens ein Fehler auf, so müssen alle bisher vollzogenen Änderungen rückgängig gemacht werden.

Das CONIC–Betriebssystem stellt Funktionen

- zum Laden und zum Löschen von Modultypen,
- zum Erzeugen und zum Löschen von Modulinstanzen,
- zum Verbindungsaufbau und Verbindungsabbau zwischen Modulinstanzen,
- zum Starten und Beenden von Modulinstanzen und
- zum Abfragen des Status der Modulinstanzen

zur Verfügung. Die Kommunikation wird durch das Betriebssystem realisiert. Somit sind alle notwendigen Eigenschaften vorhanden. Außerdem werden logische Verbindungen und atomare Konfigurationsänderungen unterstützt.

7.5.2 Eigenschaften der Konfigurationsverwaltung

Die notwendigen und wünschenswerten Eigenschaften einer Konfigurationsverwaltung lassen sich einteilen in die Eigenschaften der Konfigurationssprache, die Möglichkeiten zur Validierung der Konfiguration und die Mechanismen des Konfigurationsmanagers zur Implementierung der verteilten Verwaltung.

Konfigurationssprache

Die Konfigurationssprache erlaubt die Spezifikation der initialen Konfiguration und das Anfordern von Konfigurationsänderungen. Die Sprache zur Spezifikation der initialen Konfiguration muß die folgenden notwendigen Eigenschaften besitzen:

Kontextdefinition: Es muß möglich sein, mit der Konfigurationssprache die Menge der Typen von Verteilungseinheiten zu beschreiben, aus denen die Anwendungskonfiguration aufgebaut wird.

Instantiierung: Die Instanzen, aus denen die Anwendungskonfiguration aufgebaut ist, müssen spezifiziert werden können.

Verbindungsspezifikation: Die Verbindungen der Verteilungseinheiten untereinander müssen spezifiziert werden können.

Abbildung auf physikalische Topologie: Möglichkeiten zur Spezifikation der Abbildung der Verteilungseinheiten auf die physikalische Topologie müssen vorhanden sein.

Modularität der Spezifikation: Die Modularität der Spezifikation erleichtert die Beschreibung großer Konfigurationen und erhöht die Verständlichkeit.

Hierarchische Abstraktionsmöglichkeit: Konfigurationssprachen sollten abgestufte Konzepte der Abstraktion wie z.B. die Blockbildung von Anweisungsfolgen zur Verfügung stellen.

Für die Spezifikation von Konfigurationsänderungen kommen noch folgende Eigenschaften hinzu:

Löschen von Instanzen: Die Möglichkeit zum Löschen von Instanzen muß gegeben werden.

Abbau von Verbindungen: Der Abbau von Verbindungen zwischen Instanzen muß beschrieben werden können.

Trennung der Funktionen: Um die nötige Flexibilität zu erreichen, sollten die Funktionen bezüglich des Erzeugens und Löschens von Instanzen sowie des Aufbaus und Abbaus von Verbindungen unabhängig voneinander spezifiziert werden. Dies erleichtert die Rekonfiguration: Würde z.B. der Verbindungsaufbau mit der Instantiierung gekoppelt, entstehen Probleme beim Ändern einer Verbindung.

Eine Konfigurationssprache sollte außerdem die folgenden wünschenswerten Eigenschaften besitzen:

Deklarative Sprache: Die Sprache soll von deklarativer Form sein. Im Gegensatz zu einer operationalen Spezifikation haben deklarative Spezifikationen folgende Vorteile:

- Die *Überprüfung der Konsistenz* einer deklarativen Spezifikation ist einfacher.
- Die *Verständlichkeit der Spezifikation* ist vereinfacht.
- *Änderungen der Spezifikation* sind leichter einzubringen, besonders in Verbindung mit einer *interaktiven Schnittstelle*, über die zur Laufzeit Konfigurationsänderungen spezifiziert werden.

Definition von Konfigurationsbedingungen: Hintergrund dieser Forderung ist, daß sowohl für die Plazierung als auch für die Verbindung von Instanzen oft allgemeine Bedingungen gelten. Wünschenswert ist nun, die Bedingungen nicht vom Implementierer der Konfigurationsspezifikation in konkrete Konfigurationen umsetzen zu lassen, sondern sie explizit zu beschreiben. Deshalb sollte die Möglichkeit bestehen, Bedingungen, denen die Konfiguration genügen soll, zu definieren. Dies erleichtert die Erstellung von Konfigurationsbeschreibungen und bietet die Möglichkeit erweiterter Konsistenzüberprüfungen bei Konfigurationsänderungen. Des weiteren bilden diese Bedingungen eine Grundlage zur selbstständigen Konfigurationsänderung durch das System. Im Zuge einer Änderungsspezifikation sollen auch das Löschen und das Ändern von Bedingungen erlaubt werden.

Beschreibung von Betriebsmittel-Abhängigkeiten: Die Möglichkeit der Beschreibung der Betriebsmittel, die von Verteilungseinheiten benötigt werden, ermöglicht es der Konfigurationsverwaltung, die für die Plazierung der Verteilungseinheiten möglichen physikalischen Knoten zu identifizieren.

Die Conic-Konfigurationssprache besitzt alle geforderten notwendigen Eigenschaften. Im folgenden wird kurz beschrieben, welche Konstrukte dies ermöglichen:

- *Kontextdefinition:* Mit dem *use* Konstrukt wird die Menge der Modultypen beschrieben, aus der das Anwendungssystem zusammengesetzt ist.
- *Instantiierung:* Mit *create* können Instanzen erzeugt werden.
- *Verbindungsspezifikation:* Mittels des *link*-Befehls können Ports miteinander verbunden werden.
- *Abbildung auf physikalische Topologie*: Hierzu dient ein *create at* Konstrukt, mit dem eine Instanz auf einem spezifizierten Knoten erzeugt werden kann.
- *Modularität der Spezifikation*: Es können *Group Modules* gebildet werden. Diese bestehen wie beschrieben aus verbundenen Instanzen und haben eigene Exit- und Entryports und können in der Konfigurationsspezifikation als ein einzelner Modultyp verwendet werden.
- *Löschen von Instanzen, Abbau von Verbindungen*: Hierzu stehen in der Änderungssprache die Befehle *remove* und *unlink* zur Verfügung.
- *Trennung der Funktionen*: Durch die getrennten *link* und *create* Befehle ist diese Eigenschaft erfüllt.

Von den wünschenswerten Eigenschaften ist die Forderung nach einer deklarativen Sprache erfüllt. Die Beschreibung von Betriebsmittel-Abhängigkeiten ist nur sehr eingeschränkt möglich; es kann lediglich der Speicherbedarf eines Moduls definiert werden. Die Definition von weiteren Bedingungen ist nicht vorgesehen.

Validierung einer Konfiguration

Konfigurationsänderungen zur Laufzeit und auch die initiale Konfiguration müssen überprüft und validiert werden. Notwendige Eigenschaften der Mechanismen zur Validierung sind:

Überprüfen der Verbindung: Beim Aufbau einer Verbindung ist zu überprüfen, ob die Verbindung konsistent ist, also ob der Typ der verbundenen Verteilungseinheiten korrekt ist und ob die Kommunikationsart (synchron, asynchron) konsistent ist.

Erhalt der Konsistenz zwischen aktueller Spezifikation und Konfiguration: Unter der aktuellen Spezifikation versteht man die aus der initialen Konfigurationsbeschreibung durch laufende Änderungsspezifikationen hervorgegangene Spezifikation. Gefordert ist, daß zu jedem Zeitpunkt die Konfiguration aus der Sicht der Konfigurationsverwaltung, also hinsichtlich der Information, die die Verwaltung über die reale Konfiguration besitzt, konsistent zur aktuellen Spezifikation ist. Die Konsistenz wird erreicht, indem die initiale Konfiguration bei der Erstellung auf Konsistenz mit der initialen Konfigurationsspezifikation geprüft wird und laufend jede Änderungsspezifikation daraufhin überprüft wird, ob das System nach der Ausführung der Änderungen wieder einen konsistenten Zustand erreicht.

Eine wünschenswerte Eigenschaft ist die *Validierung der Plazierung*: Der Zuordnung der Verteilungseinheiten zu physikalischen Knoten sollte eine Überprüfung vorausgehen, ob der Knoten die benötigten Betriebsmittel zur Verfügung stellt. Dies ist bei entsprechender Beschreibung der Betriebsmittel-Abhängigkeiten in der Konfigurationssprache möglich.

Die Übereinstimmung von Typen und die Sicherstellung der Konsistenz zwischen Spezifikation und Konfiguration wird durch *Conic* gewährleistet. Die Plazierung wird jedoch nicht validiert, da bereits die Formulierung von Betriebsmittel-Abhängigkeiten in Conic nur sehr eingeschränkt möglich ist.

Konfigurationsmanager

Notwendige Eigenschaften des Konfigurationsmanagers sind:

Umsetzung der Konfigurationsspezifikationen: Der Konfigurationsmanager muß die Konfigurationsspezifikationen in konkrete Konfigurationen umwandeln. Hierzu benutzt er die vom verteilten Betriebssystem zur Verfügung gestellten Funktionen.
Durchführung der Validierung: Der Konfigurationsmanager muß auch die oben beschriebene Validierung vornehmen und gegebenenfalls Konfigurationsspezifikationen zurückweisen.

Wünschenswerte Eigenschaften des Konfigurationsmanagers sind:

Auswerten von Bedingungen: Unter der Voraussetzung, daß Teile der Konfiguration durch Bedingungen definiert sind, muß der Konfigurationsmanager die Umwandlung der Spezifikation in konkrete

Konfigurationen vornehmen. Dies kann auf der Basis heuristischer Algorithmen erfolgen. Ein Beispiel ist eine Bedingung, die verlangt, daß eine Instanz I eines Typs A mit allen Instanzen eines Typs B verbunden sein soll. Die Konfigurationsverwaltung führt dann bei der Erstellung der initialen Konfiguration selbständig die notwendigen Verbindungen durch, ohne daß diese explizit spezifiziert sein müssen. Bei Konfigurationsänderungen muß die Einhaltung solcher Bedingungen im Rahmen der Validierung überwacht werden.

Optimierte Änderungsstrategie: Bei der Verwendung einer deklarativen Konfigurationssprache bleiben bei der Durchführung der Änderungen Freiheitsgrade bestehen, welche von der Konfigurationsverwaltung zur Optimierung ausgenutzt werden sollten. Ziel einer solchen Optimierung ist die minimale Unterbrechung der laufenden Anwendung. Ein Beispiel ist die folgende einfache Strategie beim Ersetzen einer Verteilungseinheit: Zuerst wird die neue Einheit erzeugt, dann erst die alte gelöscht.

Selbständige Rekonfigurationen: Durch die Einführung von Bedingungen bezüglich der Konfigurationen, z.B. bezüglich der Plazierung von Objekten, können mehrere Konfigurationen die aktuelle Konfigurationsspezifikation erfüllen. In Fehlerfällen ist es möglich, daß durch eine Umkonfiguration die Konsistenz des Systems aufrecht erhalten wird. Solche Umkonfigurationen sollte der Konfigurationsmanager selbständig durchführen. Ist nach einem Fehlerfall eine solche Konfiguration nicht mehr zu erreichen, sollte der Konfigurationsmanager eine Konfiguration erzeugen, welche noch möglichst viele Dienste unterstützt.

Im System *Conic* dient der *Static System Builder* zum Aufbau der initialen Konfiguration. Er prüft die initiale Konfiguration und erzeugt ein validiertes *Load Image File*. Der *Dynamic Configuration Manager* prüft jede Konfigurationsänderung auf Konsistenz mit der vorhandenen Konfigurationsinformation und führt die Änderungen aus. Somit ist die Forderung erfüllt, daß ein Konfigurationsmanager die Umsetzung der Konfigurationsspezifikationen vornimmt und die Validierung der Konfiguration durchführt. Bei Konfigurationsänderungen werden auch gewisse Optimierungen des Ablaufs vorgenommen, um die Dauer von Systemstillständen zu minimieren. Conic ermöglicht jedoch keine selbständige Rekonfiguration im Fehlerfall und keine weitergehenden Konfigurationsbedingungen.

8 Softwareproduktionsumgebungen

Nachdem die vorhergehenden Kapitel sich vor allem mit den Basismechanismen zur Entwicklung verteilter Anwendungen beschäftigt haben, soll in diesem Kapitel verstärkt auf die Integration solcher Mechanismen in Softwareproduktionsumgebungen eingegangen werden. Eine solche Umgebung bietet dem Softwareentwickler im idealen Falle eine Menge dedizierter, aufeinander abgestimmter Methoden und Werkzeuge an, die die verschiedenen Phasen der Softwareentwicklung in integrierter Form unterstützen. Im Bereich der verteilten Systeme entstehen dabei einige zusätzliche Anforderungen; dies wird im Rahmen einer grundlegenden Taxonomie diskutiert. Im Anschluß daran werden verschiedenen Modelle des Software-Lifecycles vorgestellt und deren Bedeutung für die Entwicklung verteilter Anwendungen untersucht. Aufbauend darauf werden dann mögliche Architekturen für entsprechende Softwareproduktionsumgebungen besprochen und gegeneinander abgegrenzt. Im darauffolgenden Kapitel wird dann vor allem auf die einzelnen Methoden und Werkzeuge eingegangen.

Insgesamt wird im folgenden stärker als bisher allgemeines Software Engineering, ohne speziellen Fokus auf die Verteilung, miteinbezogen. Das liegt daran, daß - anders als im Bereich Programmiersprachen - das Gebiet noch kaum systematisiert ist (die Standardliteratur über Software Engineering unterscheidet sich dementsprechend stark) und die Unterstützung von Verteilung sich noch in einem wesentlich früheren Stadium befindet, so daß nur im Rahmen der allgemeinen Betrachtung einzelne Verteilungsaspekte behandelt werden können. Dennoch kann und will dieses Buch hier nicht ausführliche Literatur über allgemeines Software Engineering ersetzen, zumal Aspekte, die von der Verteilung wenig berührt werden (z.B. Projekt-Management) hier kaum zur Sprache kommen.

8.1 Einführung

Zunächst soll die grundlegende Terminologie im Bereich der Softwareproduktionsumgebungen (SPUs) eingeführt werden und die Motivation für den Einsatz von SPUs dargestellt werden, bevor dann auf eine genauere Taxonomie eingegangen wird.

8.1.1 Terminologie

Die Begriffe *Softwareproduktionsumgebung* (kurz *SPU,* englisch *software production environment*) und *Softwareentwicklungsumgebung* (englisch *software engineering environment*) werden meist synonym verwendet. Der Begriff *Programmier*umgebung (englisch programming environment) wird bisweilen ebenfalls synonym benutzt. Meistens jedoch wird folgende Unterscheidung getroffen:

- Programmierumgebungen bezeichnen einen Satz aufeinander abgestimmter Werkzeuge, welche die reine Programmerstellung (Editieren, ggf. syntaxgesteuert, Übersetzen, Binden, Debuggen) unterstützen, und zwar i.a. mit einer ganz speziellen Programmiersprache.
- *Softwareproduktionsumgebungenen* dagegen versuchen, den Software-Lifecycle möglichst vollständig zu unterstützen, inklusive Anforderungsanalyse, Entwurf und Wartung, und die Beschränkung auf nur eine Programmiersprache aufzuheben.

Bisweilen wird kritisiert, daß gängige Softwareproduktionsumgebungen den Aspekt des *Projektmanagements* zu wenig reflektieren, also z.B. Personal- und Zeitplanung nicht integrieren. Dies kommt in manchen Klassifikationen durch die Verwendung eines weiteren Begriffs zum Ausdruck:

- *Integrierte Projekt(unterstützungs)umgebungen* (meist nur englisch *integrated project support environments, IPSE*) bezeichnen dabei solche Umgebungen, die nicht nur das

Softwareprodukt und seine Begleitdaten verwalten, sondern auch andere Ressourcen wie Zeit, Budget, Personen, Geräte, und damit also das Projektmanagement umfangreich unterstützen.

Diese Sicht soll hier *nicht* übernommen werden, sondern im folgenden soll Softwareproduktionsumgebung (SPU) die umfassendste Bezeichnung darstellen, die dann näher eingeschränkt werden kann (mit/ohne Projektmanagement, etc.). In Abschnitt 8.2 wird dazu eine Taxonomie für SPUs eingeführt.

Als weiterer wichtiger Begriff soll der des *Artefaktes* eingeführt werden, als umfassendster und allgemeinster Begriff für jede Art von Daten, Dokumenten oder Code, die in einer SPU verwaltet werden können. Hierzu gehören alle *Entwicklungsartefakte* wie z.B. graphische Entwurfsdokumente, Quell- und ausführbare Programme oder online-Handbücher, aber auch die Entwicklungswerkzeuge selbst oder Daten über die Benutzer; selbst *Anwendungsartefakte,* d.h. die von der entwickelten Anwendung gelesenen/erzeugten Daten zählen hierunter.

Die Gesamtheit der Entwicklungsartefakte beschreibt den aktuellen Zustand einer in Entwicklung befindlichen Anwendung; für diese bürgert sich der englische Begriff *system under development, SUD,* ein.

8.1.2 Motivation

Während sich der Einsatz von SPUs bei der Entwicklung sequentieller Anwendungen anfänglich (z.B. aufgrund der Investitionskosten und Umstellungsprobleme, welche zunächst oft deutlicher sind als der Nutzen) nur zögerlich durchsetzte, ist er für verteilte Anwendungen substantieller Größe fast unerläßlich:

- **Die Entwicklung verteilter Anwendungen bedeutet *Programming-in-the-Large.*** Entwicklungsprojekte für verteilte Anwendungen sind ihrer Natur nach groß und komplex, weil es meist darum geht, eine Vielzahl von (auf verschiedenen Rech-

nern ablaufenden) relativ autonomen Teil-Softwaresystemen in eine einzige große verteilte Anwendung zu integrieren (siehe Fabrik- und Büroautomation). Diese Größe hat zur Folge, daß viele Personen und auch Personengruppen (Auftraggeber, Entwerfender, Entwickler, Nutzer) in die Softwareerstellung involviert sind. Die Größe hat weiterhin zur Folge, daß eine Einzelperson das Gesamtsystem nicht mehr im Detail verstehen kann und daß die Projektdurchführung den koordinierten Einsatz einer Vielzahl von Ressourcen verlangt. Der hohe Erstellungsaufwand (Zeit, Kosten, Personal) läßt die Entwicklung kurzlebiger Spezialsoftware nicht zu, d.h. Langlebigkeit, Wiederverwendbarkeit, Portierbarkeit und Generalisierbarkeit (Entwicklung von *Produktfamilien*) gewinnen wesentlich an Bedeutung.
All diese Eigenschaften zeichnen die Entwicklung verteilter Anwendungen als *Programmieren im Großen* (meist englisch *Programming-in-the-Large)* aus.

- **Viele *operationale* Aspekte sind zu berücksichtigen.** Neben der funktionalen Entwicklung (mit der Zielsetzung, eine bestimmte Anwendungsfunktionalität zu erreichen) sind bei der Softwareentwicklung immer auch operationale Aspekte zu berücksichtigen (z.B. Leistungsaspekte wie das Einhalten geforderter Antwortzeiten auf einer bestimmten Zielrechner-Konfiguration oder die effiziente Ausnutzung der Rechnerarchitektur). Bei verteilten Anwendungen nimmt erstens die Zahl der operationalen Aspekte zu (Fehlertoleranz gegenüber Rechner- oder Verbindungsausfällen, optimale Plazierung / Migration etc.), zweitens sind viele Aspekte nicht mehr allein durch viel Programmiererfahrung intuitiv und direkt während der funktionalen Entwicklung zu erledigen. Wünschenswert ist daher der Einsatz spezieller Werkzeuge (sogar ganzer Funktionsblöcke, s. Abschnitt 8.4.4) pro Aspekt. Gerade der Leistungsaspekt war in den letzten Jahren bei sequentiellen Rechnern in den Hintergrund getreten (teure Entwickler-Kosten vs. Hardware-Preisverfall); bei verteilten Anwendungen kann jedoch eine mangelnde Ausnutzung der Parallelisierungsmöglichkeiten oder eine ineffiziente Kommunikation das Leistungsverhalten so drastisch beeinflussen, daß die Leistungsoptimierung wieder relevant wird.

- **Verteilung bringt zusätzliche Komplexität.** Verteilte Anwendungen tendieren auch gegenüber gleichgroßen sequentiellen Anwendungen zu erhöhter Komplexität. Eine wichtige Ursache hierfür ist die Nebenläufigkeit selbst. Aber auch gegenüber anderen nebenläufigen Programmen (quasiparallel bzw. echt parallel auf Ein- bzw. Mehrprozessorsystemen) haben *verteilte* Anwendungen zusätzliche Probleme, z.B. durch das Fehlen einer globalen Systemschicht, durch die nicht deterministische Übertragungsverzögerung, durch unsichere, fehleranfällige Kommunikation, Zuverlässigkeitsfragen, Heterogenitätsaspekte (in Bezug auf Betriebssysteme, Rechnerarchitekturen, zugrundeliegende Kommunikationssoftware und Zielsystem-Topologie), sowie durch vielfältige Schnittstellen (zu vielen gleichzeitigen Benutzern, technischen Prozessen oder anderen Softwaresystemen).
- **Verteilte Anwendungen sind potentiell sehr wartungsintensiv.** Angestrebte Langlebigkeit, Vielzahl externer Schnittstellen, ständig steigender Integrationsdruck, heterogene Zielsysteme, all das sind äußere Einflüsse, welche eine hohe Rate von Änderungswünschen und somit hohe Wartungsintensität von verteilten Anwendungen erwarten lassen. Kommen die üblichen Fehler bei der Softwareentwicklung hinzu (zu wenig strukturiertes Programmieren, mangelnder Einsatz von Entwurfstechniken, fehlende Transparenz von Entwurfs- und Implementierungsentscheidungen), so wird sich die sogenannte Software-Krise drastisch zuspitzen: Software-Wartungskosten werden dann noch über das heute übliche Maß von 60% der Gesamtkosten anwachsen und die Entwicklungszyklen von Software-Generationen werden noch stärker hinter denen von Hardware-Generationen hinterherhinken.

8.1.3 Bedeutung des Projektmanagements

Rechnerunterstützung und Integration von Projektmanagement in Softwareproduktionsumgebungen ist eine Anforderung, die für große Software-Projekte jeder Art wesentlich ist. Da die Entwicklung verteilter Anwendungen keine wesentlichen neuen Anforderungen an das Projektmanagement stellt, soll dieses Gebiet hier nicht vertieft werden. Es soll jedoch darauf hingewiesen werden, daß die Funktionalität und der Integrationsgrad von Projektmanagementwerkzeugen in gängigen Softwareproduktionsumgebungen noch sehr zu wünschen übrig läßt, auch relativ zu den reinen Programmerstellungswerkzeugen.

Als exemplarisches Detail soll die Nowendigkeit einer guten Strukturierung der Personalorganisation mit ihren Kommunikationswegen verdeutlicht werden. Schlechte Strukturierung und Schnittstellendefinition führt dazu, daß praktisch jeder Softwareentwickler mit jedem anderen Information austauschen muß. Die Zahl der Kommunikationspfade wächst bei einer solchen Struktur mit quadratischer Ordnung (n Softwareentwickler → n*(n-1)/2 Kommunikationspfade, d.h. bei 50 Softwareentwicklern entstehen 1225 Kommunikationsbeziehungen).

8.2 Taxonomie

Nachfolgend wird nun eine Taxonomie für Software-Produktionsumgebungen im Hinblick auf die Aspekte der Verteilung gegeben.

8.2.1 Sequentielle Ein-Entwickler SPUs

Zu den gängigen Programmiersprachen wurden in den vergangenen Jahren vor allem für Personal Computer (Turbo-Pascal etc.) sehr eng integrierte Werkzeugsätze entwickelt. Sie beschränken sich auf die wichtigsten Programmierwerkzeuge (z.B. sprachsensitiver Editor, Quellprogramm-Verwaltung, Übersetzer oder source-level-debugger) und sind auf *Programming-in-the-Small* zugeschnitten, d.h. sie unterstützen weder mehrere Entwickler noch Projektmanagement. Entwurfsmethoden und -werkzeuge fehlen meist ebenfalls (d.h. gemäß Abschnitt 8.1.1 werden diese SPUs auch als Programmierumgebungen bezeichnet). Die enge Integration kann sich z.B. darin niederschlagen, daß die gesamte Bedienung über den sprachsensitiven Editor erfolgt. Übersetzungs- und Bindelauf, ggf. auch der Start des Programmes, bisweilen selbst die Bedienung des Debuggers, können aus diesem Editor heraus angestoßen werden. All diese Werkzeuge liefern Informationen zurück an den sprachsensitiven Editor, so daß dieser z.B. an Quellprogramm-Stellen zu springen gestattet, die einen Übersetzungsfehler erzeugten.

8.2.2 Sequentielle Mehr-Entwickler SPUs

Auf diese Klasse von Softwareproduktionsumgebungen wird in der Literatur mit dem Begriff SPUs normalerweise Bezug genommen. Sie bieten zumindest ein gewisses Maß an Unterstützung von Programming-in-the-Large, z.B. durch Benutzerverwaltung und Zugriffsrechte. Umfangreiche *Codeverwaltung* für Quell- und ablauffähigen Code ist ebenfalls die Regel, z.T. mit weitreichender Unterstützung paralleler Versionen, wobei teils automatisch alle neu zu übersetzenden Module erkannt werden, teils parallel durchgeführte Veränderungen mehrerer Programmierer am selben Quellcode reintegriert werden können (s. RCS [TIC85]).
Natürlich enthalten diese SPUs auch die eigentlichen Programmentwicklungswerkzeuge. Zunehmend werden für die Speicherung der Entwurfsartefakte und die Konsistenzerhaltung beim Zugriff durch mehrere Entwickler auch Datenbanken eingesetzt.

Große Unterschiede unter den Mehr-Entwickler SPUs bestehen darin, inwieweit der sog. Software-Lebenszyklus unterstützt wird, also wohldefinierte Entwicklungsschritte oder -phasen sowie deren Abfolge. Teilweise wird keine Unterstützung geliefert, bisweilen wird genau *ein* vordefinierter Software-Lebenszyklus kontrolliert und unterstützt. Bisweilen wird auch eine gewisse Grundstruktur angenommen, die an die Bedürfnisse der Entwicklergruppe, bzw. Organisation angepaßt werden kann. Wie so oft sind hier Unterstützung und Flexibilität konkurrierende Optimierungsziele. Das gilt auch hinsichtlich der Frage, wie und welche Programmiersprachen unterstützt werden. Auch hier geht die Spanne von völliger Freiheit (d.h. nur die Compiler sind sprachabhängig) bis zur Abstimmung praktisch aller Werkzeuge auf eine bestimmte Programmiersprache. Während im ersteren Fall die Freiheit der Wahl der Programmiersprache von Vorteil ist, kann im letzteren Fall eine wesentlich bessere Unterstützung geboten werden (s. Abschnitt 8.2.1). Zunehmend werden Konzepte erforscht, mit denen die Syntax und teilweise sogar die Semantik einer Programmiersprache in formaler Weise notiert werden kann, so daß die Entwicklungswerkzeuge aufgrund dieser Notation auf die Programmiersprache abgestimmt werden können und alle die Semantik des SUD verstehen können. Als Beispiel sei das System *CENTAUR* [BOC88] genannt.

8.2.3 Cross-Entwicklungsumgebungen

Cross-Entwicklungsumgebungen wurden mit dem Aufschwung der Mikroprozessortechnik in den späten 70er Jahren bedeutsam. Mit diesem Aufschwung, der auf Miniaturisierung und Preisverfall beruhte, konnten zunächst weder die Dialogperipherie noch die Speicherhierarchie Schritt halten. Umfangreiche Programmentwicklung nach Software Engineering-Gesichtspunkten blieb also zunächst größeren Dialogsystemen vorbehalten, während Mikrorechner in dedizierten Systemen für Spezialaufgaben (z.B. Prozeßautomatisierung) eingesetzt wurden. So lag die Idee einer Cross -Entwicklungsumgebung nahe, bei der die Programmentwicklung auf einem komfortablen Dialogsystem durchgeführt wird, während das Zielsystem nur den Laufzeitanforderungen genügen muß.

Cross-Entwicklungsumgebungen sind mit einer Reihe von Problemen behaftet. Die Übersetzungswerkzeuge (*Cross-Compiler*) erzeugen z.B. Code für das *Zielsystem,* der nur mittels Emulation auf dem Quellsystem getestet werden kann; die Emulation gelingt dabei kaum vollständig realitätsgetreu, z.B. hinsichtlich Zeitverhalten oder Prozeßumgebung des Zielsystems. Auf dem Zielsystem selbst ist das Testen mangels Peripherie schwierig. Einen gewissen Kompromiß bilden sog. *abgesetzte Testhilfen* (*remote debugger*, nicht zu verwechseln mit den später behandelten verteilten Testhilfen). Dabei sind Entwicklungs- und Zielsystem im selben verteilten DV-System installiert. Auf dem Zielsystem befindet sich ein minimaler Debugger-Kern, während der Benutzerdialog und die Steuerung vom Entwicklungssystem ausgehen.

Die Verknüpfung von Entwicklungs- und Zielsystem in einem *verteilten DV-System* hat sich insgesamt durchgesetzt, weil sie eine ganze Reihe von Vorteilen bietet, z.B. die des komfortablen Fernladens (Downline-loading) des Codes vom Entwicklungs- zum Zielsystem.

Insgesamt sinkt die Bedeutung von Cross-Entwicklungsumgebungen: die zunehmende Verbreitung und Leistungsfähigkeit von Mikroprozessoren läßt gleiche Rechnerarchitektur in Entwicklungs- und Zielsystem zu, und Dialog- und Speicherperipherie wurden ebenfalls wesentlich billiger.

8.2.4 Verteilte SPUs

Von einer *verteilten SPU* spricht man dann, wenn die an einem Software-Projekt beteiligten Personen an verschiedenen Rechnern arbeiten, die zu einem verteilten DV-System zusammengeschlossen sind. Das heute typischste Szenario ist dabei, daß jeder Softwareentwickler seine eigene Arbeitsstation (Workstation) besitzt und diese über ein LAN gekoppelt sind. In der Tat ist Software Engineering einer der Bereiche, in die persönliche Arbeitsstationen sehr schnell Einzug gefunden haben, weil sich auch die Investition einer relativ teuren Arbeitsstation lohnt, wenn dadurch die Produktivität des Softwareentwicklers - der ja sehr viel Zeit an der Arbeitsstation verbringt - wesentlich gesteigert werden kann. Das Merkmal *verteilte SPU* sollte natürlich nur dann vergeben werden, wenn die SPU-Software die Kommunikationsinfrastruktur des verteilten DV-Systems auch *nutzt*, um die an den Entwickler-Arbeitsplätzen ablaufenden Arbeitsprozesse in irgendeiner Form zu koordinieren. Ein erster Schritt ist dabei die *verteilte Codeverwaltung*. Diese realisiert die in Abschnitt 8.2.2 angesprochene Funktionalität der Codeverwaltung in einer verteilten SPU, koordiniert also z.B. den konkurrierenden Zugriff mehrerer Entwickler auf Entwurfsartefakte über das Netz. Sinnvoll und zunehmend üblich ist der Einsatz eines (ggf. verteilten) Datenbankverwaltungssystems. Allerdings werden für SPUs sog. *Non-Standard-Datenbanken* benötigt, weil nicht die für die klassische Transaktionsverarbeitung üblichen *kurzen* Transaktionen mit *sehr strengen* Anforderungen (bzgl. Effizienz, Konsistenz, Atomarität etc.) anfallen, sondern langlebige, stark geschachtelte Transaktionen mit z.T. weniger strengen Anforderungen. So kann ein Schreibvorgang im erweiterten Sinne auf einem Softwaremodul z.B.

Tage oder Wochen dauern, bei geeigneter Codeverwaltung kann jedoch gleichzeitg auch ein anderer Entwickler - in bestimmten Grenzen - schreibend auf das Modul zugreifen.

Der Verteilungsaspekt in verteilten SPUs betrifft also die Datenhaltung für Entwurfsartefakte inklusive der Codeverwaltung. Alle anderen Werkzeuge können im Prinzip auf alle Arbeitsstationen repliziert werden, es sei denn, dies ist aus speziellen Lizenz-, Ressourcen- oder Abrechnungsgründen nicht möglich. Bei rechenintensiven Werkzeugen kann es aber auch sinnvoll sein, die *Werkzeuge* zu verteilen, d.h. jeweils *eine* Inkarnation des Werkzeuges parallel verteilt ablaufen zu lassen. Ein wichtiges Beispiel sind Simulationswerkzeuge; andererseits ist das Problem der *verteilten Simulation* ein schwieriges Forschungsgebiet, auf dem seit Jahren gearbeitet wird [MAM90].

Sehr häufig findet man in verteilten SPUs auch Klienten/Server-Strukturen, oftmals aus historischen Gründen: was früher das zentrale Dialogsystem zur Softwareentwicklung war, mit angeschlossenen Terminals für die Softwareentwickler, wurde später zum Zentralrechner der Entwicklungsabteilung, als *Compute-Server* oder *File-Server,* mit angeschlossenen Arbeitsstationen für die Softwareentwickler. Der Vorteil von Klienten/Server-Strukturen liegt in einer einfachen Systemarchitektur: der Server hat die volle Kontrolle über den Entwicklungsprozeß, nur leicht isolierbare Teilaufgaben werden auf die Arbeitsstationen ausgelagert.

Zunehmend findet in verteilten SPUs auch der in Abschnitt 2.4 angesprochene funktionale Verteilungsansatz Anwendung, der wie erwähnt heute vor allem dadurch realisiert wird, daß die *Dialog-Komponente* (*human interaction*) einer Anwendung isoliert und auf einen abgesetzten Rechner (Arbeitsstation) verlagert wird. Wichtigster Standard ist hier, wie ebenfalls in Abschnitt 2.4 angesprochen, X-Windows, das durch seine Netzfähigkeit erlaubt, Entwicklungswerkzeuge in SPUs mit anspruchsvollem Graphikdialog auf dem Entwicklungsrechner auszuführen, den Graphikdialog aber an der Arbeitsstation abzuwickeln. Zu beachten ist die Umkehrung des Klienten/Server-Begriffes in X-Windows: während oben vom zentralen Entwicklungsrechner als (File-, Compute-) Server die Rede war, versteht X-Windows die Arbeitsstation als *Display-Server*.

In seltenen Fällen berücksichtigen verteilte SPUs die Tatsache, daß ggf. ein Teil der Softwareproduktion auf andere verteilte DV-Systeme ausgelagert wird. Dies kann der Fall sein, wenn z.B. Unteraufträge zur Entwicklung von Programmoduln an andere Abteilungen oder externe Softwarehäuser abgegeben werden, die nicht transparent an dasselbe verteilte DV-System angeschlossen sind. Solche sog. *off-site-Entwicklungen* erfordern von der SPU spezielle Verfahren des check-out / check-in von Entwicklungsartefakten und der Replikation von Strukturinformation, Verwaltungsinformation etc. zum Transport off-site.

Gerade im Zusammenhang mit sehr großen Software-Projekten, bei denen off-site-Entwicklungen üblich sind, treten noch eine Reihe von organisatorischen Schwierigkeiten auf, die sinnvollerweise ebenfalls von der verteilten SPU unterstützt werden sollten: *Contracting, Organisationsmodellierung* und *Internationalisierung.*

Contracting: Hierzu sind Werkzeug- und SPU-Schnittstellen erforderlich, die möglichst streng formal die Modalitäten der Unterauftragsvergabe (*contracting*) zu definieren gestatten; Softwaremodelle des contracting wurden in anderem Zusammenhang für Softwaresysteme bereits diskutiert [WÄR90].

Organisationsmodellierung: Oftmals ist die Betrachtung einer off-site als getrenntes verteiltes DV-System eine rein organisatorische Frage, d.h. sie ist zwar Bestandteil des selben verteilten DV-Systems, aber rechtlich und finanztechnisch eine getrennte Organisationseinheit, was sich auf die SPU als Anforderungen an Datenschutz, Accounting etc. niederschlägt. Eine Flexible Unterstützung unterschiedlicher Organisationsstrukturen wird in dieser Hinsicht noch kaum geboten.

Internationalisierung: Sowohl SPUs als auch die damit erstellten Produkte müssen zunehmend internationalisiert, also auf verschiedene Märkte zugeschnitten werden. Die diesbezüglichen Anforderungen reichen von der verwendeten Sprache über Standards (Maße, Gewichte, Formulare, buchhaltungstechnische Besonderheiten etc.) und rechtliche Aspekte bis zu kulturell/ethischen Fragen. Internationalisierung muß in der Codeverwaltung, aber auch im Entwurf (frühzeitig geeignete Modularisierung) besonders berücksichtigt werden.

Zusammenfassend läßt sich feststellen, daß verteilte SPUs *selbst* eine wichtige Klasse verteilter Anwendungen bilden, an deren Entwicklung intensiv geforscht wird. In den vergangenen Jahren wurden sowohl in den USA (verteilte ADA-SPU-Kerne: CAIS [SCH84]) als auch im EG-Programm ESPRIT (PCTE: Portable Common Tool Environment [GAL86]) im Zusammenhang mit SPU-Kernen große Projekte durchgeführt, die dem Aspekt der verteilten SPUs besondere Beachtung schenkten. SPU-Kerne bilden dabei Plattformen, auf deren Basis sich Artefakte und SPU-Teile austauschen lassen.

8.2.5 SPUs für verteilte Anwendungen

Im Kontext des vorliegenden Buches interessieren SPUs *für verteilte Programme* besonders; der Begriff sagt aus, daß nicht (notwendigerweise) die SPU, sondern das SUD verteilt ist; die wichtigsten Klassen verteilter Programme in diesem Zusammenhang sind *Kommunikationsprotokolle* und *verteilte Anwendungen* (wobei hier SPUs für verteilte Anwendungen - als Unterklasse bzw. Spezialisierung der SPUs für verteilte Programme zu verstehen - am meisten interessieren).

Da eine SPU für verteilte Programme eine verteilte Zielumgebung umfaßt, liegt es nahe, die *Entwicklungs*-Umgebung ebenfalls zu verteilen; wird die Entwicklungs-Umgebung verteilt, so gehört die SPU gleichzeitig der in Abschnitt 8.2.4 diskutierten Klasse verteilter SPUs an, so daß insgesamt eine *verteilte SPU für verteilte Anwendungen* entsteht.

Die wichtigste Herausforderung bei der Konzeption verteilter Anwendungen besteht darin, daß neue Anforderungen an die *Werkzeuge* gestellt werden:

- Einige Werkzeuge müssen modifiziert oder neu konzipiert werden, um die spezifischen Charakteristika verteilter Anwendungen, wie Nebenläufigkeit, Nachrichtenverzögerung, partielle Ausfälle etc. geeignet modellieren zu können: beispielsweise müssen Entwurfswerkzeuge gestatten, diese Charakteristika einzubeziehen.

- Einige Werkzeuge werden bei dieser Neu-Konzeption ihrerseits zu *verteilten* Programmen, z.B. verteilte Debugger und Monitore, oder zu nebenläufigen Programmen, z.B. Animations- und Simulationswerkzeuge (deren parallele oder quasiparallele Ausführung entweder auf mehreren Rechnern oder auf Einzelsystemen möglich ist).
- Andere Werkzeuge wiederum sind erst im Zusammenhang mit verteilten Anwendungen relevant bzw. sind bei der sequentiellen Programmierung so trivial, daß sie nicht als dedizierte Werkzeuge betrachtet werden: hier sind beispielsweise Werkzeuge aus der Phase der Installation und Wartung zu nennen (s. Abschnitt 9.6).

SPUs für verteilte Anwendungen wurden bisher nur sehr vereinzelt und in akademischen Ansätzen entwickelt; für prozedurale verteilte Programmiersprachen wurden zum Beispiel das CONIC Programming Environment [KMS89] und DESIGN [MÜH88] entwickelt, für verteilte objektorientierte Programmiersprachen wurden teilweise die integrierten Programmierumgebungen der nichtverteilten Ausgangssprachen (soweit vorhanden, d.h. bei *verteiltem Smalltalk* [BEN90] und *Trellis/Dowl* [HEA89]) übernommen, für *COMANDOS* [HOR88] und DOCASE [MSK89] sind Umgebungen in Arbeit. In begrenztem Umfang können Anregungen von SPUs für nebenläufige Programme gewonnen werden (basierend auf Programmiersprachen wie Concurrent Pascal und vor allem ADA), die Konzepte zum Umgang mit Parallelität und teilweise Dynamik enthalten, sowie bei SPUs für Kommunikationsprotokolle (mit Sprachen wie ESTELLE und CHILL), die in gewissem Umfang Parallelität und Verteilung berücksichtigen.

8.2.6 CASE: Computer Aided Software Engineering

Orthogonal zur bisherigen Klassifikation existiert der Begriff *computer-aided software engineering (CASE).* Dieser wurde wesentlich beeinflußt durch die Entwicklung von Arbeitsstationen mit hochauflösendem Graphikbildschirm, graphischer Eingabemöglichkeit (meist Maus) und hoher Verarbeitungskapazität. Diese

Arbeitsstationen eröffneten die Möglichkeit, alle Artefakte und Methoden der Softwareentwicklung auf dem Rechner zu be- und verarbeiten und darzustellen, auch graphisch basierte (wie Entwurfsmethoden, s. 9.3) und solche mit anspruchsvollem Text-Layout (wie Handbücher), bei akzeptabler Qualität und Antwortzeit. So entstand die Vision einer vollständig auf dem Rechner durchgeführten Softwareproduktion, CASE.

Eine CASE-Umgebung bezeichnet dabei einen ganzen Satz von aufeinander abgestimmten und ineinander greifenden Softwareentwicklungswerkzeugen, wobei die Betonung zunächst auf der Entwurfsphase und den graphischen Schnittstellen lag. [WAP87].

Die Integration auch der Entwurfsmethoden in den Rechner war ein wichtiger Schritt in Richtung automatischer Code-Erzeugung. Da der größte Neuheitswert des CASE-Ansatzes in der Integration hochwertiger Graphik lag, konzentrierte sich das Gebiet anfänglich auf die frühen Phasen des Lebenszyklus. Heute wird versucht, in stärkerem Maße den gesamten Lebenszyklus abzudecken. Die vorderen Phasen (Anforderungsanalyse bis Implementierung) werden dabei als *upper CASE* bezeichnet, die späteren Phasen als *lower CASE.*

8.3 Lifecycle-Modelle

Die Vorstellung von Software Engineering als zyklische Vorgehensweise ist allgemein akzeptiert. Software, die in Stückzahlen verkauft wird, kommt ohne Wartung nicht aus, d.h. nach der Erstversion der Software, welche verkauft und installiert wird, folgen weitere. Dabei werden meist nicht nur qualitative Verbesserungen durchgeführt (Folgeversionen von Software mit Fehlerkorrekturen - bugfixes -) sondern auch funktionale Erweiterungen.

Neben dem zyklisch-iterativen Charakter der Softwareentwicklung hat sich auch die Einteilung in Phasen oder Schritte durchgesetzt (Anforderungsanalyse, Entwurf, Codierung etc.). Im folgenden werden verschiedene Modelle zur Beschreibung solcher Phasen diskutiert.

8.3.1 Vorüberlegungen

Bei großen Software-Projekten ist zur Zeitplanung, Projektkoordination und Kostenschätzung ein definiertes Phasenmodell sehr wichtig, da z.B. für jede Phase Anfang und Ende mit Zeitpunkten und zugehörigen Dokumenten bzw. Entwicklungsartefakten belegt werden müssen. Die Einhaltung der Vorgaben kann dadurch im Projektverlauf überprüft werden (zu den Begriffen Verifikation und Validation in diesem Zusammenhang siehe die nachfolgenden Abschnitte). Eine solche relative Formalisierung im Software Engineering hilft bei der Kommunikation innerhalb des Entwicklerteams, aber auch nach außen, d.h. zu den Auftraggebern.

Die Formalisierung der Vorgehensweise, also die Einführung eines definierten *Software-Lifecycle* (teilweise auch deutsch: *Software-Lebenszyklus*) ist allerdings mit einer Reihe von Problemen verbunden:

- Während die detaillierte Definition des Lifecycle Verständnis, Kommunikation und Überprüfbarkeit verbessert und zur Automatisierung von Teilschritten oder Überprüfungen eine wichtige Voraussetzung darstellt, verringert dies aber natürlich auch die Flexibilität im Vorgehen. Die hohe Innovationsgeschwindigkeit der Informationstechnologie führt zunehmend dazu, daß zwei Software-Projekte sich immer seltener sehr ähnlich sind. Unterschiedliche Projekte aber führen zu sehr unterschiedlichen Anforderungen, weshalb Flexibilität eine wichtige Voraussetzung für effizientes Software Engineering ist.
- Die Eigendynamik der mit einem Software-Projekt automatisierten Prozesse führt andererseits dazu, daß sich sehr häufig während eines Entwicklungszyklus die ursprünglichen Anforderungen und Spezifikationen ändern. Eine flexible Reaktion hierauf ist mit den gängigen Lifecycle-Modellen nur schwer vereinbar.
- Die ursprünglichen Anforderungen und Spezifikationen sind auch geprägt vom frühen Verständnis des zukünftigen Software-Projektes. Mit fortschreitender Projektdauer steigt im allgemeinen das Detailverständnis für besondere Möglichkeiten oder Probleme. Die Ausgangsspezifikationen stellen sich dabei

oftmals als zu vage heraus. Nachbesserungen, Detaillierungen und z.T. auch Veränderungen an der Spezifikation werden hierdurch bedingt. Besonders kritisch ist dieses Problem in der Forschung, wo ganz neue Problemfelder angegangen werden: hier liegen bei Projektbeginn meist nur sehr wenige Detailkenntnisse über die zu entwickelnde Software vor.

- Eine sehr wichtige Anforderung ist auch die frühe Einbeziehung der Benutzer. Werden die Anwender mit einem fertigen Software-Produkt konfrontiert, sehen sie ihre Anforderungen im allgemeinen nicht befriedigt. Viele Details, die aus der Erfahrung im Umgang mit dem Anwendungsfeld kommen, können auch nur durch die Benutzer selbst eingebracht werden. Schließlich hängt die Akzeptanz auch sehr wesentlich davon ab, ob eine Benutzergruppe das Gefühl hat, an der Software-Konzeption gestalterisch mitgewirkt zu haben oder nicht.

8.3.2 Das Wasserfall-Modell

Das älteste und bekannteste Lifecycle-Modell wird als Wasserfall-Modell bezeichnet (s. Abbildung 8-1). Wesentlich ist dabei nicht die gezeigte Aufteilung in genau sechs Phasen - die Zahl dieser Phasen kann von vier bis zu zehn oder mehr schwanken, sondern die Anordnung und Verbindung der Phasen. Auch die Benennung der Phasen variiert in der Literatur recht häufig.

Jede Phase ist die Voraussetzung für die Durchführung der *Folgephase.* Am Ende einer Phase steht üblicherweise ein Ausgangsdokument (Entwurfsartefakt), das als Eingangsdokument für die Folgephase dient. Nach Abschluß der Folgephase gibt es einen *Überprüfungsschritt*, in dem geprüft wird, ob die im Ausgangsdokument des vorangegangenen Schrittes gemachten Vorgaben eingehalten wurden. ggf. muß der aktuelle Schritt nochmals durchlaufen werden.

Für die Überprüfungsschritte unterscheidet man zwei Arten (die Terminologie ist hier nicht einheitlich), *Validation:* den mehr oder weniger formalen Nachweis durch den *Menschen*, daß eine Spezifikation des vorangegangenen Schrittes eingehalten wurde, und

Verifikation: die *computergestützte* Überprüfung *formal* beschriebener Entwicklungsartefakte (exaktere Definitionen im nächsten Kapitel).

Ein Ziel ist natürlich, die Erzeugung des Ausgangsdokumentes eines Schrittes aus dem Eingangsdokument so weit wie möglich computergestützt durchzuführen. Ist dieser Automatisierungsgrad sehr hoch, so wird der Begriff der *Transformation* verwendet (bei Implementierung bzw. Codierung auch: *automatische Codegenerierung*).

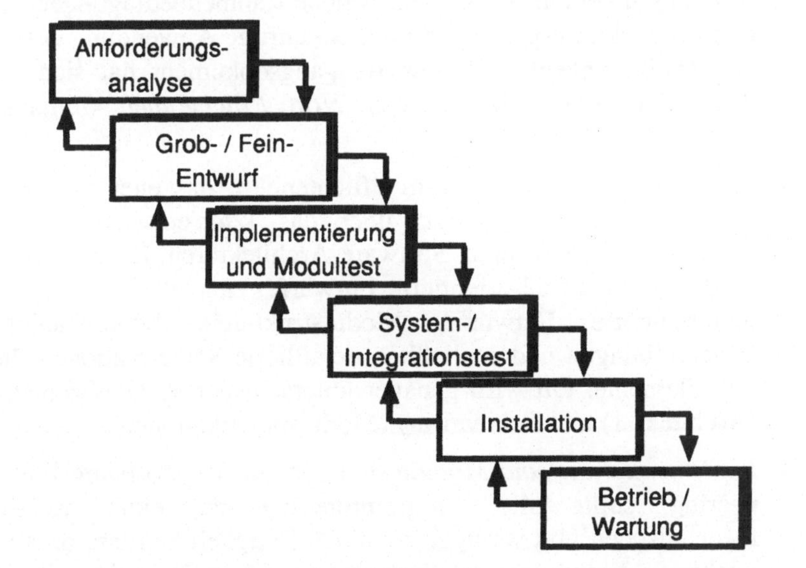

Abb 8-1 Wasserfall-Modell

Kennzeichnend für das Wasserfall-Modell ist also seine strenge und relativ unflexible Abfolge. Sie ist gekennzeichnet z.B. durch die ausschließlichen Übergänge aus jeder Phase zu genau einem Nachfolger und Vorgänger und durch das Fehlen von Iterationen und Variationen. Das schwerwiegendste Problem des Modells liegt darin, daß am Ende der Anforderungsanalyse ein vollständiges Pflichtenheft erwartet wird, also eine exakte Vorstellung von der zukünftigen Software; diese wird oft erst viel später im Projektverlauf gewonnen.

Auch die Tatsache, daß Erkenntnisse aus dem Betrieb (z.B. Fehlfunktionen) eigentlich zum Start eines komplett neuen Zyklus führen, drückt sich im Wasserfall-Modell nicht richtig aus.

Der Vollständigkeit halber seien hier noch die im Beispiel genannten Schritte kurz erklärt:

- *Anforderungsanalyse:* Hier wird der Ist-Stand des mit der zu entwickelnden Software zu unterstützenden Systems / Prozesses analysiert (Ist-Analyse) und es werden Anforderungen darüber gewonnen, welche Aktivitäten und Prozesse die zukünftige Anwendung unterstützen soll und welche Rahmenbedingungen für den Entwicklungsprozeß und die zukünftige Anwendung bestehen (Soll-Konzept). Für das Ausgangsdokument hat sich im deutschen Sprachgebrauch das Wort *Pflichtenheft* (*requirements*) eingebürgert.
- *Entwurf:* Im Gegensatz zum Pflichtenheft, das eher das *Was* festlegt, wird im Entwurf über das *Wie* entschieden. Es entstehen z.B. Konzepte, Software-Architekturen, Kontrollfluß- und/oder Datenfluß-orientierte Entwürfe, zunehmend auch objektorientierte Entwürfe, Modulstrukturen, Schnittstellen, Beschreibungen und schließlich detaillierte Spezifikationen für alle Elemente. Oft wird genauer unterschieden in *Grobentwurf* (Architektur) und *Feinentwurf* (Modulspezifikationen).
- *Implementierung und Modultest:* Beim idealen Software Engineering sollte die Programmierung zu einer relativ mechanischen und weniger kreativen Tätigkeit werden, da alle wichtigen Entwurfsentscheidungen bereits gefällt sein sollten. Wo die Implementierung noch nicht automatisiert werden kann - und das ist bis heute die Regel - wird der Programmierer typischerweise Implementierung und Test seiner Module eng miteinander verzahnen. Aus diesem Grunde sind Implementierung und Modultest häufig nicht als zwei verschiedene Phasen ausgeführt.
- *System- oder Integrationstest:* Dieser Schritt wird schon deshalb deutlich abgesetzt, weil zu seiner vollständigen Durchführung alle Teilimplementierungen abgeschlossen sein müssen.

- *Installation:* Beim Wasserfall-Modell wird diese Phase vor allem deshalb separat betrachtet, weil sie als kritisch angesehen wird. Als Beispiel sei ein zu automatisierender Fertigungsprozeß angeführt, der bei der Installation neuer Software hinsichtlich der Stillstandszeiten optimiert werden muß. Bei verteilten Anwendungen wird diese Phase teilweise auch durch dedizierte Werkzeuge unterstützt (s. Abschnitt 9.6).
- *Betrieb und Wartung:* In dieser Phase ist zum einen der Einsatz von Monitoring-Werkzeugen wesentlich, die Aufschluß über die Effizienz der eingesetzten Software bieten, andererseits auch der Rückfluß der gewonnenen Daten in den nächsten Software Engineering Zyklus, der wie erwähnt im Wasserfall-Modell nicht deutlich zum Ausdruck kommt.

8.3.3 Ein Werkzeugmodell

Nachfolgend wird ein abstraktes allgemeines Modell für Software Engineering-Werkzeuge eingeführt, das die Einordnung in die phasenorientierte Sicht des Software-Lifecycle gestattet; zu den nachfolgenden Definitionen sei auch auf Abbildung 8-2 verwiesen.

Transformationswerkzeug:
Als Transformationswerkzeug soll ein Werkzeug bezeichnet werden, das direkt die Funktionalität eines Schrittes automatisiert oder teilautomatisiert. Ein Transformationswerkzeug T übersetzt das Ausgangsdokument (Entwicklungsartefakt) eines Schrittes in das des darauffolgenden Schrittes. Für die automatische Verarbeitung muß dabei jeder dieser Artefakte als *formale* Spezifikation vorliegen. Typischerweise werden für jeden Schritt unterschiedliche Notationen (Sprachen; Syntax und Semantik) verwendet, so daß formal ein Transformationswerkzeug eine Spezifikation S_1, welche in Notation N_1 vorliegt, in eine Spezifikation S_2 übersetzt, welche in Notation N_2 vorliegt. Üblicherweise wird das Werkzeug dabei weitere Entwicklungsartefakte I zu Hilfe nehmen, welche bis dahin im Entwicklungsprozeß angefallen sind. Je nachdem, wie flexibel das Werkzeug ist und wie stark automatisiert der Transformationsvorgang ist, wird der Benutzer mehr oder weniger stark in die

Transformation involviert sein. Seine Einflußnahme erfolgt im allgemeinen mit einer Dialogsprache *D* (im weitesten Sinne, d.h. es kann sich auch um eine graphische Direktmanipulations-Schnittstelle o.ä. handeln).

Neuere Forschung geht dahin, im Transformationswerkzeug nur verifizierte Transformationsschritte zu ermöglichen; dabei ist das Werkzeug so gebaut, daß es aus korrekten Eingangsspezifikationen nur korrekte Ausgangsspezifikationen erzeugen kann. Das hat den erheblichen Vorteil, daß in diesem Fall die Überprüfungsschritte (Verifikation) im Lifecycle gespart werden können.

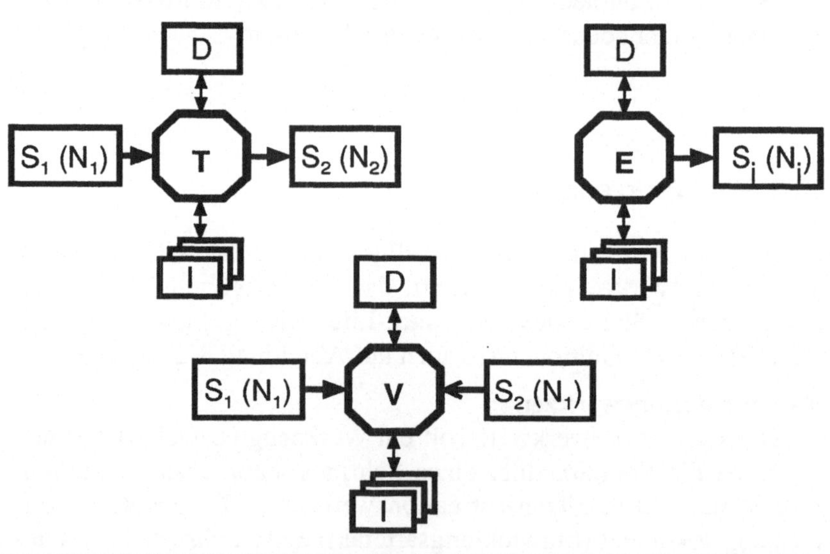

Abb 8-2 Transformation, Verifikation, Editieren

Verifikationswerkzeug:
Ist das Transformationswerkzeug nicht von der eben beschriebenen Art, so ist eine Überprüfung erforderlich. In diesem Zusammenhang soll in Analogie der Begriff des Verifikationswerkzeuges *V* eingeführt werden. Dieses verifiziert die Ausgangsspezifikation S_2 gegenüber der Eingangsspezifikation S_1. Ein Problem dabei ist, daß Verifikationswerkzeuge für Ausgangs- und Zielspezifikation meist dieselbe Notation (hier: N_1) voraussetzen. Ein anderes Problem liegt

darin, daß heute gängige Verifikationswerkzeuge für praktisch relevante Beispiele bei vollautomatischer Verifikation kaum verfügbar sind bzw. einen zu hohen Ressourcenbedarf haben (s. Folgeabschnitte). Eine dialogintensive interaktive Steuerung mittels Dialogsprache *D,* also der Eingriff des Benutzers in den Verifikationsvorgang zur Aufwandsreduktion, ist deshalb die Regel. Mittels *D* werden auch die Verifikationsergebnisse (Ausgangsspezifikation erfüllt Eingangsspezifikation: ja / nein / nicht entscheidbar; Hinweise zum Auffinden von Fehlern, etc.) dem Benutzer vermittelt. Schließlich wird das Verifikationswerkzeug ähnlich dem Transformationswerkzeug zusätzliche Entwicklungsartefakte *I* für seine Arbeit heranziehen.

Editor:
Wird ein Entwicklungsartefakt im wesentlichen durch den Menschen erzeugt oder verändert, so soll das zugehörige Entwicklungswerkzeug als *Editor* im weitesten Sinne bezeichnet werden. Im Gegensatz zum Transformationswerkzeug ersetzt der Entwickler hier quasi die Eingangsspezifikation. Ein komfortabler, z.B. syntaxgesteuerter Editor kann u.U. Entwicklungsartefakte *I* mitbenutzen (z.B. Fehlermeldungen des Compilers, mit deren Hilfe er fehlerhafte Programmzeilen direkt anzeigen kann). Syntaxgesteuerte Editoren können zusätzlich die Notation N_i des zu produzierenden Entwicklungsartefaktes verarbeiten, das allerdings meist nur hinsichtlich der syntaktischen und nicht der semantischen Struktur.

In der gängigen Software-Engineering-Praxis zählen textuelle, z.T. syntaxgesteuerte sowie graphische Editoren mit zu den wichtigsten Werkzeugen. Der Compiler ist das wichtigste bekannte Transformationswerkzeug (es transformiert das Entwurfsartefakt *Quellcode* in das Entwurfsartefakt *ausführbarer Code),* Sprachen der sog. *vierten Generation (fourth generation languages,* 4th*GL)* erlauben es außerdem, jeweils für eine sehr begrenzte Anwendungsdomäne (z.B. Anwendungen im Bereich Informationssysteme) Entwürfe direkt in Code zu transformieren. Für alle anderen Fälle gilt, daß infolge der mit unabhängigen Editierprozessen entstandenen *unabhängigen* Entwicklungsartefakte konsekutiver Lifecycle-Phasen dringend eine Verifikation erforderlich wäre. In der industriellen Praxis wird bislang aber selbst in der sequentiellen Programmierung die Verifikation noch kaum eingesetzt; näheres hierzu siehe Abschnitt 9.2. Bei der Entwicklung von Kommunikationsprotokollen werden dagegen große Anstrengungen gemacht, die Verifikation breiter einzuführen.

Abbildung 8-3 zeichnet ein Idealbild eines Software Engineering-Prozesses (und gleichzeitig einer SPU). Nur das erste Entwurfsartefakt, die Anforderungen (*Pflichtenheft, requirements*), werden dabei mit einem Editor (*E*) im obigen Sinne erstellt. Durch die Verwendung von Bausteinen und computergestützten Methoden wird sichergestellt, daß diese Anforderungen konsistent und korrekt spezifiziert sind. Alle nachfolgenden Entwicklungsartefakte werden mittels Transformatoren (*T*) erstellt und in einer gemeinsamen Datenbank (*common object repository*) festgehalten. Am Ende wird korrekter ablauffähiger Code erzeugt. Darüber hinaus werden die Dialogschnittstellen (*D*) zu allen Werkzeugen vereinheitlicht und in einer konsistenten Interaktionsschicht zusammengefaßt.

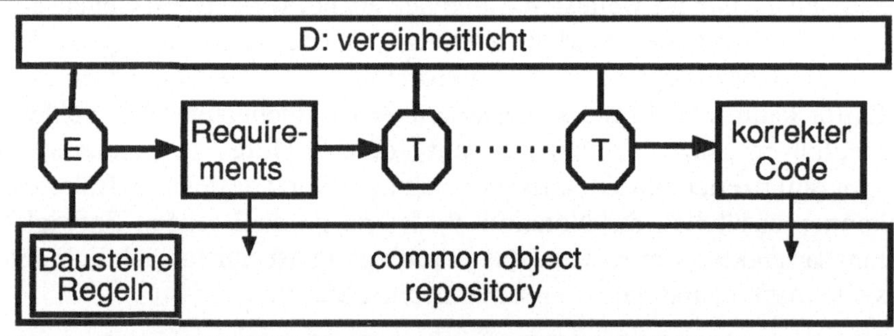

Abb 8-3 Idealbild des Software Engineering Prozesses

Die Realität ist von diesem Idealbild jedoch noch weit entfernt. Insbesondere in der Industrie wird bisher ein sehr unflexibles Phasenmodell mit strengen Prozeduren angewandt, die verbal sehr umfangreich beschrieben sind, von den Werkzeugen jedoch kaum unterstützt werden. Transformatoren, Verifikationswerkzeuge und allgemein formale Sprachen (z.B. zur Erfassung der Anforderungen und der Entwürfe) werden noch viel zu wenig eingesetzt. Große Betonung wird auf die Überwachung der Meilensteine, d.h. meistens informeller Entwicklungsartefakte (Dokumente) mit ihren zeitlichen Randbedingungen gelegt. Das relativ unflexible Phasenmodell zusammen mit den durch zu vage und sich ändernde Spezifikationen verursachten Problemen (s.o.) macht in der industriellen Praxis zunehmend Schwierigkeiten, wenn immer komplexere, vor allem verteilte Anwendungen erstellt werden. Auch wird immer noch sehr viel im "codiere-und-verbessere"-Stil gearbeitet, was auch teilweise in der mangelnden Ausbildung der Softwareentwickler und in den hohen Preisen der verfügbaren SPUs begründet liegt.

8.3.4 Neuere Lifecycle-Modelle

Transformationsmodell: Dieses Modell entspricht im wesentlichen dem im vorigen Abschnitt aufgezeichneten Wunschbild, bei dem alle Entwicklungsschritte mit Transformationswerkzeugen realisiert sind. Um realistischer zu bleiben, beschränkt sich die Automatisierung aber auf die Schritte Feinentwurf - Implementierung - Übersetzen/Binden. Wie erwähnt, wird das Transformationsmodell bisher in der Praxis unter starker Spezialisierung der Anwendungsdomäne (z.B. Informationssysteme mit Zielsprache COBOL und Datenmanipulationssprache einer Datenbank) oder Einschränkung der Funktionalität eingesetzt. Ein anderes Problem liegt oft darin, daß relativ ineffizienter Code produziert wird. Dies führt oft zu manuellen Eingriffen in die Transformationskette (mit dem Ziel der Code-Optimierung) mit dem Effekt, daß die Wartung des Softwareproduktes extrem schwierig wird.

Versionenmodell: Dieses Modell berücksichtigt die Tatsache, daß typischerweise die frühen Entwicklungsphasen eines Software-Projektes (vor Installation und Inbetriebnahme) bereits mehrfach zyklisch durchlaufen werden, da bei Modul- oder Integrationstests vielfach schwerwiegende Fehler entdeckt werden, die einen Rücksprung teilweise bis hin zur Anforderungsdefinition notwendig machen. Das bedeutet, daß i.a. mehrere Versionen *entwickelt* werden, bevor eine Version *ausgeliefert* wird. Einerseits ist dieses Modell realitätsnäher als das klassische Wasserfall-Modell, andererseits verleiten die Möglichkeiten beliebiger Iterationen vor Auslieferung einer Version sehr schnell zum Rückfall in die alte "codiere-und-verbessere"-Mentalität, deren Bekämpfung ein Ziel des Software Engineering ist.

Prototypmodelle: Den Prototypmodellen liegt die Idee zugrunde, möglichst früh eine recht unvollständige, aber lauffähige Version der in Entwicklung befindlichen Anwendung zur Verfügung zu haben. Ein solcher schnell entwickelter Prototyp (*rapid prototype*) dient z.B. dem besseren Verständnis der zukünftigen Funktionalität, d.h der Konkretisierung vager Spezifikationen, der frühzeitigen Leistungsoptimierung oder dem besseren Dialog mit den Anwendern. Aus diesem Grunde konzentrieren sich manche Prototypkonzepte auf die Ausgestaltung der *Dialogschnittstelle* und abstrahieren zunächst fast völlig von der eigentlichen Funktionalität.

Zwei wesentliche Formen von Prototypmodellen werden unterschieden. Beim ersten wird genau *ein* Prototyp eingeplant und dieser wird von vornherein quasi als Wegwerfprodukt konzipiert, d.h. man geht davon aus, daß die auszuliefernde Version von Grund auf neu implementiert wird. Hier werden zur Prototypentwicklung oft andere Programmiersprachen oder -techniken verwendet als zur Implementierung. Bei der zweiten Klasse von Prototypmodellen wird der erste Prototyp als eine funktional stark eingeschränkte Version der Software betrachtet; dieser wird dann immer weiter entwickelt bis zur fertigen Anwendung. Um den vielen Iterationen durch den Lebenszyklus bei Prototypmodellen gerecht zu werden, wird i.a. ein gegenüber der traditionellen Softwareproduktion stark vereinfachter Lebenszyklus angesetzt (weniger Schritte, geringere Ansprüche an die Meilensteine).

"Design a little, implement a little, test a little": Bei Software-Projekten mit hohem Risiko oder hohem Innovationsgrad, auch bei solchen mit geringer Personalkapazität, können Feinentwurf, Implementierung und Modultest ohnehin nicht jeweils parallel für alle Module der Anwendung durchgeführt werden. In diesen Fällen soll es dieses Modell ermöglichen, für die kritischen oder schlecht verstandenen Module vorab diese drei Phasen komplett durchzuführen, um über diese ein besseres Verständnis zu gewinnen. Insoweit ist das Modell auch als Prototypmodell der zweiten o.g. Art zu verstehen.

Spiralmodell: Das Spiralmodell, s. [BÖH88], erhebt den Anspruch hoher Allgemeingültigkeit. Es expliziert die zyklisch/iterative Entwicklung; dabei wird Softwareentwicklung in vier große Abschnitte (entsprechend den vier Quadranten eines Koordinatensystems) eingeteilt: die erste Phase kann als erweiterte Anforderungsanalyse angesehen werden, wobei großer Wert gelegt wird auf die Identifikation von *Alternativen* und besonderen *Risiken* (welche Module sind betroffen, welche Art von Risiko gibt es, z.B. Benutzer-Akzeptanz, Laufzeit etc.). Der zweite Abschnitt widmet sich ganz der Bewertung von Alternativen und Reduktion von Risiken, quasi dem Beseitigen von Unklarheiten (z.B. durch Prototypentwicklung oder Simulation). Der dritte Abschnitt wird feiner unterteilt gemäß einem fallweise festzulegenden Phasenmodell (z.B. mit den gewohnten Schritten wie Entwurf, Implementierung etc.). Im letzten Abschnitt wird das entwickelte Softwareprodukt evaluiert und die nächste Phase geplant.

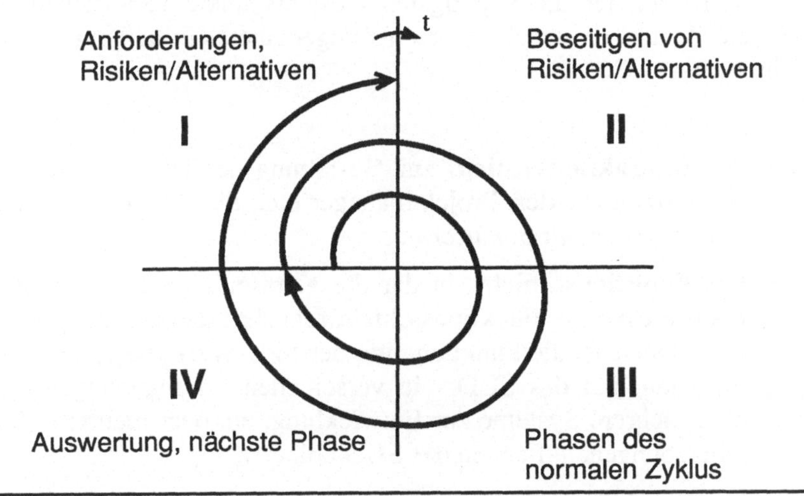

Abb 8-4 Spiralmodell

Während das Wasserfall-Modell als relativ überholt angesehen wird, finden sich doch seine traditionellen Phasen in zahlreichen Varianten bei fast allen Lifecycle-Modellen wieder. Die vorstehenden Varianten stellen dabei nur einen kleinen Teil der unüberschaubar vielen Lifecycle-Modelle dar. Natürlich wurden auch KI-basierte Modelle betrachtet; ein wichtiges Ziel dabei war die möglichst flexible Kopplung und Verwendung der Werkzeuge, orientiert am aktuellen Problem des Entwicklers (s. auch Abschnitt 8.4.4).

8.4 SPU-Architekturen

Im folgenden wird nun die Struktur einer typischen SPU in Form eines Schichtenmodells genauer erläutert.

8.4.1 Abstrakte Grobarchitektur

In Abbildung 8-5 wird eine idealisierte Grobarchitektur einer SPU dargestellt, an der die wichtigsten Gesichtspunkte veranschaulicht werden. Zentral ist dabei die (rechts angedeutete) Einteilung in drei Schichten:

- Die **Interaktionsschicht** zur Gestaltung des Dialogs mit dem Softwareentwickler, Projektmanager etc.; diese Schicht wickelt *Interaktionen mit Benutzern* ab;
- Die **Funktionsschicht**, in der die Kernfunktionalität der SPU realisiert ist; die Funktionsschicht realisiert dedizierte Funktionen - zunächst die Funktionalität der SPU-Werkzeuge, dann die Funktionalität des SUD - in verschiedenen Umgebungen (ein oder mehrere Systeme zur Entwicklung, ein oder mehrere Ziel-Umgebungen, auf denen das SUD abläuft);
- Die **Speicherschicht**, welche Artefakte auf persistentem Speicher zu sichern und zu lesen gestattet.

Weiterhin ist eine sog. *Shell* zu erkennen, die die SPU wie eine Klammer umgibt; sie enthält Interaktions-, Funktions- und Speicherschicht-Elemente, welche potentiell von allen Werkzeugen der SPU genutzt werden können. Die Shell ist in sich in allen drei Schichten unterteilt in allgemeine (SPU-unabhängige) Funktionen und SPU-spezifische, d.h. im Zusammenhang mit einer bestimmten SPU relevante, Funktionen.

Die Werkzeuge sind in Funktionsblöcke eingeteilt; am wichtigsten sind hier die Werkzeuge zur Entwicklung der eigentlichen SUD-Funktionalität, das sind die traditionellen Entwicklungswerkzeuge wie Entwurfshilfsmittel, syntaxgesteuerter Editor, Übersetzer etc; diese sind i.a. an einer (Entwurfs- /Programmier- etc.) Sprache orientiert. Alle weiteren Werkbänke behandeln spezifische *Entwicklungs-Aspekte* wie optimale Objekt-Plazierung, Fehlertoleranz o.ä, oder *Management-Aspekte* wie Zeitplanung, Benutzerverwaltung etc. Alle Werkbänke decken mehr oder minder viele Phasen des Software-Lifecycle ab.

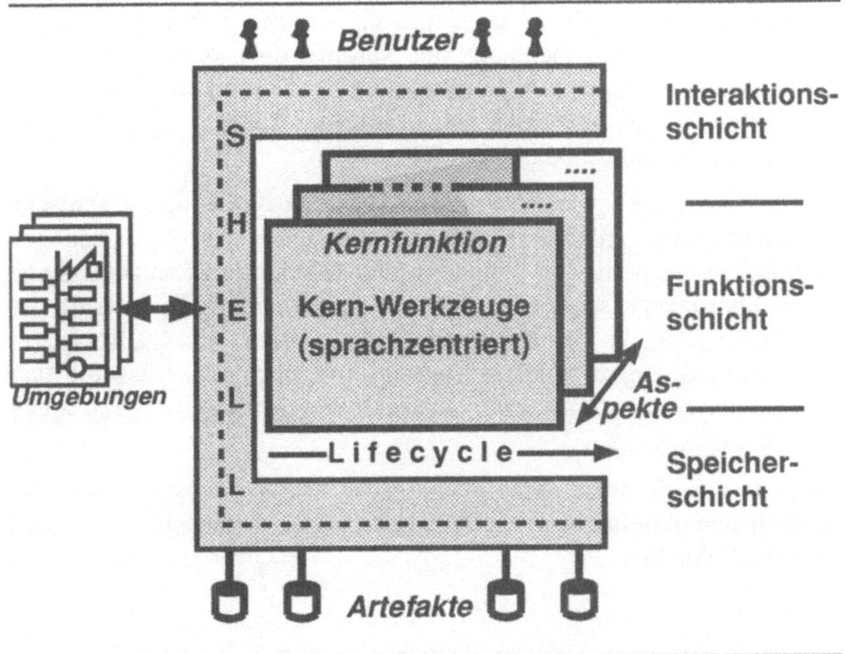

Abb 8-5 Abstrakte SPU-Architektur

8.4.2 Interaktionsschicht

Der frühere Begriff der Benutzer-*Schnittstelle* suggerierte eine recht begrenzte Funktionalität des Mensch-Maschine-Dialogs. Spätestens mit den Direktmanipulations-Dialogsystemen von Workstations liegt zwischen der Dialog-Oberfläche der Workstation-Software (z.B. der X-Windows-Schnittstelle eines Werkzeuges) eine umfassendere *Schicht,* die ggf. auch von der eigentlichen Software über ein Kommunikationsprotokoll abgesetzt ist (s. Abschnitte 8.2.4 und 8.2.5).

Dialog- und Graphikstandards wie X-Windows und die zugehörigen *User Interface Management Systems (UIMS)* bilden heute den SPU-unabhängigen Teil einer SPU-Shell in der Interaktionsschicht. Alle anderen Funktionen werden werkzeugabhängig programmiert.

Mögliche zukünftige Erweiterungen: Trotz der genannten Fortschritte wurden gemeinsame (vor allem SPU-spezifische) Interaktionsschichten für alle Werkzeuge einer SPU bisher noch kaum realisiert. Im Zusammenhang mit verteilten Anwendungen wären solche Entwicklungen zur Beherrschung der Komplexität jedoch sehr wesentlich. Daher soll hier noch kurz ein Ausblick auf mögliche zukünftige Erweiterungen diskutiert werden.

Da sich Standards wie X-Windows sehr eng an heutige graphische Arbeitsstationen anlehnen, ist eine Übertragung von Anwendungen auf andere Interaktions-Metaphern und -Medien (z.B. sprachbasierte Interaktion) sehr schwierig. Für den SPU-unabhängigen Teil der Interaktionsschicht einer Shell wäre daher ein abstrakterer Interaktionsstandard wünschenswert (etwa abstrakte Auswahl statt Anklicken eines Menus, oder abstrakte Navigation statt Bewegung von Rollbalken o.ä.).

SPU-spezifisch wäre eine Dialogschnittstelle denkbar, die die wichtigsten Artefakte und ihre Beziehungen darzustellen gestattet; denkbar wäre hier:

- Ein Strukturmodell zur Darstellung von SUD-Topologien mit hierarchischen Komponenten verschiedener Kategorien sowie verschiedenen Arten von Beziehungen zwischen den Komponenten;
- Ein Verhaltensmodell zur Darstellung und Beschreibung der Funktionalität der SUD-Komponenten und -Relationen;
- Ein Laufzeitmodell zur Darstellung einer instantiierten SUD-Topologie, ihrer Zuordnung zu einer physikalischen Rechnernetz-Topologie, sowie des Ablaufs entsprechend dem Verhaltensmodell;
- Für die verschiedenen *Entwicklungs-* und *Management-Aspekte* (s.o.) müßten weitere Modelle hinzukommen.

- Zur Bedienung der SPU selbst könnten die verschiedenen Artefakte und ihre vielfältigen Beziehungen ebenfalls über eine komfortable standardisierte Interaktionsschicht angesprochen werden; notwendig wäre hierzu ein Artefakt-Modell.

Heute sind höchstens in Entwurfwerkzeugen *graphische Struktur- und Verhaltensmodelle* realisiert. Mit dem Übergang in die Phasen Implementierung und Testen, im Rahmen von Animationen und Simulationen und beim Monitoring und Debugging werden diese Modelle jedoch nicht mehr benutzt. Was die SPU-Bedienung angeht, können überall dort, wo Artefakte in Dateien gespeichert werden und die Standard-Bedienoberfläche das graphische Auswählen von Dateien unterstützt, die Artefakte in bescheidenem Umfang direkt manipuliert werden. Die Semantik des Artefakts im Kontext der Softwareentwicklung bleibt dabei jedoch unberücksichtigt.

Ein Fortschritt ist auf diesem Sektor aber nur zu erwarten, wenn entweder eine möglichst komplette SPU mit einer solchen einheitlichen Interaktionsschicht für viele Werkzeuge erfolgreich vermarktet wird, oder aber wenn offene Standards geschaffen werden (s. [IEE90]).

8.4.3 Datenschicht

Der Einsatz einer gemeinsamen Datenhaltung (Datenbanksystem) war bislang meist den Werkzeugen eines einzelnen Herstellers vorbehalten, da Datenmodelle und -schemata von Hersteller zu Hersteller verschieden waren. Es gab Ansätze, selbstdefinierende Datenstrukturen zu verwenden, die von fremden Werkzeugen interpretiert werden können. Sie erreichten bisher jedoch nur geringe Bedeutung, da dabei nur die Syntax, aber keinerlei Semantik definiert werden konnte.

Der Ansatz, ein sog. *common object repository* zu standardisieren, ist relativ jung und geprägt vom objektorientierten Vorgehen. Dabei wird die Struktur wichtiger Ressourcen und Entwicklungsartefakte grob vordefiniert (z.B. Objektklassen für Versionen und Unterversionen, Dokumente, Code, Benutzer, Werkzeuge, etc.), über den objektorientierten Ansatz werden zudem Methoden zur Manipulation der jeweiligen Objekte festgelegt. Zur Speicherung wird sinnvollerweise i.a. eine objektorientierte Datenbank eingesetzt. Die eigentlichen Artefakte werden nicht näher spezifiziert, sondern sollen mit Hilfe des objektorientierten Vererbungsmechanismus außerhalb des Standards eingeführt werden.

Viele Hersteller (DEC, HP, IBM) arbeiten derzeit an einem *common object repository-Standard* namens *ATIS*. Mit diesem soll es gelingen, Werkzeuge verschiedener Hersteller in einer SPU wesentlich besser zusammenarbeiten zu lassen.

8.4.4 Funktionsschicht - Shell

Die SPU-unabhängigen Teile der Funktionsschicht einer Shell umfassen alle im Betriebs- und Kommunikationssystem angebotenen Funktionen. Wesentlich ist dabei, daß in der Shell den Werkzeugen Zugriff auf die entsprechenden Betriebssystem- und Kommunikationsdienste angeboten wird.

SPU-*abhängig* läßt sich eine Vielzahl von Funktionen denken, beispielsweise:

- *Tool-Building-Tools* (Werkzeuge zur vereinfachten *Generierung* von Werkzeugen)*:* hierzu gehören Parser-Generatoren, Compiler-Generatoren, Generatoren für syntaxgesteuerte Editoren, ggf. auch Tool-Building-Tools für Elemente der Interaktionsschicht (s. [LEM91]) und Speicherschicht.
- *SPU-Steuerung:* Steuerkomponenten, welche den Ablauf der gesamten SPU und Werkzeuge koordinieren und überwachen (in Zusammenarbeit mit dem *Procedure Management*, s.u.), Benutzer identifizieren und durch die SPU-Benutzung führen.
- *Blackboards:* So werden aktive Softwarekomponenten zur Kopplung von Werkzeugen bezeichnet [HOL88], welche zur Laufzeit der SPU z.B. Ein-/Ausgaben zwischen Werkzeugen koordinieren, auf Ereignisse definiert reagieren können (etwa das Eintreten eines gewissen Zustandes bedingt den Start eines bestimmten Werkzeuges) und Kenntnis über die von Werkzeugen verlangten Eingabedaten besitzen.

- *Funktionsbibliotheken:* Wie allgemein in Betriebsystemen können auch SPU-spezifisch in Shells für eine Vielzahl von Aufgabenbereichen Bibliotheken angeboten werden (Parsing, Klienten-Server-bezogene Funktionen, Hypertext-Verwaltung o.ä.).
- *virtuelle Maschinen:* für die einfache Portierung von SPUs (und indirekt auch der Anwendungen) ist es sinnvoll, alle genannten Funktionen portabel zu halten. Dazu muß zwischen SPU-unabhängigen (aber Betriebssystem- und Kommunikations-system-spezifische) Funktionen und SPU-abhängigen Funktionen eine zusätzliche Schnittstelle (und somit eine virtuelle Maschine) geschaffen werden.

8.4.5 Funktionsschicht - Kern-Werkzeuge

Die Kern-Werkzeuge dienen wie erwähnt der funktionalen Entwicklung des SUD; hier kommen a priori die bekannten Programmentwicklungs-Werkzeuge zum Einsatz.

Für komplexe verteilte Anwendungen ist es wesentlich, daß *neue*, dedizierte Entwurfs- und Implementierungs-*Sprachen und Werkzeuge* notwendig sind (s. Kapitel 9), und daß zur Komplexitätsreduktion einerseits die Kern-Werkzeuge besser integriert werden und andererseits die Entwicklungs- und Management-Aspekte deutlich in andere Funktionsblöcke abgetrennt werden.

Ganz generell sind die enge Integration der Werkzeuge einerseits sowie die Separation von Aspekten und die Erweiterbarkeit für neue Werkzeuge andererseits stark konkurrierende Ziele in SPUs. Zur Integration wären wesentlich:

- Ein übergeordnetes, zielsprachunabhängiges Struktur-, Verarbeitungs- und Laufzeitmodell, das Entwurfswerkzeuge und Laufzeitkomponenten (Konfigurationsverwaltung, Testhilfen etc.) mit abdeckt, und das auch in der Interaktions- und Speicherschicht mitverwendet wird; diese Modelle müßten den Charakteristika verteilter Anwendungen angepaßt sein;

- Die Kopplung der Werkzeuge über Artefakte, welche den aktuellen Status des SUD ensprechend diesen Modellen repräsentieren (also etwa mittels einer Struktur-Repräsentation, einer Verarbeitungs-Repräsentation und einer Laufzeit-Repräsentation);
- vermehrter Einsatz von Transformations-Werkzeugen (s. Abschnitt 8.3.3) im Sinne von teils automatisch transformierenden, teils interaktiv führenden Transformations-Assistenten.

Zum letztgenannten Punkt sind zwei wichtige Entwicklungen zu erwähnen: einerseits Ansätze zur Kopplung der reinen Programmier-Werkzeuge (Editor, Übersetzer, symbolischer Debugger) durch formale Definition von Syntax *und Semantik* (dabei wird als zentrales Artefakt zur Kopplung der vom Parser erzeugte Strukturbaum des SUD verwendet, s. Abschnitt 8.2.2); andererseits Ansätze zur Definition der Artefakte und ihrer Zusammenhänge als Graphen, formalisiert mittels sogenannter Graph-Grammatiken; eine der wichtigsten Entwicklungen in diese Richtung wurde an der Rheinisch-Westfälischen Technischen Hochschule Aachen mit der SPU *IPSEN* gemacht [SCH89].

Nach dem heutigen Wissensstand könnte ein Szenario einer stark integrierten SPU für verteilte Anwendungen beispielsweise wie folgt aussehen:

- Das Zusammenspiel der Werkzeuge wird flexibel über ein Blackboard gesteuert;
- Ein Editor mit Direktmanipulations-Schnittstelle erlaubt komfortabel die Eingabe von Anforderungen; diese werden auf Konsistenz und Plausibilität geprüft und ausgedrückt in einem Modell der realen Welt und deren Interaktion mit dem SUD als eingekapselte *Black Box;*
- Ein Anforderungs-Transformator übersetzt dies in einen ersten Rohentwurf und erlaubt die Inspektion klassifizierter wieder-

verwendbarer Softwaremodule aus vorangegangenen Softwareentwicklungen, die eventuell wiederverwendet werden könnten; ab hier wird durchgehend im Lifecycle dasselbe Struktur- und Verarbeitungsmodell verwendet;

- Ein rechnergestützter Entwurfs-Assistent begleitet vom Grob- zum Feinentwurf;
- Transformatoren übersetzen in geeignete Quellsprachen und von dort in ablauffähigen Code; sie erlauben außerdem die Erzeugung von Animations-Code bzw. Simulations-Code von unvollständigen Entwürfen, so daß früh im Entwicklungszyklus Animationen und Simulationen durchgeführt werden können; letztere modellieren auch Annahmen über das zukünftige Zeitverhalten des SUD .
- Animations- bzw. Simulationswerkzeuge, Testhilfen und Monitore bedienen sich des Struktur- und Verhaltensmodells und zusätzlich des Ablaufmodells, um dem Entwickler immer dieselben Aspekte und Artefakte der SUD in immer derselben Weise zu präsentieren.
- Zur Definition der Modelle und ihrer Handhabung in den verschiedenen Werkzeugen wird formale Semantik, z.B. Graph-Grammatik-basierte Modellierungstechniken, verwendet.

8.4.6 Funktionsschicht - Entwicklungsaspekte

Eine der Schwierigkeiten, die aufgrund der Komplexität verteilter Anwendungen verstärkt bei SPUs für verteilte DV-Systeme auftritt, ist die Vielfalt und Bedeutung der verschiedenen Entwicklungsaspekte. Während erfahrene Programmierer bei sequentiellen Anwendungen in der Lage sind, effizient zu programmieren, ist die Erstellung effizienter verteilter Anwendungen nicht mehr durch Intuition und Erfahrung allein zu erreichen. Leistungsoptimierung mittels Modellierungstechniken (z.B. Simulation) und umfangreichen Messungen wird so zu einem relevanten Entwicklungsaspekt.

Leistungsoptimierung kann auch mittels Heuristiken erreicht werden, zum Beispiel bei verteilten objektorientierten Systemen, wo durch

Plazierungsalgorithmen die Objekte so im verteilten System dynamisch verschoben werden können, daß die entfernte Kommunikation reduziert wird [SCH90]. Auch dieser Entwicklungsaspekt ist umfangreich und schwierig zu handhaben, so daß dedizierte Methoden und Werkzeuge notwendig sind. Es ist einer derjenigen Aspekte, welche bei der sequentiellen und nebenläufigen Programmierung gar nicht auftreten.

Dies trifft auch auf den Entwicklungsaspekt *Zuverlässigkeit* zu; Programme für Einzelsysteme fallen i.a. ganz oder gar nicht aus und die Ausfallwahrscheinlichkeit ist relativ gering; in verteilten Systemen ist dagegen die Kompensierung partieller Hardwareausfälle sinnvoll und prinzipiell möglich, allerdings aus praktischer Sicht recht komplex.

Eine Vielzahl weiterer solcher Entwicklungsaspekte ist denkbar. Für jeden dieser Entwicklungsaspekte sollte idealerweise ein Funktionsblock zur Verfügung gestellt werden mit folgenden Eigenschaften:

- Isolation des Aspektes und Zusammenfassung der zugehörigen Werkzeuge, so daß der Entwickler (ggf. sogar ein Spezialist für den Aspekt) bei Benutzung des Funktionsblockes sich auf den Aspekt konzentrieren kann und von anderen Aspekten und den Details der SUD-Funktionalität soweit wie möglich abstrahieren kann.
- Kopplung der aspektbezogenen SUD-Teile mit dem SUD-Kern (vgl. Abschnitt 8.4.5) so, daß getrennte Wartung möglich ist; dies stellt hohe Ansprüche an den Kopplungsmechanismus.
- Möglichst breite Abdeckung des Lifecycles (z.B. Betrachtung von Leistungsaspekten in der Anforderungsanalyse, im Entwurf, bei Simulation, Test etc.); dabei einheitliche Benutzerschnittstelle und Wiederverwendung von Artefakten auf der Basis eines standardisierten Modelles (s. Abschnitt 8.4.3).

8.4.7 Funktionsschicht - Management-Aspekte

Die Management-Aspekte ändern sich, mit einer Ausnahme, am wenigsten beim Übergang zu SPUs für verteilte Anwendungen; sie sollen daher hier nur kurz behandelt werden.

Entwurfs-Artefaktverwaltung: Zu den Entwurfsartefakten zählt u.a. der Quellcode, dessen Verwaltung (s. Abbschnitt 8.2.2) normalerweise als *Codeverwaltung* bezeichnet wird (*Software Configuration Management, Source Code Control*) und geprägt ist durch die Konzepte von UNIX-Werkzeugen wie SCCS und RCS [TIC85]. Sie konzentrieren sich auf die qualifizierte Versionsverwaltung für Programmquellen, z.T. kommen Werkzeuge zur Übersetzungssteuerung (z.B. das UNIX-Tool *make*) dazu.

Die Herausforderungen für die Zukunft sind in der besseren Integration aller Entwurfsphasen und -artefakte (Anforderungsanalyse, Grob-/Feinentwurf usw.) und des *common object repository* (Abschnitt 8.4.3) zu sehen; hier werden zunehmend Hypertext-basierte SPUs propagiert [GAS87]; in Abschnitt 8.4.4 wurde außerdem auf das Problem der Erweiterung auf verteilte SPUs, vor allem für die *off-site-Entwicklung*, hingewiesen.

Laufzeit-Artefaktverwaltung: Dieser Gesichtspunkt, in der Folge auch als *Laufzeit-Codeverwaltung* bezeichnet, spielt eigentlich nur bei SPUs für verteilte Anwendungen eine Rolle. Ihr ist daher ein eigener Abschnitt (9.6) bei der Behandlung von Werkzeugen zugedacht. Während sich für sequentielle Programme die Laufzeit-Artefaktverwaltung im wesentlichen auf das Installieren von Band oder Diskette und Ausführen einer Installationsprozedur beschränkt, ist die Installation und Verwaltung einer Anwendung in einem *verteilten* Zielsystem eine umfangreiche Aufgabe, die als Ergänzung einer Konfigurationsverwaltung (s. Kap. 7) zu sehen ist.

Process Management: Hierunter sollen alle Management-Werkzeuge zusammengefaßt werden, die den Softwareentwicklungsprozeß koordinieren, steuern oder überwachen, z.B.:

- *Task und Time Management* zur Koordination von Ressourcen wie Zeit, Personal, Budget, Rechner etc., z.B. mittels Techniken zur Ermittlung kritischer Pfade der Entwicklung (deren Verzögerung das Projekt in Verzug bringen), Meilenstein-Verwaltung etc.

- *Procedure / Cooperation Management* zur Definition von Lifecycle-Modellen und der Zuordnung von Phasen und Werkzeugen mit dem Ziel der Unterstützung in der SPU;
- *Contract Management* zur Überwachung der Schnittstellen zwischen Projekt und Außenwelt (Auftraggeber, Nutzer usw.) im Sinne von Verträgen, Kalkulation etc.
- *Office Management,* worin alle sonstigen (d.h. auch nicht als Teil der funktionalen oder Aspekt-Entwicklung zu sehenden) Werkzeuge und Hilfmittel für die sinnvolle Büroarbeit mit dem Rechner zu verstehen sind (Mail, Desktop Publishing, Konferenz-Werkzeuge etc.).

9 Methoden und Werkzeuge

Zur Entwicklung verteilter Anwendungen müssen ganz spezielle Methoden und Werkzeuge im Rahmen einer Softwareproduktionsumgebung bereitgestellt werden. In den nächsten Abschnitten wird auf einzelne Werkzeugklassen entsprechend den verschiedenen Phasen des Software-Lifecycles eingegangen. Die grundlegenden Konzepte werden dabei anhand konkreter Systembeispiele erläutert. Teilweise wird auch auf besondere Entwurfsaspekte eingegangen; als Beispiel sei der Entwurf von Kommunikationsbeziehungen für gesamte Gruppen von interagierenden Prozessen genannt.

Es werden nur solche Werkzeuge behandelt, die im Hinblick auf die Entwicklung verteilter Anwendungen besonders relevant sind. *Relevant* kann hierbei heißen, daß

1. Aufbau, Konzepte und Anforderungen gegenüber den Methoden und Werkzeugen zur sequentiellen Programmierung bei diesen Werkzeugen *stark abweichen*, oder
2. diese Methoden und Werkzeuge bei der Entwicklung verteilter Anwendungen überhaupt erst *relevant* werden.

Die angesprochenen Methoden und Werkzeuge umfassen dabei die folgenden Aspekte: Im Bereich der funktionalen Entwicklung werden die Phasen der Anforderungsanalyse, der Spezifikation, des Entwurfs und der Testphase mit besonderer Berücksichtigung des verteilten Debuggings im Hinblick auf Methoden und Werkzeuge behandelt. Die Implementierungsphase wurde bereits ausführlich in den Kapiteln 4 bis 7 behandelt; die Anforderungen an die Werkzeuge wie z.B. Übersetzer ergeben sich aus den dort behandelten Konzepten und Sprachen. Im Bereich des Managements einer verteilten Anwendung wird die Laufzeit-Codeverwaltung vertieft; außerdem wurde bereits in Kapitel 7 detailliert auf die hier ebenfalls anzusiedelnde Konfigurationsverwaltung eingegangen. Zahlreiche spezielle Entwicklungsaspekte wie Multimedia-Unterstützung oder Mechanismen der Hochgeschwindigkeitskommunikation können nur kurz in Kapitel 10 angesprochen werden.

9.1 Anforderungsanalyse

Wie in Abschnitt 8.3.2 erwähnt, soll in der Anforderungsanalyse eine Art Leistungsbeschreibung des SUD erstellt werden, wobei verstärkt die Relationen zwischen dem SUD und seinem Anwendungsumfeld betrachtet werden. Das wesentliche Entwicklungsartefakt am Abschluß der Phase ist das sogenannte Pflichtenheft.

Wesentliche Begriffe aus der englischsprachigen Terminologie sind in diesem Zusammenhang *requirements gathering, requirements transformation* (automatische Erzeugung eines Grobentwurfs) sowie *requirements engineering* als Bezeichner für die Anforderungsanalyse als detailliert beschriebene *Vorgehensweise.*

Die Disziplin der *Systemanalyse* kennt eine Phase *Ist-Analyse,* in der Verständnis gewonnen wird über das vom SUD zu unterstützende reale System und seine Abläufe, sowie die Phase *Sollkonzept*, in der Anforderungen an das zukünftige System inklusive der neuen Anwendung entwickelt werden. Diese Unterscheidung zwischen *ist* und *soll* wird in Anforderungsanalyse-Techniken des Software Engineering leider i.a. nicht deutlich gemacht.
Zunächst ist strittig, ob sich die Anforderungsanalyse beim Übergang zu *verteilten* Anwendungen überhaupt wesentlich ändert: schließlich wird in dieser Phase die Anwendung als black box betrachtet, so daß die Entscheidung über eine weitgehend sequentielle Realisierung auf einem Rechner oder eine verteilte Realisierung noch gar nicht relevant sein dürfte.

In der Realität wird aber die Klasse von Anforderungen, die durch eine im wesentlichen sequentielle nicht-verteilte Anwendung zu befriedigen ist, von der Klasse der Anforderungen, die zu einer verteilten Anwendung führen, meist deutlich unterschieden. In sequentiellen Anwendungen wird vorwiegend ein relativ abgeschlossenes, im Ablauf weitgehend sequentiell verstandenes System unterstützt. Verteilte Anwendungen unterstützen dagegen oft große, komplexe Systeme mit vielen Abläufen, wobei schon in der realen Welt diese Teilabläufe oft parallel und an verschiedenen Orten ablaufen - verteilte Anwendungen werden daher oft gekennzeichnet als *strukturell* bzw. *natürlich* parallel und verteilt, wobei die Parallelität ihrer Natur nach *grobkörnig* ist; es sind eher gesamte Prozesse als einzelne Anweisungen, die parallel zueinander ablaufen.

Zu den wesentlichen allgemeinen, also nicht verteilungsspezifischen Anforderungen an Techniken und Werkzeuge zur Anforderungsanalyse zählen:

- Umfangreiche Möglichkeiten zur benutzergerechten Modellierung der Anforderungen an das SUD inklusive der realen Welt, welche mit dem SUD interagiert. Dabei ist die Verwendung der Terminologie der realen Welt wichtig, damit die Anforderungen mit Benutzern und Auftraggebern abgestimmt werden können.
- Möglichkeiten, vage, nicht zuzuordnende oder beispielhaft formulierte Anforderungen als Bestandteil des Modells, also nicht nur allgemein verbal, einzubringen, und diese im Entwurfprozeß wiederfinden zu können (s. Abschnitt 9.3.5).
- Zugriff auf vordefinierte Bausteine und Regeln, um frühzeitig auf der Basis von möglichst korrekten und effizienten Modellen des SUD zu entwickeln und Hinweise auf existierende wiederverwendbare Softwaremodule zu finden;
- Transformation des Anforderungsmodells in einen Entwurf sowie der vagen oder nicht zuzuordnenden Anforderungen in eine sog. *issue-Basis* (vgl. Abschnitt 9.3.5);
- Einbeziehung und modulare Behandlung wichtiger Entwicklungsaspekte wie Anforderungen an Leistung, Robustheit, etc.

Verteilungsspezifisch sollten Anforderungsmodell und Werkzeuge Möglichkeiten bieten, um:

- Viele parallele Abläufe und deren Kopplung- und Synchronisationsbedingungen zu beschreiben;
- Objekte und Abläufe verschiedener Art und a-priori *unbekannter Anzahl* zu beschreiben, wobei sich die Zahl im Verlauf der Zeit ändern können sollte (dynamische Anzahl);
- Komplexität zu beherrschen, z.B. durch hierarchische Strukturierungsmöglichkeiten;
- Lokationen bzw. räumliche Trennung zu beschreiben.

In Abschnitt 9.2 wird sich zeigen, daß die verteilungsspezifischen Anforderungen an Entwurfswerkzeuge sehr ähnlich sind. Abbildung 9-1 veranschaulicht die verteilungsunabhängigen Teile einer komfortablen Werkzeugunterstützung zur Anforderungsanalyse; die oben ausgeführte Unterstützung wiederverwendbarer Software bedingt dabei, daß implementierte Softwaremodule geeignet klassifiziert und in die Wissensbasis eingebracht werden.

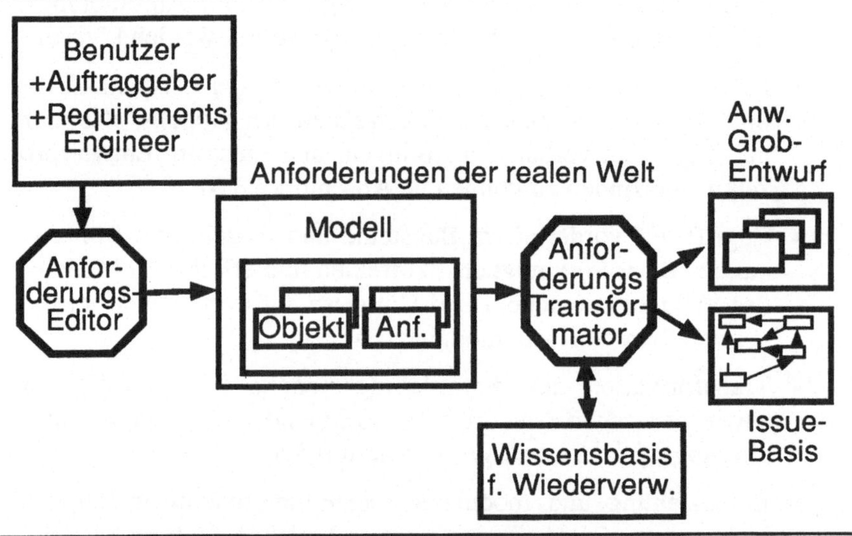

Abb 9-1 Werkzeugunterstützung bei der Anforderungsanalyse

9.2 Spezifikation

9.2.1 Abgrenzung und Vergleich mit der Entwurfsphase

Spezifikation und Entwurf können als konkurrierende Techniken in den frühen Phasen des Software-Lifecycle betrachtet werden. Sie haben wesentliche Ziele gemeinsam:

- Beide verstehen sich als Implementierungsvorgabe, d.h. sie versuchen, so vollständig wie möglich Funktionalität und Verhalten, z.T. auch die Struktur des SUD anzugeben; dabei soll das *Was* möglichst exakt, das *Wie* so wenig wie möglich beschrieben werden (letzteres, um genügend Freiheit für die Suche nach einer individuellen bzw. optimalen Implementierung zu lassen);
- Beide versuchen, den Benutzer von der Implementierung zu entlasten, d.h. Quellprogramme automatisch aus der Spezifikation bzw. dem Entwurf zu generieren (wie mehrfach erwähnt, gelingt dies bisher nur mit Einschränkungen);
- Die Artefakte beider Techniken (oft genau wie die Lifecycle-Phase *Spezifikation* bzw. *Entwurf* genannt) werden als die gegenüber der Implementierung geeignetere Grundlage zum Verständnis des SUD, zur Verbesserung, Korrektur und Wartung angesehen.

Aufgrund der gemeinsamen Grundzielsetzung beider Techniken sind die Unterschiede stark verwischt und mehr historisch begründet als durch unterschiedliche Zielsetzungen. Bisweilen werden die Begriffe sogar synonym verwendet. Hier sollen Spezifikation und Entwurf folgendermaßen unterschieden werden:
Ein Hauptmerkmal der Spezifikation ist die traditionell streng formale Beschreibung des SUD; diese liegt darin begründet, daß die maschinelle Verarbeitung der Spezifikation deren primäres Anliegen ist (Mensch-Maschine-Kommunikation). Sie soll Mittel sein für:

- Überprüfung, d.h. Kontrolle wichtiger Eigenschaften wie Vollständigkeit und Widerspruchsfreiheit;
- Verifikation, d.h. der Konformitätsbeweis einer Spezifikation gegenüber einer anderen (aus der Implementierung abgeleitete Spezifikation gegenüber Feinspezifikation, Feinspezifikation gegenüber Grobspezifikation etc.);
- Transformation, d.h. Erzeugung von Code aus der Spezifikation, wobei die Konformität zur Spezifikation automatisch sichergestellt sein sollte.

Entwurfstechniken dagegen waren anfänglich mehr verbal denn formal, wurden zunehmend graphisch und erst in jüngerer Zeit stärker formal. Hauptanliegen des Enwurfs ist es, früh im Lifecycle eine möglichst *klare und leicht verständliche* Beschreibung des SUD zur Verfügung zu haben. Diese soll vordringlich der Mensch-Mensch-Kommunikation zwischen und unter Softwareentwicklern, Auftraggebern, Entwerfern und Programmierern dienen: alle an der Entwicklung beteiligten Personen sollen sich anhand des Entwurfs auf ein gemeinsames Verständnis über das SUD einigen. Der Entwurf dient zudem als Protokoll der schrittweisen Entwicklung, hilft also z.B. einem einzelnen Entwerfer, die Implementierung auch bei der Wartung noch zu verstehen oder bei mehreren Versionen eines Entwurfs die Entwurfshistorie zu dokumentieren. Eindeutigkeit und maschinelle Verarbeitung sind beim Entwurf ebenfalls wichtig, aber erst an zweiter Stelle.

Von einer zur Überprüfung, Verifikation oder Transformation geeigneten Spezifikation wird Vollständigkeit auf dem gegebenen Abstraktionsniveau verlangt. Ein Entwurf dagegen kann zur Kommunikation zwischen Menschen eingesetzt werden, auch wenn auf dem betrachteten Abstraktionsniveau noch Teile des SUD weggelassen wurden.

Während die mangelnde Formalisierung von Entwürfen anfänglich deren Rechnerverarbeitung erheblich einschränkte, hat der streng formale Ansatz der Spezifikationstechniken anfänglich Abstriche bezüglich der Lesbarkeit erfordert. Es liegt jedoch nahe, einer Vereinigung der beiden Gebiete entgegenzustreben, d.h. streng formale Entwürfe zu ermöglichen bzw. leicht lesbare Spezifikationen mit Möglichkeiten zur Formulierung von noch unvollständigen Eigenschaften. Die Fortschritte bei der theoretischen Fundierung graphenbasierter Techniken (s. Abschnitt 9.3.7) weisen in diese Richtung.

9.2.2 Spezifikation und verteilte Anwendungen

Die Verwendung von Spezifikationstechniken bei der Entwicklung verteilter Anwendungen ist bislang noch relativ wenig im Einsatz. Seit Jahren viel diskutiert und erforscht sind Spezifikationstechniken dagegen im Zusammenhang mit *Kommunikationsprotokollen*; sie haben sogar teilweise Einzug in die industrielle Praxis gehalten. Das hängt mit den speziellen Problemen offener Kommunikationssysteme zusammen, da dort z.T. komplizierte Kommunikationsprotokolle zwischen Instanzen abgewickelt werden müssen, die von verschiedenen Herstellern entwickelt wurden. Spezifikationssprachen und -methoden für Kommunikationsprotokolle sind daher auch Gegenstand der Standardisierung.

Die geringere Akzeptanz von Spezifikationstechniken zur Entwicklung verteilter Anwendungen hat mehrere Gründe. Erstens setzt sich die formale Spezifikation in der industriellen Praxis insgesamt nur zögernd durch (vor allem aufgrund der o.g. schlechten Lesbarkeit und des für Verifikation und Überprüfung notwendigen Spezialwissens); zweitens scheint auf den ersten Blick kein so starker Zwang zu möglichst exakten Vorgaben gegeben zu sein wie bei offenen Kommunikationssystemen. Der dritte Grund liegt in den hohen Anforderungen an den zugrundeliegenden Formalismus:

- Während Kommunikationsprotokolle üblicherweise durch die Beschreibung des Zusammenspiels genau zweier kommunizierender Instanzen spezifiziert werden, muß bei verteilten Anwendungen meist die Kooperation ganzer Netze von Instanzen (d.h. von Prozessen bzw. autonomen Ablaufobjekten) spezifiziert werden.
- Erschwerend kommt dazu, daß die Zahl der Instanzen und ihre Topologie dynamisch zur Laufzeit variieren können.
- Ein weiteres Problem liegt darin, daß, wie im ersten Kapitel ausgeführt, zur Parallelisierung verteilter Anwendungen ein hohes Maß an Asynchronität in der Kommunikation unterstützt werden muß.

Für alle drei Problembereiche, Prozeßnetze, Dynamik und Asynchronität, gibt es Lösungsansätze im Bereich der Forschung, deren Praktikabilität und Kombinierbarkeit läßt jedoch bislang noch zu wünschen übrig. Hier kann in den nächsten Jahren mit weiteren Fortschritten gerechnet werden, die sich nachhaltig auf den Stand des Software Engineering für verteilte Anwendungen auswirken werden. Um trotz dieses fortschreitenden Entwicklung einen einigermaßen stabilen Einblick in Stand und Klassifikation der Spezifikationstechniken zu geben, soll im folgenden das wesentlich besser durchdrungene Gebiet der Kommunikationsprotokolle (s.o.) mit einbezogen werden. Der nachfolgende Abschnitt lehnt sich stark an [KRU90] an, wo Kommunikationsprotokolle schwerpunktmäßig betrachtet werden.

9.2.3 Spezifikationstechniken: Modellbildung

Systemmodell:
Ein Systemmodell, das den meisten gängigen Spezifikationstechniken zugrundegelegt werden kann, ist nachfolgend dargestellt. Dabei wird unterschieden zwischen dem zu spezifizierenden *System* und seiner *Umwelt*. Die Kommunikation zwischen System und Umwelt erfolgt dabei über die sog. *Systemschnittstelle*. Das System selbst ist (ggf. hierarchisch) in *Instanzen* aufgeteilt, die seine Funktionalität erbringen und über eine (Instanzen-) Kopplung kommunizieren.

Verschiedene Spezifikationstechniken unterscheiden sich bzgl. des Systemmodells z.B. darin,

- ob offene oder geschlossene Systeme (mit oder ohne Umgebungsbeschreibung) spezifiziert werden können;
- ob eine hierarchische Gliederung zugelassen ist, d.h. ob eine Instanz wieder als System verstanden werden kann;
- wie die Instanzenmenge charakterisiert wird (zwei-elementig, endlich, abzählbar, etc.); derzeit üblich sind zwei-elementige Mengen (i.a. für verbindungsorientierte Kommunkationsprotokolle) oder endliche Mengen (zur Behandlung von Prozeßnetzen);
- wie im Detail Instanzenmodelle, Kopplungsmodelle sowie Umwelt- bzw Systemschnittstelle festgelegt werden (s.u.).

Endliche Instanzenmengen werden z.B. als Array mit Obergrenze deklariert. Bisweilen wird argumentiert, daß damit nicht nur Prozeßnetze mit fest vorgegebener Anzahl von Prozessen behandelt werden können, sondern auch das o.g. Problem der Dynamik, also eine a-priori *unbekannte* Zahl von Prozessen. Das Argument lautet, daß real vorkommende verteilte DV-Systeme in Ausdehnung und Kapazität beschränkt sind und somit eine systembedingte Obergrenze existieren muß; bei Überprüfung und Verifikation könnten durch spezielle Array-Obergrenzen bis zu diesem System-Maximum alle dynamisch vorkommenden Topologien von Prozeßnetzen abgedeckt werden. Im praktischen Einsatz ist diese Argumentation allerdings schwer zu halten, da das Systemmaximum i.a. nicht zu ermitteln ist und die kombinatorischen Möglichkeiten bei den ohnehin sehr speicher- und rechenintensiven Überprüfungs- und Verifikationsverfahren i.a. nicht mehr ökonomisch beherrschbar sind.

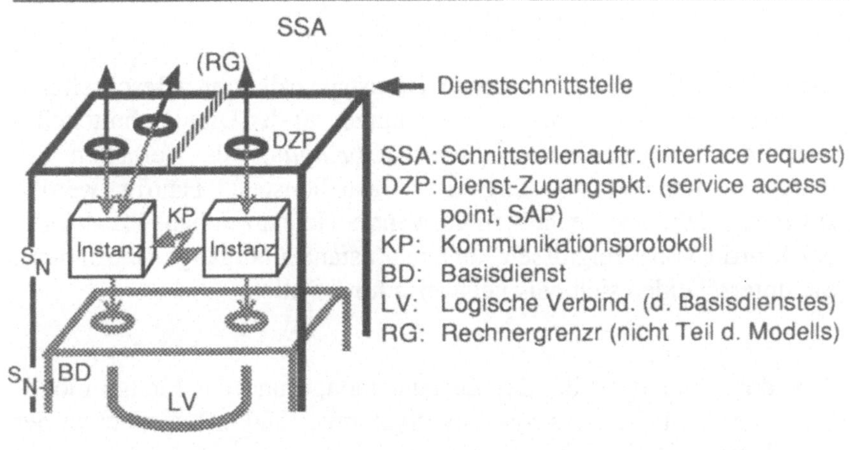

Abb 9-2 Beispiel-Systemmodell für Kommunikationsprotokolle

In Abbildung 9-2 wird beispielhaft ein Systemmodell für Kommunikationdienste vorgestellt mit:

- *Dienstzugangspunkten* (DZP, service access points), über die Dienstbenutzer und Dienst Anforderungen bzw. Meldungen in Form von *Schnittstellenaufträgen* (SSA, interface requests) austauschen, häufig begleitet von Dateneinheiten (die der Dienst übertragen soll);

- kommunizierenden *Instanzen*, die bei ihrer Kommunikation ein *Kommunikationsprotokoll* (KP) einhalten und einen unterliegenden *Basisdienst* (BD) nutzen; Instanzen einer *Schicht* S_N und Basisdienst der Schicht S_{N-1} *erbringen* gemeinsam einen *Dienst* der Schicht S_{N-1};
- ggf. *logischen Verbindungen* zur Strukturierung des Kommunikationsweges, identifiziert an der Dienstschnittstelle durch *Verbindungsendpunkte;*
- der *Dienstschnittstelle* (service interface) als Summe der Dienstzugangspunkte (ggf. mit Verbindungsendpunkten), der austauschbaren Arten von Schnittstellenaufträgen und Dateneinheiten, sowie der Regeln über diesen Austausch.

Man unterscheidet i.a. zwischen Dienstspezifikation (Beschreibung des Verhaltens gegenüber einem Benutzer an der Dienstschnittstelle) und Protokollspezifikation (Dienst-*Erbringung* als Verhalten der Instanzen und Verwendung des Basisdienstes). Häufig werden *zustandsorientierte* Techniken verwendet (Instanzen haben Zustände; bei Eintritt von Ereignissen können Zustandsübergänge stattfinden). Sie unterscheiden sich beispielsweise hinsichtlich:

- der Charakteristika der Zustandsmenge und der Menge möglicher Verhalten des Systems (Systemzustand z.B. als Vektor der Instanzenzustände)
- der Charakteristika der Zustandsmenge der Instanzen
- der Charakteristika der Menge der Ereignistypen

Kopplungsmodell:
Das Kopplungsmodell beschreibt Richtlinien und Konzepte der Kopplung zwischen Instanzen. Zwei Grundprinzipien sollen unterschieden werden:

Prinzip A: (z.B. *Übereinkunft-*, *Rendezvous-*, *Synchronisations-* und *direktes* Prinzip genannt): Kommunizierende Instanzen sind direkt gekoppelt. Kommunikationsaktionen führen dazu, daß Sendeoperation und Empfangsoperation eine Zeitsynchronisation der beteiligten

Instanzen herbeiführen. Liegt die Sendeoperation vor der Empfangsoperation, so wird die Sendeoperation bis zur Ausführung der Empfangsoperation blockiert und umgekehrt.

Prinzip B: (z.B. *Übertragungs-, indirektes* Prinzip, *Transmission, Message-passing*): Kommunizierende Instanzen sind über eine Art *Übertragungsinstanz,* einen *Kanal* gekoppelt. Dieser Kanal verzögert die übertragene Information zeitlich und hat Speichereigenschaften. Zur Synchronisation der Kommunikationsoperationen wird im allgemeinen nur verlangt, daß die Sendeoperation zeitlich vor dem Ende der Empfangsoperation liegt. Sendeoperationen sind im allgemeinen nicht blockierend.

Neben diesen Grundprinzipien gibt es weitere Charakteristika, nach denen sich Kopplungsmodelle unterscheiden lassen, beispielsweise, ob nur Zweipunkt- oder generell Endpunktverbindungen unterstützt werden, falls mehrere Informationen zum Empfang anliegen, ob diese dann bei einer Empfangsoperation deterministisch oder indeterministisch ausgewählt werden. Modelle nach Prinzip B unterscheiden sich auch nach den Charakteristika des Kanalmodelles wie Speicherdisziplin, Speicherkapazität, etc.

Ein *Nachteil von Prinzip A* liegt darin, daß i.a. in *realen* Systemen auf Effizienz der Kopplung geachtet wird und auf Erreichen eines möglichst hohen Parallelitätsgrades. Die strenge Synchronisation von Sende- und Empfangsoperation ist in dieser Hinsicht jedoch ineffizient. Reale Instanzen kommunizieren meist über komplexe Kommunikationsdienste (z.B. Transportdienste einer Kommunikationsarchitektur), von deren Details Prinzip A zunächst völlig abstrahiert.

Als *Vorteil* von *Prinzip A* wird dem entgegengehalten, daß die flexiblen Konzepte der Instanzenmodellierung verwendet werden können, um eine Kommunikations- oder Kopplungsinstanz zu modellieren. Dies kann dadurch sehr flexibel und detailliert geschehen; im Beispiel nach Abbildung 9-2 würde dabei der Basisdienst als Instanz modelliert.

Als *Vorteil von Prinzip B* wird normalerweise angeführt, daß dort bereits ein vorgefertigtes Modell einer Kopplungsinstanz existiert, also Modellierungsarbeit gespart werden kann; dies gilt allerdings nur, wenn die reale Kopplung dem Kopplungsmodell sehr ähnlich ist. Der

Nachteil von B ergibt sich analog, d.h. in Situationen, in denen das vordefinierte Kopplungsmodell schlecht paßt, wird die Spezifikation unrealistisch.

Fokus der einzelnen Techniken:
Instanzenorientierte Spezifikationstechniken konzentrieren sich auf eine detaillierte Beschreibung der Instanzen. Solche Instanzenbeschreibungen sind eigenständiger Bestandteil einer Spezifikation. Bei zustandsorientierter Realisierung bedeutet dies, daß eine große Zahl von Instanzenzuständen, aber im wesentlichen nur ein Kopplungszustand existiert, der aus dem Übertragungsvorgang besteht. Bei *kopplungsorientierten* Spezifikationstechniken wird dagegen von den Instanzendetails abstrahiert, d.h. Instanzen werden nun mit nur einem Zustand realisiert. Natürlich sind auch *Mischformen* bekannt, zu denen die erweiterten endlichen Automaten zählen, aber auch Prädikat-Transitionsnetze und ihre Erweiterungen.

Formulierung:
Die Art der Formulierung ist bei Spezifikationstechniken mit entscheidend für die Akzeptanz, da wie erwähnt die Lesbarkeit ursprünglich nur nachrangige Bedeutung hatte. Man unterscheidet zunächst grob in deskriptive und konstruktive Techniken.

A. Deskriptive Spezifikation:
Bei diesen wird weder die Struktur noch der Ablauf eines Systems beschrieben, sondern es werden *Aussagen über das System* gemacht, also über seine Eigenschaften und Charakteristika. Eine bestimmte Spezifikation beschreibt dabei eine Menge *möglicher Systeme* (gemäß System- und Instanzenmodell) und die einzelnen Spezifikationsaussagen schränken diese Menge ein. So ergibt sich bei einer vollständigen Spezifikation am Schluß genau diejenige *Menge von Systemen* (Instanzen, Kopplungen), mit der die gewünschte Zielfunktionalität der Anwendung erreicht wird.

Zur Formulierung der Spezifikationsaussagen werden allgemein Formeln eines Kalküls verwendet. Deskriptive Techniken können weiter unterteilt werden:

A1.*Logische Techniken:* hier handelt es sich beim verwendeten Kalkül um einen allgemeinen logischen Kalkül, z.B. um Prädikatenlogik erster Ordnung (All-, Existenzquantoren, logische Operatoren) oder temporale Logik (diese kennt Notationen für zeitliche Vorgänge, Nachfolgen, Reihenfolgen). Der sehr

allgemeine Charakter der Logik führt dazu, daß sie für die verschiedensten Spezifikationsaufgaben eingesetzt werden kann, also von der Grob- bis zur Feinspezifikation und für die unterschiedlichsten Systemmodelle. Die verschiedenen Phasen der Entwicklung (Grobspezifikation, Feinspezifikation, Implementierung) können ebenso als verschiedene *Abstraktionsstufen* betrachtet werden (Verhalten an der Schnittstelle nach außen, Verhalten inklusive internem Ablauf, implementierungsbezogene Ablaufbeschreibung). Bei der Spezifikation von Kommunikationsprotokollen haben sich hier konkret drei Ebenen eingebürgert: *Dienstspezifikation* (Leistung an der Dienstschnittstelle), die *Protokollspezifikation* (Zusammenspiel von kommunzierenden Instanzen und ggf. Basisdienst zur Diensterbringung, s. Abbildung 9-2) und *Programmspezifikation* (Implementierung der Instanzen). Letztere kann teilweise automatisch aus dem Programmtext abgeleitet werden.
In diesem Zusammenhang wird deutlich, wie die *Verifikation* als Beweis dafür verstanden werden kann, daß aus einer (feineren) Spezifikation eine andere (grobere) ableitbar ist; in Logik wäre dies der Beweis der Formel

(Konjunktion aller Aussagen der feineren Spezifikation)
$\Rightarrow$ (Konjunktion aller Aussagen der groberen Spezifikation).

Bei Kommunikationsprotokollen wird bei der *Programmverifikation* aus der Programmspezifikation die Protokollspezifikation abgeleitet (Nachweis: das Programm realisiert das spezifizierte Protokoll) und bei der *Protokollverifikation* aus der Protokollspezifikation die Dienstspezifikation (Nachweis: das Protokoll realisiert den spezifizierten Dienst).
Vollautomatische Beweiser können bislang nur für relativ kleine Probleme (z.B. einfache Dienste) eingesetzt werden, da aus kombinatorischen Gründen Speicher- und Platzbedarf i.a. exponentiell zur Problemgröße wachsen, also quasi "explodieren". Bessere Erfolge wurden mit sog. *interaktiven* Beweisern erzielt, bei denen ein Benutzer an wichtigen kreativen Punkten in der Beweiskette interaktiv die Beweisführung steuern kann (wobei jedoch der Verifizierer den Beweisgang verstehen muß; dies gilt aber auch für automatische Beweiser, wenn der Beweis mißlingt und der Verifizierer die Ursache - Widerspruch,

ungenügende / falsche Spezifikation etc. - finden will). Mit der Sprache CIL [KRU90] ist eine solche teilautomatische Programm- und Protokollverifikation möglich.

A2. *Assertionstechniken:* Diese werden zur *Programmverifikation* eingesetzt. Sie orientieren sich z.B. am Hoare-Kalkül zur Verifikation sequentieller Programme. Dort werden Programme mittels Vor- und Nachbedingungen (VB, NB) spezifiziert (falls vor Programmausführung VB wahr ist, muß nach Ausführung NB gelten); Zusicherungen (*Assertionen*) werden in den Programmtext eingestreut, die die Eigenschaften und Wirkungen der einzelnen Anweisungen in Logik beschreiben. Ein Korrekheitsbeweis weist gemäß Hoare nach, daß aus Vorbedingung plus Assertionen die Nachbedingung folgt. (Fehlt bei einem Verfahren der Nachweis der Terminierung des Programmes, so spricht man von *partieller Korrektheit*). Für nichtsequentielle Systeme wird die Technik erweitert um *globale Variable* (die von mehreren Instanzen aus zugänglich sind) und *Möglichkeiten zur Aufspaltung / Vereinigung des Kontrollflusses* (Parallelisierung / Resynchronisation). Die globalen Variablen machen die Technik geeignet für nebenläufige Programme mit gemeinsamem Speicher, weniger aber für verteilte Programme. Außerdem wird die Terminierung der Programme vorausgesetzt, weswegen der Einsatz z.B. für Kommunikationsprotokolle in unveränderter Form nicht möglich ist.
Um 1982 entstanden bei Chandy und Misra an der University of Texas at Austin neue Konzepte, die für verteilte Anwendungen bzw. Kommunikationsdienste mit endlicher Instanzenmenge erhebliche Fortschritte bringen, also bei statischen Prozeßnetzen, die über die üblicherweise unterstützte Punkt-zu-Punkt-Kommunikation zwischen Protokollinstanzen hinausgehen [MIC81]. Sie erlauben die Betrachtung von beliebigen Topologien aus n Instanzen und die hierarchische Spezifikation und Kommunikation durch Nachrichtenübermittlung anstatt über globale Variablen. Auch die Beschränkung auf terminierende Systeme fällt weg. Allerdings konzentrieren sich diese Konzepte bislang weniger auf die o.g. Verifikation als auf die Überprüfung einer einzigen Spezifikationen auf eine Reihe gewünschter Eigenschaften (s. Beispiel in Abschnitt 9.2.5).

B. Konstruktive Spezifikation:
Hierbei werden die durch das Modell gegebenen Bausteine (Systemtypen, Instanzen, Kopplungselemente, Kommunikationsereignisse etc.) instantiiert, parametrisiert und kombiniert. Das zu spezifizierende System wird also konstruktiv aufgebaut. Eine Spezifikation bestimmt auf der gegebenen Abstraktionsstufe genau *ein* System. Zwei Unterklassen können unterschieden werden:

B1. *Direkte Techniken:* Die einzelnen Bausteine sind hier vergleichbar denen von Programmiersprachen. Ähnlich wie Software über die verwendeten Datenstrukturen, die Ein-/Ausgabeoperationen und Kontrollstrukturen (Code) spezifiziert wird, kennen die direkten Techniken *Zustände, externe Ereignisse* bzw. nach außen wirksame Aktionen, sowie *interne Übergänge* (Transitionen). Beispiel für direkte Techniken sind Petrinetze und ihre Erweiterungen (z.B. Prädikat-Transitionsnetze) sowie erweiterte endliche Automaten.

B2. *Indirekte Techniken:* An indirekten konstruktiven Techniken sind bisher nur die *algebraischen Techniken* bekannt (s. Sprache *CCS* [MIL85]). Bei diesen wird das nach außen sichtbare Verhalten des spezifizierten Systems über ein Gleichungssystem definiert und analysiert.

Darstellung:
Aufgrund der oben erwähnten Akzeptanzprobleme der Spezifikationstechniken kommt der Darstellungsform eine große Bedeutung zu. Es lassen sich grob unterscheiden:

- *Tabellarisch:* Tabellarische Darstellungen bieten sich vor allem für die direkten konstruktiven Methoden an, d.h. für die Beschreibung des Zustands-Übergangsverhaltens. Es werden typischerweise Tabelleneinträge der Form (Z,E,F,A) spezifiziert, die bestimmen, wie aus einem Zustand Z bei Eintreten eines Ereignisses E ein Folgezustand F eingenommen und gleichzeitig eine Aktion A ausgelöst wird. Tabellarische Spezifikationen sind zwar rechnerverarbeitbar, lassen aber kaum ein sicheres Programmieren zu (Plausibilitätskontrollen werden kaum unterstützt).

- *Programmiersprachlich:* Dabei handelt es sich meist um Weiterentwicklungen der tabellarischen Notationen, d.h. das Zustands-Übergangsverhalten wird programmiersprachlich notiert. Das hat den Vorteil, daß auch komplexe Ereignisse und Aktionen als strukturierte Programme beschrieben werden können und wesentlich mehr Syntax- und Semantikprüfungen möglich sind. Der Komfort höherer Programmiersprachen kann genutzt werden für höhere Funktionalität und vereinfachte Darstellung. Die ISO hat hier z.B. die Sprachen *ESTELLE* [ISO87I] und *LOTOS* [ISO87II] genormt

- *Graphisch:* Alternativ zu tabellarischen oder programmiersprachlichen Notationen können auch graphische angesetzt werden. Vielfach besteht die Meinung, daß dadurch die Übersichtlichkeit und Verständlichkeit wesentlich erhöht werden kann. Dies ist allerdings nur bei Systemen bis zu einer gewissen Größe richtig bzw. wenn Hierarchiebildung gut unterstützt wird und möglich ist. Die von der CCITT (Normungsgremium der Internationalen Postverwaltungen) standardisierte Sprache SDL wird alternativ in Versionen für programmiersprachliche oder graphische Notationen angeboten als SDL/PR bzw. SDL/GR [CCI84].

- *Formelmäßig:* Sowohl die deskriptiven Techniken als auch die algebraischen konstruktiven Techniken werden ihrer Natur nach am einfachsten formelmäßig notiert. Die damit verbundenen Akzeptanzprobleme führten allerdings zu dem Versuch, auch hier programmiersprachenähnliche Techniken zu überlagern, z.B orientiert an der Sprache Prolog. Der große Vorteil der formelmäßigen Beschreibung liegt in der Exaktheit und Eindeutigkeit der Spezifikationsaussagen, sowie in der sehr kompakten Notation.

Zusammenfassung:

Abbildung 9-3 gibt noch einmal kurz gefaßt nach [KRU90] die Klassifikationspunkte wieder, die in den vergangenen Abschnitten auf der Basis von [KRU90] besprochen wurden.

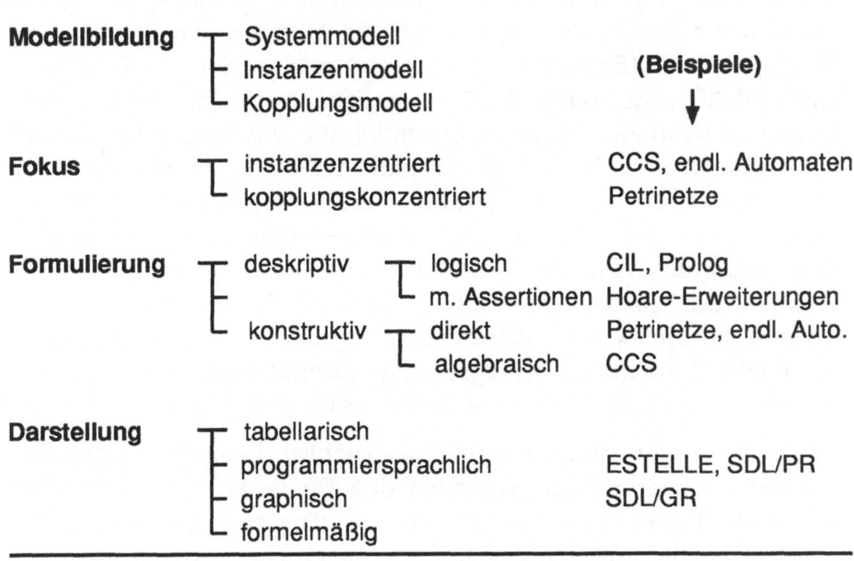

Abb 9-3 Klassifikation von Spezifikationstechniken

Vergleich:
Deskriptive Techniken lassen eine große Breite im Detaillierungsgrad zu, d.h. dieselbe Technik kann für Grob- und Feinspezifikation eingesetzt werden. Die Spezifikationsaussagen stehen gleichrangig nebeneinander und müssen keiner Reihenfolgebedigung gehorchen; dies kommt der Realität der Anforderungsanalyse nahe, wo mehr oder weniger zufällig die einzelnen Anforderungen nacheinander notiert werden. Durch die starke Konzentration auf das *Was* anstelle des *Wie* wird vermieden, daß Implementierungsentscheidungen vorweggenommen werden. Die Spezifikation in *Logik* hat zusätzlich den Vorteil, daß auf eine breite Theorie der Verifikations- und Überprüfungstechniken zurückgegriffen werden kann (s.u.)

Ein Nachteil deskriptiver Techniken liegt darin, daß in der Liste der gleichrangigen Spezifikationsaussagen Widersprüche entstehen können, d.h. daß es kein dem Modell entsprechendes System gibt, das die Summe der Spezifikationsaussagen erfüllen kann. Allerdings könnte man positiv argumentieren, daß durch die formale Fassung schon früh Widersprüche in den Anforderungen gefunden werden können, wie sie ja in der Realität vorkommen. Das Hauptproblem der deskriptiven Techniken liegt in der schwierigen Handhabung der Werkzeuge (Beweiser etc.) und der Techniken (Spezifikationsmethoden, Kalküle) selbst. Auch tritt ein Problem besonders deutlich zutage, das eigentlich für *alle* Spezifikations- und Entwurfsmethoden besteht: der erhöhte Aufwand (Mehrkosten durch den Aufwand für Spezifikation und Verifikation) tritt im Lebenszyklus sehr viel früher zutage als die möglichen Einsparungen (Reduktion des Test- und Wartungsaufwandes, Laufzeit-Fehler und Ausfälle im Einsatz). Zwar überwiegen die Einsparungen i.a. bei weitem die Mehrkosten, diese entstehen jedoch zu einem kritischen Zeitpunkt hinsichtlich Budget und Zeitaufwand, zu dem die Entwickler noch die Gefahr des Projekt-Abbruchs sehen.

Ein Teil der Vor- und Nachteile *konstruktiver Techniken* ergibt sich aus der Umkehrung der Argumentation für deskriptive Techniken: von Vorteil sind die vergleichsweise eingängige Formulierung und die Widerspruchsfreiheit der Anforderungen (bei hinreichend strenger Syntax und Semantik der Spezifikationsmethode).

Zusätzliche Vorteile liegen in den i.a. besseren Möglichkeiten zur rechnergestützten Codegenerierung und zur frühzeitigen Animation im Entwurf im Sinne von *rapid prototyping* (intuitiv aufgrund der größeren Ähnlichkeit zu Programmiersprachen). Konstruktive Techniken eignen sich zudem erfahrungsgemäß besser zur Mensch-Mensch-Kommunikation (im Sinne von Entwurf, s. Abschnitt 9.2.1).

Da sich bei konstruktiven Techniken die gewählte Abstraktionsstufe sehr wesentlich im (System-, Instanzen-, Kopplungs-) Modell widerspiegelt, muß bei diesen Techniken meist für jede Abstraktionsstufe ein anderes Modell mit zugehöriger Spezifikationstechnik gewählt werden. Das erfordert den Umgang mit verschiedenen Spezifikationen, was die Akzeptanz senken kann, und reduziert ggf. die Möglichkeiten zur formalen Überprüfung und Verifikation.

Der konstruktive Charakter, also die Ähnlichkeit zum Programmieren, führt häufig zur Überspezifikation und Vorwegnahme von Implementierungsentscheidungen. Hinderlich ist auch die Notwendigkeit, jeden Spezifikationsschritt (= Konstruktionsschritt) an einem Modellelement festzumachen. Allgemeine bzw. noch nicht zuzuordnende Anforderungen sind so nur schwer formulierbar.

Ausblick für verteilte Anwendungen:

Wie eingangs erwähnt, müssen für eine bessere Unterstützung *verteilter Anwendungen* sowohl die vorgestellten Modelle als auch die Techniken in der Zukunft noch angepaßt und erweitert werden. Bei der Modellierung könnten die Arbeiten zur Standardisierung eines Referenzmodelles für *Open Distributed Processing* (*ODP*, s. Kapitel 10) einen Fortschritt ermöglichen (so, wie das in Abbildung 9-2 dargestellte Modell für Kommunikationsprotokolle vom OSI-Referenzmodell für *Open Systems Interconnection* geprägt ist); bei den Techniken könnten die genannten Arbeiten von Chandy und Misra [MIC81] als Ausgangspunkt dienen (s. Beispiel in Abschnitt 9.2.5).

9.2.4 Kontrollschritte

Bei der Verarbeitung von Spezifikationen ist die Kontrolle (Überprüfung, Vergleich, Verifikation) neben der Codegenerierung das Hauptanliegen. Es lassen sich unterscheiden:

- *Analyse bzw. Inspektion:* Bei der *Analyse* wird die Spezifikation *als Ganzes* einer Kontrolle unterzogen. Dies wird angestrebt, weil das Kontrollergebnis dann für alle durch die Spezifikation definierten Systeme gültig ist. Die *Inspektion* ähnelt eher dem Testen: hier werden einzelne Aspekte der Spezifikation (häufig: bestimmte Abläufe, bestimmte Variableninhalte) kontrolliert; die Auswahl der Aspekte und die Steuerung der Kontrollschritte erfolgt durch den Menschen. Das Ergebnis hat dementsprechend eingeschränkte Gültigkeit; die notwendige Einflußnahme des Menschen macht eine völlige Automatisierung unmöglich.
- *Überprüfung bzw. Vergleich:* Orthogonal zu Analyse bzw. Inspektion wird die Kontrolle auch als Überprüfung bzw. Vergleich klassifiziert. Die *Überprüfung* beschränkt sich auf die Kontrolle *einer* Spezifikation und prüft nach, ob wünschenswerte Eigenschaften erfüllt werden (z.B. Abwesenheit von Verklemmungen). Zum *Vergleich* werden mindestens zwei Spezifikationen herangezogen und auf die Einhaltung gemeinsamer Eigenschaften hin analysiert. Häufig wird auf Äquivalenz

geprüft; dies bedeutet hier nicht Identität, sondern, daß Spezifikationen ohne Nebenwirkungen austauschbar sind (wichtig z.B. beim Vergleich der Spezifikationen des Schnittstellenverhaltens alternativer Systeme). Genauer wird oft nach *Verhaltensgleichheit* und *Verhaltensverträglichkeit* unterschieden; dies wird unten näher erläutert.

Kontrollschritt "Überprüfung":
Basis der Überprüfung ist meist der sog. Erreichbarkeitsgraph, wie er für zustandsorientierte Spezifikationstechniken erstellt werden kann: er besteht bei einem System mit mehreren Instanzen aus den vektorisierten Systemzuständen (Vektor der Instanzenzustände), wobei alle möglichen Zustände, Kommunikationsereignisse und Übergänge im Erreichbarkeitsgraph festgehalten sind. Zu den wichtigsten überprüfbaren Eigenschaften zählen (Details s. [KRU90]):

Beschränktheit: Wenn an der Schnittstelle eines Systems (und damit jeder Instanz) nur endlich viele über die Schnittstelle sichtbare und damit von außen unterscheidbare Verhalten beobachtet werden können, so gilt das System als beschränkt. Diese Eigenschaft läßt darauf schließen, daß das System mit endlich vielen internen Zuständen und folglich mit endlichem Speicheraufwand realisiert werden kann (z.B. bei einer Kopplungsinstanz: endlich großer Pufferspeicher). Eine schwächere Eigenschaft ist die der *Sicherheit,* die hier nicht detailliert werden soll (bei einer Kopplungsinstanz kann man sich unter Sicherheit intuitiv vorstellen, daß z.B. ein Pufferüberlauf selbständig geregelt werden kann, z.B. durch Flußkontrolle).

Lebendigkeit: Ein System ist lebendig, wenn für alle Instanzen und für alle kombinierten (*vektorisierten*) Zustände nachgewiesen werden kann, daß jedes für die betrachtete Instanz definierte Verhalten in der Zukunft möglich ist. Dies ist häufig nicht gegeben, da reale Systeme oft ausgezeichnete Initialisierungs- oder Terminierungszustände kennen.

Blockierungsfreiheit: Als blockierungsfrei wird eine Menge von Instanzen definiert, wenn für jede von ihnen für alle kombinierten Zustände gilt, daß es *mindestens ein* Folgeverhalten gibt (d.h., daß nicht eine oder mehrere Instanzen blockiert bzw. verklemmt werden können).

Fairneß: Fairneß ist eine stärkere Forderung als die der Blockierungsfreiheit. Sie bedeutet, daß für jede Instanz und für alle kombinierten Zustände in *allen möglichen* Sequenzen von Folgeverhalten mindestens eine Aktion der betrachteten Instanz enthalten ist. Hierdurch soll vermieden werden, daß zwar Blockierungsfreiheit gegeben ist, eine oder mehrere Instanzen jedoch nie mehr beobachtbares Verhalten zeigen können, z.B. weil andere ihnen immer zuvorkommen.

Kontrollschritt "Vergleich":
Der Vergleich zweier Spezifikationen kann mit unterschiedlicher Intention erfolgen:

- Im Bereich der Standardisierung kann es sinnvoll sein, eine Spezifikation mit einer standardkonformen Referenzspezifikation zu vergleichen.
- Verbreitet ist der Vergleich von Spezifikationen unterschiedlicher Lifecycle-Phasen, wobei i.a. gröbere und feinere Spezifikationen verglichen werden; hierfür wurde bereits der Term *Verifikation* eingeführt. Dabei ist die o.g. *Verhaltensverträglichkeit* besonders wichtig. Sie ist für zwei Spezifikationen A (grober) und B (feiner) wie folgt definiert: B verfeinert A ("B ist verträglich mit A") genau dann, wenn die Menge aller Experimente mit B Teilmenge der Menge aller Experimente mit A ist:

  B verfeinert A (B ist verträglich mit A)
  $\Leftrightarrow$ {E: E ist Experiment mit B} $\subseteq$ {E: E ist Experiment mit A}

  Ein Experiment ist als Folge von Ereignissen (*Stimuli*) und Reaktionen (Ausgaben des spezifizierten Systems) definiert, die als *Verhalten* des spezifizierten Systems beobachtet werden kann. Die Menge möglicher Experimente mit A ist dabei i.a. größer, weil grobere Spezifikationen mehr offene Entscheidungen (somit Indeterminismen) enthalten. Beim Vergleich von Spezifikationen mit Programmen sind auch z.B. die in Abschnitt 9.2.3 beschriebenen *Assertionstechniken* zum Beweis der (ggf. partiellen) Korrektheit relevant.

- Bisweilen werden gleichstark verfeinerte Spezifikationen aus derselben Lifecycle-Phase verglichen. Bei Verhaltensgleichheit kann dann die bessere Spezifikation verwendet werden, wobei die Güte einer Spezifikation kontextabhängig definiert wird (oft hinsichtlich nicht-funktionaler Kriterien, die nicht im Experimentsinne beobachtbar sind, wie Eleganz oder z.T. Effizienz).
- Da die formale Spezifikation nicht das Problem beseitigt, mit einer Spezifikation auch die gewünschte *Intention* zu beschreiben (s. Beispiel in Abschnitt 9.2.5), kann es in kritischen Fällen sinnvoll sein, zwei Spezifikationen für dasselbe System und denselben Detaillierungsgrad unabhängig voneinander erstellen zu lassen (i.a. von verschiedenen Gruppen). Ist der Vergleich solcher Spezifikationen erfolgreich, so kann man mit wesentlich höherer Wahrscheinlichkeit davon ausgehen, daß die Spezifikationen die Intention reflektieren.

Kontrolle von Kommunikationsprotokollen:
Abbildung 9-4 verdeutlicht die eingeführte Terminologie der Kontrollschritte bei Kommunikationsprotokollen. Die Programmspezifikation sei dabei (ggf. automatisch, durch Erzeugen von Assertionen) aus der Protokoll*implementierung* gewonnen. Für jede der drei Spezifikationen gibt es dann einen *Überprüfungs*schritt, außerdem die Verifikationsschritte *Programmverifikation* und *Protokollverifikation* wie in Abschnitt 9.2.3 eingeführt).

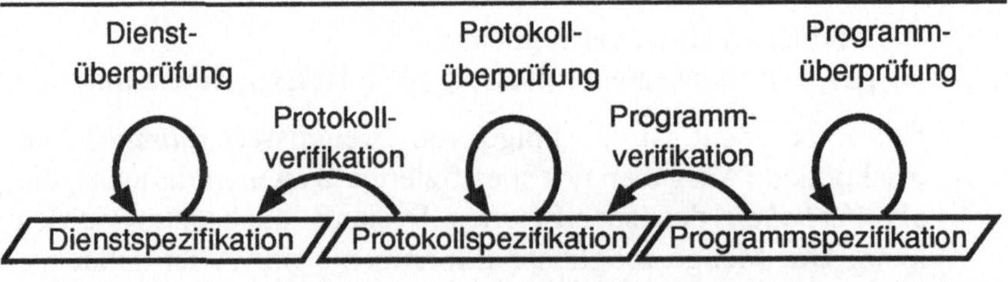

Abb 9-4 Kontrollschritte bei Kommunikationsprotokollen

Das Problem des Speicher- und Rechenaufwandes von Kontrollschritten tritt bei Kommunikationsprotokollen noch stärker zutage als bei der sequentiellen Programmierung, z.B. weil durch die Parallelität der möglichen Ereignisse und die teilweise Unabhängigkeit der Instanzenabläufe der Erreichbarkeitsgraph sehr groß wird. Es bieten sich eine Reihe von Abstraktionen an, mit deren Hilfe die Spezifikationen handhabbarer gemacht werden können (wodurch allerdings z.T. die Allgemeingültigkeit der Kontrollergebnisse eingeschränkt wird):

- Fast immer wird die Spezifikation verbindungsorientierter Kommunikationsprotokolle auf zwei kommunizierende Instanzen (Betrachtung des Punkt-zu Punkt-Verkehrs zwischen zwei Benutzern) und zwei Dienstzugangspunkte beschränkt.
- Während die Instanzen i.a. symmetrisch sind, also den identischen Funktionsumfang haben, wird ihnen bei der Kontrolle oft eine Rolle zugewiesen (z.B. rufende / gerufene Instanz).
- Auch eine getrennte Betrachtung der verschiedenen Phasen, wie sie in vielen Kommunikationsprotokollen zu finden ist, ist üblich (z.B. Verbindungsaufbau-, Datenaustausch- und Verbindungsabbauphase).
- Bei den Kommunikationsereignissen wird von vielen Details der ausgetauschten Information abstrahiert (Nutzdaten, z.T. auch einige Kontrollparamenter und Ablaufdetails werden vernachlässigt).
- Die Funktionalität des unterliegenden Basisdienstes wird meist sehr stark vereinfacht.
- Die meisten Spezifikationstechniken lassen eine Betrachtung von Realzeiteigenschaften gar nicht zu, so daß auch von diesen abstrahiert werden muß. Allerdings gibt es Wege, wichtige Effekte des Realzeitcharakters von Kommunikationsprotokollen dennoch einzubringen, z.B. Timeouts.

9.2.5 Beispiel: Spezifikation vs. Intention

An einem sehr einfachen Beispiel soll im folgenden das Problem aufgezeigt werden, die Intention des Entwicklers (bzw. Auftraggebers) vollständig und richtig in eine Spezifikation abzubilden. Es macht deutlich, daß der formale Charakter von Spezifikationen nicht dazu verleiten sollte, z.B. aus einer erfolgten Programm- und Protokollverifikation ableiten zu wollen, daß das entwickelte System auch subjektiv geforderte Eigenschaften erfüllt.

Für das kurze Beispiel sei die logische Spezifikationstechnik mit Vor- und Nachbedingungen zugrundegelegt; um das Beispiel klein zu halten, wird ein sequentieller Ausschnitt aus *einer* Instanz eines Kommunikationsprotokolls betrachtet, d.h. die Besonderheiten nebenläufiger Systeme (globale Variable, Kontrollflußsteuerung) kommen nicht zur Sprache. Auch sollen die Assertionen nach dem Hoare-Kalkül weggelassen werden, da die Verifikation jeweils trivial ist.

Es soll ein Programmstück spezifiziert werden, das die in einer Kommunikationsinstanz eingetroffenen Nachrichten nach ihrer Absende-Reihenfolge ordnet. Die Nachrichten seien durch ihren Absende-Zeitstempel gekennzeichnet; vor Programmaufruf seien die Absende-Zeitstempel (REAL-Werte) entsprechend der *Eingangs*reihenfolge in einem Array A[1..N] gespeichert. Das Programmstück soll nun das Array nach *Absende*-Zeitstempeln ordnen, d.h. die Array-Elemente nach aufsteigender Größe sortieren. Es sei sichergestellt, daß A tatsächlich N Elemente hat. Als Vorbedingung wird zunächst spezifiziert:

$$\text{VB: } N > 0 \wedge (\forall\, x\ (0 < x \leq N)\text{: } A[x] \in \text{REAL})$$

Die Nachbedingung soll ausdrücken, daß nach Programmausführung die Array-Elemene sortiert sind:

$$\text{NB: } \forall\, x\ \ (0 < x \leq N)\text{: } A[x] \geq A[x-1]$$

Diese Nachbedingung entspricht aber keineswegs vollständig der Intention! Ein einfaches Programm (in einer algorithmischen Pseudo-Sprache) der Form

```
begin
      N:= 0
end;
```

würde nämlich der gegebenen Spezifikation bereits genügen; es gäbe gar kein x größer Null und kleiner oder gleich N, also wäre die Nachbedingung erfüllt.

Das Problem liegt offensichtlich darin, daß im Programm ein Eingabeparameter unerwünscht verändert wurde. Dies wird korrigiert durch eine Erweiterung der Nachbdingung:

$$\text{NB: } (\forall x\ (0 < x \leq N): A[x] \geq A[x-1]) \wedge (N = N')$$

N´ bezeichnet den Inhalt der Variablen vor der Ausführung des Programmes, eine Besonderheit der Logik für Programmspezifikationen. Aber auch hier läßt sich ein der Spezifikation entsprechendes Programm angeben, das die ursprüngliche Intention in keiner Weise erfüllt.

```
begin
   for  i:=0  to  N  do A[i]:=0
end;
```

Es ist offenkundig, warum die Spezifikation nicht der Intention entsprach: das Array enthält nach Ausführung des Programmes nicht mehr die Elemente des Eingabe-Arrays. Eine weitere Ergänzung der Nebenbedingung ist erforderlich:

$$\begin{aligned} \text{NB:}\quad & (\forall x\ (0 < x \leq N): A[x] \geq A[x-1]) \\ & \wedge (N = N') \\ & \wedge (\forall i\ (0 < i \leq N)\ \exists k\ (0 < k \leq N): A[i] = A'[k]) \end{aligned}$$

Die letzte Zeile verlangt, daß alle Elemente des Ausgabe-Arrays aus dem Eingabe-Array stammen müssen. Wieder sei ein Programm angegeben, das die Spezifikation erfüllt:

```
begin
   for i:=0 to N do
   A[i]:=A[0]
end;
```

Das Ausgabe-Array enthält jetzt zwar nur Elemente aus dem Eingabe-Array, aber nicht alle (genau eines). Das falsche Programm macht sich zunutze, daß identische Zeitstempel nicht auszuschließen sind und die Sortier-Bedingung (erste Zeile der Nachbedingung) somit ein "≥" enthalten muß. Noch einmal muß die Nachbdingung erweitert werden:

$$\begin{aligned} \text{NB:}\quad & (\forall x\ (0 < x \leq N): A[x] \geq A[x-1]) \\ & \wedge (N = N') \\ & \wedge (\forall i\ (0 < i \leq N)\ \exists k\ (0 < k \leq N): A[i] = A'[k]) \\ & \wedge (\forall k\ (0 < k \leq N)\ \exists i\ (0 < i \leq N): A'[k] = A[i]) \end{aligned}$$

Die letzte Zeile sagt nun, daß auch alle Elemente des Eingabe-Arrays im Ausgabe-Array wieder auftauchen.

Noch immer ist die Spezifikation nicht korrekt, denn es läßt sich ein Programm vorstellen, das zwar der Spezifikation entspricht, aber z.B. aus einem Array [4.3, 2.1, 4.3, 5.7] das Array [2.1, 2.1, 4.3, 5.7] erzeugt, was erneut nicht der Intention entspricht. Erstaunlich hierbei ist, daß es mit Prädikatenlogik erster Ordnung gar nicht ohne weiteres möglich ist, eine Spezifikation zu erstellen, die auch dieses Problem noch behebt.

9.2.6 Beispiel: Spezifikation von Prozeßnetzen

Basierend auf [MIC81] soll im folgenden ausschnittsweise eine Prozeßhierarchie zwischen Fertigungskontrolle, Fertigungsmonitoren und einer Maschinensteuerung gemäß dem Beispiel in Kapitel 1.3 modelliert werden. In Abänderung und Verfeinerung des Beispiels sei folgendes festgelegt: Ein Auftrag besteht aus einer linearen Folge von Vorgängen auf einer Maschine. Vorgänge können sein: das Einspeichern eines NC-Bearbeitungsprogrammes oder das Bearbeiten von einem oder mehreren Werkstücken mit einem solchen NC-Bearbeitungsprogramm. In einem Auftrag folgen also immer eine Position "Programm-Laden" und ein oder mehrere Positionen "Werkstück-Bearbeiten" aufeinander. Die Positionen seien fortlaufend durchnumeriert.

NC-Bearbeitungsprogramme werden als Nachrichten von den Arbeitsplätzen der NC-Programmierer über die Fertigungskontrolle an die Maschine gesandt, identifiziert durch ihre Position im Auftrag. Der Grund sei der, daß immer die aktuellste Version verwendet werden soll, die Programme werden laufend verbessert. Es gebe *zwei* NC-Programmierer.

Werkstücke werden von *zwei verschiedenen* Teilelagern zuerst an die Lagerverwaltung, repräsentiert durch den Prozeß *Lager* aus dem Beispiel von Kapitel 1.3, gesandt. Sie werden begleitet von Werkstück-Begleitnachrichten, ebenfalls identifiziert durch die Positionsnummer im Auftrag. Der Ablauf ist nun wie folgt:

a) *Vorbereitung:* die Fertigungskontrolle informiert per Broadcast die NC-Programmierplätze und Teilelager vom durchzuführenden Auftragstyp und der betroffenen Maschine. NC-Programmierplätze und Teilelager holen sich ggf. den Fertigungsplan, um festzustellen, welche Positionen des Auftrags sie zu liefern imstande sind.

b) *Durchführung* (entsprechend Prozeßnetz in Bild 9-5): die beiden NC-Programmierplätze liefern - jede für sich in aufsteigender Reihenfolge - die NC-Programme, die bei ihnen gespeichert sind, über Kanäle in_{11} bzw. in_{21} an den Prozeß *Fertigungskontrolle*. Dieser sortiert seinerseits in aufsteigender Reihenfolge, eliminiert ggf. Doppel, falls ein Programm auf beiden Plätzen gespeichert war, und sendet weiter an die Maschinensteuerung (Prozeß *Maschine)*. Analoges geschieht mit den Werkstücken: sie werden von den Teilelagern lückenhaft, aber aufsteigend numeriert über die Kanäle in_{12} und in_{22} angeliefert. Der Prozeß *Lager* sortiert vor und liefert weiter an die Maschinensteuerung. Die Maschinensteuerung muß nun dafür sorgen, daß die über Kanäle in_{13} und in_{23} angelieferten Programme bzw. Werkstücke in der richtigen Reihenfolge über Kanal out_3 an die eigentliche Maschine gegeben werden.

Abbildung 9-5 spiegelt die Konfiguration von Fertigungskontrolle, Lager und Maschine bei der *Durchführung* wider. Alle drei Prozesse zusammen seien als Prozeßnetz H abstrahiert (gestricheltes Rechteck).

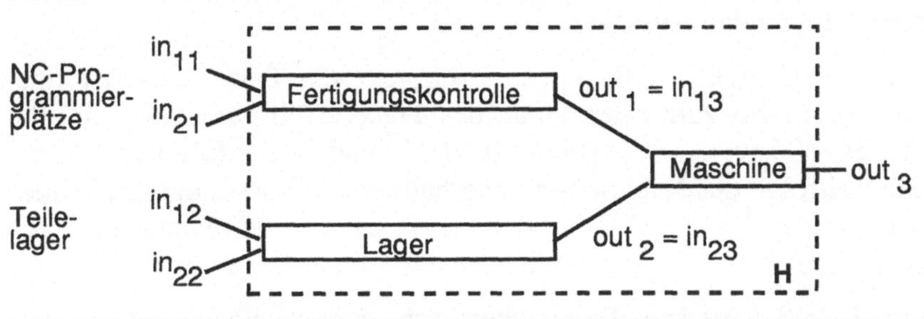

Abb 9-5 Prozeßhierarchie H von Prozessen

Das hier besprochene Verifikationsverfahren arbeitet auf hierarchisch strukturierten Prozeßnetzen, die über Kanäle verbunden sind. Durch die hierarchische Strukturierung ist es auf einer Betrachtungsebene egal, ob die betrachteten verknüpften "black boxes" Prozesse oder wiederum Prozeßnetze sind. Im Beispiel könnte das gestrichelte

Prozeßnetz H auch durch *einen* Prozeß repräsentiert sein. Der Begriff Prozeß soll daher im folgenden *beides* bezeichnen.
Dem Verfahren liegt die Vorstellung zugrunde, daß mit einer Grobspezifikation (z.B. der Spezifikation der gesamten Anwendung) begonnen wird, also einem Prozeß einer hohen Abstraktionsstufe; dieser wird dann in ein Prozeßnetz zerlegt, unter Angabe der Kanäle und der Spezifikation der Teilprozesse. Grundsätzliches Ziel des Verfahrens ist es dann, aus der Spezifikation eines so spezifizierten Prozeß-Netzes die Gültigkeit der Spezifikation der übergeordneten Hierarchiestufe herzuleiten. Beginnt man auf der obersten Hierarchiestufe, der Anwendung, so kann man diese "top-down" bis zu den elementaren Prozessen immer genauer spezifizieren und am Ende "bottom-up" Stufe für Stufe nachweisen, daß die Feinspezifikation die Grobspezifikation erfüllt.
Zur Verhaltensbeschreibung von Prozessen werden sogenannte *Traces* verwendet. Ein *externer* Trace ist dabei eine Folge von Tupeln $<(C_1,v_1), (C_2,v_2), \ldots, (C_n,v_n)>$; dabei beschreibt das i-te Tupel die i-te Nachricht, die der Prozeß erhält; C_i bezeichnet den eingehenden Kanal, auf dem die Nachricht empfangen wird und v_i den Wert (Inhalt) der Nachricht. (Ein *interner* Trace, hier ohne Bedeutung, bezieht auch interne Kanäle innerhalb des Prozesses ein.)

Das Verfahren arbeitet mit Assertionen (Zusicherungen), also aussagenlogisch formulierten Bedingungen an das Programm bzw. daraus folgenden Aussagen.

Sei $t= <(C_1,v_1), \ldots, (C_i,v_i), \ldots, (C_n,v_n)>$ ein Trace, dann ist eine Assertion r bis zum k-ten Punkt des Trace erfüllt, wenn sie für alle Traces $<(C_1,v_1), \ldots, C_i,v_i)>$ mit $0 \leq i \leq k$ und $i \leq n$ erfüllt ist.
Die Teilfolge der Nachrichten innerhalb eines Traces, die über einen bestimmten Kanal C gesendet wird sei im folgenden mit ZC bezeichnet.

Ein Prozeß wird spezifiziert über Vor- und Nachbedingungen wie schon im vorausgegangenen Unterkapitel beschrieben. Die verwendete Notation hat die Form <Vorbedingung VB> | <Prozeß> | <Nachbedingung NB>, was hier genauer besagt: a) die Assertion <Nachbedingung NB> gilt vor Prozeßstart und b) falls die Assertion <Vorbedingung VB> bis zum k-ten Punkt *jedes beliebigen* externen Trace gilt, dann gilt die Nachbedingung bis zum k+1-ten Punkt. Analog dazu kann eine "interne Spezifikation" festgelegt werden, die über *interne* Traces definiert wird (die Notation lautet: <VB> [<Prozeß>] <NB>, ersetzt also den senkrechten Strich durch eine eckige Klammer).

Als Instrumentarium zur Verifikation gibt nun [MIC81] eine Reihe von Inferenz-Regeln zur Ableitung von Spezifikationen aus anderen, ähnlich wie Verifikationskalküle für sequentielle Programme dies tun. Sie heißen *Komposition* (Regel zur Herstellung der initialen Assertionsmenge eines Netzes aus den Assertionen über die Einzelprozesse), *Konsequenz* (Umgang mit logischem "daraus-folgt") und *Abstraktion* (Übergänge zwischen internen und externen Traces). Aus diesen Inferenzregeln wird das Hierarchie-Theorem abgeleitet, das für unser Beispiel benötigt wird. Es erlaubt, direkt von den externen Spezifikationen der Teilprozesse h_i auf den externen Trace des Gesamtnetzes H überzugehen. Es verwendet die Notationen:

r_i, s_i: Vor- und Nachbedingungen der Teilprozesse h_i

R_0: Vorbedingung des Netzes H, S_0: Nachbedingung des Netzes H

R: Konjunktion (Und-Verknüpfung) aller Vorbedingungen der internen Prozesse

($\mathbf{and}_i : r_i$, also $r_1 \wedge r_2 \wedge \ldots$)

S: Konjunktion aller Nachbedingungen

Das Hierarchie-Theorem lautet:

$$\frac{\forall i : r_i \mid h_i \mid s_i \wedge ((S \text{ and } R_0) \Rightarrow R,\ S \Rightarrow S_0)}{R_0 \mid H \mid S_0}$$

Der waagerechte Strich bezeichnet den Inferenz-Vorgang: gilt die Aussage über dem Strich, so kann diejenige unter dem Strich abgeleitet werden.

Zurück zum genannten Beispiel: alle drei Prozesse, *Fertigungskontrolle, Lager* und *Maschine*, sind derart definiert, daß sie von zwei Kanälen monoton steigende Zahlenfolgen lesen, daraus eine monoton steigende Zahlenfolge bilden und diese auf einem Ausgabekanal schreiben. Es soll nun bewiesen werden, daß das Gesamtnetz H aus den vier eingehenden monoton steigenden Folgen am Ausgang out_3 ebenfalls eine monoton steigende Folge erzeugt. Wesentlich ist also der Begriff der monoton steigenden Folge, wofür der Bezeichner *mi* eingeführt werden soll. *mi(Z)* sagt dabei aus, daß die Nachrichten-Kennungen der Nachrichtenfolge Z monoton steigen. Mit dieser Vereinbarung sind alle Prozesse aus dem Beispiel sogenannte *merge*-Prozesse, d.h. sie genügen alle der Spezifikation:

$mi(Zin_1), mi(Zin_2) \mid$ *merge* $\mid mi(Zout)$ mit $Zout \subseteq Zin_1 \cup Zin_2$

Der Beweis ist offensichtlich, so daß die einzelnen aussagenlogischen Ableitungsschritte nicht im Detail aufgezeigt werden. Es wird nur der Beweisgang skizziert.
Zu zeigen ist $R_0 \mid H \mid S_0$ für die Prozesshierarchie H wobei:

$R_0 = mi(Zin_{k,j}) \quad \forall\, k,j = 1,2$

$S_0 = mi(Zout_3) \quad$ mit $Zout_3 \subseteq \cup\, Zin_{k,j}$

Aus der Definition der Einzelprozesse lassen sich sich die Vorbedingungen:

$R = mi(Zin_{k,j})\ k,j = 1,2;\ mi(Zout_1)\ ,\ mi(Zout_2)$

und die Nachbedingungen

$S = mi(Zout_1), mi(Zout_2), mi(Zout_3), Zout_1 \subseteq Zin_{1,1}$
$\cup\, Zin_{2,1}, Zout_2 \subseteq Zin_{1,2} \subseteq Zin_{2,2}, Zout_3 \subseteq Zout_1$
$\cup\, Zout_2$

herleiten. Es gilt: R and $R_0 \Rightarrow S$, $S \Rightarrow S_0$ für die drei Prozesse h_i. Durch Anwendung des Hierarchie-Satzes ergibt sich schließlich S_0.

In dem Beispiel wird die Problematik des Umgangs mit logischer Spezifikation anschaulich. Insbesondere bleibt aber festzuhalten, daß die gezeigte Technik sich mit Prozeßnetzen *fester* Topologie auseinandersetzt, d.h. eine dynamisch variierende Zahl von Prozessen kann nicht (bzw. nur sehr umständlich unter Angabe einer Maximalzahl für jeden Prozeßtyp) gehandhabt werden.

9.3 Entwurf

Nachdem einleitend schon eine Abgrenzung zwischen Spezifikation und Entwurf vorgenommen wurde, sollen nun Methoden und Werkzeuge für die Entwurfsphase erläutert werden.

9.3.1 Begriffsbildung

Für die nachfolgenden Erläuterungen ist es sinnvoll, die Begriffe Entwurfs*methodik* und Entwurfs*methode* genauer zu unterscheiden. Unter *Entwurfsmethodik* soll eine *allgemein* gehaltene Vorgehensbeschreibung verstanden werden, bei der keine Repräsentation festgeschrieben wird, also z.B. keine spezifische graphische oder programmiersprachliche Notation mit Syntax und Semantik. Die wesentlichen Bestandteile einer Entwurfsmethodik sind *Entwurfsschritte,* die nach Abfolge, Bedeutung und teilweise auch Regeln ihrer Ausführung beschrieben sind; dies geschieht typischerweise verbal, im Sinne von Prinzipien und Leitlinien.

Aus einer Entwurfsmethodik läßt sich dann eine konkrete *Entwurfsmethode* ableiten, wenn eine spezifische (graphische, textuelle) Notation eingeführt wird. Deren Semantik spiegelt üblicherweise die Prinzipien und Leitlinien der Entwurfsmethodik wider, allerdings nur in dem (geringen) Umfang, der sich direkt mit der konkreten Notation (Syntax) der Entwurfsmethode in Verbindung bringen läßt. Entwurfsschritte oder Regeln darüber, wie sich Eigenschaften des SUD im Entwurf niederschlagen sollten, können in der Semantik der Notation nicht berücksichtigt werden und sind nicht notwendigerweise Bestandteil der Entwurfsmethode. Üblicherweise wird durch die Konkretisierung der darstellbaren Elemente und ihrer Verknüpfungen das Anwendungsspektrum gegenüber einer Entwurfsmethodik eingeschränkt.

Entwurfswerkzeuge sind in diesem Zusammenhang Softwaresysteme, die die Anwendung einer konkreten Entwurfsmethode unterstützen.

Weitere bekannte Begriffe im Zusammenhang mit dem Softwareentwurf sind die Unterscheidung der beiden Vorgehensweisen *bottom-up* (mit Bausteinen beginnend) und *top-down* (schrittweise Verfeinerung des Gesamtsystems), die in der Realität sehr häufig gemischt werden. Die Gruppierung des SUD in Softwaremodule erfolgt üblicherweise nach dem sog. Geheimnisprinzip *(information hiding)*; jedes Modul verbirgt dabei eine wichtige Entwurfsentscheidung in sich, wodurch eine nachträgliche Revision dieser Entwurfsentscheidung zwar das Modul ändert, nicht aber dessen Schnittstelle nach außen.

9.3.2 Sichten

Abbildung 9-6 listet verschiedene *Entwurfssichten* auf, die eine Entwurfsmethode auf das SUD anbieten kann. Entwicklungsmethoden lassen sich so u.a. danach beurteilen, welche Entwurfssichten sie wie unterstützen. Wie aus der Abbildung deutlich wird, ist zum einen relevant, welche *Bausteine* des SUD betrachtet werden. Dabei setzte sich die klassische Trennung von *Daten* und *Funktionen* (Operationen, Code) klassischer Rechnerarchitekturen lange Zeit bis in die Entwurfsmethoden hinein fort; wichtigste Bausteine waren entsprechend beim Entwurf Daten (-strukturen) und funktionelle Komponenten; die funktionellen Komponenten vereinen dabei eigentlich zwei Bausteine in sich: die Funktionsbeschreibung (Haupt-, Unterprogramme) und den Kontrollfluß (traditionell im Betriebs—systemprozeß).

Baustein:
- Datum (Nachricht / Ereignis)
- Funktionelle Komponente
  (aktiv = Prozeß, passiv = abstrakter Datentyp)
- Objekt (+Kontrollfluß)

Struktur:
- Interne Struktur
- Externe Struktur
- Fluß

Inkarnation:
- Klasse / Typ
- Instanz

Zeitbezug:
- Statisch
- Dynamisch

Abb 9-6 Mögliche Entwurfssichten bei Entwurfsmethoden

Mit der Weiterentwicklung der höheren Programmiersprachen und Programmierparadigmen entwickeln sich auch die Bausteine von Entwurfsmethoden weiter. Bei verteilten Anwendungen interessieren die übertragenen *Nachrichten* und die *(aktiven) Komponenten,* zwischen denen sie ausgetauscht werden. Für den Entwurf von Systemen mit umfangreicher Schnittstelle, z.B. interaktive und Realzeit-Systeme, ist die Behandlung von *Ereignissen* sehr wesentlich. Objektorientierte Systeme kapseln Daten zusammen mit den zugehörigen Funktionen in *Objekten,* welche ebenfalls Botschaften austauschen; bisweilen werden bei objektorientierten und anderen datenkapselnden Systemen *aktive und passive Komponenten* unterschieden, wobei erstere initial mit einem Kontrollfluß (thread) ausgestattet sind, während letztere nur aufgerufen werden können; alternativ existiert eine Trennung in rein passive Objekte (Daten plus Funktionsbeschreibung) und Kontrollflüsse (threads) als eigenen Bausteinen.

Die bisher betrachteten Bausteine sind einmal bestimmt vom zugrundegelegten Programmierparadigma (objektorientiert, imperativ etc.), zum anderen vom Fokus der Methode (Kontrollfluß, Datenfluß, funktionale Dekomposition etc.). Dabei wird deutlich, daß eine umfassende Entwurfsmethode *mehrere* Entwurfssichten unterstützen sollte; stattdessen favorisieren die meisten bekannten Methoden entweder eine mehr datenorientierte oder eine mehr funktionsorientierte oder eine objektorientierte Sicht.

Weitere Bausteine können *zusätzlich* zu den genannten sehr hilfreich sein, wenn eine Entwurfsmethode nicht nur implementierungs-*unabhängige* Entwürfe unterstützen soll (wie das bei Spezifikationsmethoden oft als Anforderung postuliert wird), sondern auch detaillierte, implementierungsnahe Feinentwürfe gestatten soll. Wichtige Bausteine sind hierbei Zeiger oder *Referenzen,* unterscheidbar von den eigentlichen Objekten, Daten etc.; ein anderes Beispiel bilden *Rechte,* vor allem *Zugriffsrechte* auf Bausteine.

Während für die *Anforderungsdefinition* in Abschnitt 9.1 gefordert wurde, daß sie auch die Umwelt des SUD zu modellieren gestatten muß, interessiert beim *Entwurf* nur noch die *Schnittstelle* zu dieser Umwelt; vielen Entwurfsmethoden fehlen allerdings geeignete Bausteine zu deren Modellierung.

Entwurfsmethoden unterscheiden sich außer nach den unterstützten Bausteinen auch nach den betrachteten *Strukturen*. Hier lassen sich grob unterscheiden:

1. die *interne Struktur* der Inkarnationen dieser Bausteine, z.B. Datenstrukturen, Flußdiagramme (Struktur funktioneller Komponenten, siehe auch Punkt 3);
2. die *externe Struktur* (Begriffe wie Beziehungen, Netz, Topologie), die sich aus den Relationen zwischen den Inkarnationen von Bausteinen ergibt, z.B. Prozeßnetze, Kommunikationsbeziehungen, die funktionelle Architektur, oder Hypertext-Netze (ursprünglich als Netze von Daten- bzw. Dokumentstrukturen konzipiert; s. Kapitel 10).
3. der *Fluß* inkarnierter Bausteine relativ zu anderen (Datenfluß, Kontrollfluß — bei Flußdiagrammen z.B. relativ zur funktionellen Struktur).

Analog zum Typkonzept höherer Programmiersprachen unterscheiden einige Entwurfsmethoden die *Inkarnationen* eines Bausteins noch nach *Typen* und *Instanzen*. Werden Typen und Instanzen betrachtet, so kann man von einem Baustein zunächst einen Typ (eine Klasse) inkarnieren und davon dann viele Instanzen. Optimal ist die Möglichkeit, zwischen Typ-, Instanz- und gemischter Sicht zu wechseln (s. Boochs Abhandlungen über objektorientierten Enwurf [BOO86]): in sehr frühen Phasen des Entwurfs ist eine Klassifikation der auftretenden Bausteine des SUD in Typen noch nicht möglich, da der Entwerfer noch nicht genügend Kenntnis z.B. über Gemeinsamkeiten hat; der frühe Entwurf ist also rein instanzenorientiert. In späteren Phasen des Entwurfs können dann Typen identifiziert und entworfen werden, aber die konkrete Zahl der Instanzen ist unbekannt, ggf. sogar laufzeitabhängig, der Entwurf ist also typorientiert. Gegen Ende des Entwurfs werden Besonderheiten einzelner Instanzen relevant, sowohl Typen also auch Instanzen sollten also betrachtet werden. Die Unterstützung von Typen und Instanzen ist also nicht primär wünschenswert, um Entwurfsmethoden und gängige höhere Programmiersprachen (welche üblicherweise Typen und Instanzen unterstützen) einander anzugleichen, sondern um eine Eigenschaft des Entwurfsprozesses zu reflektieren.

Das Kriterium *Zeitbezug* gibt schließlich an, ob *dynamische* Veränderungen der Baustein-Inkarnationen und ihrer Eigenschaften beschrieben werden können oder nur deren *Statik*. Dies ist z.B. für *externe Strukturen* von Bausteinen vor allem bei verteilten Anwendungen wichtig, bei den häufig die Zahl und Topologie der Komponenten dynamisch variiert.

9.3.3 Allgemeine Anforderungen

Werkzeuge: Eine wichtige und häufig *schlecht* erfüllte Anforderung an Entwurfs*werkzeuge* ist die möglichst vollständige Unterstützung der Entwicklungs*methodik* (s. Abschnitt 9.3.1), und zwar weitergehend als in der Semantik der Notation der Entwurfsmethode gegeben. Das heißt, daß der Benutzer durch die Entwurfsschritte rechnergestützt hindurchgeführt wird und interaktiv jene Entwurfsentscheidungen herbeigeführt werden, die zu einem der Methodik entsprechenden Entwurf führen. Im Gegensatz zu dieser Forderung bieten viele Werkzeuge im wesentlichen die Bausteine der Entwurfsmethode an und gestatten, diese zu instantiieren und zu parametrisieren; gerade bei graphischen Methoden wird häufig noch nicht einmal die gesamte Semantik der Methode unterstützt; diese kann dann häufig in einem separaten Schritt überprüft werden, ggf. zusammen mit automatischer Code-Generierung.

Im Rahmen von CASE (Computer Aided Software Engineering) werden zunehmend Entwurfswerkzeuge angeboten, welche mehrere Methoden unterstützen, oder sogar über eine Methodendefinitionssprache um neue Methoden - typischerweise innerhalb einer Familie von Entwurfsmethoden - erweitert werden können.

Weitere Anforderungen an Entwurfswerkzeuge sind:

1. **Integration** mit der restlichen SPU; hierzu gehört die Integration auf der Interaktions- und Speicherschicht, aber auch die funktionale Integration, also automatische Code-Generierung, Rückwärts-Integration, d.h. Erzwingen von Abänderungen des Entwurfs, wenn in der Implementierungsphase Inkonsistenzen mit dem Entwurf erzeugt werden, Kopplung mit Werkzeugen zur Wiederverwendung von Software (Klassifikation neuer Entwürfe, intelligenter Vergleich mit existierenden) analog zur Anforderungsdefinition (vgl. Abschnitt 9.1).

2. **Animation** von Entwürfen als frühes Feedback im Software-Lifecycle (im Sinne von Rapid Prototyping),
3. **Automatische Generierung von Testfällen** für die spätere Implementierung;
4. **Einbeziehung von Schnittstellen** des SUD zur Umwelt (inkl. existierender Software).

Methoden: Für Entwurfsmethoden ist zum einen wesentlich, daß sie mehr Methodik beinhalten, als sich im direkten semantischen Kontext ihrer Notation beschreiben läßt; außerdem ist zu differenzieren, welche *Sichten* angeboten werden. Hierbei ist zu beachten, daß in frühen Entwurfsphasen nicht zu viele Sichten erzwungen werden sollten. Die Zahl der Sichten sollte also im Laufe der Verfeinerung des Entwurfs zunehmen können.

Die *Einsatzbreite* einer Entwurfsmethode ist ein weiteres Kriterium; das wünschenswerte Spektrum umfaßt dabei z.B. rechenintensive (z.B. technisch-wissenschaftliche), datenbankorientierte (Informationssysteme, Transaktionssysteme) und realzeitorientierte Anwendungen.

Erweiterbarkeit ist eine weitgehende Anforderung, die noch kaum erfüllt wird. Erweiterbare Entwurfsmethoden erlauben die Einführung neuer Typen von Entwurfsobjekten, inklusive Semantik sowie ggf. Bedeutung in der Entwurfs*methodik*, Handhabung bei Code-Generierung, Animation etc.

Abstraktionsunterstützung ist eine zentrale Anforderung; Abstraktionen können z.B. durch Hierarchiebildung von Bausteinen unterstützt werden oder durch Unterscheidung von Instanzen und Typen.

9.3.4 Anforderungen für verteilte Anwendungen

Bezüglich Bausteinen und Entwurfssichten für den Entwurf *verteilter Anwendungen* ist die Unterstützung folgender Punkte besonders relevant:

- die *Dynamik* der externen Struktur, vor allem der funktionellen Komponenten (dynamische Veränderung der Konfiguration aktiver Komponenten);
- Bausteine und Typen für verschiedene externe Strukturen funktioneller Komponenten, womit sich unterschiedliche semantische Beziehungen zwischen den Komponenten (Mehrpunkt-Kommunikationsbeziehung, Beziehung im Kontext von Objektmigration, o.ä.) darstellen lassen;
- Unterscheidung von Daten, Nachrichten und Nachrichtenfluß;
- bei aktivitätsorientierten Sichten Parallelität, Kommunikation und Synchronisation;
- Unterscheidung und Notation für spezielle Aspekte verteilter DV-Systeme (Konfigurationsaspekte wie physikalische und logische Rechnernetzknoten oder Heterogenitätsaspekte z.B. durch spezielle Subtyp- oder Versionsunterstützung).
- Ereignisse und deren asynchroner Charakter, spezielle Notation für Ereignisse;
- Möglichkeiten zur Einbeziehung von speziellen Entwurfsaspekten (s. Abschnitt 8.4.6) und ggf. Managementaspekte (Abschnitt 8.4.7) bei klarer Trennung von den funktionalen Aspekten und Behandlung in separaten Funktionsblöcken (vgl. auch analoge Diskussion bzgl. der Anforderungsanalyse).
- Spezifikation von Fehlerfällen und möglichst Fehlertoleranzmaßnahmen.

Im Hinblick auf verteilte Anwendungen ist auch Abstraktion im Sinne von *Einkapselung* von Bedeutung, vor allem für die verteilungsrelevanten Bereiche Kommunikation und Administration. Es sollte möglich sein, Kommunikationsverhalten an einer zentralen Stelle zu spezifizieren, um innerhalb anderer Entwurfsobjekte (z.B. der aktiven Komponenten) davon abstrahieren zu können. Das Gleiche gilt für die Administration der Komponenten im Sinne von Konfigurationsverwaltung. Dies wurde bereits in Kapitel 7 besprochen, Ansätze für generische Kommunikationsmuster, sog. *Skripts*, werden in Abschnitt 9.4 gesondert behandelt.

Die große Komplexität verteilter Anwendungen macht es zudem erforderlich, mehr noch als sonst in Entwurfsmethoden *Unvollständigkeit* und *Entwurfshistorie* zu unterstützen. Unvollständigkeit bedeutet dabei, daß vor allem in frühen Entwurfsphasen wie schon bei der Anforderungsanalyse vage, unvollständige oder nicht eindeutig einem Baustein zuzuordnende Angaben unterstützt werden. Die Entwurfshistorie bezeichnet die Argumentation, Entscheidungen und Alternativen beim Entwurf, deren Aufzeichnung bei späteren Zyklen von Bedeutung ist.

Die Entwurfshistorie wird beispielsweise im *issue-based design Ansatz* (s.u.) unterstützt, der als erstes der folgenden Beispiele behandelt wird. Die zwei darauffolgenden Beispiele stellen Repräsentanten des jüngsten Standes auf dem Arbeitsgebiet dar, und zwar auf der Ebene käuflich zu erwerbender Produkte. Dabei zeigt sich, daß die direkt verteilungsrelevanten Aspekte noch kaum beachtet werden, wohl aber einige der indirekt verteilungsrelevanten (d.h. auch in anderen Kategorien von Software auftretenden) Problembereiche wie Komplexität, Wiederverwendbarkeit und Nebenläufigkeit.

9.3.5 Beispiel: Issue-based Design

Wie bereits bei der Erläuterung der Begriffe Top-down und Bottom-up erwähnt wurde, entspricht die Realität des Entwurfes keinem dieser beiden Vorgehen in reiner Form. Statt dessen kann man ein Vorgehen beobachten, bei dem der Entwickler sich im Wechsel mit verschiedenen Teilen und Abstraktionsstufen des Entwurfes beschäftigt (*"to leapfrog"*). Der Wechsel ist z.B. abhängig vom Fortschritt der Anforderungsanalyse oder des Anwendungsverständnisses, eventuell aber auch von einer Risikoanalyse. Dabei wird oft versucht, die risikobehaftetsten Anwendungsteile zuerst zu bearbeiten, um die Zeit und Kostenplanung nach besserem Verständnis dieser Teile sicherer durchführen zu können (s. Abschnitt 8.3.4).

Ein weiteres Problem vieler Entwürfe besteht darin, daß sie den Wartungsaufwand nicht im erhofften Maß reduzieren. Entwürfe als solche spiegeln nämlich Entwurfsentscheidungen wider, die oft erst nach reiflicher Überlegung und mit gutem Grund getroffen wurden. Zum Zeitpunkt der Wartung der Anwendung sind die Gründe, die zu einer bestimmten Entwurfsentscheidung führten, oft nicht mehr nachvollziehbar. Alternative Entscheidungen erscheinen - vermeintlich aufgrund der geänderten Anforderungen - sinnvoller, in Wahrheit wird aber eine Fehlentscheidung getroffen. Es stellt sich daher die Frage, wie die Entwurfshistorie aufgezeichnet und nachvollziehbar gemacht werden kann.

Ein drittes Problem besteht darin, daß früh im Entwurf verschiedene Entwickler bzw. verschiedene Personengruppen (Benutzer, Auftraggeber, Entwickler) unterschiedliche Ansichten und daraus resultierend auch verschiedene und oft widersprüchliche Ziele haben. Mangels ausreichender Systemunterstützung fallen die Entscheidungen zwischen solchen Entwurfsalternativen oft nicht nach logischen Gesichtspunkten.

Um diese Probleme zu reduzieren, wurde eine Technik namens *Issue-based Design* entwickelt. Sie geht zurück auf eine Grundidee von Rittel (*Issue-based Information System, IBIS*) und wurde im System gIBIS (group-based IBIS) in ein System für den Softwareentwurf im Team umgesetzt, s. [COB88]. Die Betrachtung des Entwurfsvorgangs mittels issue-based design ist so allgemeingültig, daß sie sogar in der Literatur als Grundlage benutzt wurde, um verschiedene Entwurfsmethoden zu vergleichen. Wesentliche Elemente des issue-based Design sind zunächst:

- *Anforderungen* (engl. *issues*, auch mit *offene / zu entscheidende Punkte* zu übersetzen): Wichtige Punkte, die als Frage zu einem Entwurfsaspekt der Anwendung formuliert sind;
- *Positionen (positions):* eine Position ist *eine mögliche* Antwort oder Teilantwort auf eine der als issue formulierten Fragen;
- *Argumente (arguments):* Argumente sind als Aussagen formuliert und unterstützen eine bestimmte Position oder stehen aber im Widerspruch zu einer Position.

Im IBIS-System wird nun eine Verbindung hergestellt zwischen den issues, positions, arguments einerseits und Entwurf und Methodik andererseits (s. Abbildung 9-7). Diese manifestiert sich in:

- *Artefakten:* Hierunter sind die Bestandteile des Entwurfs zu sehen, also die inkarnierten Bausteine gemäß 9.3.2, ggf. in unterschiedlichen Abstraktionsstufen und Sichten.
- *Entwurfsschritten:* Analog zu 9.3.1 sind hierunter die Schritte der Entwurfsmethodik zu verstehen, allgemein (z.B. Übergang zum nächstfeineren Entwurf) oder spezifisch für den aktuellen Entwurf (z.B. Behebung eines bestimmten Fehlers).

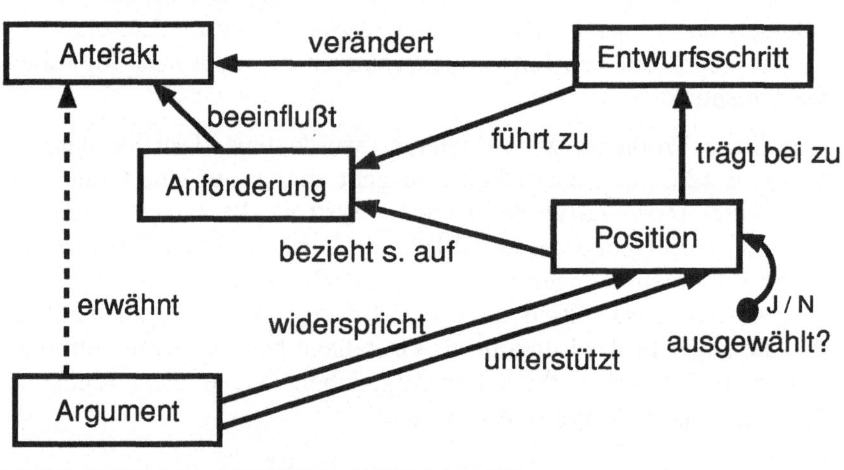

Abb 9-7 Issue-based Design

Eine getroffene Entwurfsentscheidung wird dadurch realisiert, daß für die entsprechende Position eine boolesche Marke ausgewählt und gesetzt wird.

9.3.6 Beispiel: Object-oriented Structured Design

Structured Design ist der Name einer bekannten Entwurfsmethode, welche den modularen Entwurf nachhaltig unterstützt (bisweilen wird der Begriff auch allgemein zur Bezeichnung einer modularen Methodik verwendet) [YOC79]. Structured Design kennt Elemente wie *entities* (Elemente der realen Welt oder der in Entwicklung befindlichen Anwendung). Den Entities werden (ggf. hierarchisch) *operations* und *parameters* zugeordnet. Ausgehend davon wird eine Einteilung in Module vorgenommen.

Object-Oriented Structured Design (OOSD) ist eine objektorientierte Entwurfsmethode, die von Wasserman et al. bei *Interactive Development Environments (IDE)* entwickelt wurde [WPM90]. OOSD versucht über die Ansätze anderer objektorientierter Entwurfsmethoden *HOOD* [HEL88] und zahlreiche weitere inzwischen entwickelte objektorientierte Entwurfsmethoden (deren Name üblicherweise auf *OOD* endet) hinauszugehen und objektorientierten Entwurf mit *Structured Design* zu verknüpfen.

Ausgangspunkt ist die bereits erwähnte *Methode nach Booch* [BOO86], eigentlich mehr eine Methodik als eine Methode. Booch schlägt sehr grob folgendes Vorgehen vor (im folgenden wird der Begriff des *Systems* verwendet, da die Methodik nicht auf Anwendungen in Software beschränkt ist): zunächst werden alle Vorgänge im zu entwerfenden System, die im Rahmen der Anforderungsanalyse identifiziert werden können, frei verbal, d.h. mit natürlicher Sprache beschrieben. In der Beschreibung werden dann alle Subjekte betrachtet. Sie sind potentielle Kandidaten für Objekte. Die als Objekte des zu entwerfenden Systems erkannten Elemente werden notiert. Anschließend werden alle Prädikate und Verben der natürlichsprachlichen Beschreibung analysiert. Dort finden sich die Kandidaten für Methoden (Operationen) von Objekten. Sie werden ebenfalls notiert und Objekten zugeordnet. Schließlich wird das konkrete System mit seiner Schnittstelle nach außen zusammengefügt und hierarchisch als Hierarchie von sog. Paketen (Objekttypen bzw. -klassen) beschrieben.

Booch betont die weiter oben erwähnte Beobachtung, daß frühe Phasen des Entwurfs instanzenorientiert sind, dann ein Übergang zur Klassenbildung (Abstraktion) stattfindet und am Ende wieder die instanzenorientierte Betrachtung einfließt. Das entspricht einer Vorgehensweise, bei der zunächst alle erdenklichen Vorgänge und Elemente identifiziert werden, dann durch Auffinden und Klassifizieren der Gemeinsamkeiten die Klassenbildung vollzogen wird und schließlich die konkret benötigten Elemente entworfen werden.

Die Entwerfer von OOSD machen der Methodik nach Booch zwei wesentliche Vorwürfe:

- Der Übergang Instanzen→Klassen→Instanzen wird zwar herausgestellt, aber durch die Methodik kaum unterstützt.
- Die Methodik legt eine datenorientierte Modellierung (Substantive werden zu Objekten) näher als eine aktionsorientierte. Damit wird eine Tendenz festgeschrieben, die dem objektorientierten Gedanken widerspricht. (Dort sollten datenorientierte und aktionsorientierte Elemente gleichrangig als Objekte modelliert werden können.)

OOSD versucht diese Nachteile zu beheben, wie erwähnt Structured Design zu unterstützen und eine konkrete Methode inklusive Werkzeugunterstützung und Code-Erzeugung anzubieten. Außerdem wird versucht, eine hohe Flexibilität hinsichtlich der graphischen Notation zu erreichen. So kann z.B. vom Benutzer entschieden werden, wo die Methodenschnittstelle eines Objektes in seiner graphischen Repräsentation eingetragen werden soll.
Allerdings trennt OOSD Notation und Methodik recht streng, um seine Notation ggf auch einer anderen Methodik zugänglich machen zu können (konkret glauben die Entwickler z.B. ihre Notation auch im Kontext von Boochs Methodik oder derjenigen von HOOD verwenden zu können).

Wichtige Eigenschaften der OOSD-Notation werden im folgenden aufgezählt:

- Typen (Klassen) werden konkret unterstützt sowie einfache und mehrfache Vererbung und Polymorphismus im objektorientierten Sinne (s. Abschnitt 6.1).
- Selbst generische Typen werden angeboten; so kann man sich für das Beispiel aus Abschnitt 1.3 einen generischen Tabellentyp vorstellen, der dann als *Fertigungsplan-Tabelle, Werkstück-Tabelle* etc. parametrisiert werden kann.
- Zusammen mit Methoden können auch die Parameter angezeigt werden, inkl. deren Richtung (Aufruf- und/oder Ergebnisparameter); dies gestattet hohen Detaillierungsgrad.
- Aspekte, die für die Implementierung in spezifischen Programmiersprachen wichtig sind, wie z.B. die *lexikalische Inklusion*

(Verwendung eines Programmbausteins als sogenanntes Makro) oder Sichtbarkeitsregeln (für modulare Übersetzung), werden berücksichtigt.

- Fehler und andere asynchrone Ereignisse können über *exception events* und zugehörige *exception parameter* spezifiziert werden;
- Zur Synchronisation paralleler Prozesse werden Monitore eingesetzt; diese sind bekanntlich für nicht-verteilte nebenläufige Programme eher geeignet als für verteilte (ebenso wie ADA, eine der wichtigsten Zielsprachen von OOSD); entsprechend dem Monitor-Konzept modelliert OOSD die Kommunikation und Synchronisation nebenläufiger Kontrollflüsse durch Aufrufe von Monitor-Operationen von diesen Kontrollflüsse aus; der Monitor sorgt für den gegenseitigen Ausschluß von Aufrufen; dabei werden auch asynchrone Aufrufe unterstützt, d.h. der Aufruf erfolgt asynchron zum aktuellen Kontrollfluß des Monitors; auch das *Rendezvous,* also die explizite Annahme von Operationsaufrufen, wird unterstützt.
- Codeerzeugung wird im Sinne der Generierung von Programmrahmen angeboten, potentiell für verschiedene Zielsprachen.

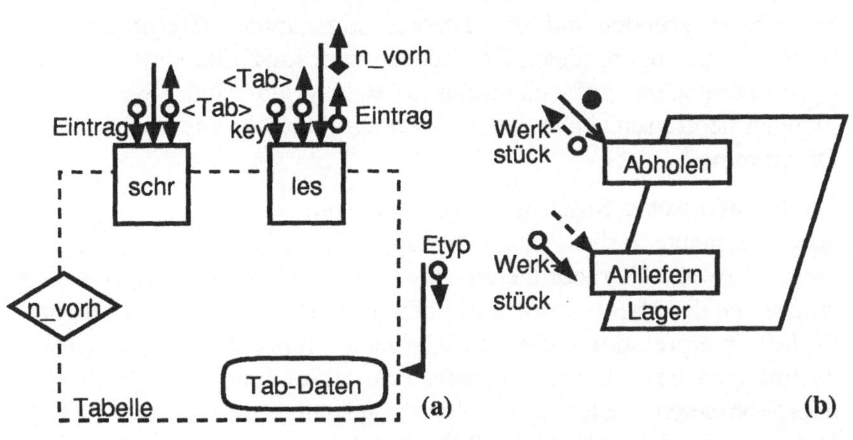

Abb 9-8 Tabelle und Lager in OOSD-Notation

Abbildung 9-8 (a) zeigt einen generischen Typ *Tabelle* wie oben angedeutet. Die gestrichelte Box deutet den generischen Charakter an. An der Peripherie sind zwei Boxen entsprechend zwei Operationen *schr* und *les* angebracht, womit Tabelleneinträge erzeugt werden (Eingabeparameter *Eintrag,* Ein- und Ausgabeparameter *Referenz auf Tabelle*). Der lange unbenannte Pfeil zu den Operationen hin würde in einem Gesamtbild den Kontrollfluß andeuten. Gelesen wird mit Hilfe eines Schlüssels (*key*); wird kein entsprechender Eintrag gefunden, so führt dies zur Ausnahme *n_vorh,* der Aufruf wird mit einem entsprechendem Ausnahmeparameter zurückgegeben. Von einer generischen zur konkreten Tabelle gelangt man durch Angabe des Typs von Einträgen in die Tabelle, s. formaler generischer Parameter *Etyp* (hier würde lt. obigem Beispiel *Fertigungsplan* oder *Werkstück* angegeben). Die eigentlichen Daten (*Tab_Daten*) bleiben nach außen unsichtbar. Teil (b) der Abbildung zeigt einen Monitor *Lager,* bei dem unter bestimmten Bedingungen (angedeutet durch einen schwarzen Punkt) Werkstücke entnommen werden können. Asynchron zum aktuell betrachteten Kontrollfluß erfolgt die Anlieferung von Werkstücken von außen, d.h. durch einen asynchronen Aufruf (gestrichelter Aufrufpfeil).

9.3.7 Beispiel: Higraphs und Statecharts

Statecharts gründen auf die Theorie sogenannter *Higraphs*; diese bestehen aus abgerundeten Rechtecken oder kurz Elementen, welche ggf. überlappen, ggf. hierarchisch strukturiert sind. Sie können mengentheoretisch interpretiert werden, ähnlich wie Euler-Venn-Diagramme.

Bei hierarchischer Strukturierung wird Vollständigkeit verlangt, d.h. alle Elemente, die nicht-überlappend vollständig *in einem gemeinsamen* übergeordneten Element enthalten sind, müssen *zusammen* das übergeordnete Element repräsentieren (mengentheoretische Interpretation: die Teilelemente repräsentieren disjunkte Teilmengen bzw. Einzelelemente, ihre Vereinigung ist gleich dem übergeordneten Element); hier spricht man von XOR-Dekomposition, s. Abbildung 9-9 (a).

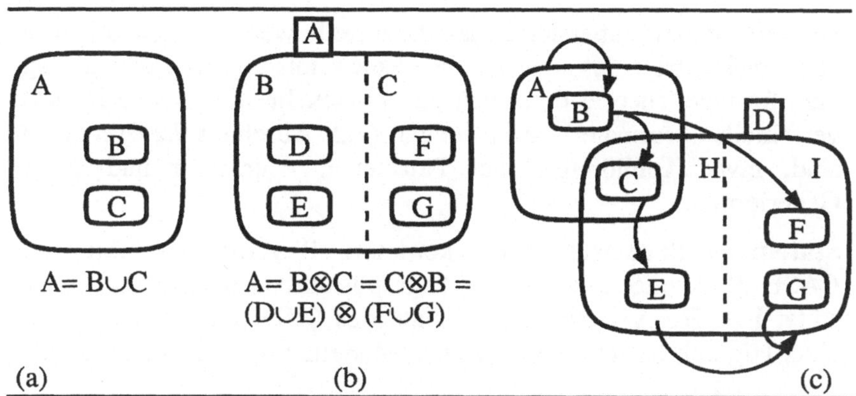

Abb 9-9 XOR-Dekomposition, AND-Dekomposition, Higraph

Daneben existiert die AND-Dekomposition; sie wird dadurch veranschaulicht, daß ein übergeordnetes Element mittels gestrichelter Trennlinien in Teilmengen zerlegt wird; jede solche Teilmenge repräsentiert die Vereinigungsmenge der darin enthaltenen Teilelemente. Die AND-Dekomposition gibt an, daß das übergeordnete Element das karthesische Produkt dieser Teilmengen (also aller Teilelemente pro Teilmenge) darstellt. Es handelt sich um ein ungeordnetes karthesisches Produkt, dargestellt durch das Symbol ⊗, s. Abbildung 9-9(b).

Ein Higraph entsteht schließlich durch Verknüpung von Elementen mittels *Hyperedges* zu *Hypergraphen*; Hyperedges bezeichnen dabei Pfeile, welche mehrere Anfänge und mehrere Ziele haben können, s. Abbildung 9-9(c).

Bestechend an Higraphs ist die große Flexibilität durch die Vielfalt der Zerlegungen - hierarchisch-überlappend wie Euler-Venn-Diagramme, hierarchisch vollständig im Sinne von XOR-Dekomposition, karthesisch im Sinne von AND-Dekomposition - und die Bildung n-ärer Graphen im Sinne von Hypergraphen. Diese Flexibilität ermöglicht es, viele existierende graphische Modellierungstechniken nicht nur als Higraphs zu interpretieren, sondern so zu erweitern, daß vereinfachte Darstellungen möglich werden. Entity-Relationship-Diagramme, Flußdiagramme, endliche Automaten u.v.a. können durch den Higraph-Ansatz z.T. wesentlich vereinfacht bzw. übersichtlicher dargestellt werden. Erstaunlich ist auch, daß es trotz des semantischen Reichtums von Higraphs gelang, eine formale Theorie derselben zu entwickeln, aufgrund derer z.B. verschiedene formale Überprüfungen (vgl. Abschnitt 9.2.4) möglich sind, etwa Abbildungen auf Petrinetze, Animation und Code-Generierung.

Statemate: Statemate ist ein kommerziell vertriebener Satz von CASE-Werkzeugen, welche auf Higraphs aufbauen. Statemate unterstützt i.w. drei verschiedene Sichten des SUD, welche jeweils auf einer Higraph-basierten graphischen Modellierungstechnik basieren:

- *Structural View:* Hierin wird das SUD hierarchisch in Softwaremodule gegliedert. Mittels Hyperedges wird darin der potentielle Informationsfluß (Datenfluß) eingetragen, der bereits statisch ermittelt werden kann. Die Darstellungsform wird als *module chart* bezeichnet.
- *Functional View:* Diese Sicht beschreibt die Elemente einer Hierarchie von Aktionen des SUD bzw. Aktivitäten der realen Welt, welche unterstützt werden sollen; diese können den in der *structural view* betrachteten Softwaremodulen entsprechen - je nachdem, nach welchen Gesichtspunkten diese Softwaremodule entworfen wurden. Die Hyperedges beschreiben die Abfolge von Aktionen; Beschriftungen der Hyperedges kennzeichnen den konkreten Datenfluß entlang des Kontrollflusses. Diese Darstellungsform wird *activity chart* genannt.
- *Behavioural View:* Diese Sicht beschreibt Bedingungen und Abfolgen der konkreten Aktionen im SUD (Dynamik funktioneller Komponenten nach 9.3.2), aufbauend auf der *functional view*, welche die möglichen Kontrollflüsse beschrieb, ohne auf Auswahlen zwischen möglichen Kontrollflüssen Rücksicht zu nehmen oder auf die Zustände und Bedingungen, welche das Anhalten / Fortsetzen der Kontrollflüsse regeln. Die *behavioural view* entsteht, indem auf jeder Hierarchiestufe der functional view eine zusätzliche *control activity* hinzugefügt wird (nicht in den Blättern der Hierarchie, da dort Elementaraktivitäten spezifiziert sind). Das entsprechende Diagramm wird als *statechart* bezeichnet. Statecharts werden nachfolgend noch näher beschrieben.

Statecharts sollen vor allem deshalb vertieft betrachtet werden, weil sie speziell für die Spezifikation nebenläufiger Systeme entwickelt wurden; allerdings standen zunächst reaktive Systeme im Vordergrund, wie sie vor allem in der Prozeßsteuerung vorkommen. Statecharts können als Higraph-Erweiterung erweiterter endlicher Automaten aufgefaßt werden. Ihre Elemente bezeichnen folglich Zustände, Hyperedges Zustandsübergänge, beschriftet in der Form

"Eingabe-Ereignis [Bedingung] / [Ausgabe-Ereignis]"

Durch OR-Dekomposition ist eine hierarchische Strukturierung möglich (ein Zustand zerfällt in mehrere Unterzustände); dadurch wird der top-down-Entwurf unterstützt und die Lesbarkeit verbessert; Vereinfachungen entstehen z.B. dadurch, daß *ein* vom übergeordneten Zustand wegführender Pfeil *n* wegführende Pfeile (bzw. *n* Hyperedge-Anker) von allen *n* Unterzuständen ersetzt.

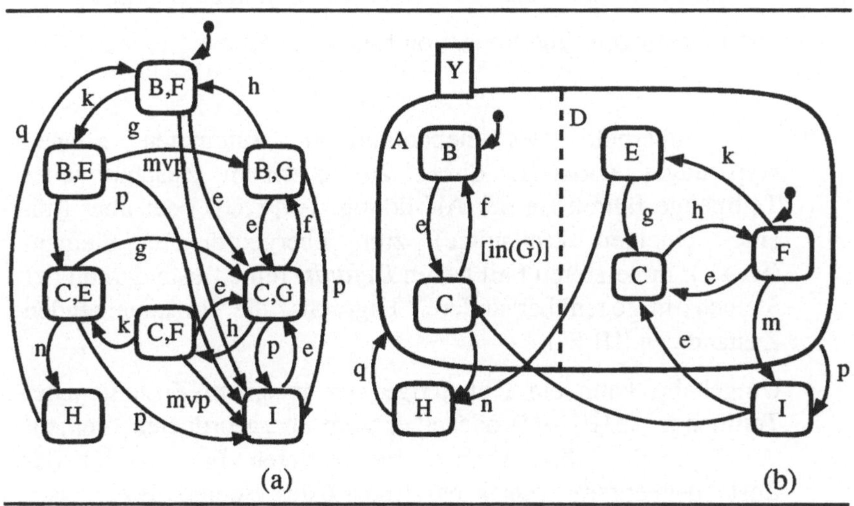

Abb 9-10 Nebenläufiger endlicher Automat, Statechart

Durch AND-Dekomposition können elegant *nebenläufige Automaten* dargestellt werden. Bei der Behandlung nebenläufiger Systeme mittels endlicher Automaten (z.B. bei der Protokollverifikation entsprechend Abschnitt 9.2.4) wird jede einzelne Instanz als Automat beschrieben, das Gesamtsystem durch einen Automaten mit Zustandstupeln, deren Elemente die Zustände der beteiligten Instanzen bezeichnen. Grundsätzlich kann aufgrund der Nebenläufigkeit jeder Zustand einer Instanz gleichzeitig zu jedem Zustand jeder anderen Instanz auftreten - also durch das karthesische Produkt der Einzel-Automaten, bezeichnet als *Produktautomat* repräsentiert werden; dieser kann durch Streichen von nicht erreichbaren Zuständen und Verschmelzen von extern nicht unterscheidbaren Übergängen üblicherweise noch etwas vereinfacht werden, ist aber i.a. sehr komplex und kaum lesbar. Hier hilft die AND-Dekomposition entscheidend, wie Abbildung 9-10 deutlich macht; im Higraph müssen nicht die Zustandstupel aufgezählt werden (und damit im ungünstigsten Fall das gesamte karthesische Produkt), sondern nur die Einzel-Zustände; in 9-10 ist ein einfacher (!) nebenläufiger Automat dargestellt, entstanden aus der Kombination zweier Automaten, in üblicher Notation (a) und als Statechart (b) angegeben; veranschaulicht wird auch die Integration des nebenläufigen Automaten mit normalen, sequentiellen Zuständen (H und I).

Die Vereinfachungen rühren u.a. von folgenden Konventionen:

- Von außerhalb des nebenläufigen Automaten können Hyperedges entweder direkt zu je einem Zustand jeder Teilmenge führen (in der Abbildung: I→[C,G]) oder aber (mit einer einzigen Pfeilspitze) zum übergeordneten Element (H→Y); im letzteren Fall geben *Defaults* (eine Besonderheit der Statecharts gegenüber anderen Higraphs) die einzunehmenden Zustände an ([B,F]).
- Umgekehrt kann ein Hyperedge von je einem Zustand jeder Teilmenge ([C,E]→H) oder aber vom übergeordneten Element (Y→I) nach außen führen; im letzteren Fall erfolgt der Zustandsübergang *immer* bei Eintritt des Eingabe-Ereignisses (und ggf. der Zusatz-Bedingung, alles gemäß Hyperedge-Beschriftung), egal welche einzelnen Zustände eingenommen sind.
- Kommunikation und Synchronisation zwischen den nebenläufigen Zuständen eines Higraphs mit AND-Dekomposition erfolgt durch zwei Mechanismen: *eingabeseitig* kann die o.g. optionale [Bedingung] in der Hyperedge-Beschriftung die Form [in(Z)] einnehmen (Abbildung: C→B beschriftet mit [in(G]); das bedeutet, daß dieser Übergang nur stattfindet, wenn Zustand Z

in der entsprechenden (nebenläufigen) anderen Teilmenge zum Zeitpunkt des Eintritts des Eingabe-Ereignis eingenommen war; *ausgabeseitig* gilt, daß Ausgabe-Ereignisse nicht nur nach außen gegeben werden, sondern per Broadcast auch an alle nebenläufigen Zustands-Teilmengen (in Abbildung 9-10 nicht enthalten). Ist dort dieses Ausgabe-Ereignis als mögliches Eingabe-Ereignis definiert und dessen Eintritt erfüllt eine aktuelle Zustandsübergangs-Bedingung, so wird (quasi-zeitgleich) dieser Übergang ebenfalls ausgeführt.

Auch bei der OR-Dekomposition können Hyperedges zu/von über- oder untergeordneten Elementen führen, wobei Hyperedges zu bzw. von übergeordneten Elementen den Übergang gemäß Default bzw. unabhängig vom aktuellen (untergeordneten) Zustand bezeichnen.

Als Ausgabe-Ereignisse sind auch Prozeßfortschaltungen zulässig (Start, Stop, Suspend oder Resume); als Eingabe-Ereignisse sind auch Timeouts zulässig.

9.3.8 Zu weiteren Entwurfsmethoden

Nicht behandelt wurden hier traditionelle Entwurfs- und Spezifikationsmethoden für sequentielle Programme, da sie für verteilte Anwendungen kaum von Bedeutung sind. Dazu zählen Methoden für *Programming-in-the-Small,* wie Flußdiagramme, Entscheidungstabellen, Nassy-Shneiderman-Diagramme und Pseudocode, aber auch Entwurfsmethoden für *Programming-in-the-Large,* wie *Structured Design, SADT* oder *PSL/PSA*. Aus PSL/PSA hervorgegangene Methoden (*SREM/RSL/REVS*) erlauben den Umgang mit Nebenläufigkeit, unterstützen aber nicht den Entwurfsteil der Anwendungen.

Zu den Anforderungen, die auch von OOSD und Statecharts noch nicht befriedigend erfüllt werden, zählen:

- Dynamische interne und v.a. externe Struktur (z.B. Higraphs mit dynamisch variierender Zahl von Zuständen),

- Typorientierte Spezifikation komplexer Gruppenkommunikationsabläufe (s. Abschnitt 9.4) und
- Behandlung operationaler Randbedingungen wie Konfiguration, Anforderungen an Robustheit, Sicherheit etc.

Erwähnt werden soll an dieser Stelle auch der Ansatz des Forschungsprojekts *DOCASE* [MSK89], wo eine hybride Entwurfs-/ Programmiersprache für verteilte Anwendungen entwickelt wird; aufbauend auf dem objektorientierten Ansatz wird dort Dynamik und Gruppenkommunikation unterstützt, außerdem werden vorstrukturierte Bausteine angeboten, z.B. für die wichtigsten Kategorien aktiver Komponenten (inkl. rechnerübergreifender langlebiger Kontrollflüsse) und passiver Objekte sowie deren Fluß. In freier Wahl zwischen graphischer und programmiersprachlicher Notation kann vom frühen Entwurf bis zur detaillierten Implementierung das SUD immer in derselben Sprache beschrieben werden.

9.4 Beschreibung von Gruppenkommunikation

Die aus dem Betriebssystembereich bekannten Kommunikationsoperatoren sind auf Grund früherer technischer Gegebenheiten binär, d.h. Kommunikation beschränkt sich auf einen Sender und Empfänger, die sich sehr häufig die Hardware-Ressourcen Prozessor und Hauptspeicher teilen. Durch die Entwicklung vernetzter Hardware-Systeme und entsprechender Software wurde eine Weiterentwicklung zu höheren Kommunikationsoperatoren zur Gruppenkommunikation zur Beherrschung der gestiegenen Komplexität bei der Softwareentwicklung wünschenswert.
Methodisch ist die Entwicklung höherer Gruppenkommunikations-Operationen als Kommunikationsabstraktion zu sehen, die sich in die schon früher erkannten Prinzipien der Daten- und Kontrollflußabstraktion (Schleifen, Prozeduren etc.) einordnet.
Ziel dabei ist neben der Beschränkung auf das Wesentliche das Verbergen von Information, in diesem Falle also das Verbergen der elementaren Basiskommunikation. Desweiteren schränken höhere Kommunikationsabstraktionen den Gebrauch von Basiskommunika-

tionsmechanismen auf im allgemeinen wohlstrukturierte und damit leichter beherrschbare Formen ein. Zusätzlich begünstigend wirkt sich der Umstand aus, daß eine einzige Definition einer häufig vorkommenden Kommunikationsform genügt. Aktuelle Ansätze zur Gruppenkommunikation werden im folgenden anhand von Systembeispielen erläutert.

9.4.1 Script-Ansatz

Entwurfsziele und Restriktionen
Ziel des Script-Ansatzes [FHT86] ist es, mit den in Programmiersprachen wie ADA oder CSP vorhandenen Basiskommunikationsmechanismen höhere Kommunikationsstrukturen zu formulieren. Ein sogenanntes Kommunikations–Script beschreibt Kommunikationsabläufe zwischen einer Gruppe von Prozessen in geschlossener Form. Um eine semantische Einbettung von Scripts in die jeweilige Programmiersprache zu erreichen, sind folgende Restriktionen einzuhalten:

- Scripts sind für statische Prozeßstrukturen ausgelegt.
- Ein Script darf keine zusätzliche Funktionalität in die Wirtssprache einbringen.
- Es gibt bei den an einem Script beteiligten Prozessen keine gemeinsamen Variablen.
- Scripts sollten modular formulierbar sein und keine Kontextabhängigkeiten aufweisen.

Definition
Ein Script besteht aus den folgenden Teilen:

- *Rollen*
  Rollen stellen formale Prozeßparameter dar. Sie werden mit aktuellen Prozessen belegt, ähnlich wie formale Parameter durch aktuelle Parameter bei Prozeduraufrufen instantiiert wer-

den. Hierbei sind auch indizierte Parameter zur Beschreibung von Prozeßfamilien möglich.

- *Datenparameter*
  Hierbei handelt es sich um gewöhnliche formale Parameter, die jedoch an ihre formalen Prozeßparameter gebunden sind. Sie werden für jeden Prozeß durch aktuelle Datenparameter instantiiert.

- *Script-Rumpf*
  Der Rumpf beschreibt im Detail die Abfolge der Kommunikation in Termen der Basiskommunikationsoperatoren.

Beispiel: Implementierung eines Software-Multicast
Bei einer Multicast–Operation gibt es typischerweise einen Sender, der einen Datenparameter x übermittelt und eine Menge von Empfängern, die jeweils einen Datenparameter enthalten, dem der übermittelte Wert von x zugewiesen wird, nachdem die entsprechende Kommunikation stattgefunden hat.

Der Scriptrumpf kann nun mehrere Multicast-Strategien verbergen:

- *Sternförmig,* wobei der Sender mit jedem Empfänger in einer vorherbestimmten Reihenfolge oder auch nichtdeterministisch kommuniziert;
- *Pipeline-Multicast,* wobei ein Empfänger die Nachricht jeweils an den nächsten Empfänger weiterleitet;
- Als *aufspannender Baum*, wobei quasi eine Welle von Übertragungen entsteht.

Weiter unten wird dieses Beispiel programmiersprachlich formuliert und näher erläutert. Zuvor sollen aber einige konzeptionelle Detailaspekte des Script-Ansatzes betrachtet werden.

Belegung der formalen Prozeßparameter
Ein Prozeß muß die Ausprägung eines Scripts und die Rolle, die er darin einnehmen möchte, benennen. Desweiteren muß er etwaige aktuelle Datenparameter aufführen, die für die formalen Datenpara-

meter eingesetzt werden. Für die Belegung der Rollen lassen sich zwei prinzipielle Formen angeben:

1. **Mit Benennung der Kommunikationspartner**
   Hierbei benennt ein Prozeß die Rolle, die er in einem Script einnehmen möchte, sowie weitere Prozesse, mit denen er mittels des Scripts kommunizieren will. Auf diese Weise ist es beispielsweise möglich, daß ein Prozeß in einem Multicast-Script die Rolle des Senders einnimmt und Prozesse benennt, die als Empfänger auftreten sollen. Bei der Kommunikationspartnerbenennung belegen die Prozesse gemeinsam ihre entsprechenden Rollen, sobald zugehörige Belegungsbedingungen es erlauben.

2. **Ohne Benennung der Kommunikationspartner**
   Im Multicast-Beispiel könnte der Sender jedem beliebigen, ihm zunächst unbekannten Empfänger seine Nachricht übermitteln. In diesem Fall ist keine Benennung der Empfänger erforderlich. Vielmehr bewerben sich potentielle Empfänger selbst um die Teilnahme an der Script-Kommunikation, indem sie entsprechende Operationen des Scripts aufrufen. Wenn mehr als ein Prozeß eine Rolle in einem Script belegen will, so erfolgt die Auswahl des Prozesses nichtdeterministisch.

Mischformen der Belegung sind ebenfalls möglich. Im Multicast-Beispiel könnte ein Empfänger beispielsweise nur einen Sender spezifizieren und andere Empfänger unbenannt lassen.

Initialisierung und Terminierung

Die Initialisierung eines Scripts kann auf zwei Arten geschehen:

1. **Verzögerte Initialisierung**
   Eine Menge von Prozessen muß alle Rollen eines Scripts belegen. Hat ein Prozeß eine Belegung vorgenommen, so wird er so lange suspendiert, bis alle anderen Rollen belegt sind. Hierdurch wird eine globale Synchronisation der Prozesse erreicht. Die Konsequenz dieser Initialisierungsstrategie ist, daß es eine 1:1-Übereinstimmung zwischen formalen und aktuellen Prozeßparametern gibt, d.h. kein Prozeß kann mehr als eine Rolle in einer Ausprägung eines Scripts belegen.

2. **Sofortige Initialisierung**
   Das Script wird initialisiert, sobald ein teilnehmender Prozeß eine Rolle belegt. Weitere Prozesse können im Verlauf der Script-

Abarbeitung eine Rolle belegen. Will eine belegte Rolle mit einer unbelegten kommunizieren, so wird der Prozeß der belegten Rolle suspendiert.

Analog gilt für die Terminierung:

1. **Verzögerte Terminierung**
   Hierdurch geben alle an einem Script teilnehmenden Prozesse ihre Belegung erst auf, wenn alle Rollen terminieren. Früher terminierende Rollen werden suspendiert.
2. **Sofortige Terminierung**
   Alle Prozesse beenden die Script-Bearbeitung, sobald seine Rolle terminiert.

Aktivierung
Bei Scripts wird davon ausgegangen, daß die Ausprägung eines Scripts nur einmal vorhanden ist. Desweiteren wird davon ausgegangen, daß alle an einem Script beteiligten Prozesse terminieren, bevor eine weitere Ausführung des Scripts erfolgt. In Abbildung 9-11 wird diese Bedingung der sukzessiven Ausführung anhand eines Scripts mit den Rollen p, q und r graphisch erläutert; dabei wird die Strategie der verzögerten Initialisierung und der verzögerten Terminierung angewandt, um die Bedingung automatisch zu erfüllen.

Zeit

--- Ausführung 1 ---
A belegt Rolle p
B belegt Rolle q
C belegt Rolle r

A,B,C beginnen mit der Abarbeitung ihrer entsprechenden Rollen.
D versucht, Rolle p zu belegen und wird suspendiert.

A erfüllt seine Rolle p; D ist noch suspendiert.
B und C beenden ihre Rollen.

--- Ausführung 2 ---
D belegt Rolle p

Abb 9-11 Sukzessive Ausführung von Scripts

Menge der kritischen Rollen

Wie schon erläutert, brauchen bei der Ausführung eines Scripts nicht alle Rollen belegt sein. Da aber die Ausführung von Scripts mit partiell belegten Rollen der Initialisierungs- oder Terminierungsstrategie widersprechen könnte, wird der Begriff der Menge der kritischen Rollen eingeführt. Sie wird bei der Definition eines Scripts spezifiziert und legt die Untermengen der Rollen fest, deren Belegung eine Ausführung des Scripts erlauben. Daher müssen die Initialisierungs- und Terminierungsstrategien im Zusammenhang mit der Menge der kritischen Rollen gesehen werden. Fehlt eine Angabe der Mengen der kritischen Rollen, so ist die Menge der Rollen eines Scripts als ganzes kritisch.

Beispiel

Im folgenden wird das oben erwähnte Beispiel durch zwei konkrete Script-Implementierungen illustriert. Die angestrebte Funktionalität besteht darin, eine Nachricht von einem Sender an mehrere Empfänger mittels einer Multicast-Gruppenkommunikation zu leiten. Die Kommunikation wird auf zwei verschiedene Arten, durch ein *sternförmiges Multicast* sowie durch ein *Pipeline-Multicast* implementiert. In bezug auf die Beispielanwendung aus Abschnitt 1.3 wird das Szenario wie schon zuvor auf das Versenden eines Fertigungsauftrags an eine Reihe von Maschinen zugeschnitten. Jede Maschine empfängt den Auftrag, führt eine entsprechende Fertigungsoperation durch und stellt dann eine Auftragsbestätigung als Ausgabe-Datenparameter ihrer Rolle zur Verfügung.
Die Syntax orientiert sich an PASCAL. Die Basiskommunikation wird über die Operatoren *SEND* und *RECEIVE* abgewickelt. Die Implementierung eines *sternförmigen Multicast* könnte wie folgt fomuliert werden:

```
SCRIPT Stern_Multicast (Integer n);
    INITIATION : DELAYED;    // verzögerte Initialisierung
    TERMINATION: DELAYED;    // verzögerte Terminierung

    ROLE Fertigungskontrolle (FA : Fertigungsauftrag);
    // Rolle des Senders
    BEGIN
        i: 1..n: SEND FA TO Maschine[i];
    // Sendeoperationen
    END Fertigungskontrolle;
```

```
    ROLE Maschine [i: 1..n] (VAR AB: Auftragsbestätigung);
    // Rolle der Empfänger
    BEGIN
        RECEIVE FA FROM Fertigungskontrolle;
        // Empfangsoperation
        AB = Fertige (FA); // Interne Verarbeitung
    END Maschine;

END Stern_Multicast;
```

Ein *Pipeline-Multicast* ließe sich folgendermaßen implementieren:

```
SCRIPT Pipeline_Multicast;
    INITIATION : DELAYED;      // verzögerte Initialisierung
    TERMINATION: DELAYED; // verzögerte Terminierung

    ROLE Fertigungskontrolle (FA : Fertigungsauftrag);
            // Rolle des Senders
    BEGIN
        i: 1..n: SEND FA TO Maschine[i]; // Sendeoperation
    END Fertigungskontrolle;

    ROLE Maschine [i: 1..n] (VAR AB: Auftragsbestätigung);
            // Rolle der Empfänger
    BEGIN
        IF i=1 THEN
          RECEIVE FA FROM Fertigungskontrolle;
            // Empfangsoperation
        ELSE
          RECEIVE FA FROM Maschine[i-1];
        IF i<n THEN
          SEND FA TO Maschine[i+1];  // Sendeoperation
        AB = Fertige (FA);           // Interne Verarbeitung
    END Maschine;

END Pipeline_Multicast;
```

Nachdem der maximale Index *n* der Maschinen-Rollen festgelegt wurde und eine interne Abbildung des allgemeinen Script-Namens *Multicast* auf einen der Implementierungsnamen *Stern_Multicast* oder *Pipeline_Multicast* definiert wurde, erfolgt die Belegung der Sender-Rolle durch einen Prozeß mittels der Anweisung:

```
    ENROLL IN Multicast AS Fertigungskontrolle (Auftrag)
```

Die Belegung einer Empfänger-Rolle geschieht mittels:

ENROLL IN Multicast **AS** Maschine[i] (AuftragsBest);
// i= 1..5

Zu beachten ist, daß diese Formulierung der Belegung für beide Multicast-Strategien gleich ist. Der belegende Prozeß muß keine Details über die Implementierung des Multicast kennen, wenn die Unterscheidung zwischen den beiden Multicast–Strategien durch die interne Namensabbildung nach außen verborgen gehalten wird. Dadurch kann auch jederzeit eine der beiden Implementierungen durch die andere ersetzt werden.

9.4.2 Raddle

Der Konzeption der Sprache RADDLE [ESF89] liegt der Versuch zu Grunde, ein Werkzeug zur Verfügung zu stellen, mit dem sich der Kommmunikationsaspekt vom eigentlichen Anwendungsentwurf trennen läßt. Hierzu wurden dem Script–Ansatz vergleichbare höhere Kommunikationsmechanismen zur Gruppenkommunikation entwickelt.
Teams stellen die den Scripts analogen Einheiten der Kommunikation dar. Ein Team besteht aus einer Menge kommunizierender Rollen, die in der tatsächlichen Ausprägung Prozesse oder Prozeduren sein können. Zu jeder Rolle gehört eine Menge von lokalen Variablen, Anweisungsfolgen und Kommunikationsoperatoren. Die Abarbeitung einer Prozeßrolle beginnt mit der Erzeugung des sie umschließenden Teams, Prozedurrollen müssen von Rollen, die nicht im Team enthalten sind, aufgerufen werden.
Da das System RADDLE im Gegensatz zu Scripts von einem verteilten gemeinsamen Speicher der beteiligten Rollen ausgeht, ist ein lesender Zugriff auf die lokalen Variablen aller teilnehmenden Rollen möglich. Desweiteren ermöglicht RADDLE auch die Kommunikation zwischen verschiedenen Teams. Dies wird erreicht, indem eine Rolle in einem Team eine Rolle eines anderen Teams aufrufen kann.

9.5 Verteiltes Debugging

Im traditionellen Wasserfall-Modell (s. Abschnitt 8.3.2) wird Debugging als Teil der Testphase verstanden. Debugging dient also der Kontrolle der Implementierung.

Als Erweiterung der Terminologie aus Abschnitt 9.2.4 ist eine Klassifikation von Kontroll-Methoden wie folgt denkbar:

- *Programm-Validation*: Vergleich der Implementierung mit den Anforderungen
- *Programm-Verifikation:* Vergleich der Implementierung mit Entwurf/ Spezifikation
- *Programm-Überprüfung:* Untersuchung der Implementierung

Jeder dieser Kontrollschritte kann ggf. streng *formal* (im Sinne eines mathematischen Beweises) erfolgen, *rechnergestützt nicht-formal* oder *informell.* Streng formale Kontrollschritte versuchen i.a., Aussagen über das kontrollierte Programm für alle möglichen Eingabedatenfolgen des Definitionsbereiches (i.a. unendlich viele) zu machen. Informelle Methoden, die z.B. aus dem systematischen Durcharbeiten *(Walk-through, Code-Inspektion)* des Quellprogrammes auf der Basis der Listings beruhen, versuchen dies zwar z.T. ebenfalls, doch ist hier die Gefahr menschlicher Irrtümer (oft derselben, die schon beim Programmieren auftraten) groß. Die wichtigsten formalen Methoden sind die formale Verifikation und die formale Überprüfung (oft einfach als Verifikation zusammengefaßt).

Die wichtigste rechnergestützte nicht-formale Methode ist das *Testen*, d.h. die kontrollierte Ausführung des Programmes mit ausgewählten Eingabedatenfolgen. Die Entwicklung in Richtung des streng formalen Testens wird angestrebt, indem (z.B. aus der Spezifikation) automatisch eine repräsentative Menge von Eingabedatenfolgen ausgewählt wird, z.B. mit dem Ziel der *vollständigen Überdeckung* aller möglichen Kontrollflüsse. Für bestimmte Fehlerklassen, vor allem für operational bedingte Fehler (Pufferüberlauf, Datenbereichsüberschreitung o.ä.) reichen allerdings endliche Testdatenmengen nicht aus. So gilt für den allgemeinen Fall, daß sich durch Test nur die *Anwesenheit* von Fehlern nachweisen läßt, nicht die *Abwesenheit.*

Debugging bezeichnet nun die Vorgehensweise, mit deren Hilfe nach dem Auftreten eines Fehlers beim Testen die genaue Fehlerursache gesucht wird. Dabei werden benutzergesteuert spezifische interne Programmabläufe inspiziert. Die Programmausführung wird z.B. wiederholt angehalten, schrittweise fortgesetzt und durch Eingriffe manipuliert.

Von allen genannten Kontrollschritten werden nur die formale Verifikation bzw. Überprüfung (im Rahmen von Abschnitt 9.2) sowie das verteilte Debugging vertieft behandelt, weil beide:

- von umfangreichen Methoden und Modellen - und auf deren Grundlagen von umfangreichen Werkzeugen - unterstützt werden;
- beim Übergang von sequentiellen zu verteilten Anwendungen stark verändert und erweitert werden müssen.

9.5.1 Begriffsbestimmung und allgemeine Anforderungen

In der Literatur werden bisweilen zwei Arten von Debugging unterschieden:

1. *Statisches Debugging* (*static debugging* [MÜL83]) befaßt sich damit, Fehler in Programmdokumenten zu finden, ohne das Programm dazu ablaufen zu lassen.
2. *Dynamisches Debugging* läßt ein Programm kontrolliert ablaufen und verschafft dem Benutzer durch geeignete Instrumentierung ein Bild von den inneren Vorgängen, damit er daraus Rückschlüsse auf das Fehlverhalten des Systems ziehen kann.

Häufig wird jedoch unter Debugging *nur* dynamisches Debugging verstanden. Diese Konvention wird im folgenden übernommen. Die Begriffe *Testhilfe* und *Debugger* werden dabei synonym verwendet.

Eine Reihe von Anforderungen an eine Testhilfe ergeben sich aus allgemeinen Eigenschaften, die ein Software-Werkzeug aufweisen sollte:

- *Benutzerfreundlichkeit:* Ein grundsätzliches Anliegen, besonders bei interaktiven Software-Produkten, ist es, die Benutzerschnittstelle komfortabel zu gestalten. Dazu gehören Konzepte wie Robustheit, intuitive Benutzbarkeit, Konsistenz und Benutzerführung.
- *Problemorientierung:* Der Benutzer ist gewohnt, beim Entwurf seines Programmes in bestimmten Abstraktionen zu denken. Beispiele solcher Abstraktionen sind die Datentypen und Programmkonstrukte, die er beim Entwurf verwendet. Ein Debugger sollte es dem Benutzer ermöglichen, das Testen seiner Programme ebenfalls auf dieser Ebene durchzuführen (*symbolisches Debugging*).
- *Reproduzierbarkeit:* Eine Debugging-Sitzung sollte in gewissen Grenzen wiederholbar sein. Dies bedeutet, daß der Debugger Funktionen zur Verfügung stellen sollte, die mächtig genug sind, um einen quasi-deterministischen Ablauf des Programmes zu garantieren.

Um unter die Kategorie *Testhilfe* zu fallen, sollte ein Software-Werkzeug mindestens die folgenden weiteren Grundanforderungen erfüllen:

- *Wiedergabe von Zustandsinformation:* Eine der wichtigsten Aufgaben eines Debuggers ist es, dem Benutzer jederzeit Aufschluß über den internen Zustand des getesteten Systems zu geben. Zum internen Zustand gehören Information über Daten und Kontrollfluß auf der symbolischen und der Maschinenebene (Register etc.) sowie Werte von Umgebungs- und Systemdatenstrukturen.
- *Modifikation des Systemzustandes:* Ein Debugger sollte es dem Benutzer erlauben, in den Zustandsraum des Programmes manipulierend einzugreifen. Die Veränderung von Variablenwerten

kann z.B. nützlich sein, um das Debugging nach Erkennen von Fehlersituationen vernünftig fortzusetzen. Im einfachsten Fall kann ein Debugger nur als *Beobachtungswerkzeug* (trace-, monitoring tool) eingesetzt werden. Er ist dann passiv und nimmt keinen direkten Einfluß auf den Kontrollfluß innerhalb des Programmes. Für weiterreichende Analysezwecke ist in der Regel jedoch eine aktive Einflußnahme des Debuggers auf den Programmfluß notwendig. Insbesondere ist ein interaktiv gesteuertes Anhalten und Fortsetzen des Programmes zur zwischenzeitlichen Inspektion und Manipulation von Daten und Kontrollflüssen unverzichtbar für ein effektives Debugging. Der Benutzer sollte außerdem in der Lage sein, das System gezielt auf Fehlersituationen hinzulenken.
Eine Manipulation der (als korrekt anzunehmenden, i.a. Mehrbenutzer-) Systemumgebung kann i.a. im Rahmen der Anwendungsentwicklung nicht gestattet werden.

Abbildung 9-12 gibt schematisch die Beziehung zwischen Benutzer, Testhilfe und zu testendem Programm wieder. Die enge Kopplung zwischen Debugger und Programm wird meist dadurch erreicht, daß in einem speziellen Bindelauf der Debugger-Code zum Programm dazugebunden wird. Die Schemazeichnung kann auch als Ausgangspunkt für Fragen der Verteilung benutzt werden: Im Falle der verteilten Anwendung besteht erstens das zu testende Programm aus vielen verteilten Prozessen und zweitens ist auch der Benutzer entfernt von den Prozessen (vgl. Abschnitt 9.6.4).

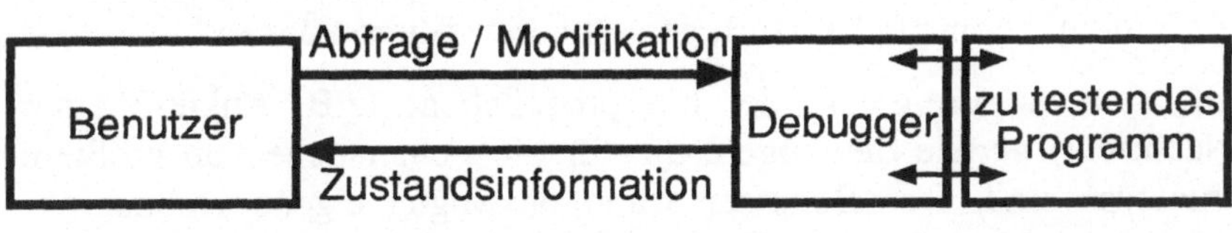

Abb 9-12 Schema eines nicht-verteilten Debuggers

9.5.2 Spezielle Probleme verteilter Testhilfen

Verteilte Programme unterscheiden sich von sequentiellen Programmen u.a. durch ihre Komplexität sowie durch einen hohen Grad an Gleichzeitigkeit und Indeterminismus in ihrem Ablauf. Durch die Tatsache, daß Bestandteile verteilter Programme auf verschiedenen Rechnern ablaufen, fehlt auf einem einzelnen Rechner außerdem der globale Kontext, insbesondere eine gemeinsame Uhr, die ein Zeitgerüst zur Verfügung stellen könnte. Daraus resultieren spezielle Probleme *verteilter* Debugger, deren Bewältigung zusätzlich zu den genannten allgemeinen Anforderungen erforderlich ist.

A. Interprozeßkommunikation

Der Zustandsraum eines verteilten Programmes umfaßt, wie gesehen, neben den Prozeßzuständen der einzelnen Programmteile auch eine *Interprozeßebene*. Genauso wie ein Debugger für sequentielle Programme Werkzeuge zur Verfügung stellt, die in den Zustandsraum dieses Programmes eingreifen, muß ein verteilter Debugger Möglichkeiten anbieten, in die Interprozeßebene manipulierend einzugreifen.

Die Übertragung von Nachrichten stellt in einer verteilten Anwendung einen der Hauptvorgänge dar, der sich im Interprozeßbereich abspielt. Daher muß der Benutzer Operationen zur Beobachtung und Steuerung dieses Nachrichtenflusses zur Verfügung haben. Er sollte in der Lage sein, Einzelnachrichten einzufügen, auszufügen und zu manipulieren. Ist die Kommunikation innerhalb einer verteilten Anwendung verbindungsorientiert, so sollte der Benutzer außerdem denjenigen Teil des Nachrichtenflusses, der auf einem einzelnen Kommunikationspfad abläuft, gezielt herausfiltern können.

Oft sind die Ereignisse der Interprozeßebene (z.B. Ankunft einer Nachricht) gerade diejenigen, die für die Fehlersuche von größtem Interesse sind. Der Benutzer sollte deswegen eigene Debugging-Aktionen an Interprozeßereignisse genauso koppeln können, wie dies für Intraprozeßereignisse bei Testhilfen bereits üblich ist.

B. Schnappschuß

Verteilte Anwendungen zeichnen sich dadurch aus, daß ihre Teile auf autonomen Rechnern ohne gemeinsamen Speicher ablaufen. Es

fehlen damit sowohl die engen Synchronisationsmechanismen von Einzelrechnern bzw. Rechnern mit gemeinsamem Speicher als auch eine gemeinsame Zeitbasis; in der jüngsten Zeit beginnt sich zwar der Einsatz von sogenannten *Funk-Uhren* anzubahnen, doch sind zum einen noch die allermeisten Rechner nicht damit ausgestattet und zum anderen kann die Zeitsynchronität u.U. dennoch unzureichend sein (bedingt durch sehr schnelle Netze, andere Zeitzonen / -zentralen oder Auflösungs-Unterschiede).
Der Benutzer ist während des Testablaufs interessiert an konsistenten Zustandsbildern des Systems, d.h. an Beschreibungen, die alle Teile des Systems zu einem einzigen, realen Zeitpunkt wiedergeben. Da eine gemeinsame Zeitbasis i.a. fehlt, ist dies in einem verteilten System nicht ohne weiteres möglich. Durch das Fehlen einer Vergleichsbasis ist es ebenfalls nicht mehr einfach, Ereignisse auf verschiedenen Rechnern in eine zeitliche Relation zu bringen.

C. Semantik

Eine umfassende komfortable Testhilfe (symbolischer Debugger) hat im wesentlichen folgende Klassen semantischer Konstrukte:

- Inspektions- und Manipulationsanweisungen für Daten und Kontrollfluß
- Operanden-Semantik der zugrundeliegenden Programmiersprache (d.h. bei Inspektion und Manipulation werden z.B. die betroffenen Datenstrukturen in der Syntax der Programmiersprache identifiziert)
- Spezielle Operanden-Semantik zur Identifikation hardwarenaher Operanden (Register, Programmzähler etc.)
- Haltepunkt- und Einzelschritt-Semantik

Der letztgenannte Punkt, *Haltepunkte* und *Einzelschritte,* ist spezifisch für Testhilfen. Haltepunkte und Einzelschritte sind auch die beiden semantischen Konstrukte, welche sich beim Übergang von sequentiellem zu verteiltem Testen am stärksten ändern. Es stellt sich also die Frage, was unter einem *verteilten Haltepunkt* und einem *verteilten Einzelschritt* zu verstehen ist.

D. Indeterminismus

Der Ablauf sequentieller, nicht realzeitabhängiger Programme ist, sofern keine Programmierfehler oder Realzeit-Abhängigkeiten vorliegen (nichtinitialisierte Variable etc.), in der Regel deterministisch: Ein Programm bildet eine Folge von Eingabedaten eindeutig auf eine Folge von Ausgabedaten ab. Dies trifft für verteilte Programme normalerweise nicht zu.

Zum einen haben die meisten verteilten bzw. nebenläufigen Programmiersprachen nichtdeterministische Sprachkonstrukte (Beispiel: *select*–Anweisung in ADA [PYL81]). Zum anderen ist ein verteiltes System inhärent nichtdeterministisch, weil Laufzeit und Auslieferungsreihenfolge von Nachrichten in der Regel unvorhersagbar sind. Dieser Sachverhalt bewirkt, daß Fehlersituationen im Ablauf eines verteilten Programmes in der Regel nicht reproduzierbar sind.
Während ein Programm mit Debugger läuft, ist außerdem zu erwarten, daß der Kontrollfluß durch Verzerrungen einen anderen Verlauf nimmt als ohne Debugger (Interferenz, s.u.).

Aus diesem Grund müssen dem Benutzer Werkzeuge an die Hand gegeben werden, um den indeterministischen Ablauf auf einen deterministischen zurückführen zu können.

Überall dort, wo der Programmverlauf indeterministisch bestimmt ist, muß der Benutzer in der Lage sein, diesen Indeterminismus zu beseitigen; wenn er z.B. seine eigene Entscheidung über den Fortgang des Programmes durchsetzen kann, kann eine Fehlersituation gezielt und unabhängig vom zufälligen Verlauf des Debugging-Ablaufs angesteuert werden.
Gestattet eine Programmiersprache z.B. das indeterministische Empfangen auf mehreren Kanälen, so sollte der Benutzer beim Debugging in der Lage sein, zu bestimmen, von welchem Kanal tatsächlich empfangen werden soll.

Wichtig ist dieses Verhalten außerdem, wenn der Debugger gleichzeitig als weitergehendes Werkzeug beim systematischen Austesten von Programmen (vollständige Überdeckung, s.o.) dienen soll. Hier ist es entscheidend, jeden möglichen Ablauf, der durch den internen Indeterminismus hervorgebracht wird, durch einen Testlauf abdecken zu können.

Weiterhin ist eine Beseitigung des Indeterminismus notwendig, um Debugging-Sitzungen selbst reproduzierbar zu machen. Dies wurde als eine Grundanforderung an ein Software-Werkzeug bereits erkannt.

Sind die Ausgänge von indeterministischen Entscheidungen nicht gleichwahrscheinlich, so wäre es nützlich, wenn der Debugger Entscheidungshilfen bereitstellen würde, um festzustellen, welcher Ausgang bei einem realen Ablauf am wahrscheinlichsten wäre.

E. Interferenz

Das Debugging selbst beeinflußt den Ablauf des zu testenden Programmsystems, indem es gewisse Betriebsmittel (Speicher, CPU etc.) mit diesem Programm teilt. Dadurch, insbesondere durch Mitbenutzung des Betriebsmittels CPU, treten zeitliche Verzögerungen im Ablauf der verteilten Prozesse eines Anwendungssystems auf, die den Gesamtablauf potentiell verzerren.

Dabei ist das Hauptproblem von verzerrten Systemabläufen weniger die Verlangsamung des Betriebsgeschehens insgesamt, als vielmehr die ungleichmäßige Verzögerung der Prozesse untereinander. Dies führt zu Veränderungen wie unter Punkt *Indeterminismus* oben beschrieben oder gar zu Anomalien im Ablauf, die in einem ungeteteten System nie auftreten würden. Als Beispiel stelle man sich Erzeuger-Verbraucher-Konstellation zwischen zwei Prozessen vor: wird der Erzeuger durch intensives Debugging stark verlangsamt, so können unter Umständen Fehler wegen Pufferüberlaufs nicht entdeckt werden, da der Verbraucher nie nachhinkt. Für ein weiteres Beispiel sei eine uneingeschränkte Empfangsoperation auf mehreren Kanälen vorausgesetzt: empfängt ein Prozeß über zwei Kanäle, wobei im realen Ablauf die Nachricht des ersten Kanals grundsätzlich früher ankommt als die Nachricht des zweiten, so kann eine starke (Debugger-verursachte) Verzögerung des auf Kanal 1 sendenden Prozesses dazu führen, daß die Empfangsreihenfolge umgedreht wird. Hieraus ergibt sich dann nicht nur ein verschobener Betriebsablauf, sondern der Kontrollfluß innerhalb des empfangenden Prozesses nimmt unter Umständen einen vollständig anderen Verlauf.

Tatsächlich besteht in der Regel eine enge Kopplung zwischen der Einflußnahme auf das System und den resultierenden Effekten: Je mehr Information man dem System beim Testen zu entziehen versucht, desto größer ist die auftretende Verzerrung. Je intensiver also die Beobachtung, desto geringer die Wahrscheinlichkeit, einen Fehler zu finden. [GRA83] spricht dabei in Anlehnung an das Heisenbergsche Unschärfeprinzip auch vom *"Heisenbug-Problem"*.

F. Informationsflut

Eine wichtige Aufgabe eines Debugging-Werkzeuges ist es, dem Benutzer Programmzustände zugänglich zu machen. Dabei ist der Zustandsraum eines verteilten Programmes unter Umständen sehr groß: Er umfaßt alle Zustandsräume der einzelnen sequentiellen Programme und zusätzlich den Interprozeßzustand, zum Beispiel Kanalinhalte, Warteschlangen etc.

Ein Debugging-Werkzeug für verteilte Programme muß deshalb dafür sorgen, daß die resultierende Informationsflut auf ein vom Benutzer handhabbares Niveau reduziert wird.

Der Debugger muß es dem Benutzer ermöglichen, selektiv diejenige Information auszuwählen, die er wirklich benötigt. Die Präsentation der Information sollte in konzentrierter Form und in geeigneter Darstellung erfolgen und der verteilten Natur des Systems angemessen sein. Nützlich ist dabei eine Sicht auf das System, die von vornherein auf Abstraktionen höherer Ebene basiert, und tiefere, detailbeladene Schichten ausblendet.
Solche Abstraktionen könnten zum Beispiel die vom Benutzer selbst definierten Objekte und Operationen der (höheren) Implementierungssprache sein. Damit wäre zusätzlich erreicht, daß der Benutzer während des Debuggings dieselbe Sicht auf sein Problem hat wie während dem Entwurf und der Programmierung.

Neben der *Menge* der Information stellt vor allem die *Parallelität* der Abläufe und Informationen eine erhöhte kognitive Belastung des Benutzers dar. Beim Debugging eines sequentiellen Programmes kann der Benutzer ebenfalls streng sequentiell vorgehen. Er erhält nur einen einzelnen Informationsstrom, und zeitliche Verzögerungen beim Debugging haben i. a. keine Auswirkungen auf den Programmablauf.

Bei verteilten Anwendungen dagegen laufen mehrere Kontrollflüsse gleichzeitig ab. Der Benutzer erhält während des Debuggings Informationen von allen diesen Kontrollflüssen und muß über sie alle Kontrolle ausüben können.

Ein Debugging-Werkzeug für verteilte Anwendungen sollte den Benutzer darin unterstützen, die Gleichzeitigkeit innerhalb des Systems zu bewältigen und ihn mit einer Umgebung versorgen, die es ihm auf einfache Weise erlaubt, das Gesamtsystem zu übersehen und zu kontrollieren. Eingabeseitig sollte die systeminhärente Parallelität in Kommandos ausdrückbar sein, ausgabeseitig eine geeignete Darstellung paralleler Ereignisse erfolgen.

9.5.3 Ansätze für verteilte Testhilfen

Nachfolgend werden für die vorgenannten Problembereiche verschiedene Lösungsansätze diskutiert. Diese Lösungsansätze wurden teilweise der Literatur entnommen und teilweise im Rahmen einer in [MAY86] beschriebenen Arbeit im Projekt DESIGN [MÜH88] implementiert.

A. Interprozeßkommunikation

Etliche verteilte Debugger konzentrieren sich *ausschließlich* auf die Interprozeßebene; [SMI84, LER85] u.a. betrachten z.B. den einzelnen Prozeß als *black box*, welche nur durch ihre Interaktion mit der Außenwelt in Erscheinung tritt. Auf der Interprozeßebene werden entweder Nachrichten selbst oder Nachrichten*beschreibungen* (Sender, Empfänger, Nummer, ggf. Länge o.ä.) aufgezeichnet.
Allgemein ist zu Debuggern, welche sich auf die Interprozeßebene *beschränken*, noch einiges zu bemerken. Man kann argumentieren, daß bei Konzentration auf die Interprozeßebene für die *Intra*prozeßebene herkömmliche Debugger verwendet werden können. Dieses Argument ist aber wie folgt einzuschränken:

- Die Informationsflut sollte nicht dadurch erhöht werden, daß der Benutzer verschiedenartige Bedienoberflächen für den verteilten Debugger und für den sequentiellen Debugger verwenden muß, oder sich darum kümmern muß, die Ausgabe sequentieller Debugger auf seine Umgebung zu lenken (remote login, ggf. umständliches Erzeugen eines Dialog-Zuganges zu einem Prozeß der verteilten Anwendung, der nicht interaktiv sondern aus der Anwendung heraus gestartet wurde, etc.).

- Häufig sollen Debug-Kommandos für mehrere oder alle Intraprozeß-Debugger ausgeführt werden; zumindest die Identifikation von Prozeßmengen und das Versenden von gleichartigen Kommandos an die entsprechenden Debugger sollte der Interprozeß-Debugger bewerkstelligen.
- Es ist nicht immer ausreichend, wenn zur prozeßübergreifenden Behandlung der Anwendung ausschließlich Interprozeßereignisse verwendet werden können: ggf. möchte man den internen Puffer eines Prozesses (Konsument) mit den - nur am internen Zustand zu ersehenden - noch zu erzeugenden Nachrichten eines anderen Prozesses (Erzeuger) vergleichen. Häufig möchte man also interessierende Interprozeßereignisse und interessierende Intraprozeßereignisse gerade im Zusammenhang beobachten.
- Bei echten verteilten Programmiersprachen steht ein sequentieller Debugger i.a. gar nicht zur Verfügung, er muß also ohnehin neu geschaffen werden. Dabei können aus der Integration mit dem Interprozeßdebugger ggf. Programmteile wiederverwendet sowie die eben genannten Punkte berücksichtigt werden.

Unterschiede zwischen verschiedenen Ansätzen bestehen vor allem im Hinblick auf die Möglichkeiten der Einflußnahme. Diese reichen von reiner Aufzeichnung ohne interaktiven Eingriff [LER85] über das Erzeugen, Inspizieren und Manipulieren von Interprozeßobjekten einschließlich der Manipulation der Nachrichtenreihenfolge in Warteschlangen bis zum Erzeugen neuer (künstlicher, synthetischer) Nachrichten, Versenden, Duplizieren, Umleiten oder Löschen [HHK85]. Interprozeßereignisse sollten auch Teil der Haltepunkt-Semantik sein (s.u., [MAY86]). Teilweise wird zudem Zugriff auf die Betriebssystemebene (Semaphore, Botschaftenpuffer, Prozessorwarteschlangen etc.) erlaubt. Eine Besonderheit ist die Aufzeichnung statistischer Daten (Mittelwerte, Varianzen; Länge und Häufigkeit von Nachrichten etc.) zur Erkennung sog. *soft errors*, d.h. von Fehlern, die nicht den logischen Ablauf, sondern die Leistung eines Systems betreffen, vor allem Leistungsengpässe [STA80].

Neben den nachrichtenorientierten Interprozeßereignissen können auch verwaltungsorientierte betrachtet werden wie Erzeugung, ggf. *Scheduling* (An+halten/Fortsetzen etc.) und Beenden von Prozessen. Bei verbindungsorientierten verteilten Programmiersprachen, die also explizite Verbindungsverwaltung zwischen Prozessen unterstützen, sind auch alle Operationen zur Verbindungsverwaltung als Interprozeßereignisse zu unterstützen. Bei verbindungsorientierten Sprachen läßt sich auch leicht die Aufzeichnung speziell derjenigen Nachrichten unterstützen, die über eine bestimmte Verbindung laufen (*link tapping*, s. [MAY86]).

B. Schnappschuß

Das Fehlen einer gemeinsamen Uhr und die Unmöglichkeit, alle an einer verteilten Anwendung beteiligten Prozesse wirklich gleichzeitig zu erfassen bzw. anzuhalten, führen dazu, daß keine vollständige Ordnung aller Ereignisse der verteilten Anwendung herzustellen ist. Zwei grundsätzlich verschiedene Vorgehensweisen können daraus resultieren:

- Durch Minimierung bzw. Abgleich von Uhrenversatz und Interferenz kann versucht werden, Ereignisse auf der Basis der für sie gemessenen *Realzeiten* weitestgehend zu ordnen.
- Die Ordnung kann aber auch auf der Basis von Kausalitäten von Ereignissen realisiert werden.

Grundlage der erstgenannten Ansätze sind weitgehend synchronisierte Uhren auf allen beteiligten Rechnern (z.B. auf der Basis schneller Nachrichtenübertragung in einem Netz, auf einer niedrigen Ebene der Kommunikationsarchitektur). Es werden realzeitnahe *Schnappschüsse* versucht, die dem gleichzeitigen Betrachten aller Prozesse möglichst nahekommen. Beim *timesnap*-Ansatz von [STA80] werden periodisch, z.B. bei jeder Prozeßzustandsänderung, Daten zusammen mit Zeitstempeln aufgezeichnet.

Hieraus wird auf Benutzerwunsch nachträglich derjenige Vektor herausgesucht, der dem Zustand zum Zeitpunkt der Anforderung eines timesnap am nächsten kommt. Dabei muß ein großer Aufwand zum Sammeln von Daten in Kauf genommen werden und der Benutzer muß die interessierenden Daten vor Beginn des Ablaufs spezifizieren. Im selben System wird ein *remote snap* angeboten, bei dem nach Auftreten eines bestimmten Ereignisses (in einem der Prozesse) alle Prozesse möglichst schnell angehalten werden (was praktisch nur durch System- oder Hardwareerweiterungen zu erreichen ist).

In [CUR85] wird als sogenannte schwache Konsistenzbedingung für einen Systemzustand die Eigenschaft definiert, daß die Einzelprozeßzustände alle innerhalb eines Zeitintervalls fester Länge liegen. Es wird ein Algorithmus vorgestellt, der die schwache Konsistenzbedingung in einem System mit weitgehend synchronisierten Uhren erfüllt.

Viele auf Kausalitäten beruhenden Ansätze gehen zurück auf einen grundlegenden Artikel von *Lamport* [LAM78], worin die temporale Relation *vor* (*happened before*) eingeführt wird. Als einzige Ereignisse werden darin das Senden und das Empfangen von Nachrichten betrachtet. Ereignisse werden innerhalb eines Prozesses eindeutig mit einem Ereignis-Index gekennzeichnet, der pro Ereignis innerhalb des Prozesses inkrementiert wird. Ein Ereignis wird also im Gesamtsystem durch Prozeßname (oder - nummer) und Ereignisindex eindeutig gemacht. Die *Vor-Relation* (geschrieben →) ist in [LAM78] wie folgt definiert:

1. Wenn a und b Ereignisse im selben Prozess sind und a vor b stattfindet, dann gilt:
   a → b
2. Wenn a das Senden einer Nachricht bezeichnet und b das Empfangen *derselben* Nachricht, dann gilt: a → b
3. Wenn a → b und b → c, dann gilt: a → c.

Die Vor-Relation definiert eine Halbordnung über die Ereignisse derart, daß Ereignisse, die sich ggf. beeinflußt haben (und die daher nicht gleichzeitig stattgefunden haben *können*), in Vor-Relation stehen und solche, die u.U. parallel ausgeführt wurden, nicht.

Logische Schnappschüsse versuchen nun, ein konsistentes Bild des verteilten Programmes zu erzeugen, obwohl die lokalen Schnappschüsse pro Rechner ggf. zeitlich relativ weit auseinander liegen. Wesentlich für logische Schnappschüsse ist dabei die Konsistenzbedingung, daß nicht ein Ereignis *a* auf einem Rechner *nach* dem lokalen Schnappschuß liegt und ein Ereignis *b*, welches der Bedingung a → b genügt, auf einem anderen Rechner *vor* dem dortigen lokalen Schnappschuß. Ein konsistenter logischer Schnappschuß könnte also theoretisch (bei Betrachtung der Kausalitäten) wirklich gleichzeitig auf allen Prozessen aufgezeichnet worden sein. In [MAT91] ist ein sehr eleganter Schnappschuß-Algorithmus angegeben, der auch dann noch funktioniert, wenn asynchroner Botschaftenaustausch erlaubt ist, Nachrichten sich auf logischen Verbindungen überholen können und ein Schnappschuß konkurrierend von mehreren Initiatoren aus angefordert werden kann.

Eine Mischung aus logischen und realzeitorientierten Schnappschüssen wurde im DESIGN-Projekt realisiert (s.u.).

C. Semantik

Bei sequentiellen Testhilfen werden verschiedene Ereignisse mittels logischer Ausdrücke in Beziehung gesetzt, vor allem zur Definition von Haltepunkten. Eine disjunktive Verknüpfung sagt aus, daß das Programm angehalten werden soll, wenn mindestens einer der Teilausdrücke wahr wird; eine konjunktive Verknüpfung besagt, daß bei *gleichzeitiger* Erfüllung aller verknüpften Teilausdrücke die Programmausführung unterbrochen werden soll.

In verteilten Systemen macht vor allem der Begriff der Gleichzeitigkeit in konjunktiv verknüpften Aussagen Schwierigkeiten; dies liegt in der unter B. beschriebenen Problematik begründet, einen echten realzeit-bezogenen Schnappschuß eines Systems zu erzeugen.

Stattdessen werden daher häufig temporallogische Ausdrücke verwendet, welche eine zeitliche Vor-Relation beinhalten. Aufbauend auf den elementaren Interprozeßereignissen stellt z.B. [BAW83] eine Sprache *EDL* zur Verfügung, mit der *Meta-Ereignisse* aus Interprozeßereignissen aufgebaut werden können. Hier ist die Hauptanwendung die, daß die Benutzerschnittstelle sich auf die Darstellung dieser Meta-Ereignisse beschränken kann. In [HHK85] werden derartige Ausdrücke zusätzlich im Sinne von Assertionen (s. Abschnitt 9.2.3) benutzt, z.B. um Invarianten im Systemablauf zu beschreiben. Die weitaus größte Bedeutung haben temporallogische Ausdrücke über Interprozeßereignisse allerdings im Zusammenhang mit der Haltepunkt-Semantik.

[MIC88, HAW88, FOZ90] haben sich mit *globalen Haltepunkten* (*global breakpoints*) beschäftigt. In [MIC88] werden dazu einfache, disjunktive, konjunktive und verbundene Prädikate unterschieden.

Einfache Prädikate beschränken sich auf einen Prozeß und können sowohl Intra- als auch Interprozeßereignisse beschreiben (Aufruf einer Prozedur, die Zuweisung eines bestimmten Wertes an eine Variable, der Nachrichten-Empfang etc.). *Disjunktive* Prädikate werden durch Disjunktion von einfachen Prädikaten dargestellt. Sie sind erfüllt, wenn eines oder mehrere der einfachen Prädikate erfüllt ist. Das Programm wird angehalten, wenn eines der einfachen Prädikate erfüllt ist, wobei sich diese Prädikate auf unterschiedliche Prozesse, die auf mehreren Prozessoren ablaufen, beziehen können. Durch *konjunktive* Prädikate dürfen aus den vorgenannten Gründen nur Ereignisse verknüpft werden, die sich auf denselben Prozeß beziehen.

Durch *verbundene* Prädikate dürfen Terme verknüpft werden, die durch Ereignispaare geordnet werden können, welche in der *Vor*-Relation gemäß [LAM78] stehen; diese Ereignispaare werden als *geordnet* bezeichnet, s. Abbildung 9-13. In der Abbildung wird ein Weg-Zeit-Diagramm angegeben, daß Zeitachsen für beteiligte Prozesse horizontal aufträgt. Der Nachrichtenfluß wird von links nach rechts (von Sende- zu Empfangsereignis) wiedergegeben.

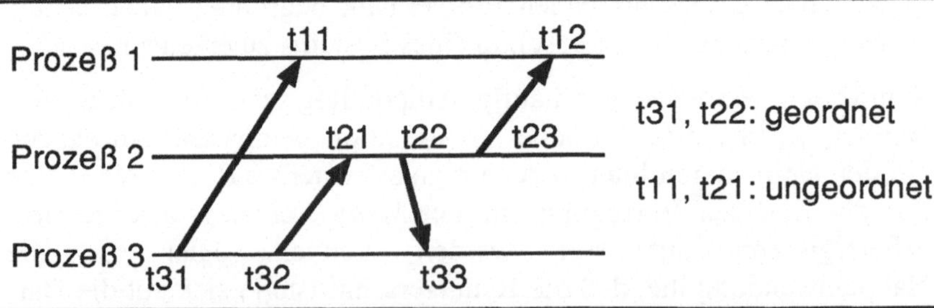

Abb 9-13 Beispiel für geordnete und ungeordnete Ereignispaare

Mittels eines Algorithmus, der überprüft, ob verbundene Prädikate erfüllt sind, können Ereignisse erkannt werden, bei denen ein Programmstop ausgelöst werden muß.

Ein anderer Aspekt des Haltepunktproblems ist der, in welchem globalen Zustand ein verteiltes Programm anzuhalten ist, wenn in (mindestens) einem Prozeß eine hinreichende Haltebedingung erfüllt wurde. Bei Erfüllung eines *auslösenden Terms* eines disjuktiven Prädikates ist es nach [FOZ90] z.B. wünschenswert, alle Prozesse auf *denjenigen* konsistenten Systemzustand zurückzusetzen, bei dem jeder Prozeß den *frühestmöglichen* Zeitpunkt *nach* dem letzten Ereignis widerspiegelt, das mit dem auslösenden Ereignis in *Vor*-Relation steht (Abbildung 9-14, aus [FOZ90]).

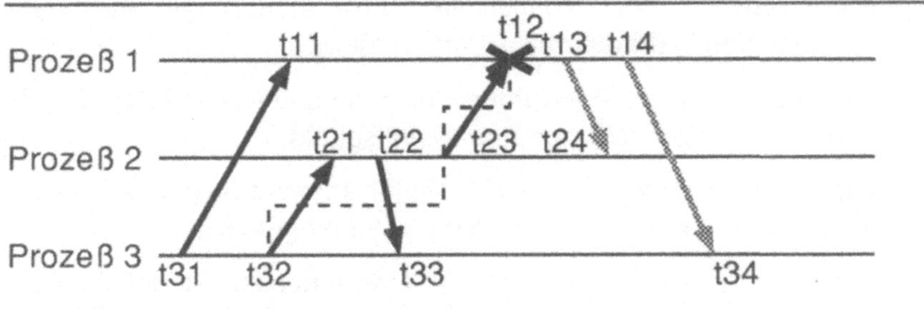

Abb 9-14 Kausaler verteilter Haltepunkt

Die Abbildung zeigt einen Haltepunkt zum logischen Zeitpunkt t12. Dieser läßt sich kausal in Beziehung setzen zu t23 und t32, Prozeß 2 und 3 werden daher auf den Zustand direkt nach diesen beiden Zeitpunkten zurückgesetzt. Wollte man nur *irgendeinen* logisch konsistenten Zustand herstellen, so könnte man die Prozesse auch auf spätere Zustände (vor t24 bzw. vor t34, den Zeitpunkten, an denen die Prozesse 2 und 3 vom Auslösen des Haltepunktes unterrichtet werden) zurücksetzen; der Nachteil wäre der, daß die Ereignisse mit direktem kausalem Zusammenhang zum Halte-Ereignis (entsprechend t23 und t32) - welche also den Haltepunkt mit ausgelöst haben und daher ggf. interessant sind - von neuen Zuständen überschrieben wären.

Im DESIGN-Projekt wurde die Haltepunkt- und Einzelschritt-Problematik gemeinsam betrachtet [MAY86]. Dazu wird die Interprozeßebene zunächst auf alle externen Ereignisse erweitert, also auch auf Interaktionen mit Betriebssystem und Benutzern. Dadurch stellt sich ein Prozeß im Ablauf dar als eine Abfolge von *Rechenphasen* und *Interaktionspunkten*; in Rechenphasen tritt der

Prozeß nach außen nur durch Bedarf an CPU und Hauptspeicher (bei virtuellem Speicher ggf. noch durch Paging-Verhalten) in Erscheinung; bei Interaktionspunkten werden Nachrichten von bzw. zu Benutzern (ggf. technischen Prozessen), anderen Prozessen der Anwendung oder dem Betriebssystem empfangen bzw. gesendet.

In diesem Zusammenhang läßt sich ein *verteilter Einzelschritt* wie folgt definieren (s. Abbildung 9-15):

1. Verteilte Einzelschritte erfassen nur Interaktionspunkte, nicht die Details von Rechenphasen (da Rechenphasen keine Wirkung nach außen haben, können sie mit einem angeschlossenen sequentiellen Debugger inspiziert werden);
2. Verteilte Einzelschritte führen von einem Interaktionspunkt bis maximal vor den nächsten Interaktionspunkt;
3. Alle Prozesse, die an einem Sende-Interaktionspunkt stehen, werden vor den nächsten Interaktionspunkt geführt;
4. Prozesse, die an einem Empfangs-Interaktionspunkt stehen, werden vor den nächsten Interaktionspunkt geführt, wenn die Empfangsoperation (ggf. durch während dieses Einzelschrittes gemäß Punkt 2 gesendete Nachrichten) befriedigt werden kann; ansonsten bleiben sie vor dem aktuellen Interaktionspunkt stehen.

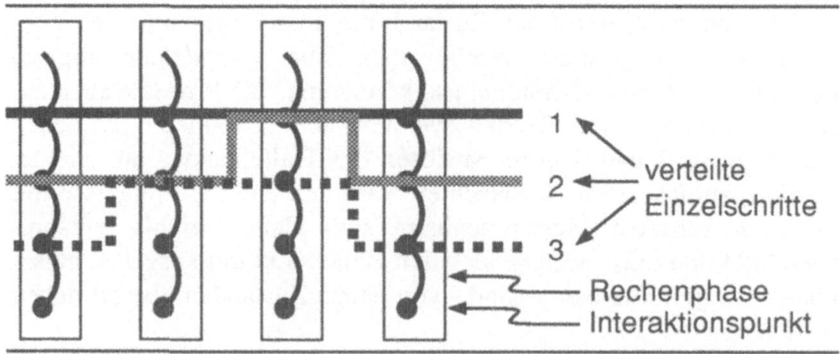

Abb 9-15 Beispielhafte verteilte Einzelschritte bei vier Prozessen

Zur Erfassung von Haltepunkten und Schnappschüssen werden *realzeit-logische Uhren* eingeführt (s. Abbildung 9-16), und zwar eine pro Prozeß (im weiteren einfach *Uhr* genannt). Prozesse laufen nicht mehr echt parallel ab sondern werden immer nur einzeln von einem Interaktionspunkt zum nächsten geführt. Dabei wird ihre Uhr um den Wert vorgestellt, der während der Rechenphase *in Realzeit* verstreicht. Zusätzlicher Zeitverbrauch durch Debugger-Code (Instrumentierung, Aufzeichnung etc.) oder Interaktionen mit dem Tester wird dabei *nicht* mit aufgezeichnet. Nachrichten werden mit dem Zeitstempel der Uhr des sendenden Prozesses versehen. Bei Empfang einer Nachricht wird die lokale Uhr ggf. auf den Wert erhöht, der sich aus Nachrichten-Zeitstempel plus (kalibrierter) Nachrichten-Übertragungsdauer Δt ergibt. Somit ist die Konsistenz gemäß dem o.g. Algorithmus aus [LAM78] gewährleistet; außerdem werden die beiden Möglichkeiten der Abfolge von Nachrichten-Ankunft und Aufruf der entsprechenden Empfangsanweisung korrekt behandelt.

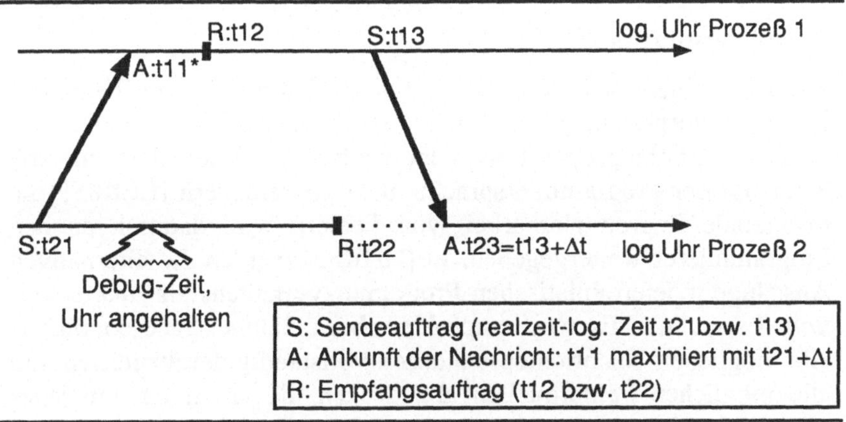

Abb 9-16 Beispiel für realzeit-logische Uhren

Dieses Verfahren ermöglicht in Grenzen auch die heuristische Überprüfung konjunktiver Prädikate über mehrere Prozesse hinweg: bei Erfüllung eines Teilausdruckes kann der betreffende Prozeß angehalten werden und die restlichen Prozesse können bis zum selben realzeit-logischen Zeitpunkt geführt werden; daraufhin kann der gesamte konjunktive Ausdruck ausgewertet werden. Schließlich wird noch ein asynchroner Haltepunkt angeboten; zur Annäherung an einen interessierenden Abschnitt kann der Tester das verteilte Programm zunächst frei laufen lassen und dann an geeigneter Stelle an der Kommandoschnittstelle schnellstmögliches Anhalten aller Prozesse anfordern. Garantien über maximale Zeitspannen können dabei nicht gegeben werden.

Der heuristische Ansatz wie oben beschrieben begegnet gleichzeitig Problemen aus den drei Bereichen *Semantik, Indeterminismus* und *Interferenz*; er hat allerdings auch zwei Nachteile: der Aufwand ist relativ hoch und für extrem zeitkritische Probleme spiegeln die realzeit-logischen Uhren u.U. immer noch nicht hinreichend reale Abläufe wider. Da die Zahl solcher extrem zeitkritischer Probleme allerdings oft relativ gering ist, können diese als *race conditions* (s.u.) speziell behandelt werden.
Generell ist bei der Entscheidung zwischen geringem Aufwand einerseits und leistungsfähiger Lösung andererseits bei verteilten Debuggern immer ein Kompromiß zu schließen.

D. Indeterminismus

Für das Problem des Indeterminismus werden oft nur sehr begrenzte Lösungen vorgeschlagen, z.B. wird argumentiert, daß eine indeterministische Empfangsoperation nicht verändert werden darf, um die Semantik der Programmiersprache nicht zu verändern [LER85]; die mangelnde Reproduzierbarkeit von Fehlern wird dadurch an den Programmierer weitergegeben. In [HHK85] werden die alternativen Ausgänge indeterministischen Programm-Verhaltens als *race conditions* bezeichnet. Es wird empfohlen, bei erkannten race conditions alle möglichen Nachrichtensequenzen vollständig durchzutesten, um alle möglichen Fehlerquellen abzudecken, da ja im Betrieb jedes potentielle Verhalten auftreten kann. Für diesen Zweck wird ein spezieller *single step* angeboten; zur Entdeckung von race conditions sollte der Debugger möglichst geringe Interferenz haben, also z.B. vom Betriebssystem unterstützt werden. In [CUR85] wird argumentiert, daß vor Beginn von Debugger-Sitzungen indeterministische Programmkonstrukte in pseudo-indeterministische (von Pseudozufallszahlen gesteuerte) umzusetzen sind, um sie reproduzierbar zu machen.

Die wichtigste Gruppe von Ansätzen sind jedoch die auf *Reexecution* bzw. *Replay* basierenden verteilten Debugger. Relativ viele der Ansätze aus der Literatur gehören dieser Klasse an, z.B. [LER85, GAB85] und mehrere der in [PAD89] vorgestellten Systeme. Dabei

wird ein realer Ablauf des verteilten Programmes aufgezeichnet, wobei insbesondere die Interprozeßkommunikation, d.h. die ausgetauschten Nachrichten und ihre Sender und Empfänger, festgehalten werden. Bei Wiederholungen des Ablaufs unter Einsatz einer Testhilfe werden nun Nachrichten *in derselben Reihenfolge* an Empfänger ausgeliefert wie im aufgezeichneten Fall, also deterministisch (Reexecution oder Replay).
Wird der Programmstatus mit aufgezeichnet, so kann z.B. immer direkt in die Nähe einer interessierenden Stelle im Ablauf gesprungen werden, ohne das Programm von Anfang an neu ausführen zu lassen. Dieser Vorteil muß mit hohem Speicherbedarf erkauft werden. Zur Reduktion des Speicherbedarfs bietet sich das Schreiben von Sicherungspunkten bei konsistenten Zuständen an [CHL85]; Daten von vor einem Sicherungspunkt können dann gelöscht werden. Eine andere Möglichkeit besteht darin, statt kompletter Nachrichten mit Inhalt nur eindeutige Identifikationen derselben aufzuzeichnen, da die Nachrichteninhalte beim Replay i.a. ohnehin neu erzeugt werden.

Interessant ist die Fragestellung, inwieweit beim Replay auch Programm-Versionen ausgeführt werden können, die gegenüber dem aufgezeichneten Programm verbessert oder weiterentwickelt wurden; dazu muß die Invarianz neuer Versionen gegenüber der Nachrichtenerzeugung geprüft werden.
Neben der *zeitlichen* Beschränkung des Replay auf eine interessierende Stelle im Ablauf ist häufig auch die *örtliche* Beschränkung auf einen interessierenden Prozeß sinnvoll. Dabei kann ein einzelner Prozeß im Sinne eines Modultests genau überprüft werden, ohne daß immer wieder das gesamte verteilte Programm ausgeführt werden muß. Bisweilen ist dies auch die einzige Möglichkeit für ein deterministisches Replay, wenn nämlich die restlichen Prozesse außer durch die Nachrichtenreihenfolge auch durch andere Einflüsse indeterministisch werden, z.B. bei der Steuerung technischer Prozesse oder bei timeouts. [ELS89] schlägt für timeouts einen relativ komplizierten Korrekturmechanismus vor.

E. Interferenz

Da die Interferenz nicht zu eliminieren ist, bieten sich zwei grundsätzliche Lösungen an: sie zu *minimieren* oder zu *kompensieren*.

Zur *Minimierung* werden die folgenden Alternativen vorgeschlagen:

- Bei Systemen auf Replay-Basis wird die Interferenz dadurch minimiert, daß beim entscheidenden ersten Durchlauf nur Trace-Information aufgezeichnet wird; insbesondere wird das System nicht angehalten und es entstehen keine Pausen durch zusätzliche Interaktion mit dem Benutzer, d.h. Tester.
- Zur Zeitoptimierung insbesondere der Trace-Aufzeichnung im o.g. Sinne bietet sich die Verlagerung der entsprechenden Operationen in das Betriebssystem oder gar die System-Hardware an [HHK85]. Die Implementierung ist dabei allerdings aufwendig und der Einsatz in Standard-Rechnern bzw. unter Standard-Betriebssystemen praktisch unmöglich.
- Von zahlreichen Autoren werden zudem die Auswirkungen verschiedener *Instrumentierungstechniken* diskutiert. Dabei wird zwischen statischer und dynamischer Instrumentierung sowie Mischformen unterschieden. Bei statischer Instrumentierung wird vom Compiler bei der Übersetzung jeder Anweisungszeile im Quellprogramm zusätzlich ein Aufruf an das Testsystem eingefügt. Bei dynamischer Instrumentierung wird zur Laufzeit der Code an relevanten Stellen im Programm gerettet, durch einen Aufruf an den Debugger ersetzt und später wieder restauriert. Durch dynamische Instrumentierung wird dabei die geringste Interferenz erreicht; sie ist inzwischen auch Stand der Technik.

Im Rahmen von [MAY86] werden verschiedene Modi vorgeschlagen, die von einer Trace-Aufzeichnung mit *minimierter* Interferenz bis zu einem komfortablen Modus mit *kompensierter* Interferenz reichen. Zur *Kompensation* wird dabei die bereits vorgestellte Lösung mit logischen Realzeit-Uhren angeboten.

F. Informationsflut

Bekannte verteilte Debugger versuchen, die Informationsflut durch geeignete *Abstraktions- und Selektionsmechanismen* zu reduzieren oder durch geeeignete *Aufbereitung* für den Benutzer leichter und schneller verständlich zu machen.

Abstraktion/Selektion: Im einfachsten Fall sieht die Abstraktion so aus, daß der verteilte Debugger gar nicht alle Information erfaßt, sich also z.B. ausschließlich auf die Interprozeßebene beschränkt. Zur Abstraktion und Selektion sollte aber zunächst das gesamte Spektrum von *Interprozeßinformation,* (Nachrichtenarten, -längen, -inhalte, -sender, -empfänger, Warteschlangenlängen, -Schwellwerte etc.) *Prozeßmengen-Information* (Topologie, ggf. Hierarchien- und Klassenbildung) und *Intraprozeßinformation* (wie in üblichen Debuggern, z.B. Datenstrukturen und deren Inhalte, Anweisungen, Operations- bzw. Block-Ein-/Austritt, etc.) zur Verfügung stehen. Dies gilt sowohl für die fortlaufende Trace-Ausgabe als auch für die Inspektion der Anwendung im angehaltenen Zustand. Der Benutzer sollte exisitierende Abstraktionen anwählen bzw. eigene definieren können und so die Informationsflut beschränken können.

Aufbereitung: Vor allem im Zusammenhang mit dem o.g. Replay-Ansatz werden meist komfortable Graphik-Schnittstellen angeboten, die z.B. auf der Interprozeßebene beginnend ein "Zoomen" auf interessierende Orte oder Zeitintervalle des Ablaufs gestatten. Für große verteilte Anwendungen kann es sinnvoll sein, Abstraktionen in der Prozeßmenge einzuführen (z.B. Prozeßgruppen), die in groberen Darstellungsebenen als eine einzige Einheit repräsentiert werden; verschiedentlich wird dies direkt von den verteilten Programmiersprachen unterstützt.

Die graphische Darstellung erfolgt z.T. mittels *Weg-Zeit-Diagrammen* (s. Abbildung 9-14). Teilweise wird auch ein echter Prozeßgraph aufgebaut, bis hin zur Anzeige von Sende- und Empfangsoperationen auf Port-Ebene. Der Benutzer sieht dann beispielsweise, wie sich Ports bei Ausführung einer Empfangoperation verhalten (Port als "Box" dargestellt, deren Oberseite wie ein Deckel aufklappt) und wie eintreffende Nachrichten aufgenommen werden. [GAB85] modelliert die Interprozeßebene mit Petrinetzen. Der Benutzer kann über sogenannte *event-action-Regeln* genau spezifizieren, bei welchem Ereignis welche Daten aufgezeichnet werden sollen.

Neben einer übersichtlichen Darstellung ist auch die komfortable Eingabe wesentlich. Dazu kann teilweise graphische Direktmanipulation eingesetzt werden, z.B. zur direkten Selektion interessierender Prozesse mittels der Maus. Wichtig ist aber auch die funktionale

Mächtigkeit der Schnittstelle, also beispielsweise die Frage, ob die Spezifikation der Traceausgabe mit verknüpften Ausdrücken in mehrerlei Hinsicht (Prozeßmenge, Nachrichtenlänge, Vorgängernachrichten etc.) präzisiert werden kann. Fenstersysteme können auch dazu eingesetzt werden, Ein-/Ausgaben auf verschiedenen Abstraktionsebenen gleichzeitig anzubieten; [MAY86] sieht als einfaches Beispiel vor, Debug-Kommandos für eine ausgewählte Prozeßmenge an einem zentralen Fenster einzugeben, Ein-/Ausgaben mit Beziehung zu nur einem Prozeß dagegen an einem Prozeßspezifischen Fenster durchzuführen.

Zur Veranschaulichung der *Parallelität* bieten sich die o.g. Weg-Zeit-Diagramme an, da sie die Parallelität direkt graphisch ausdrücken (gedachte oder tatsächliche senkrechte Linie durch alle Prozeß-Zeitachsen). Der o.g. globale Einzelschritt läßt dem Benutzer zudem die Zeit, nach quasi atomaren parallelen Aktionen deren Auswirkungen zu analysieren, bevor der nächste atomare parallele Schritt angegangen wird. Ein bekannter Ansatz ist auch der, in relativ häufigem Wechsel immer nur einen Prozeß ein Stück weit laufen zu lassen (quasi ein *lokaler* Einzelschritt-Modus) und so parallele Abläufe zu sequentialisieren. Die kognitive Belastung für den Benutzer besteht dann allerdings darin, sich die Konsequenzen des parallelen Ablaufs dieser sequentialisierten Prozesse vorzustellen.

9.5.4 Implementierungsfragen

Anbindung des primären Debug-Prozesses: Wie in Abbildung 9-12 gezeigt, werden im sequentiellen Fall Debugger und zu testender Prozeß eng verknüpft. Allgemein bieten sich drei Möglichkeiten an:

1. Das Benutzerprogramm läuft unmodifiziert als eigenständiger Prozeß. Ein anderer Debug-Prozeß kontrolliert ihn.

2. Das Benutzerprogramm läuft als eigenständiger Prozeß, hat aber die Benutzerdaten in einem gemeinsamen Speicherbereich mit dem Debugger, der ebenfalls als eigenständiger Prozeß läuft.

3. Das Benutzerprogramm wird instrumentiert, d.h. es wird Code eingebracht, der die Ablaufkontrolle zeitweilig an den Debugger übergibt. Die Debugger-Teile laufen im selben Prozeß wie das Benutzerprogramm.

In üblichen Betriebssystemen machen die Schutzmechanismen Lösung 1 sehr schwierig. Bei der zweiten Lösung müssen sämtliche Datenstrukturen des Benutzers in einem gemeinsamen Speicherbereich abgelegt sein, was im allgemeinen eine Modifikation des Binders (und u.U. des Übersetzers) notwendig macht. Über die gemeinsamen Speicherbereiche ist es möglich, Daten des Benutzers einzusehen und zu verändern. Damit ist aber erst Information über den Benutzerprozeß möglich, noch keine Manipulation. Stehen keine leichtgewichtigen Prozesse zur Verfügung, wird i.a. die dritte Alternative angewandt.

Einsatz sequentieller Debugger: Für die detaillierte Untersuchung einzelner Prozesse kann u.U. auf sequentielle Debugger zurückgegriffen werden. Die Entwicklung eines verteilten Debuggers kann sich dann theoretisch auf die Koordination dieser sequentiellen Debugger sowie auf die Interprozeßebene beschränken. Hierzu sind allerdings folgende Einschränkungen zu machen:

- Sequentielle Debugger sind i.a. nicht auf minimale Interferenz hin optimiert.
- Die Kopplung mit dem übergeordneten verteilten Debugger, z.B. zur Auswertung verteilter Haltepunkte oder zur Durchführung verteilter Einzelschritte, ist im sequentiellen Debugger i.a. nicht vorgesehen.
- Komfortables Debugging auf der semantischen Ebene der verwendeten Programmiersprache kann auf existierende sequentielle Debugger nur dann zurückgreifen, wenn die verteilte Programmiersprache eine Erweiterung einer existierenden sequentiellen Sprache ist.
- Sequentielle Debugger ermöglichen nur eine synchrone Beeinflussung des zu kontrollierenden Prozesses. Asynchrone Einflußnahme wie im Falle des o.g. asynchronen Haltepunktes läßt sich i.a. nicht realisieren.

Architektur: Benutzerfreundliche verteilte Debugger sehen auf dem Rechner des Testers einen Dialogprozeß vor, der Test-Sitzungen steuert und den interaktiven Teil des Debugging, zumindest soweit ganze Prozeßgruppen gleichzeitig angesprochen werden, steuert.

Dieser zentrale Dialogprozeß übt i.a. die Kontrolle über eine Vielzahl von Benutzerprozessen aus; er muß deshalb intern nebenläufig angelegt sein. In diesem zentralen Prozeß sollte auch die Kommando-Analyse und -Aufarbeitung sowie die Zuordnung zu Prozessen stattfinden (Prozeßgruppen werden i.a. *nicht* unter Gesichtspunkten der physikalischen Topologie festgelegt, d.h. i.a. befinden sich nicht alle Prozesse einer Prozeßgruppe auf demselben Rechner). Oft werden auch die Ein-/Ausgaben an prozeßspezifischen Fenstern der Dialogschnittstelle zur Aufbereitung über den zentralen Dialogprozeß geleitet.

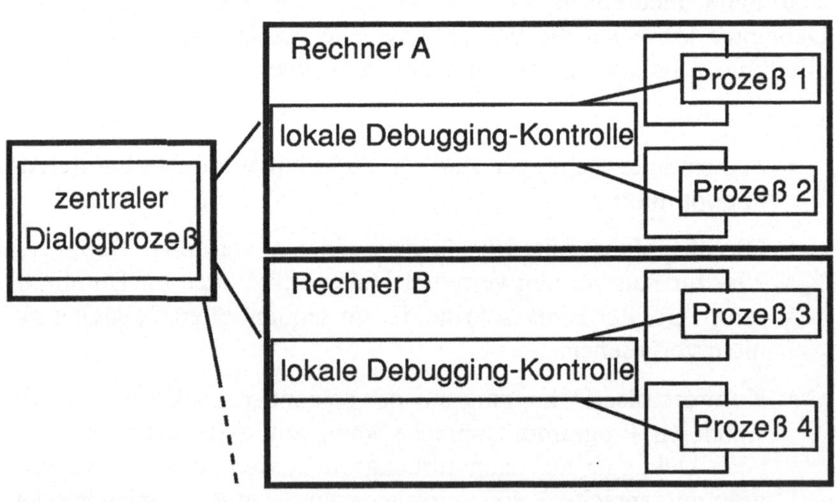

Abb 9-17 Architektur eines verteilten Debuggers

Für die Kopplung des zentralen Dialogprozesses mit den entfernt ablaufenden Benutzerprozessen ergeben sich mehrere Alternativen:

- *Stern:* Der zentrale Dialogprozeß bedient direkt über Rechnergrenzen hinweg die mit sequentiellen Debuggern versehenen (im folgenden: instrumentierten) Benutzerprozesse.

- *Baum* (siehe Abbildung 9-17): Auf jedem *Rechner* gibt es eine lokale Debugging-Kontrolle, die die Schnittstellen zu den instrumentierten Benutzerprozessen auf diesem Rechner bedient und über Rechnergrenzen hinweg mit dem zentralen Dialogprozeß kommuniziert.
- *Gabel:* Es gibt *pro instrumentiertem Benutzerprozeß* einen Debugging-Kontrollprozeß, welcher den Benutzerprozeß bedient und entfernt mit dem zentralen Dialogprozeß kommuniziert.

Eine direkte Bedienung der Instrumentierungsschnittstelle, wie bei der *sternförmigen* Architektur vorgestellt, wird erschwert dadurch, daß für die entfernte Kommunikation höhere Dienste eines Netzwerks oder verteilten Betriebssystems notwendig sind, die von sequentiellen Debuggern häufig nicht zugänglich sind. Die zweitgenannte Alternative *Baum* benötigt weniger Prozesse als die *Gabel*-Version, verlangt aber eine *reentrant*-Programmierung und ermöglicht kaum geringere Interferenz; wie erwähnt entspricht außerdem die physikalische Gruppierung von Prozessen meist nicht der logischen. Von diesen Gesichtspunkten her erscheint die *Gabel*-Version als attraktiv.

9.6 Laufzeit-Codeverwaltung

Die *Laufzeit-Codeverwaltung* ist ein Software Engineering-Aspekt, der bei komplexen verteilten Anwendungen Bedeutung hat. Da aber dem Aspekt bei der sequentiellen Programmierung kaum Beachtung geschenkt werden muß, entwickelt sich erst langsam ein Problembewußtsein hierfür. Das drückt sich darin aus, daß selbst im akademischen Bereich bislang kaum Werkzeuge zur Laufzeit-Codeverwaltung entwickelt wurden; da dies kaum so bleiben wird, soll der Bereich im folgenden genauer beschrieben werden.

9.6.1 Einleitung und Überblick

Die Tabelle in Abbildung 9-18 listet wichtige Artefakte auf, die im Software-Lebenszyklus anfallen (ohne Begleitinformation wie Handbücher o.ä.).

Werkzeug	Beispiel	Phase	Artefakte
∅Anforderungsdatenverwaltung	---	Anfordrungsdefinition	Anforderungen
∅ Entwurfsdatenverwaltung	---	Entwurf	Entwurfsdaten
⊗ Quellcodeverwaltung	sccs, rcs	Implementierung (Codierung + Wartung)	Quellprgramme (Module in Versionen)
⊗ Übersetzungsverwaltung	make	Implementierung (Code-Erzeugung)	Objektprogramme, ausführbare Programme
⊕ Konfigutionsverwaltung	s. Kap 7	Implementierung + Installation	aktive Komponenten + log./phys. Knoten
⊕ Laufzeitcodeverwaltung	s. Kap. 9.6	Installation + Einsatz	Objekt - und ausführbare Programme +physik. Knoten

∅: traditionell *nicht* Gegenstand spezieller Methoden/Werkzeuge
⊗: Methoden/Werkzeuge für *sequentielle* Programmierung bekannt
⊕: nur bei *verteilten* Anwendungen relevant

Abb 9-18 Artefakt-Verwaltung im Software-Lebenszyklus

Dabei zeigt sich, daß Anforderungs- und Entwurfsdaten traditionell nicht mit besonderen Werkzeugen verwaltet werden; das rührt daher, daß diese Artefakte erst seit der Entwicklung von CASE-Werkzeugen im Rechner gespeichert werden. In der Vergangenheit wurden vor allem Quell-, Objekt- und ausführbare Programme verwaltet. Werkzeuge zur *Quellcode-Verwaltung* unterstützen meist Versionsverwaltung; bei der *Übersetzungsverwaltung* wird z.B. nach Änderung eines Quellcode-Moduls automatisch nur die minimal notwendige Menge von Modulen neu übersetzt und neu gebunden.

Die beiden wichtigsten Aspekte mit besonderer Bedeutung für verteilte Anwendungen sind in Kap. 7 (Konfigurationsverwaltung) und nachfolgend (Laufzeit-Codeverwaltung) beschrieben:

- Die *Konfigurationsverwaltung* bestimmt, welche Komponenten auf welchen (logischen und physikalischen) Rechnern ablaufen sollen (i.a. nur für bestimmte, explizit ausgezeichnete Komponenten);
- Die *Laufzeit-Codeverwaltung* macht Komponenten auf den Rechnern verfügbar, auf denen sie ablaufen sollen, und verwaltet die zugehörigen Anwendungsdaten (Parameter, E/A)In heterogenen Rechnernetzen oder verschiedenartigen Zielumgebungen müssen ggf. für verschiedene Rechner oder verschiedene Rechnertypen verschiedene Versionen von Programmen verwendet werden, aber auch verschiedene Übersetzer und Bibliotheken oder verschiedene Binder etc. Die Laufzeit-Codeverwaltung erfordert daher enge Kopplung mit der Übersetzungsverwaltung; unten wird die *Integration* der Übersetzungsverwaltung in die Laufzeit-Codeverwaltung vorgeschlagen.

Die nachfolgende detailliertere Behandlung der Laufzeit-Codeverwaltung stellt nur einen ersten, noch unvollkommenen Ansatz dar; er wurde in einer experimentellen Umgebung weiter detailliert und implementiert, aber nur im akademischen Umfeld eingesetzt. Er soll aber auch einen Eindruck davon vermitteln, wieviel Kopier- und Verwaltungsarbeit bei der Experimentdurchführung ohne Laufzeit-Codeverwaltung vom Menschen ausgeführt werden muß.

Begriffe: Zum besseren Verständnis sollen zunächst einige Begriffe eingeführt werden. Der Ablauf eines SUD (sei es in frühen Entwicklungsphasen als Animation oder Simulation, sei es später als echte verteilte Anwendung) sei als *Experiment* bezeichnet. Weiter sollen drei Klassen von Rechnern unterschieden werden:

- **Entwicklungsrechner:** auf diesen werden verteilte Anwendungen entwickelt,
- **Experimentrechner:** auf diesen läuft die verteilte Anwendung (als *Experiment*) ab,
- **Experimentkontrollrechner:** von dort aus werden Experimente gesteuert und überwacht.

Die drei wichtigsten Aufgaben der Laufzeit-Codeverwaltung werden wie folgt definiert:

- Integration der *Übersetzungs-Verwaltung*, um spezielle Aspekte verteilter Anwendungen, inkrementelle Übersetzung und Heterogenität berücksichtigen zu können;
- Unterstützung von *Experimentdefinitionen,* wo alle im SUD offengelassenen Daten und Parameter spezifiziert werden; hier liegt auch die Schnittstelle zur Konfigurationsverwaltung;
- *Experimentverteilung*, d.h. Herstellen eines Zustands, der Start und Ablauf des Experiments ermöglicht. Dabei wird auf die Experimentdefinition zurückgegriffen und die Übersetzungs-Verwaltung gesteuert; am Ende des Vorgangs liegen ausführbarer Code, Eingabedaten und Eingabeparameter auf allen für das Experiment jeweils relevanten Rechnern vor.

9.6.2 Übersetzungsverwaltung

Aufgabe: Der große Umfang verteilter Anwendungen einerseits und der streng modulare Aufbau verteilter Programme andererseits lassen es als sehr wünschenswert erscheinen, daß die Übersetzer für verteilte Programmiersprachen getrennte bzw. inkrementelle Übersetzung unterstützen. Diese Eigenschaft soll im folgenden vorausgesetzt werden.

Die Übersetzungs-Verwaltung hat die Aufgabe, die Übersetzung der Quellen der verteilten Anwendung zu steuern. Dabei müssen vielfältige Abhängigkeiten zwischen den einzelnen Teilen der Anwendung berücksichtigt werden. Dem Benutzer soll damit die aufwendige Überprüfung von Bedingungen und die Auswahl durchzuführender Teilschritte abgenommen werden. Die Erkennung der Architektur der verteilten Anwendung und ihre inkrementelle Neuübersetzung soll automatisiert ablaufen können.

Gegenstand: Meist liegen verteilte Anwendungen als Hierarchie von Modulen vor, bzw. bei objektorienterter Programmierung als Objektklassen-Hierarchie; im folgenden soll der Einfachheit halber von Modulen die Rede sein. Die Übersetzungs-Verwaltung sollte die Übersetzung einzelner Module, von Teilhierarchien sowie des kompletten SUD unterstützen. Dabei sind folgende Klassen von Information wesentlich:

- *Strukturinformation:* Diese bezeichnet die für die Übersetzungs-Verwaltung wesentlichen Angaben über die Software-Architektur und die wechselseitigen Implikationen zwischen Modulen (Aufbau der Modul-Hierarchie). Häufig wird der Übersetzer für eine verteilte Programmiersprache diese Information bereitstellen, ggf. allerdings in einem internen Format; dieses muß die Übersetzungs-Verwaltung dann analysieren können.
- *Übersetzungsinformation:* Hier müssen Einträge der Form (Modulname, letzte Version, Übersetzungsstand) gemacht werden. Die letzte Version wird dabei automatisch mit jedem Editiervorgang des Moduls aktualisiert, der Übersetzungsstand gibt an, ob schon eine übersetzte oder gebundene Form des Moduls vorliegt. Wird anstelle des Modulnamens ein Verweis auf die Strukturinformation verwendet, so kann die Übersetzung ggf. unabhängig von reinen Namensänderungen von Modulen gemacht werden.

- *Experimentinformation:* Diese Information wird bei der Experimentdefinition gewonnen; sie ist hier nur insoweit relevant, als daraus die notwendigen Versionen und ggf. Orte der Übersetzung gewonnen werden.

Alle diese Informations-Klassen zusammen bestimmen den Übersetzungsvorgang. Dabei legt die Strukturinformation ggf. die Reihenfolge der Übersetzungen fest, falls der Übersetzer dies verlangt (falls z.B. untergeordnete Module oder übergeordnete Objekt-Klassen zuerst übersetzt werden müssen). Bei jedem Übersetzungsversuch werden die in der Datenbasis gespeicherten Versionskennungen mit denen der aktuellen Quellen verglichen. Dies wird für alle Teile der verteilten Anwendung durchgeführt, von denen der zu übersetzende Teil abhängt. Die Experiment-Verteilung greift ebenfalls auf die genannten Informationen zurück.

Heterogenität: Läuft die verteilte Anwendung auf verschiedenen Experimentrechner-Typen ab (sei es innerhalb verschiedener Ziel-Rechnernetze oder innerhalb eines einzigen heterogenen Ziel-Rechnernetzes), so ist als zusätzliche Informationsklasse die *Versions-Information* erforderlich: wie erwähnt werden bei heterogenen Zielsystemen verschiedene Versionen der Softwaremodule für verschiedene Experimentrechner-Typen verwendet (der Begriff *Typ* ist hier anwendungsabhängig zu verstehen; es kann u.U. vorkommen, daß aufgrund operationaler Randbedingungen für zwei Rechner gleicher Architektur und mit gleichem Betriebssystem verschiedene Versionen verwendet werden).

Zu jeder Version muß festgehalten werden, für welche Experimentrechner oder -typen sie verwendet wird. Außerdem muß eine eigene Übersetzungsinformation pro Version gehalten werden, auf diese wird ebenfalls in der Versions-Information verwiesen. Falls verschiedene Versionen auch verschiedene Software-Architekturen beinhalten können, muß auch die Strukturinformation getrennt für jede Version gehalten werden.

Oft sind die Übersetzungs- bzw. Bindewerkzeuge für verschiedene Experimentrechner-Typen nicht auf den Entwicklungsrechnern verfügbar. Dies bedeutet, daß der ausführbare Code z.T. nicht auf den Entwicklungsrechnern erzeugt werden kann, sondern von jedem Experimentrechner-Typ (mindestens) einer für den Übersetzungs- bzw. Bindevorgang ausgewählt werden muß (bisweilen muß nur der Bindevorgang, nicht der Übersetzungsvorgang getrennt für jeden Experimentrechner-Typ durchgeführt werden). Die Übersetzungs-Verwaltung muß entsprechend stufenweises und verteiltes Übersetzen und Binden der verteilten Anwendung ermöglichen.

Verteilte SPU: Soll die Laufzeit-Codeverwaltung in einer verteilten SPU eingesetzt werden, so können die Quellmodule auf die Knoten der SPU verteilt sein. Zweckmäßigerweise wird man Strukturinformation, Übersetzungsinformation etc. an einer Stelle zentral (und ggf. repliziert oder teilrepliziert auf weiteren Knoten) halten; dort wird dann auch die Übersetzungs-Verwaltung ablaufen; die einzelnen Übersetzungs- und Bindevorgänge selbst können allerdings durchaus wieder verteilt ablaufen.

ggf. kann auch off-site-Entwicklung unterstützt werden, wie in Abschnitt 8.2.4 erwähnt. Dabei wird sinnvollerweise ein abhängiger Teilbaum von Modulen komplett exportiert; bei den nicht exportierten Teilen des SUD, die von den exportierten Teilbäumen abhängig sind, müssen dann ggf. Schnittstellenbeschreibungen oder Ersatzmodule die entfernt entwickelten Module repräsentieren. Je nachdem, ob die Ersatzmodule ablauffähig sind oder nicht, kann nur der Übersetzungsvorgang ausgeführt oder auch eine lauffähige Version der verteilten Anwendung entwickelt werden.

Der off-site-Export kann mit einem Reservierungsmechanismus gekoppelt werden, so daß zu jedem Zeitpunkt für jede Teilhierarchie genau eine Entwicklungsumgebung zuständig ist.

Strukturänderungen: Änderungen der Software-Architektur, z.B. das Einfügen oder Löschen eines Moduls, verändern den Aufbau der Strukturinformation. Sinnvollerweise wird bei einer solchen Änderung eine neue Version der Strukturinformation erzeugt. Soll auch nach solchen Veränderungen inkrementelle Übersetzung unterstützt werden, so muß die Übersetzungsverwaltung ggf. in der Lage sein, mehrere Versionen von Strukturinformation zu vergleichen, um Module zu erkennen, welche nicht neu übersetzt werden müssen.

Zur Benutzerschnittstelle: Da eine SPU für verteilte Anwendungen Multitasking unterstützen sollte und da der Übersetzungsvorgang meist längere Zeit in Anspruch nimmt, wird der Benutzer i.a. Fehlermeldungen nicht sofort behandeln wollen; sie sollten daher generell gespeichert werden (eine allgemeine Meldung über den Ausgang der Übersetzung sollte allerdings an der Dialogschnittstelle angezeigt werden). Die i.a. in der SPU vorhandenen Arbeitsstationen erlauben es dann zum Zeitpunkt der Fehleranalyse, z.B. verschiedene Fenster für Fehlermeldungen und editierbare Quelltexte darzustellen (mit Hypertext-Unterstützung, s. Kap. 10, kann beispielsweise direkt von einer Fehlermeldung auf den zugehörigen Quelltext verwiesen werden).

Die wichtigsten Klassen von Operationen, die dem Benutzer angeboten werden sollten, sind *Übersetzen* unter Angabe von Teilhierarchien bzw. der gesamten Anwendung sowie der betreffenden Versionen, *Fehleranalyse* und Fehlerkorrektur, sowie *Browsing* (Statusinformation, Information über Struktur, Versionen, etc.).

Wesentlich ist zudem die Mehr-Benutzer-Unterstützung, z.B. Regelung von Benutzungsrechten für verschiedene Kombinationen von Operationen und Artefakten.

9.6.3 Die Experimentdefinition

Aufgabe: Die Experimentdefinition ist die experimentspezifische Festlegung von Konfiguration, Parametern und Ein-/Ausgabedaten der verteilten Anwendung und des Laufzeitsystems. Die Konfiguration, so wie sie von der Laufzeit-Codeverwaltung benutzt wird, überschneidet sich stark mit der Konfigurationsverwaltung der verteilten Programmiersprache gemäß Kapitel 7. Zwei Möglichkeiten der Kopplung bieten sich an:

- Die Laufzeit-Codeverwaltung kann zulassen, daß die programmiersprachliche Konfiguration im Rahmen der Programmierung der Anwendung erstellt wird, und diese dann in das Format der Experimentdefinition konvertieren.
- Sie kann aus den Konfigurationsangaben der Experimentdefinition die programmiersprachliche Konfiguration erzeugen.

Gegenstand: Die Experimentdefinition besteht aus drei Gruppen von Angaben:

- *Konfigurationsangaben:* Ähnlich der Konfigurationsverwaltung von Programmiersprachen werden logische und physikalische Knoten unterschieden. Pro logischem Knoten wird ggf. festgelegt, welche Codemodule (Teilhierarchien) dort verfügbar sein müssen. Die Zuordnung zu physikalischen Rechnernamen ist die Grundlage für die Übersetzungs-Verwaltung (Auswahl von Versionen etc.).
- *Parameterangaben:* Die für die Module der verteilten Anwendung benötigten experimentspezifischen Parameterwerte bilden den zweiten Teil der Experimentdefinition. Hierunter fallen

  —in den Modulen verwendete Parameter, die zur Laufzeit aktualisiert werden sollen und nicht aus dem Programmablauf heraus, sondern als Teil der Experimentdefinition festgelegt werden;

  —in den Modulen referenzierte Systemressourcen wie Ein- und Ausgabegeräte, Dateinamen, Zugangspunkte zu Kommunikations- und Systemdiensten oder der Dialogzugang (s.u.);

  Diese Parameter werden sinnvollerweise als logische Namen oder *Aliasnamen* übergeben; solche Namen werden in der einen oder anderen Form von praktisch jedem Betriebssystem unterstützt; die Experimentverteilung muß dann den Betriebsystem-spezifischen Mechanismus zur Namensdefinition verwenden; in den Modulen erfolgt die Namensübersetzung durch Aufruf einer Bibliotheksroutine zur Übersetzung logischer Namen, ggf. durch das Laufzeitsystem, also transparent für den Programmtext. Parameterangaben können entweder pro logischem Knoten oder für alle in den Konfigurationsangaben definierten logischen Knoten gelten.

  Eine elegantere Methode ist die Verwendung von Nameservern (s. Kapitel 3), falls solche vorhanden sind.
- *Dateiangaben:* In den Dateiangaben wird festgelegt, welche benutzerdefinierten Daten zur Laufzeit auf den am Experiment

beteiligten Knoten vorliegen sollen. Häufig werden Ein- und Ausgabedaten über das Dateisystem des Betriebssystems an die verteilte Anwendung gekoppelt. Diese Dateien sind dann im Verlauf der Experimentverteilung (s.u.) auf die betreffenden Rechner zu bringen und per Parameterangaben als Ressourcennamen (s.o.) an die betreffenden Module zu übergeben. Die Dateiangaben können auch hier pro logischem Knoten(-Typ) verschieden sein.
Auch hier existiert in fortgeschrittenen Systemen ein eleganterer Weg: ist eine verteilte Datenbank verfügbar und für verteilte Anwendungen zugreifbar, so kann diese eingesetzt werden.

Ein Experiment besteht also aus einem Satz von Konfigurations- sowie, Parameter- und Dateiangaben. Experimente können z.B. durch global eindeutige Namen unterschieden werden. Innerhalb aller drei Gruppen von Angaben, aber auch experimentübergreifend, sollte Wiederverwendbarkeit durch Bildung von Typen und wiederverwendbaren Definitionsblöcken unterstützt werden.

Laufzeitsystem und Benutzerschnittstelle: Der o.g. *Dialogzugang* ist eine wichtige und sinnvolle Ergänzung zum Laufzeitsystem einer verteilten Programmiersprache. Viele solche Sprachen beinhalten kein elegantes Konzept, um die dynamische Aufnahme beliebig vieler interaktiver Benutzer in eine laufende verteilte Anwendung zu gestatten. So wie in Datenbanken beliebige Transaktionsmonitore gestartet werden können, um den Zugriff zur Datenbasis zu erhalten, kann es der Dialogzugang einem Benutzer gestatten, sich asynchron in eine laufende verteilte Anwendung einzuschalten.
Die Laufzeit-Codeverwaltung sollte auch eingesetzt werden können, um das Laufzeitsystem der verteilten Programmiersprache auf den Experimentrechnern zu installieren bzw. zu aktualisieren. Hierzu können die physikalischen Knotennamen aus den Konfigurationsangaben mitverwendet werden.
Die Experimentdefinition soll einerseits dem Benutzer eine leicht lesbare Schnittstelle zu existierenden und neu durchzuführenden Angaben zur Verfügung stellen, andererseits der Experimentverteilung und z.T. der Übersetzungsverwaltung notwendige Informationen liefern. Entsprechend ist zu entscheiden, ob aus der vom Benutzer

lesbaren Ausprägung der Angaben in ein maschinenlesbares Format übersetzt wird, oder ob die Angaben menschen- *und* maschinenlesbar gestaltet werden sollen.

9.6.4 Die Experimentverteilung

Die Experimentverteilung zerfällt in drei Phasen *Verteilungsvorbereitung, Verteilung / Nachverteilung* und *Verteilungsstatus*. Diese sollen nachfolgend eingehender besprochen werden.

Verteilungsvorbereitung: Vor der Verteilung eines Experiments muß zunächst festgestellt werden, ob der Entwicklungsstand und die Experimentdefinition vollständig und konsistent sind und ob die verteilte Anwendung (alle Module der erforderlichen Versionen) auf dem erforderlichen Entwicklungs- bzw. Übersetzungsstand sind. Hier kann die Übersetzungsinformation (s.o.) verwendet werden. Die automatisierte Verteilung von Daten in einem verteilten System erfordert die Betrachtung von Systemspezifika, insbesondere der Datenschutz- und Zugangskontroll-Mechanismen der Experimentrechner und Zielnetze. In verteilten Systemen sind für den Zugang zu den Rechnern und für die Benutzung ihrer Ressourcen Sicherungen vorhanden, die Zugriffe nur mit entsprechender Berechtigung erlauben. Die Laufzeit-Codeverwaltung muß diese Mechanismen (aller relevanten Rechner- und Netztypen) kennen und initial mit den Operateuren die Zugangs- und Zugriffsberechtigung aushandeln.

Ein weiterer vorbereitender Schritt ist die Sammlung der zu verteilenden Daten des Experiments und die Ermittlung der physikalischen Rechnerknoten aus den Konfigurationsangaben.

Verteilt werden die Quell-, Objekt- oder ausführbaren Daten, je nach Heterogenität, sowie die Experimentdefinitionen einschließlich ihrer Begleitinformation (z.B. E/A-Dateien).

Aus der Experimentdefinition werden dabei zuerst die Knotendefinitionen extrahiert. Die Parameterdefinitionen und die angegebenen benutzerdefinierten Dateien werden nach logischen Rechnern getrennt behandelt. Die gesammelten Daten müssen in einer Form verfügbar gemacht werden, die zur Verteilung auf die Experimentrechner geeignet ist. Diese Form sei im folgenden *Experimentdatei* genannt. Zudem müssen Datenstrukturen angelegt werden, in denen

Stand und Ergebnis von Verteilungsoperationen festgehalten werden (*Verteilungsdatei*). Diese werden für Wiederholungen nach Fehlern bei der Verteilung und zur Überprüfung des Verteilungsstandes benötigt.

Verteilung/Nachverteilung: Aufgrund der Konfigurationsangaben können die beim Experiment benötigten Datenstrukturen auf die physikalischen Rechnernetzknoten gesendet werden:

- Dateien der verteilten Anwendung (u.a. die ablauffähigen Programme oder, in heterogenen Netzen, Quellen),
- die beim Experimentaufbau zum Verbindungsaufbau zwischen den logischen Rechnern benötigten Knotendefinitionen,
- die Parameterdefinitionen derjenigen logischen Knoten, die dem physikalischen Rechner zugeordnet wurden, und
- die für diese Knoten angegebenen benutzerdefinierten Dateien, die aus den Dateidefinitionen ermittelt werden.

Laufzeitsystem und verteilte Anwendung erwarten die Daten i.a. lokal auf allen physikalischen Rechnern des verteilten Systems, auf denen ihre Prozesse während des Experiments ablaufen. In verschiedenen Unterbereichen der physikalischen Konfiguration sind allerdings ggf. geeignete Dateiserver, verteilte Datenbanken bzw. Dateisysteme oder verteilte Betriebssysteme verfügbar; solche Unterbereiche können von der Laufzeit-Codeverwaltung quasi als Metaknoten betrachtet werden, die von der Experimentverteilung (näherungsweise) wie ein einzelner Knoten behandelt werden kann.

Zu beachten ist auch, daß sich die Daten verschiedener Experimente für dieselbe Anwendungsversion i.a. überschneiden werden: Die für jedes Experiment notwendigen ausführbaren Dateien sind für alle Experimente einer Version dieselben. Die Experimente unterscheiden sich auch ggf. nicht vollständig hinsichtlich der in der Experimentdefinition getroffenen Festlegungen. Bei der Verteilung sollen schon vorhandene Dateien nicht erneut kopiert werden.
Ferner werden für jedes Experiment die zum Laufzeitsystem gehörigen Dateien benötigt. Dies sind die ausführbaren Programme

der einzelnen Teile des Laufzeitsystems, typischerweise z.B. Laufzeitsystem-Kern, Kommunikationsverwaltung, lokales Monitoring / lokale Steuerung und globale Steuerung. Da diese Programme für jedes Experiment benötigt werden, werden sie sinnvollerweise bereits auf den Knoten des verteilten Systems abgelegt, ehe eine Experimentverteilung stattfindet. Dies kann z.B. gemeinsam mit den oben aufgeführten Vorbereitungen für den Zugang und die Zugriffsrechte zu den Experimentrechnern geschehen.

Bei der Verteilung auftretende Fehler sollen erkannt und festgehalten werden, so daß auch eine Wiederholung der durch Fehler abgebrochenen Verteilungsschritte (eine *Nachverteilung*) ggf. automatisiert ablaufen kann. Die Verteilung erfolgt auf Veranlassung des Anwendungsverwalters von der Entwicklungsumgebung aus. Da der Experimentlauf ggf. mehrfach durchgeführt wird, ist die Verteilung als eigenständige Aktion in der Entwicklungsumgebung anzubieten, so daß nach der Verteilung mehrere Experimentläufe erfolgen können.

Verteilungsstatus: Schließlich soll der Benutzer einen Überblick über den Stand der Verteilung erhalten und ggf. eine Überprüfung der Daten auf einem oder allen Experimentrechnern vornehmen lassen können. Hierfür kann die o.g. Verteilungsdatei mitverwendet werden. Zusätzlich könnte es sinnvoll erscheinen, die explizite Überprüfung der Dateien und Definitionen auf einem oder allen Experimentrechnern von der Entwicklungsumgebung aus zuzulassen; Operateur- oder Benutzerkommandos oder auch Ausfälle von Hintergrundspeicher können nämlich zur Inkonsistenz zwischen Verteilungsdatei und tatsächlichem Status führen. Sehr leicht können auch die logischen Namen inkonsistent werden.

Start und Abbruch von Experimenten: Start und Abbruch von Experimenten haben etliche Querbezüge zur Laufzeit-Codeverwaltung, so daß die Laufzeitsteuerung (Start, Abbruch, Statusabfrage, Monitoring von Experimenten) einer verteilten Programmiersprache - ähnlich wie die Konfigurationsverwaltung - mit einer Laufzeit-Codeverwaltung harmonisiert werden sollte.

In Abbildung 9-19 wird die Grobarchitektur einer möglichen Laufzeit-Codeverwaltung mit der diskutierten Funktionalität dargestellt. Die Gesamtarchitektur ist aufgeteilt in die Entwicklungsumgebung, die Experiment-Kontrollumgebung und die Experiment-Umgebung, also das real verteilte System.

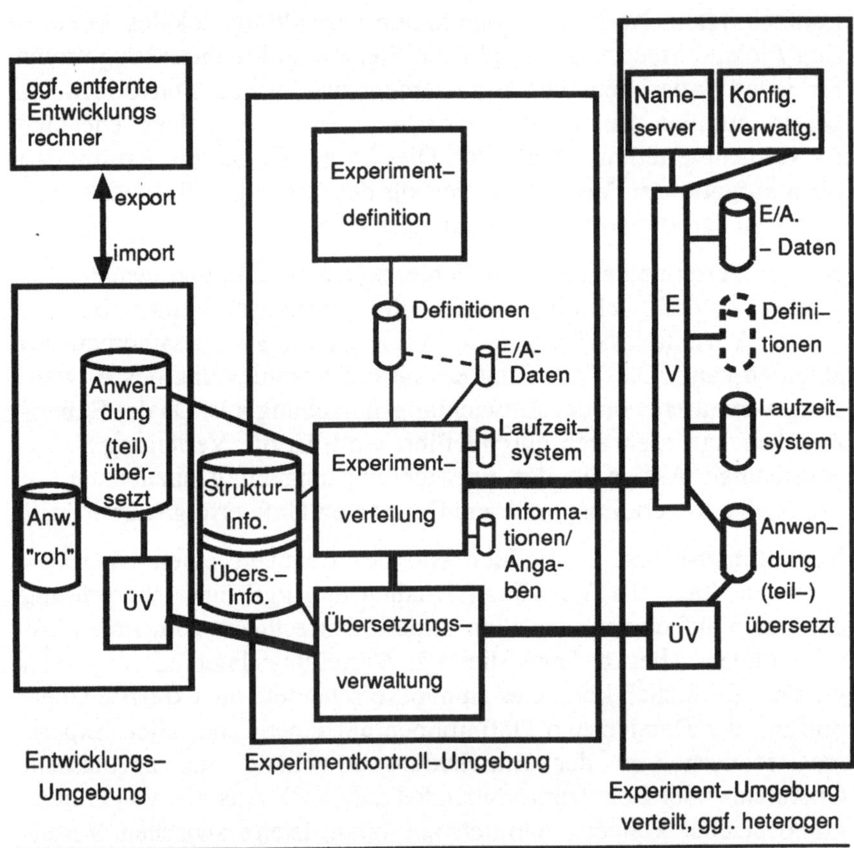

Abb 9-19 Beispielarchitektur einer Laufzeit-Codeverwaltung

Von der Entwicklungsumgebung wird Quellcode oder teilweise übersetzter Code in die Kontrollumgebung eingebracht. Dort wird das gewünschte Experiment definiert und der erforderliche Code konfiguriert und teilweise weiter übersetzt. Danach erfolgt die eigentliche Code-Verteilung auf die einzelnen Experimentrechner. Auch dort kann dann eventuell noch eine weitere Übersetzung von Codestücken vorgenommen werden. Zur Laufzeit wird dann die Anwendung durch die Experimentkontroll-Umgebung überwacht.

10 Ausblick: Aktuelle Entwicklungen und Standardisierung

Das Buch gab einen Überblick über zahlreiche grundlegende Mechanismen zur Realisierung verteilter Anwendungen. In diesem abschließenden Kapitel sollen nun noch einige aktuelle Entwicklungen im Bereich der verteilten Rechnersysteme und -anwendungen angesprochen werden, die die verteilte Programmierung in der Zukunft sicherlich nachhaltig beeinflussen werden. Zunächst wird auf die Thematik der Hochgeschwindigkeitsnetze eingegangen; diese Netze erlauben eine sehr schnelle Übertragung großer Datenmengen und erschließen dadurch neue Möglichkeiten zur verteilten Verarbeitung. In diesem Zusammenhang werden vor allem auch neuartige verteilte Multimedia-Anwendungen angesprochen, die eine Integration von Daten, Text, Graphik, Bewegtbild, Sprache und anderen Medien ermöglichen und sehr datenintensiv sind. Danach wird ein kurzer Überblick über aktuelle Standardisierungsansätze im Bereich der verteilten Anwendungen gegeben, bevor in der abschließenden Zusammenfassung eine kritische Würdigung des heutigen Entwicklungsstandes im Bereich der verteilten Anwendungen sowie ein Ausblick auf weitere Entwicklungsfelder gegeben werden.

10.1 Hochgeschwindigkeitsnetze

Die meisten der heutigen verteilten Anwendungen basieren auf *lokalen Rechnernetzen (Local Area Networks, LANs)* [KAU86] vom Type *Ethernet* oder *Token Ring*. Diese Netze ermöglichen Übertragungsraten bis etwa 10 Mbit/s; dies reicht zwar für viele konventionelle Anwendungen aus, es genügt aber nicht, um zum Beispiel große Mengen digitaler Bilddaten im Sekundenbereich zu übertragen. Solche hohen Anforderungen werden aber immer häufiger von neuen Anwendungen an verteilte Rechnersysteme gestellt. Ähnliche Bedarfszahlen entstehen auch dann, wenn mehrere lokale Netze miteinander verbunden werden und das zur Kopplung eingesetzte sogenannte *Backbone-Netz* die Summe aller Verkehrsströme der einzelnen LANs bewältigen muß. Aus diesem Grunde begann man bereits in den frühen achtziger Jahren mit der Entwicklung von sogenannten *lokalen Hochgeschwindigkeitsnetzen (High-Speed Local Area Networks).*

Diese Netze haben gemein, daß sie Übertragungsraten im Bereich von 100 Mbit/s oder teilweise sogar erheblich mehr ermöglichen, physische Distanzen von bis zu etwa 100 Km überbrücken können und meist spezielle Dienstqualitäten wie zum Beispiel eine garantierte maximale Verweilzeit von Nachrichten bieten. Im folgenden soll vor allem auf drei Ansätze in diesem Bereich, den FDDI Token Ring, den DQDB-Kommunikationsbus und den Breitband-ISDN-Standard eingegangen werden; hierzu siehe [ABK91] und [HSS90].

10.1.1 Der FDDI Token Ring

Der *FDDI (Fiber Distributed Data Interface) Token Ring* [ROS86] ist ein Glasfaser-basiertes Hochgeschwindigkeitsnetz, bei dem die einzelnen angeschlossenen Stationen ringförmig verbunden sind. Der Ring bietet eine Übertragungsrate von 100 Mbit/s und kann bis zu 500 Stationen bei einer maximalen Ringlänge von 100 Km koppeln. Die einzelnen Stationen greifen über ein Token-gesteuertes Protokoll auf den Ring zu, wenn sie Daten übertragen wollen; eine sendewillige Station wartet auf einen als frei gekennzeichneten Token und nimmt diesen vom Ring, überträgt eine nach oben begrenzte Menge paketierter Daten und gibt im Anschluß daran wieder einen freien Token auf den Ring. Eine weitere sendewillige Station muß also nicht warten, bis das zuvor gesendete Paket seinen Empfänger erreicht hat, sondern kann direkt im Anschluß an dieses ein weiteres Paket senden. Dies ist von großer Bedeutung, da sonst die im Verhältnis zu den hohen Übertragungsraten recht langen physikalischen Laufzeiten der Pakete den Durchsatz stark reduzieren würden.

Der Ring wird üblicherweise redundant ausgelegt; ein zweiter Stand-by-Ring koppelt ebenfalls alle Stationen und kann bei Ausfall einer

Verbindung zwischen zwei Stationen weiterhin den funktionsfähigen Betrieb garantieren. Die erweiterte Version FDDI-II ermöglicht außerdem verbindungsorientierte Kommunikation. Dazu wird die Gesamtbandbreite in 16 Kanäle mit je 6.144 Mbit/s aufgeteilt. Dies wird durch ein Zeitmultiplex über die Reservierung von Senderahmen für die einzelnen Verbindungen erreicht. Auf diese Weise können spezielle Dienstmerkmale für verschiedene Verkehrsarten garantiert werden: *Isochrone* Daten haben eine konstante Verweilzeit bei der Übertragung, was durch Reservierung gesamter Kanäle ermöglicht wird. Dies ist zum Beispiel bei der Übertragung von Sprache oder Videobildern wichtig. *Synchroner* Verkehr garantiert eine maximale, aber variable Verweilzeit, wie es in Realzeitanwendungen erforderlich ist. *Asynchroner* Verkehr macht keine solchen Garantien.

Der FDDI Token Ring wird im Rahmen von ANSI X3T9.5 standardisiert und ist inzwischen auch von mehreren Herstellern erhältlich.

10.1.2 Der DQDB-Ansatz

Der *Distributed Queue Dual Bus (DQDB)* [DQD88] wird im Rahmen von IEEE 802.6 standardisiert und ist ein Bus-basiertes Hochgeschwindigkeitsnetz. Dabei wird ein dualer Bus mit zwei gegenläufigen Einzelbussen mit einer Übertragungsrate von je 150 Mbit/s verwendet. An jeden Bus ist ein sogenannter Slot-Generator angekoppelt, der kontinuierlich Zeit-Slots von fester Länge erzeugt und als Pakete auf den Bus legt. Wenn ein Knoten Daten in Richtung eines bestimmten Empfängers übertragen will, setzt er auf dem entgegengesetzten Bus ein Reservierungsbit. Jede Station zählt auf jedem Bus die Anzahl der vorbeikommenden freien Slots sowie die Anzahl der auf dem jeweils entgegengesetzten Bus vorbeikommenden Reservierungsanforderungen und kann dadurch bestimmen, wann keine nachfolgenden Stationen mehr auf einen freien Slot warten und wann die Station damit also einen Slot zur Übertragung verwenden darf. Dieses Verfahren ist allerdings nicht fair, da Stationen gemäß ihrer Position bevorzugt werden; daher wurden zahlreiche Modifikationen des Netzzugangsprotokolls vorgeschlagen.

Um isochrone Kommunikation zu ermöglichen, wird ein fester Teil jedes Zeitslots für eine bestimmte Kommunikationsbeziehung zwischen zwei Stationen reserviert.

10.1.3 Breitband-ISDN

Der in Entwicklung befindliche Standard des *Breitband-ISDN (B-ISDN)* ermöglicht die Integration von Audio-, Video- und Datenströmen über das gleiche Netz bei einer Übertragungsrate von etwa 150 Mbit/s. B-ISDN wird von der CCITT, Arbeitsgruppe XVII standardisiert [CCI88]. B-ISDN kann entweder über ein *synchrones* oder über ein *asynchrones* Transfer-Verfahren realisiert werden; im synchronen Fall werden Kanäle von fester Kapazität für einzelne Kommunikationsbeziehungen reserviert, wobei eine Aufteilung in einen Kanal von 140 Mbit/s, vier Kanäle von je 2 Mbit/s, zwei Kanäle von je 64 Kbit/s und einen Signalisierungskanal von 16 Kbit/s vorgeschlagen wird. Die beiden letztgenannten Komponenten sind eine direkte Weiterentwicklung des schon längere Zeit existierenden Schmalband-ISDN Ansatzes. Beim asynchronen Transfer-Verfahren ist die Kanalkapazität dagegen variabel, was daher generell als eine flexiblere Lösung anzusehen ist. Auch B-ISDN ermöglicht den Transfer von isochronem Verkehr.

Insgesamt bleibt abzuwarten, ob sich alle drei dieser Technologien durchsetzen können bzw. welcher der Ansätze dominieren wird. Es gibt auch eine Reihe weiterer Vorschläge, die sich aber meist noch im Forschungsstadium befinden. Vor allem sei auf Aktivitäten im Bereich der sogenannten Gigabit-Netze hingewiesen, die Übertragungsraten im Bereich von mehreren Gigabit/s anstreben, was in Laborversuchen bereits auch tatsächlich erreicht wurde.

Für verteilte Anwendungen bieten diese Hochgeschwindigkeitsnetze sehr interessante neue Perspektiven, da zum Teil völlig neue, sehr datenintensive Gebiete erschlossen werden können. Allerdings scheint es noch ein bedeutender Schritt zu sein, diese hohen Übertragungskapazitäten dem Anwender auch außerhalb von Spezialsystemen tatsächlich zugänglich zu machen. Die Hauptproblematik dabei ist, daß die heutige Betriebssystem- und

Kommunikations-*Software* dabei einen maßgeblichen Engpaß darstellt, also nicht wie bisher die zugrundeliegenden physikalischen Netze.

10.2 Perspektiven künftiger verteilter Anwendungen

Obwohl in diesem Buch deutlich wurde, daß die Softwaretechnologie für komplexe verteilte Anwendungen noch keine Konsolidierung erfahren hat, sollen hier noch weitergehende Entwicklungen diskutiert werden; ausgehend von den Perspektiven der technologischen Infrastruktur sollen neue Formen der Computernutzung - und damit von Anwendungen - kurz diskutiert werden. Adäquate Ansätze im Software Engineering zeichnen sich hierfür zwar noch kaum ab, die wichtigsten Anforderungen können dennoch genannt werden.

10.2.1 Technologische Entwicklungstendenzen

Multimediafähige Kommunikationsinfrastruktur: Zur Definition des Begriffes *Multimedia* werden *zeitunabhängige* Medien wie beispielsweise Daten, Text, Graphik - deren Aufzeichnung und Darstellung nicht mit einem konkreten Zeitbegriff gekoppelt ist - unterschieden von *zeitbehafteten Medien* wie Bewegtbild und Sprache, deren sinnvolle Aufzeichnung bzw. Darstellung an Zeitbedingungen geknüpft ist. Als *Multimedia-Daten im engeren Sinne* werden meist solche Daten bezeichnet, die mindestens ein zeitunabhängiges und ein zeitbehaftetes Medium koppeln.
Dienstintegrierende Hochgeschwindigkeitsnetze wie Breitband-ISDN (B-ISDN) erlauben den Austausch von Multimedia-Daten zusammen mit herkömmlichen Computerdaten in großem Umfang. Da Multimedia-Peripherie und -Datenverarbeitung heute stark von der Unterhaltungselektronik geprägt sind, begegnen sich in zukünftigen multimedialen Kommunikationsnetzen drei große, bislang weitgehend unabhängige Technologien bzw. Industriezweige: Informationstechnik, Telekommunikation und Unterhaltungselektronik. Technologisch möglich wurde diese Entwicklung

- in der Informationstechnik durch den Leistungsschub der RISC-Prozessoren und die softwaretechnischen Fortschritte bei verteilten Systemen und Mensch-Maschine-Kommunikation;
- in der Telekommunikation durch die Dienstintegration mit ISDN sowie den Geschwindigkeitsschub u.a. infolge Glasfasereinsatz;
- in der Unterhaltungselektronik durch Digitalisierung und Mikroprozessoreinsatz (CDs, digitales Fernsehen etc.).

So entsteht eine leistungsfähige Multimedia-Kommunikationsinfrastruktur. Eine wichtige Rolle spielen dabei die dienstintegrierenden Netze: S-ISDN (Schmalband) integriert im wesentlichen existierende Telematikdienste und führt eine *einheitliche Kommunikationssteckdose* für Endgeräte verschiedener Funktionen bzw. multifunktionale Endgeräte ein. Das erwähnte B-ISDN (Breitband) ermöglicht den breiten Einsatz hochwertiger Bewegtbild-*Individual*kommunikation. Trotz Reduktion der erforderlichen Bandbreite durch Kompression wird nämlich die Video-Individualkommunikation aufgrund der Vielzahl zu multiplexender Verbindungen breitbandige Netze erfordern.

Mehrwertdienste: Kommunikationsnetze mit Mehrwertdiensten (*Value Added Networks*) sind schon heute vielbeachtet; darin bietet der Netzbetreiber nicht allein eine komfortable Kommunikationsinfrastruktur an, er tritt auch als Anbieter von Computerdienstleistungen (Informationsverarbeitung, -speicherung und -bereitstellung) auf.

In der Verbindung mit der beschriebenen Multimedia-Kommunikations-infrastruktur stößt man auf Netze mit multimedialen Mehrwertdiensten. Diese bieten neben der Transportfunktionalität der Individual- (Punkt-zu-Punkt, Mehrpunkt) und Verteil- (Fernseh, Rundfunk-) Kommunikation auch Multimedia-Informationsverarbeitung und -speicherung als direkte Dienstleistungen des Netzes an und erlauben einen hohen Grad an Integration verschiedenster Medien bei Übertragung und Nutzung. Das Spektrum der Mehrwertdienste reicht von generischen Diensten wie Sprach- und Bildverarbeitung bis hin zu stark spezialisierten Multimedia-Mehrwertdiensten wie z.B. einem Agenturdienst. Ein solcher könnte z.B. historische, geographische oder tagesaktuelle Dokumentation inklusive digitaler Bewegtbildinformation anbieten, dabei Videomaterial zur Verbesserung der digitalen Bildqualität nachbearbeiten, zur Verringerung der Kommunikationskosten effizient komprimieren und im Sinne einer Informationsbank an Medienanstalten oder Endverbraucher offerieren. Der Netzbetreiber würde auch hier als Dienstanbieter und gegebenenfalls als Vertragspartner auftreten; Netzbetreiber oder Agentur würden auch Fragen wie Urheberrechte behandeln.

Ubiquitäre Rechnernetze: Ein vieldiskutiertes Schlagwort ist auch das des "allgegenwärtigen Rechnens" *(ubiquitous computing)*, bei dem der Benutzer nicht mehr gezwungen wird, zwischen verschiedensten Aufenthaltsorten *und* seinem Rechnerarbeitsplatz hin- und herzureisen oder aber einen leistungsbeschränkten, schlecht vernetzten tragbaren Computer mitzunehmen; stattdessen findet er an jedem Aufenthaltsort *seine* identische Computer-Arbeitsumgebung vor, indem er sich entweder in einen dort installierten Rechner einloggt oder mit seinem portablen Computer (per Mobilfunk-Netz) permanenten Zugang zum Netz verschafft - in beiden Fällen wandert die vollständige Software- und Netz-Umgebung mit dem Menschen mit (daher wird auch der Begriff "nomadisierendes Rechnen" gebraucht).

10.2.2 Implikationen für verteilte Anwendungen

Losere Kopplung: Ubiquitäre Rechnernetze erfordern verteilte Anwendungen, deren Konfiguration nicht mehr nur zur Laufzeit um Komponenten erweitert bzw. reduziert wird, sondern deren Komponenten in Verhalten und Konfiguration sehr viel stärker und selbständiger wechseln können: sie enthalten ggf. nomadisierende Softwarekomponenten, die an wechselnden Orten und über eine lange Lebensdauer hinweg, aber immer nur für eine begrenzte Zeit Teil der Anwendung sind. Mehrwertdienste oder auch andere Anwendungen werden mit einbezogen, deren Funktionalität und Schnittstellen sich unabhängig von der betrachteten Anwendung eigendynamisch weiterentwickeln.

Diese Entwicklungen erfordern einerseits einen loseren Verbund von Komponenten als in heutigen Anwendungen sowie neue Formen der

Konfigurationsverwaltung. Andererseits sind auch herkömmliche Formen der losen Kopplung durch zentrale Server oder Datenbanken ungeeignet: Datenbank-Schemadefinitionen bzw. RPC-Aufrufschnittstellen sind einerseits zu unflexibel gegenüber der unabhängigen Weiterentwicklung der gekoppelten Komponenten, andererseits zu stark durch das Master-Slave-Prinzip geprägt.

Multimedia-Integration: Die Verarbeitung und Übertragung von Multimedia-Daten wird nicht nur technisch möglich, sondern auch in verteilten Anwendungen *gefordert*. Diesem Bereich wird u.a. deshalb so viel Bedeutung zugemessen, weil man sich damit eine deutliche Verbesserung der Mensch-Maschine-Kommunikation erhofft. Das erhöht die Produktivität heutiger Nutzer und eröffnet neue Möglichkeiten, um die Computernutzung weit stärker in die selbstverständliche Arbeits- und Lebenswelt, auch ohne spezielle technische Vorbildung der Nutzer, hineinzutragen. Eine andere Motivation liegt in der zunehmenden Bedeutung der computergestützten Aus- und Weiterbildung, auch über große Entfernungen, welche hel+fen soll, Bildungs- und Informationsdefizite als häufige wirtschaftliche Entwicklungshemmnisse zu reduzieren; auch auf diesem Sektor kann durch Multimedia-Einsatz ein deutlicher Fortschritt erzielt werden.

Unterstützung von Gruppenarbeit und Arbeitsabläufen: Ebenso vieldiskutiert ist eine bessere Computerunterstützung der Zusammenarbeit zwischen Menschen (*computer-supported cooperative work*, CSCW) [RUM91]. Beispiele sind Gruppen-Editoren, Gruppen-Entscheidungsunterstützung, Videokonferenzsysteme u.v.a.m. CSCW bezieht dabei ebenfalls sehr häufig Multimedia-Daten und -Kommunikation als bevorzugte menschliche Kommunikationsformen (Sprache, Visualisierung) mit ein. Neben der Kooperation von Menschen wird aber auch mehr noch als bisher die Zusammenführung von *Arbeitsabläufen* ins Zentrum des Interesses rücken, vor allem in den schon in diesem Buch angesprochenen Bereichen der Büro- und Fabrikautomation. Ein wichtiges Schlagwort in diesem Zusammenhang lautet *workflow modeling* in bezug auf komplexe verteilte Büroabläufe [SCH91II].

10.2.3 Software-Engineering

Die hier aufgezeigten Entwicklungen erfordern eine Vielzahl neuer Entwicklungen im Bereich des Software-Engineerings, die noch kaum vorherzusehen sind. Einige wichtige Teilbereiche sollen hier kurz skizziert werden, die Werkzeug- und Systemunterstützung für Multimedia-Daten und zwei Modellierungsansätze: ein erweiterter objektorientierter Ansatz und der Hypermedia-Ansatz; ein besonderes Interesse liegt dabei in der Verschmelzung dieser beiden Modellierungsansätze.

Multimedia-Werkzeuge und -Systemunterstützung: Wenn Multimedia-Daten und -Kommunikation in Anwendungen mit einbezogen werden sollen, muß deren Handhabung in Softwareproduktionsumgebungen mit integriert werden. Dabei wird eine Vielzahl von Problembereichen tangiert, von denen viele heute noch nicht befriedigend gelöst sind; dies wird nachfolgend verdeutlicht am *idealisierten Weg von Multimedia-Daten durch das System.*

Eingabeseitig ist zunächst die *Digitalisierung* der Daten erforderlich, um eine computergerechte Repräsentation zu erhalten; dies geschieht z.B. mittels Scanner oder Sprach- und Video-Digitalisierer.

Dann wäre das automatische *Verstehen* durch den Computer notwendig, also Spracherkennung, Handschrift-Erkennung, Bild- und Szenenanalyse etc.; dieses Gebiet ist noch sehr stark in Entwicklung.

Dasselbe gilt für die *Zuordnung* neuer Daten zu bereits gespeicherten i.S.v. automatischer Deskribierung, Erkennen und Zuordnen relevanter Information in natürlichsprachlichen Texten, Bildern etc.

Umfang und Heterogenität der Information erfordern neue Konzepte zur *Modellierung* wie Hypermedia (s.u.), wobei Speicherung und Verarbeitung zusammenwachsen; die Trennlinie zwischen Anwendungsprozessen und Datenbanken verwischt.

Speicherung und Transport multimedialer Daten werden erschwert durch große Datenvolumina und große Zahl definierter Formate; entsprechende Bedeutung kommt Methoden und Standards zur Kompression / Dekompression sowie Möglichkeiten zur Datenkonversion zu.

Sollen Multimedia-Daten im verteilten System *netzwerktransparent* zur Verfügung gestellt werden, so ist umfangreiche Sy—

stemunterstützung erforderlich. Zunächst werden an Kommunikationssystem, Peripherie und Betriebssysteme erhöhte Anforderungen (z.B. Realzeitanforderungen wie Durchsatz-Garantien) gestellt. Darüberhinaus muß aber auch ein übergreifender Transport- und Darstellungsdienst für Multimedia-Objekte zur Verfügung gestellt werden, um die Netzwerktransparenz zu erreichen. Zur Befriedigung einer angeforderten Operation wie "Darstellung von Multimedia-Objekt x für Benutzer y" kann ein solcher Dienst nach Kriterien wie aktuelle Lokation, Netztopologie, verfügbare Kompressionsunterstützung, aktuelle Netzbelastung etc. optimieren und Fragen unterschiedlicher Dokument- und Darstellungsformate berücksichtigen.

Editieren und *Bearbeiten* von Multimedia erfordert spezielle Editierfunktionen für jeden Medientyp und Integrationsfunktionen z.B. für Synchronisation und Layout der einzelnen Medien zu einem Multimedia-Objekt. Erste Industriestandards wie Quicktime von Apple und Standardisierungsbestrebungen wie HyTime gehen bislang wenig auf Fragen der Kommunikation ein, also z.B. die Folgen eines nicht konstanten Durchsatzes oder auf die Synchronisation und Darstellung zeitbehafteter Medien.

Ausgabeseitig ist neben der Rückwandlung der digitalen Daten in analoge die *Synthese* neuer Multimedia-Information relevant, z.B. als Sprachsynthese oder Computer-Animation.

Diese Problembereiche haben dreierlei Auswirkungen auf die Entwicklung des *Software-Engineering:* erstens müssen Multimedia-Werkzeuge (deren Entwicklung auf absehbare Zeit nicht abgeschlossen sein wird) in Softwareproduktionsumgebungen geeignet eingebunden werden. Zweitens müssen die Ausdrucksmittel (z.B. eine Entwurfssprache und das zugrundeliegende Modell) einem Multimedia-tauglichen Modellierungskonzept (s.u.) angepaßt sein, und drittens muß zur Laufzeit ein Transport- und Darstellungsdienst wie oben beschrieben miteinbezogen werden.

Erweiterung des objektorientierten Ansatzes: Die primäre adressierbare Einheit bzw. der Dienstnehmer in verteilten Multimedia-Anwendungen kann weder das multifunktionale Endgerät selbst sein noch der traditionelle Betriebssystemprozeß wie bei Kommunikationsprotokollen heutiger Art üblich. Vorstellbar ist eine mobile autonome Adressierungseinheit ähnlich wie bei der objektorientierten Programmierung. Als wichtige notwendige Erweiterungen des verteilten objektorientierten Ansatzes sind zu nennen:

- Multimedia-Unterstützung, z.B. durch Einkapselung und Generalisierung der wichtigsten Operationen auf Einzelmedien sowie durch Behandlung der Synchronisations- und Darstellungssemantik.
- Unterstützung von Gruppen-Interaktionen, z.B. durch Bereitstellung generischer Gruppen-Interaktionsbausteine.
- Persistente Programmierung, d.h. das Objekt wird nicht nur flüchtig im Hauptspeicher, sondern auch dauerhaft (über die Dauer einer Anwendung, einer Sitzung, eines Rechnerabsturzes hinweg) auf Hintergrundspeicher gehalten; dabei ist die Unterstützung des Überganges zwischen privatem persistentem Speicher und Mehrbenutzer-Persistenz wichtig.
- Anbindung der Mensch-Maschine-Interaktion mit Protokollen, die die Anwendungserstellung unabhängig von den bei der Mensch-Maschine-Kommunikation verwendeten Medien machen (Sprache, Graphik, usw.); z.B. unter Erweiterung interaktiver Objekte um einen speziellen Abschnitt zur medienunabhängigen Interaktionsbeschreibung.
- Unterstützung *autonomer* Objekte, z.B. als zeitweilig angebundene nomadisierende Softwarekomponenten oder als Software-Agenten, die für einen Benutzer aufgrund von Ereignissen aktiv werden.

Ein solcher Ansatz würde mit Abkapselung, Klassenbildung, Mobilität, feiner Granularität und Vererbung wesentliche Eigenschaften heutiger verteilter objektorientierter Systeme besitzen; Persistenz und Multimedia-Unterstützung könnte beispielsweise durch Verschmelzung mit dem nachfolgend beschriebenen Hypermedia-Konzept erleichtert werden.

Hypermedia: Der Begriff Hypermedia (als multimediale Erweiterung von Hyper*text*) entstand im Bereich der Modellierung von Dokumenten. Dabei wurde eine Eigenschaft zum Prinzip erhoben, die jedem linearen Textdokument (Artikel, Buch etc.) eigen ist: es gibt darin eine Vielzahl von Referenzen und Bezügen zwischen Textteilen wie Bezugnahmen auf Textstellen, Abschnitte, Abbildungen, Fußnoten, Literaturreferenzen etc., aber auch Abstraktionsstufen wie Überschriften, Haupttext, vertiefende Erläuterungen etc. In Hypermedia-Dokumenten wird nun der linearen Folge von Einheiten (z.B. Abschnitten) nicht mehr die zentrale Bedeutung zugemessen; stattdessen ist jede Art von Referenz vom Modell her gleichwertig. So besteht ein Hypermedia-Dokument aus Dokumenteinheiten (äquivalent zu Abschnitten, Seiteninhalten o.ä.), sogenannten *Knoten*, und Referenzen, sogenannten *Links*. Links verknüpfen nicht nur ganze Knoten miteinander, also z.B. Abschnitt mit Abschnitt, sondern können sich auch auf eine Untereinheit (Satz, Satzteil, Wort, bei Multimedia auch Bildausschnitt, Video-Teilsequenz etc.) als Quelle oder Ziel beziehen. Beschreibungen solcher Untereinheiten werden als *Anker* bezeichnet. Hierarchiebildung bzw. Abstraktion wird unterschiedlich unterstützt. Abb. 10-1 veranschaulicht den konzeptionellen Übergang von linearen Textdokumenten zu Hypertext. Man erkennt verschiedene Knotentypen (Überschrift, Abschnitt, Literatur, Unterkapitel als zusammengesetzter Knoten) und Linktypen.

In Hypermedia-Konzepten enthält ein elementarer Knoten typischerweise ein *einzelnes* Medium, zur Modellierung *multi*medialer Informationseinheiten werden häufig zusammengesetzte (aggregierte) Knoten verwendet. Die Flexibilität in der Modellierung beliebiger Informationsgeflechte, ohne den Zwang der strengen Kategorisierung weniger immer wiederkehrender Informations-Typen wie in klassischen Datenbanken, sowie die Unterstützung von Multimedia lassen die Bedeutung von Hypermedia zunehmen. Wie beim objektorientierten Ansatz eignen sich die feinen Granulate (Knoten) gut in verteilten Systemen. Darüberhinaus wird aber Hypermedia als allgemeineres Konzept interessant, wenn nicht nur Daten, sondern auch Code mit Knoten und Links modelliert werden kann. Dies macht schon deshalb Sinn, weil es gleichgültig sein sollte, ob z.B. ein Video-Objekt aus vorgefertigten gespeicherten Bildsequenzen (Daten) besteht oder aus einem Programm, welches dynamisch eine Bildsequenz berechnet. Ein großes Potential scheint durch die Verschmelzung von Hypermediakonzepten und den Konzepten objektorientierter Systeme gegeben.

Dieser und weitergehende Hypermedia-Aspekte werden z.B. in [MÜH91] diskutiert; dabei wird deutlich, daß aus der Kombination von Hypermedia und Objektorientierung ein grundlegendes Modellierungskonzept für multimediale verteilte Anwendungen der hier diskutierten Natur werden kann.

Schon heute gewinnt das Hypermedia-Konzept in Softwareproduktionsumgebungen an Bedeutung, vor allem zur Verknüpfung von Entwicklungsartefakten (Verknüpfung von Stellen eines Entwurfes mit zugehörigen Stellen im Programm-Quelltext, im computergespeicherten Handbuch, etc.)

Eine Vielzahl von Hypermedia-Systemen mit sehr unterschiedlicher Funktionalität ist kommerziell erhältlich oder wird in Forschungsprojekten untersucht; sie reichen von der einfachen Informationsmodellierung als Karteikarten-Stapel - wobei jede Karteikarte einem Bildschirminhalt entsprechen kann - bis zu verteilten Hypermediasystemen mit flexibler Gestaltung von Knoten, Links, Ankern, Aggregationen, und Orientierungshilfen, d.h. der Unterstützung der Navigation der Benutzer durch das Netz aus Hypermedia-Knoten und -Links.

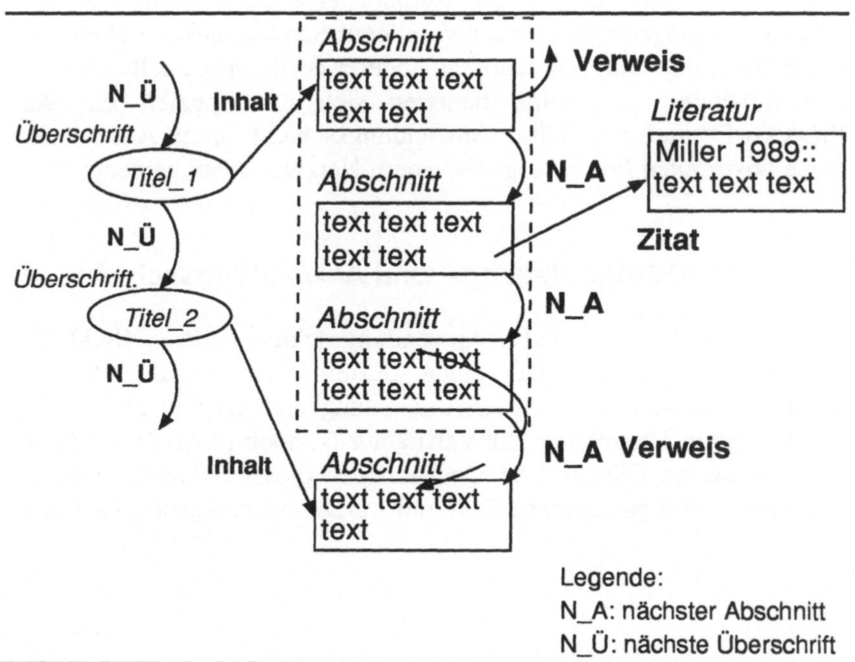

Abb 10-1 Hypertext-Dokument

10.3 Standardisierungsansätze

Ein weiteres wichtiges Gebiet, das für zukünftige Entwicklungen im Bereich der verteilten Anwendungen von Bedeutung sein wird, ist die Standardisierung von Diensten und Protokollen für verteilte Systeme. Schon seit den 70er Jahren wird durch die *International Standards Organisation (ISO)* an der Standardisierung von transportorientierten Diensten gearbeitet. Diese Mechanismen bilden eine Grundvoraussetzung für die Kommunikation in offenen, heterogenen verteilten Systemen. Im Bereich der Anwendungen konzentriert sich jedoch das Interesse eher auf die aktuellen Standardisierungsansätze der höheren Schichten des ISO/OSI-Modells, speziell auf die Darstellungs- und Anwendungsschicht. Außerdem sind parallel dazu auch Aktivitäten der *ECMA (European Computers Manufacturers Association)* zu nennen, wo ein Referenzmodell zur Strukturierung verteilter Anwendungen im Rahmen des *Open Distributed Processing (ODP)*-Ansatzes entwickelt wird.
Neben diesen Arbeiten sind natürlich auch spezielle Standardisierungsansätze im Bereich des Remote Procedure Calls und des Netzwerkmanagements sowie auf anderen Schwerpunktgebieten von Bedeutung, die zum Teil schon an anderer Stelle vorgestellt wurden. Die folgenden Abschnitte befassen sich nun speziell mit der ISO/OSI-Darstellungs- und Anwendungsschicht, dem Ansatz des Open Distributed Processing sowie dem Netzwerkmanagement.

10.3.1 ISO/OSI-Darstellungs- und Anwendungsschicht

Die Darstellungs- und Anwendungsschicht des ISO/OSI-Referenzmodells [ISO87III] stellen spezielle Dienste und Protokolle zur Kommunikation zwischen Anwendungsinstanzen in einer offenen verteilten Umgebung zur Verfügung (s. auch [TAN81]). Einige der wichtigsten Dienste und Mechanismen dieser Schichten sind in Abbildung 10-2 zusammengefaßt und werden nachfolgend erläutert.

Schicht	Dienst bzw. Sprache	Funktionalität
Anwendung	ACSE	Elementare Verbindungen zw. Anwendungsinstanzen
	ROSE	Entfernter Operationsaufruf
	RTSE	Zuverlässiger Datentransfer (Exactly-Once-Semantik)
	CCR/TP	Verteilte Transaktionsverarbeitung
	RDA	Entfernter Zugriff auf relationale Datenbanken
	FTAM	Entfernter Dateizugriff / Dateiverwaltung
Darstellung	ASN.1 Presentation Context	Datentransformation zwischen heterogenen Datenformaten (lokale Syntax <-> Transfersyntax)

Abb 10-2 Dienste der ISO/OSI-Anwendungsschicht

Die *Darstellungsschicht* macht die Unterschiede zwischen den verschiedenen Datenformaten in heterogenen Rechnernetzen transparent. Dazu werden die zu übertragenden Daten mit der Notation *ASN.1* [ASN85] beschrieben. Unter Verwendung dieser Beschreibung und eines sogenannten Präsentations-Kontextes transformiert dann das System die Daten von einem lokalen Format (lokale Syntax) in ein global einheitliches Format (Transfersyntax), überträgt sie und transformiert sie schließlich in das lokale Format des Zielrechners. Durch Verwendung von ASN.1 können sowohl einfache Datenstrukturen (Integer, String etc.) wie auch sehr komplexe, geschachtelte Strukturen behandelt werden. Allerdings sind praktisch immer zwei Transformationen pro Übertragung erforderlich, was zu Leistungseinbußen führen kann.

Die *Anwendungsschicht* umfaßt zahlreiche Dienste und Protokolle, die relativ flexibel konfiguriert werden können. Diese Dienste stellen der Anwendung eine gegenüber der einfachen Datenkommunikation erweiterte Funktionalität zur Verfügung. Als Basis für die anderen Dienste ermöglicht *ACSE* zunächst den Aufbau von Anwendungsverbindungen zwischen Instanzen, über die dann eine Kommunikation abgewickelt werden kann.

ROSE [ROP86] stellt Mechanismen bereit, um entfernte Operationen aufzurufen, Ergebnisse später entgegenzunehmen und Aufrufparameter zu übergeben. Es wird jedoch keine direkte Sprachintegration der Operationen und Aufrufe definiert; das bedeutet, daß zusätzliche Software erforderlich ist, um eine Funktionalität wie beim Remote Procedure Call mittels ROSE zu erreichen. Dies dürfte auch der Grund sein, warum getrennt hiervon auch die erwähnten Standardisierungsbestrebungen im Bereich des RPC von der ISO verfolgt werden. *RTSE* [BFZ90] ermöglicht den zuverlässigen Transfer von Daten zwischen Anwendungsinstanzen, wobei garantiert wird, daß ein Datentransfer auch bei Recher- und Kommunikationsfehlern genau einmal erfolgt. CCR und TP unterstützen elementare Dienste zur Realisierung verteilter Transaktionen [CCR86]. Darüber hinaus werden zahlreiche andere Dienste angeboten, wie zum Beispiel FTAM zum Zugriff auf entfernte Dateien bzw. zu deren Verwaltung sowie RDA zum entfernten Zugriff auf relationale Datenbanken mittels der Anfragesprache SQL.

Außerdem soll auch die Namensverwaltung in ISO/OSI nach der Norm *ISO-9594* bzw. *X.500* [ISO88] erwähnt werden. Diese ermöglicht die Definition und Verwaltung hierarchischer Namen, um dadurch Komponenten einer verteilten Anwendung in standardisierter Form identifizieren zu können. Die Namen können auch attributiert werden, wobei zahlreiche Standardattribute bereits vordefiniert sind. Es werden allerdings keine definitiven Aussagen zur *verteilten* Implementierung der Namensverwaltung in der Norm gemacht; allerdings existieren bereits einige herstellerspezifische Implementierungen.

Insgesamt kann gesagt werden, daß die Dienste und Protokolle von ISO/OSI wichtige Basisfunktionalität zur Realisierung verteilter Anwendungen erbringen. Andererseits sind sie streng an den Anforderungen der Kommunikation zwischen genau zwei Instanzen orientiert und berücksichtigen daher nicht etwa auch andere Probleme wie zum Beispiel die Gruppenkommunikation, die dynamische Objektmigration oder die verteilte Konfigurationsverwaltung. Außerdem wird keine Sprachintegration der Mechanismen definiert; hierdurch wird ihre Verwendung in realen Implementierungen aus praktischer Sicht oft schwierig. In diesen Bereichen ist sicherlich noch viel Entwicklungsarbeit zu leisten, um die Ansätze wirklich für große verteilte Programme in breitem Umfang einsetzbar zu machen.

10.3.2 Das OSF Distributed Computing Environment

Das in Kapitel 5 bereits erwähnte *Distributed Computing Environment (DCE)* der *Open Software Foundation (OSF)* [OSF90I] ist im Bereich der Industriestandards von großer praktischer Bedeutung. Der Hauptgrund hierfür ist, daß das OSF DCE auf einer realen, schon heute käuflich erwerbbaren Implementierung basiert und von zahlreichen Herstellern, die Mitglieder der OSF sind, unterstützt wird.

Das OSF DCE umfaßt als eine Kernkomponente den RPC-Ansatz des Network Computing Systems *NCS* mit der Schnittstellenbeschreibungssprache *NIDL;* dieses System wurde ursprünglich von Apollo entwickelt, die Entwicklung wurde von DEC und HP weitergeführt. Wie in Kapitel 5 beschrieben, bietet der RPC des OSF DCE wahlweise At-Least-Once- oder At-Most-Once-Semantik an und ermöglicht prinzipiell auch asynchrone Aufrufe. Diese Eigenschaften unterscheiden sich jedoch teilweise etwas in den unterschiedlichen Implementierungen des OSF DCE.

Der RPC wird durch eine verteilte Namensverwaltung unterstützt, die vor allem zum Binden von Klienten und Servern eingesetzt wird. Dabei wird die globale, systemübergreifende Namensverwaltung vom Siemens-System *DIR-X* realisiert, das auf der ISO/CCITT-Norm *X.500* [ISO88] basiert. Die angebotenen Mechanismen ermöglichen die Verwaltung hierarchisch strukturierter Namen, die zusätzlich auch attributiert sein können. Die erforderlichen Namenstabellen werden durch dezentrale Nameserver verwaltet, wobei auch Replikationstechniken zur Erhöhung der Fehlertoleranz sowie Caching-Techniken zur effizienten Ausführung von Namensanfragen eingesetzt werden. Die lokale Namensverwaltung innerhalb eines Rechnerknotens oder eines Clusters von Rechnerknoten wird durch den Verwaltungsdienst *DECdns* realisiert.

Um auch Sicherheitsaspekte bei der Ausführung von RPCs im OSF DCE zu berücksichtigen, wurden die in Kapitel 5 beschriebenen Techniken auf der Basis des Systems *Kerberos* [SNS88] (s. Abschnitt 5.9) in das OSF DCE integriert. Dadurch wird die Verschlüsselung von RPC-Nachrichten und die Authentisierung der beteiligten Partner ermöglicht.

Innerhalb der einzelnen Betriebssystemprozesse des OSF DCE wird Nebenläufigkeit - etwa für asynchrone RPCs (s.o.) oder für die quasiparallele Abarbeitung innerhalb eines Servers - durch die *DEC Concert Multithread Architecture* implementiert. Dieses System stellt leichtgewichtige Prozesse zur Verfügung, wie sie bereits in Kapitel 5 konzeptionell eingeführt wurden.

Außerdem umfaßt das OSF DCE ein verteiltes Dateisystem, das *Andrew File System* [HKM88], das den netzweiten Zugriff auf Dateien ermöglicht und auch den Betrieb von plattenlosen Rechnerknoten erlaubt. Schließlich wird auch die Ankopplung von PCs an eine OSF DCE Umgebung ermöglicht - dies wird durch die Systeme *SUN/PC-NFS* und *HP/LM/X* erreicht.

Insgesamt dürfte das OSF DCE eine der wichtigsten praktischen Entwicklungen im Bereich der verteilten Systeme sein, da es reale Lösungen in Produktqualität als Industriestandard anbietet, die zudem auch weitgehend dem aktuellen Stand der Technik entsprechen. Es kann sicherlich damit gerechnet werden, daß dieser Ansatz eine deutliche Verbreitung finden wird und nach und nach von zahlreichen Anwendern aufgegriffen wird. Dies wird natürlich auch durch die zumindest teilweise Konformität des OSF DCE mit aktuellen ISO/OSI-Standards wie X.500 oder ACSE und ROSE und mit Industriestandards wie TCP/IP und Unix unterstützt.

Allerdings werden damit noch keine Konzepte in den Bereichen der verteilten Konfigurationsverwaltung oder der verteilten objektorientierten Ansätze geboten. Gleiches gilt für die Anforderungen in bezug auf Werkzeug- und Entwicklungsunterstützung, die sicherlich einen sehr viel weitergehenden Ansatz verlangen. Es bleibt abzuwarten, ob solche Problembereiche in der Zukunft eventuell durch Erweiterungen des OSF DCE angegangen werden.

10.3.3 Open Distributed Processing

Um den oben angesprochenen Problemen des ISO/OSI-Ansatzes zu begegnen und eine ganzheitlichere Sicht verteilter Anwendungen zu bieten, wurde das *Open Distributed Processing Referenzmodell (ODP-RM)* von der ECMA entwickelt [ODP89, GEI91]. Dieses Modell definiert fünf sogenannte *Viewpoints*, also Aspekte, unter denen eine verteilte Anwendung zu betrachten ist und die bei der Realisierung berücksichtigt werden sollen. Die verschiedenen Viewpoints sind im einzelnen:

- *Enterprise viewpoint:* Hier werden die Anforderungen an eine Anwendung beschrieben, die aus betriebswirtschaftlicher Sicht gegeben sind. Vor allem soll die Grobstruktur und die interne Organisation einer Anwendungsumgebung aus Sicht des Anwenders spezifiziert werden.
- *Information viewpoint:* Dieser Aspekt befaßt sich mit der Informationsstruktur und dem globalen Datenaustausch innerhalb einer Anwendungsumgebung. Es werden also beispielsweise Datenobjekte definiert und grobe Kommunikationspfade festgelegt.
- *Computation viewpoint:* Hier wird die Grobstruktur der verteilten Anwendung, also ihre Komponenten, deren logische Verbindungen und deren konkrete Interaktionsmuster in systemunabhängiger Weise beschrieben. Dies entspricht also in etwa den Aufgaben, die von einer verteilten Konfigurationsverwaltung erfüllt werden müssen.
- *Engineering viewpoint:* In diesem Bereich wird die Grobstruktur der Anwendung auf konkrete Anwendungskonfigurationen abgebildet, indem zum Beispiel Komponenten instantiiert werden. Außerdem werden Aussagen über die Plazierung und Verteilung der Komponenten sowie über ihre Laufzeiteigenschaften gemacht. Diese Aufgaben fallen zum Teil ebenfalls in den Bereich der Konfigurationsverwaltung bzw. müssen durch dedizierte Werkzeuge wie z.B. Leistungsmonitore unterstützt werden.
- *Technology viewpoint:* Dieser Bereich befaßt sich mit der Beschreibung der zugrundeliegenden Systemstruktur, also mit den konkreten Hardware- und Betriebssystem-Komponenten.

Aus Sicht des Software Engineering sind sicherlich der Computation und der Engineering Viewpoint am bedeutsamsten, da sie sich direkt mit der Struktur einer Anwendung befassen. Aus diesem Grunde konzentriert sich auch die Realisierung eines sogenannten ODP Support Environment, das quasi eine Implementierung des ODP-Referenzmodells darstellt, auf diese beiden Viewpoints. Diese Arbeiten wurden im Rahmen des ANSA-Projektes durchgeführt [ANS89, MUL89] und basieren auf dem verteilten Objektansatz, wie er in Kapitel 6 beschrieben wurde. Eine Fortsetzung dieser Entwicklungen wird im ESPRIT-Projekt *ISA (Integrated Systems Architecture)* vorgenommen.

Zum ODP-Modell kann insgesamt gesagt werden, daß es eine offenbar recht brauchbare Strukturierung der verschiedenen Aspekte vornimmt, die bei verteilten Anwendungen von Bedeutung sind, daß es andererseits aber noch viel zu abstrakt ist, als daß es in breitem Umfang direkt in konkrete Werkzeuge umgesetzt werden könnte.

10.3.4 Netzwerkmanagement

Aufgrund der wachsenden Komplexität der zur Anwendung kommenden Netze und des Aufbaus von hochgradig heterogenen Netzen gewinnt das Netzwerkmanagement steigende Bedeutung. Zunehmend werden schon bestehende Netze unternehmensweit integriert. Die Anforderungen nach Kopplung von schon vorhandenen Teilnetzen ergibt sich aus der Notwendigkeit des unternehmensweiten Zugriffs auf Daten. Damit einher geht die Problematik, die meist topologisch komplexen, schwer zu überwachenden Netze zu verwalten. Während im homogenen Fall von den Herstellern meist firmen– und gerätespezifische Mangagement–System–Software existiert, gibt es im heterogenen Fall Bestrebungen, derartige Schnittstellen zu normen. Im folgenden wird der spezielle Aspekt des Netzwerkmanagements im Rahmen der OSI-Standardisierung in Anlehnung an [ROS89] und [ROS90] behandelt.

Einordung in OSI

Das Netzwerkmanagement läßt sich auffassen als *Aktivitäten zur Kontrolle, Koordination und Überwachung aller Ressourcen, welche eine Kommunikation in der OSI–Umgebung ermöglichen* (Standard ISO 7498–4). Insbesondere ist damit gemeint, den aktuellen Zustand der Ressourcen abfragen und diese Ressourcen steuern zu können.

Die Vielzahl der in einem offenen System vorhandenen Ressourcen unterschiedlichster Ausprägung erfordert, diese Ressourcen einheitlich beschreiben zu können. Zu diesem Zweck wurde der Begriff des *Managed Object* eingeführt. Diese Objekte sind alle datenverarbeitenden bzw. der Datenkommunikation dienenden Ressourcen, die unter Zuhilfenahme des OSI–Management–Protokolls verwaltet werden (also beispielsweise Protokoll–Maschinen, Verbindungen, Modems usw.).

Jedem Managed Object wird gemäß des objektorientierten Ansatzes eine Menge von Attributen, auf ihm definierte Operationen und die von ihm zu erwartenden Meldungen zugeordnet (Standard ISO 2684) (siehe Abbildung 10-3). Die Menge aller aktuellen und potentiellen Instanzen eines bestimmten Types von Managed Objects wird *Managed Object Class* genannt. Dieser Begriff muß eingeführt werden, da es in realen Systemen verschiedene Instanzen des gleichen Typs geben kann.

Mittels Attributen lassen sich folgende Aufgaben lösen:

- Identifikation der Klasse eines Managed Objects
- Identifikation einer bestimmten Instanz eines Managed Objects
- Beschreibung des aktuellen Zustandes eines Objects
- Speicherung von Statistiken über das vorangegangene Verhalten des Managed Objects

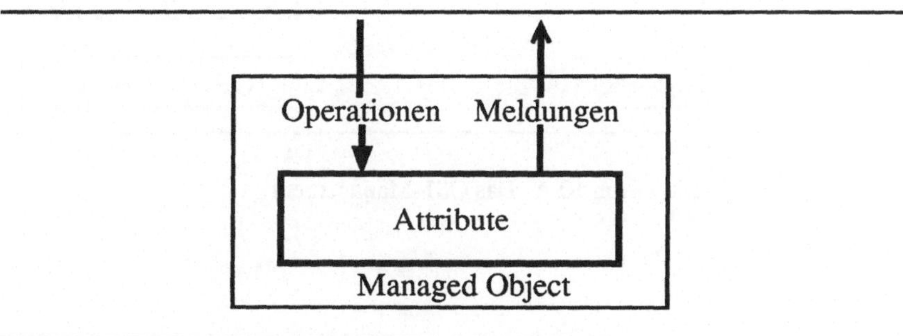

Abb 10-3 Struktur eines Managed Objects

Da das ISO/OSI-Modell keine Einschränkungen in bezug auf die Implementierung macht, innerhalb der Standards jedoch Operationen und eine abstrakte Syntax/Semantik der Managed Objects eines offenen Systems definiert sind, wird der Begriff der *Management Information Base* (MIB) eingeführt, die alle in einem offenen System enthaltenen Managed Objects und deren Attribute und Operationen umfaßt. Die am Management beteiligten Instanzen (System– und Layer–Management sowie normale Layer–Protokoll–Instanzen) unterhalten gemeinsam die Management Information Base. Modifikationen der MIB finden durch Anwendung der Management–Protokolle statt. Prozesse der Anwendungsschicht greifen über die Dienste des System–Managements auf die MIB zu.

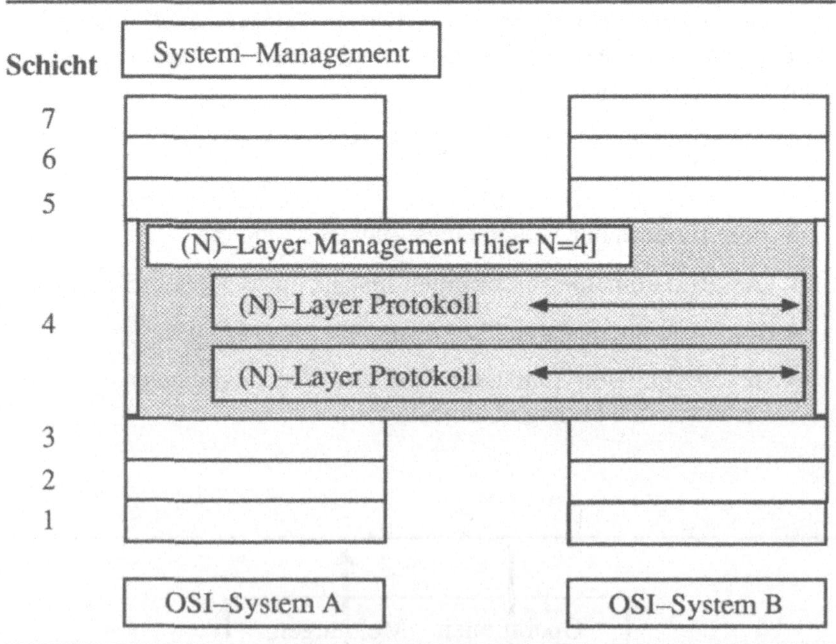

Abb 10-4 Das OSI–Management

Die Managementaufgaben werden durch:

- das System-Management
- das (N)–Layer Management und
- das (N)–Layer Protokoll

erbracht. Hierbei besteht, wie in Abbildung 10-4 dargestellt, eine Trennung der Gültigkeitsbereiche der hierarchisch angeordneten Managementfunktionen. Operationen des (N)–Layer–Protokolls betreffen die Kommunikation einer Instanz (z.B. eineVerbindung über X.25). Operationen des (N)–Layer–Managements regeln mehrere oder alle Instanzen einer Schicht. Die Funktionen des System–Managements verwalten das globale System bzw. das globale OSI–Netz.

(N)–Layer Protokoll
Die Management–Funktionen dieses Protokolls beschränken sich auf eine Instanz einer Kommunikation wie beispielsweise:

- Festlegen von Parametern, welche beim Verbindungsaufbau die Verbindung kennzeichnen.
- Erbringen von Information über Fehlerursachen (z.B. Diagnose–Codes in X.25).
- Gewinnung von Accounting–Information der Verbindung.

(N)–Layer Management
Dieses Protokoll stellt Funktionen zur Überwachung, Kontrolle und Koordination der verwalteten Objekte der (N)–Schicht bereit. Die Funktionen betreffen dabei immer die allgemeine Funktion der (N)–Schicht und sind nicht auf einzelne Instanzen beschränkt. Damit ließen sich beispielsweise die Default–Werte und Wertebereiche von Parametern spezifizieren. Ein Beispiel für ein (N)–Layer–Protokoll stellt das im Rahmen der Transportschicht definierte Network Connection Mannagement Subprotocol (Standard ISO 8073/Add.1)

dar. Der das (N)–Layer–Management implementierende Prozeß kann als eigenständiger Prozeß auftreten oder in den System–Management–Prozeß integriert sein. Die Kommunikation der Instanzen des (N)–Layer–Management kann folgende Ausprägung finden:

- unter Zuhilfenahme des System–Managements
  über das System–Management–Protokoll,
- über ein spezifisches (N)–Layer–Management–Protokoll.

Letzteres hat zur Konsequenz, daß für die Kommunikation nur Dienste der unterliegenden Schicht Verwendung finden können, während bei der Kommunikation durch das System–Management alle Dienste verwendet werden können.

Abschließend muß noch erwähnt werden, daß das Management–Framework das Vorhandensein eines (N)–Layer–Management auf allen 7 Schichten nicht vorschreibt.

System–Management
Die vom System–Management bereitgestellten Funktionen unterstützen die Betriebsbereitschaft des globalen OSI–Netzes. Seine Operationen betreffen gleichzeitig mehrere Schichten; die Aufgabenstellung läßt sich nicht auf eine spezielle Schicht beschränken. Beispiele für diese Funktionen sind:

- Die koordinierte Veränderung von Parametern mehrerer Schichten.
- Das Lesen von Parametern mehrerer Schichten.
- Die Veränderung der System– oder Netz–Konfiguration.

Zur Erbringung dieser Funktionen wird das System–Management aufgeteilt in:

- System–Management–Application–Process
- System–Management–Application Entity

Die resultierende Gesamtarchitektur des OSI-Netzwerkmanagements ist in Abbildung 10-5 zusammenfassend dargestellt.

Der System–Management–Application–Process (SMAP) stellt den funktionalen Ort dar, an dem die Management–Funktion erbracht wird. Der SMAP hat eine globale Sicht auf alle Systemparameter. Er agiert im allgemeinen in zwei unterschiedlichen Rollen, entweder als Managing–Process oder als Agent–Process. Hierbei verwaltet ein Managing–Process Managed Objects anderer Systeme des offenen Netzes. Der Agent–Process dagegen verwaltet durch Initiative eines Managing–Process die lokalen Managed Objects eines Systems.

Die System–Management–Application Entity (SMAE) regelt die Kommunikation zwischen unterschiedlichen System–Management–Instanzen. Hierbei werden Protokolle der Anwendungsschicht benutzt. Es werden dabei Informationen über die einzelnen Schichten und auch über das Gesamtsystem übertragen.

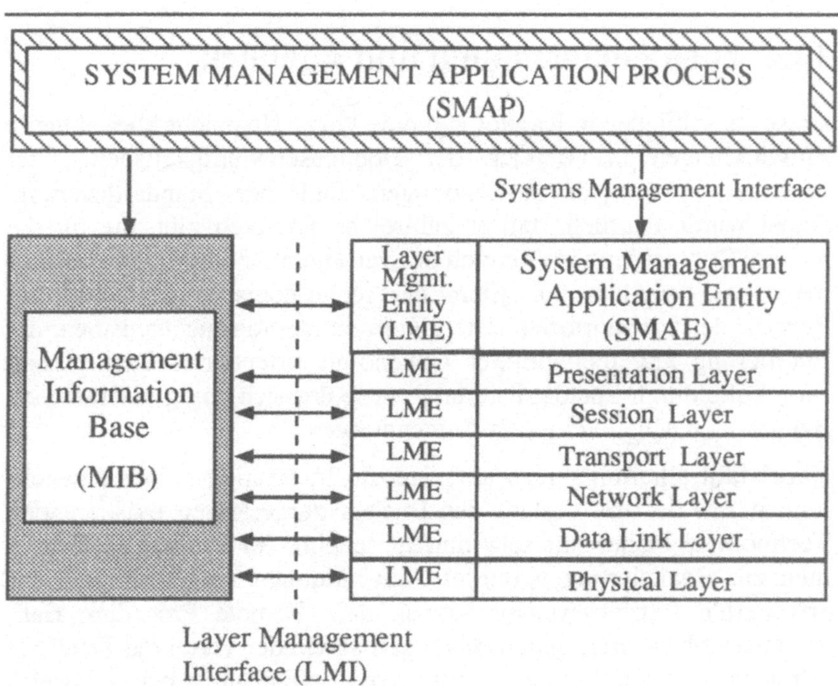

Abb 10-5 OSI–Management–Architektur

Insgesamt bietet der OSI-Ansatz zum Netzwerkmanagement einen allgemeinen Rahmen, in den konkrete Methoden und Werkzeuge eingebettet werden können. Dabei ist die objektorientierte Strukturierung sicherlich von Vorteil, da sie eine uniforme Repräsentation der verwalteten Einheiten ermöglicht.
Vergleicht man allerdings den Ansatz mit den in Kapitel 7 beschriebenen, sehr konkreten Mechanismen zur Verwaltung verteilter Anwendungsprogramme, so fällt auf, daß der OSI-Ansatz doch sehr abstrakt ist und durch eine mögliche Sprachunterstützung und schichtenspezifische Konkretisierung sicherlich an Substanz gewinnen würde. In diesem Bereich sind inzwischen auch schon Aktivitäten der verschiedenen Rechnerhersteller im Gange, die dedizierte Management-Werkzeuge in Anlehnung an die OSI-Architektur entwickeln.

10.4 Zusammenfassung und Ausblick

Dieses abschließende Kapitel gab eine kurze Übersicht über aktuelle Entwicklungen im Bereich der Hochgeschwindigkeitsnetze, der verteilten Multimedia-Anwendungen und der Standardisierung. Dabei wurde deutlich, daß es zahlreiche Faktoren gibt, die für die weitere Entwicklung im Bereich der verteilten Anwendungen bestimmend sein werden, vor allem der technologische Fortschritt im Bereich der transportorientierten Kommunikationsmechanismen, die Etablierung allgemeingültiger anwendungsorientierter Dienste und Protokolle durch Standardisierung sowie der sich zügig verstärkende Bedarf nach neuen verteilten Anwendungen.

Dabei fällt allerdings auch auf, daß die Integration dieser Entwicklungen mit der im Verlauf des Buches dargestellten existierenden Technologie bisher nur sehr dürftig scheint. So wurden Mechanismen zur Realisierung verteilter Anwendungen vorgestellt, die auf erweiterten Betriebssystemansätzen, dem Remote Procedure Call, verteilten objektorientierten Systemen sowie der verteilten Konfigurationsverwaltung basieren. In all diesen Bereichen ist beispielsweise die Standardisierung noch kaum fortgeschritten, wenn man einmal von den laufenden Aktivitäten im Bereich des RPC absieht.

Außerdem muß man feststellen, daß die vorgestellten Konzepte meist für eher herkömmliche verteilte Anwendungen gedacht sind, die zum Beispiel nicht die Verarbeitung von Multimedia-Daten unterstützen. Für verteilte Multimedia-Systeme sind dagegen zahlreiche erweiterte Mechanismen zur Synchronisation von Datenströmen, zur effizienten Übertragung sehr großer Datenmengen oder auch zur Garantierung konstanter Verzögerungszeiten erfoderlich. Diese Anforderungen können durch die neuen Hochgeschwindigkeitsnetze im Prinzip teilweise erfüllt werden; allerdings ist das Hauptproblem dabei, die hohen Datenraten auch bis auf die Ebene der Anwendung weiterzugeben. In existierenden Systemen stellen meist die höheren, in Software realisierten Protokolle bzw. das Betriebssystem hier einen maßgeblichen Engpaß dar. Diese Problematik muß vor allem durch erweiterte Hardware-Unterstützung und teilweise auch durch modifizierte Protokolle angegangen werden.

Trotz dieser Vorbehalte bieten verteilte Systeme aber bereits heute interessante Möglichkeiten zur Realisierung dezentraler verteilter Anwendungen mit eher konventionellen Zielsetzungen. Wird dabei ein relativ pragmatischer Ansatz gewählt, der zum Beispiel ein verteiltes Betriebssystem oder ein kommerziell erhältliches RPC-Paket zugrundelegt, so dürften zumindest die Probleme im Bereich der Kommunikation gut lösbar sein. Zusätzlich ist es aber bei größeren Anwendungen von elementarer Bedeutung, die im vorliegenden Buch beschriebenen Techniken zur Spezifikation, zum Entwurf und zum Test verteilter Programme zu berücksichtigen. Auch die Mechanismen zur verteilten Konfigurationsverwaltung sollten in jeder nicht trivialen Anwendung zumindest in rudimentärer Form realisiert werden. Auf diese Weise kann sehr viel leichter eine flexible Installation und Wartung ermöglicht werden.

Mittelfristig wird es schließlich von großer Bedeutung sein, die beschriebenen Ansätze in eine umfassende Entwicklungsumgebung für verteilte Anwendungen zu integrieren. Dabei ist es wichtig, eine uniforme Repräsentation der Entwurfsdaten von der Spezifikation bis hin zum Test zu realisieren. Dadurch wird vermieden, daß ein Entwickler manuell zwischen verschiedenen Repräsentationen transformieren muß. Außerdem sollten alle relevanten Entwurfsmethoden und Sprachansätze in Form von integrierten Werkzeugen zur

Verfügung gestellt werden. Die Integration bezieht sich dabei sowohl auf die Uniformität der Benutzerschnittstelle wie auch auf die Einheitlichkeit der Datenrepräsentation.

Um diese Ziele zu erreichen, ist sicherlich noch viel Forschungs- und vor allem Entwicklungsarbeit durchzuführen. Die angegebene weiterführende Literatur soll dem Leser in diesem Zusammenhang ermöglichen, sich über den aktuellen Stand der Technik noch weiter im Detail zu informieren. Außerdem soll dieses Buch in der Zukunft schrittweise an die schnelle Entwicklung in diesem Bereich angepaßt werden, um damit den aktuellen Tendenzen Rechnung zu tragen.

11 Literatur

[ABK91] Abeysundara, B.W., Kamal, A.E.: High-Speed Local Area Networks and their Performance: A Survey; *ACM Comp. Surv., Vol. 23, No. 2, Juni 1991, pp. 221-264*

[ABL85] Alemes, G., Black, A., Lazowska, E., Noe, J.: The EDEN System: A Technical Review; *IEEE Trans. on Softw. Eng., Vol. 11, No. 1, Jan. 1985, pp. 43-59*

[ACG86] Ahuja, S., Carriero, N., Gelernter, D.: Linda and Friends; *IEEE Computer, Vol. 19, No. 8, Aug. 1986, pp. 26-34*

[ADL87] Ahamad, M., Dasgupta, P., LeBlanc, R.J., Wilkes, C.T.: Fault Tolerant Computing in Distributed Operating Systems; *6th Symp. on Reliability in Distributed Software and Database Systems, Williamsburg, Virginia, 1987, pp. 115-125*

[AGH86] Agha, G.: An Overview of Actor Languages; *Sigplan Notices, Vol. 21, No. 10, Okt. 1986, pp. 58-67*

[AHU77] Aho, A.V., Ullman, J.D.: Principles of Compiler Design; *Addison-Wesley, 1977*

[AKL87] Avizienis, A., Kopetz, H., Laprie, J.C.: The Evolution of Fault-Tolerant Computing; *Springer, Wien / New York, Mai 1987*

[ALM86] Almes, G.: The Impact of Language and System for Remote Procedure Call Design; *6th Int. Conf. on Distributed Computing Systems,1986, pp. 414-421*

[AND81] Andrews, G.R.: Synchronizing Resources; *ACM Trans. on Progr. Lang. and Systems, Vol. 3, No. 4, Okt. 1981, pp. 405-430*

[ANS83] Andrews, G.R., Schneider, F.B.: Concepts and Notations for Concurrent Programming; *ACM Comp. Surv., Vol. 15, No. 1, März 1983, pp. 3 - 43*

[ANS89] Advanced Network Systems Architecture (ANSA): ANSA Reference Manual; *APM Ltd., 24 Hills Road, Cambridge CB2 IJP, UK (März 1989)*

[ASN85] Information Processing Systems - Open Systems Interconnection: Specification of Basic Encoding Rules for Abstract Syntax Notation One (ASN.1); *ISO/DIS 8825, ISO (1985)*

[ATN88] Atkins, M.C., Nackman, L.R.: The Active Deallocation of Objects in Object-Oriented Systems; *Software - Practice and Exp., Vol. 18 No. 11, Nov. 1988, pp. 1073-1089*

[BAA89] Baader, C.: Entwurf und Realisierung von Mechanismen zur Steuerung der Objektplazierung in verteilten objektorientierten Anwendungen; *Diplomarbeit, Univ. Karlsruhe, 1989*

[BAR84] Barnes, J.G.P.: Programming in ADA; *Addison-Wesley, London 1984*

[BAW83] Bates, P., Wileden, J.C.: An Approach to High-Level Debugging of Distributed Systems; *ACM SIGSOFT/SIGPLAN Softw. Eng. Symposium on High-Level Debugging, Pacific Grove, CA, März 1983, pp. 107-111*

[BAW88] Barth, G., Welsch, C.: Objektorientierte Programmierung; *Informationstechnik it, 6/1988, pp. 404-421*

[BBG83] Borg, A., Baumbach, J., Glazer, S.: A Message System Supporting Fault-Tolerance; *ACM Symp. on Operating System Principles, Bretton Woods, New Hampshire, 1983, in: Operating Syst. Rev., Vol 17, No. 5, Okt 1983, pp. 90-99*

[BCL85] Birell, A.D., Cooper, E.C., Lazowska, E.D.: SRC Remote Procedure Calls; *Digital Equipment Corporation Systems Research Center, Juni 1985*

[BCL88] Bershad, B.N., Ching, D.T., Lazowska, E.D., Sanislo, J., Schwartz, M.: A Remote Procedure Call Facility for Interconnecting Heterogenous Computer Systems; *Comm. of the ACM, Vol. 31, No. 3, März 1988, pp. 880-894*

[BCM88] Bhattacharyya, M., Cohrs, D., Miller, B.: A Visual Process Connector for UNIX; *IEEE Software, Juli 1988, pp. 43-50*

[BDW90] Barbacci, M.R., Doubleday, D.L., Weinstock, C.B.: Application-Level Programming; *Int. Conf. on Distributed Computing Systems, Paris, 1990, pp. 458-465*

[BEC87] Becher, J.: Eine Benutzerschnittstelle für den Task Setup Service; *Studienarbeit, Intitut für Telematik, Univ. Karlsruhe, 1987*

[BEK84] Bayer, R., Elhardt, K., Kießling, W., Killar, D.: Verteilte Datenbanksysteme; *Informatik-Spektrum, Vol. 7, 1984, Springer, 1984, pp. 1-19*

[BEN87] Bennett, J.K.: The Design and Implementation of Distributed Smalltalk; *ACM OOPSLA Conf., Orlando, Florida 1987, pp. 318-330*

[BEN90] Bennett, J.K.: Experience with Distributed Smalltalk; *Software - Practice and Exp., Vol. 20, No. 2, Feb. 1990, pp. 157-180*

[BFG85] Banino, J.S., Fabre, J.C., Guillemont, M., Morisset, G., Rozier, M.: Some Fault-Tolerance Aspects of the CHORUS Distributed System; *5th IEEE Int. Conf. on Distributed Computing Systems, Denver, Mai 1985, pp. 430-437*

[BFZ90] Blumann, W., Fauth, D., Zok, H.: Considerations of the OSI Reliable Transfer Service; *Comp. Comm., Vol. 13, No. 3, April 1990, pp. 143-148*

[BGG91] Bricker, A., Gien, M., Guillemont, M., Lipkis, J., Orr, D., Rozier, M.: Architectural Issues in Microkernel-Based Operating Systems: The CHORUS Experience; *Comp. Comm., Vol. 14, No. 6, Juli/Aug. 1991, pp. 347-357*

[BHJ87] Black, A., Hutchinson, N., Jul, E., Levy, H., Carter, L.: Distribution and Abstract Types in Emerald; *IEEE Trans. on Softw. Eng., Vol. 13, No. 1, Jan. 1987, pp. 65-75*

[BIN84] Birrell, A.D., Nelson, B.J.: Implementing Remote Procedure Calls; *ACM Trans. on Comp. Syst., Vol. 2, No. 1, Feb. 1984, pp. 39-59*

[BIR85] Birrell, A.D.: Secure Communication Using Remote Procedure Calls; *ACM Trans. on Comp. Syst., Vol. 3, No. 1, Feb. 1985, pp. 1-14*

[BJR84] Birman, K.P., Joseph, T.A., Raeuchle, T., Abbadi, A.E.: Implementing Fault-Tolerant Distributed Objects; *4th Symp on Reliability in Distributed Software and Database Systems, Silver Springs, 1984, pp. 124-133*

[BLA89] Blakowski, G.: Konfigurationsverwaltung für verteilte objektorientierte Anwendungen; *Diplomarbeit, Univ. Karlsruhe, 1989*

[BLA90] Black, A., Artsy, Y.: Implementing Location Independent Invocation; *IEEE Trans. on Parallel and Distributed Systems, Vol. 1, No. 1, Jan. 1990, pp. 107-119*

[BLL88] Bershad, B.N., Lazowska, E.D., Levy, H.M.: PRESTO: A System for Object-Oriented Parallel Programming; *Software - Practice and Exp., Vol. 18, No. 8, Aug. 1988, pp. 713-732*

[BLN82] Birell, A.D., Levin, R., Needham, R.M., Schroeder, M.: Grapevine: An Exercise in Distributed Computing; *Comm. of the ACM, No. 25 / 1982, April 1982, pp. 250-273*

[BOC88] Borras, P., Clement, D.: CENTAUR: The System; *ACM SIGPLAN Notices, Vol. 24, 2, 1988, pp. 14-24*

[BÖH88] Böhm, B.: A Spiral Model of Software Development; *IEEE Computer, Mai 1988, pp. 61-72*

[BOO86] Booch, G.: Object-Oriented Development; *IEEE Trans. on Softw. Eng., Vol.12, No. 2, Feb 86, pp. 211-221*

[BRI78] Brinch Hanson, P.: Distributed Processes: A Concurrent Programming Concept; *Comm. of the ACM, Vol 21, No. 11, 1978, pp. 934 - 941*

[BST80] Boggs, D.R., Shoch, J.F., Taft, E.A., Metcalfe, R.M.: Pup: an Internetwork Architecture; *IEEE Trans. on Comm., April 1980, pp. 612-624*

[BST89] Bal, H.E., Steiner, J.G., Tanenbaum, A.S.: Programming Languages for Distributed Computing Systems; *ACM Comp. Surv., Vol. 21, No. 3, Sept. 1989, pp. 261-322*

[CAL89] Chase, J.S., Amador, F.G., Lazowska, E.D., Levy, H.M., Littlefield, R.J.: The Amber System: Parallel Programming on a Network of Multiprocessors; *12th ACM Symp. on Operating Systems Principles, Litchfield Park, Arizona, 1989, pp. 147-158*

[CCI84] CCITT: Functional Specification and Description Language (SDL); *Recomm. Z.101-Z.104, Red Book, CCITT, Genf, 1984*

[CCI88] CCITT Study Group XVIII (Broadband Task Group): Part C of the Report of the Seoul Meeting, *Jan. 1988, CCITT COM XVIII-R55(C)-E*

[CCR86] ISO: DIS8649, Service Definition for Common Application Service Elements - Part 3 - Commitment, Concurrency and Recovery; *Information Processing Systems - Open Systems Interconnection (1986)*

[CHC91] Chin, R.S., Chanson, S.T.: Distributed Object-Based Programming Systems; *ACM Comp. Surv., Vol. 23, No. 1, März 1991, pp. 91-124*

[CHE84] Cheriton, D.R.: The V Kernel: A Software Base for Distributed Systems; *IEEE Software, No. 1/1984, April 1984, pp. 19-42*

[CHL85] Chandy, K.M., Lamport, L.: Distributed Snapshots: Determining Global States of Distributed Systems; *ACM Trans. on Comp. Syst., Vol. 3, No. 1, Feb. 1985, pp. 63-75*

[COB88] Conklin, J., Begeman, M.: gIBIS: A Hypertext Tool for Exploratory Policy Discussion; *ACM Trans. on Office Info. Sys., Vol 6. , No. 4 , Okt 1988, pp. 303-331*

[COO84] Cooper, E.C.: Replicated Procedure Calls; *3rd ACM Symp. on Principles of Distr. Comp., Vancouver B.C., Canada, 1984, pp. 44-56*

[COP89] Comer, D.E., Peterson, L.L.: Understanding Naming in Distributed Systems; *Distrib. Comp., No. 3, 1989, pp. 51-60*

[COR90] Corbin, J.R..: The Art of Distributed Applications; *Springer, New York 1990*

[COU81] Xerox Corporation: Courier: the Remote Procedure Call Protocol; *Xerox System Integration Standard XSIS-038112, Xerox Corporation Stanford, Connecticut, Dez. 1981*

[COX86] Cox, B.J.: Object Oriented Programming; *Addison-Wesley 1986*

[CUR82] Curtis, R., Wittie, L.: Bugnet: A Debugging System for Parallel Programming Environments; *3rd Int. Conf. on Distr. Comp., Miami, FL, Aug. 1982, pp. 394-398*

[CUR85] Curtis, R., Wittie, L.: Time Management for Debugging Distributed Systems; *5th Int. Conf. on Distr. Comp., Denver, CO, Mai 85, pp. 549-550*

[DAM70] Dahl, O.-J., Myrhaug, B.: Simula Common Base Language; *Norwegian Computer Center S-22, Oslo, 1970*

[DEC86] Decouchant, D.: Design of a Distributed Object Manager for the Smalltalk-80 System; *ACM OOPSLA Conf., Portland, Oregon 1986, pp. 444-452*

[DIT81] Dittrich, K.: Schutz, Sicherung, Sicherheit —Versuch einer Begriffserklärung aus der Sicht der Informatik; *GI-11. Jahrestagung. IFB 50, Springer, Hrsg. W. Brauer, 1981, pp. 337-350*

[DLM87] Dineen, T.H., Leach, P.J., Mishkin, N.W., Pato, J.N., Wyant, G.L.: The Network Computing Architecture and System: An Environment for Developing Distributed Applications; *Usenix Conf., Phoenix, AZ, 1987, pp. 385-398*

[DQD88] IEEE: Proposed Standard Distributed Queue Dual Bus Metropolitan Area Network; *IEEE P802.6/D5, Okt. 1988*

[ECM90] European Computers Manufacturers Association: Remote Procedure Call Using OSI; *ECMA, Final Draft, 2nd Edition, Standard ECMA-127, Jan. 1990*

[EGS88] Eberle, H., Geihs, K., Schill, A., Schöner, H., Schmutz, H.: Generic Support for Distributed Processing in Heterogeneous Networks; *HECTOR, Vol. 2, Springer, Berlin 1988, pp. 80-109*

[EGS90] Eberle, H., Geihs, K., Schmutz, H., Schöner, B.: Anwendungsunabhängige Unterstützung für verteilte Datenverarbeitung in Netzen heterogener Systeme; *Informatik-Spektrum, Band 5, 1990, pp. 84-102*

[ELS89] Elshof, I.J.P.: A Distributed Debugger for AMOEBA; *Workshop on Parallel and Distributed Debugging, Madison, Wisconsin, 1988: ACM SIGPLAN Notices, Vol. 24, No. 1, Jan.1989, pp. 1-10*

[ESF89] Evangelist, M., Francez, N., Katz, S.: Multiparty Interactions for Interprocess Communication and Synchronization; *IEEE Trans. on Softw. Eng., Vol. 15, No. 11, Nov. 1989, pp. 1417-1426*

[FBC91] Feeley, M.J., Bershad, B.N., Chase, J.S., Levy, H.M.: Dynamic Node Reconfiguration in a Parallel-Distributed Environment; *ACM Sigplan Symp. on Principles and Practice of Parallel Programming, Williamsburg, VA., Apr. 1991, in: Sigplan Notices, Vol. 26, No. 7, Juli 1991, pp. 114-121*

[FHT86] Francez, N., Hailpern, B., Taubenfeld, G.: Script: A Communication Abstraction Mechanism and its Verification; *Science of Comp. Progr., Vol. 6, No. 1, 1986, pp.35-88*

[FOE88] Förster, C.: Controlling Distributed User Tasks in Heterogeneous Networks; *HECTOR, Vol. 2, Springer, Berlin 1988, pp. 183-197*

[FOZ90] Fowler, J., Zwaenepoel, W.: Causal Distributed Breakpoints; *10th IEEE Intl. Conf. on Distr. Comp., Paris 1990, pp. 134-141*

[GAB85] Garcia, M., Berman, W.: An Approach to Concurrent Systems Debugging; *5th Int. Conf. on Distr. Comp., Denver, CO, Mai 1985, pp. 507-514*

[GAL86] Gallo, F.: The PCTE Initiative: Toward a European Approach to Software Engineering; *CRAI Workshop on Software Factories & Ada, Capri, 5/1986, Springer, pp. 16-29*

[GAS87] Garg, P. K., Scacchi, W.: On Designing Intelligent Hypertext Systems for Information Management in Software Engineering; *Hypertext '87 Chapel Hill, NC, Nov. 1987, pp. 409-432*

[GEH90] Geihs, K., Hollberg, U.: Retrospective on DACNOS; *Comm. of the ACM, Vol. 33, No. 4, April 1990, pp. 439-448*

[GEI91] Geihs, K.: The Road to Open Distributed Processing; *GI/NTG Fachtagung Mannheim, Feb. 1991: Komm. in verteilten Systemen, Informatik-Fachberichte Bd. 267, Springer, 1991, pp. 43-52*

[GER86] Gehani, N.H., Roome, W.D.: Concurrent C; *Software - Practice and Exp., Vol. 16, No. 9, Sept. 1986, pp. 821-844*

[GIB87] Gibbons, P.B.: A Stub Generator for Multilanguage RPC in Heterogeneous Environments; *IEEE Trans. on Softw. Eng., Vol. 13, No. 1, Jan. 1987, pp. 77-87*

[GIG88] Gifford, D.K., Glasser, N.: Remote Pipes and Procedures for Efficient Distributed Communication; *ACM Trans. on Comp. Syst., Vol. 6, No. 3, Aug. 1988, pp. 258-283*

[GOR83] Goldberg, A., Robson, D.: Smalltalk-80: The Language and its Implementation; *Addison-Wesley, Menlo Pk., CA, 1983*

[GRA83] Gramlich, W.: Debugging Methodology, Panel Discussion; *ACM SIGSOFT/SIGPLAN Software Symposium on High-Level Debugging,Pacific Grove, CA, März 1983, pp. 1-3*

[HAW88] Haban, D., Weigel, W.: Global Events and Global Breakpoints in Distributed Systems; *21st Annual Hawaii Intl. Conf. on System Sciences, Jan. 1988, pp. 166-175*

[HEA89] Heuser, L., Achauer, B.: Language Constructs to Express Distribution of Object-Oriented Applications; *TOOLS '89 Conf., Paris, Nov. 1989, pp. 355-362*

[HEL82] Herlihy, M., Liskov, B.: A Value Transmission Method for Abstract Data Types; *ACM Trans. on Progr. Lang. and Systems, Vol. 4, No. 4, 1982, pp. 527-551*

[HEL88] Heitz, M, Labreuille, B.: Design and Development of Distributed Software Using Hierarchical Object-Oriented Design and Ada; *Ada in the Industry: Intl. Conf. Ada-Europe, Cambridge University Press, 1988, pp.143-156*

[HER91] Herrtwich, R.G.: Betriebsmittelvergabe unter Echtzeitgesichtspunkten; *Informatik-Spektrum, Vol. 14, 1991, pp. 123-136*

[HHK85] Harter, P. Heimbigner, D., King, R.: IDD: An Interactive Distributed Debugger; *5th Int. Conf. on Distr. Comp., Denver,CO, Mai 1985, pp. 498-506*

[HKM88] Howard, J.H., Kazar, M.L., Menees, S.G., et al.: Scale and Performance in a Distributed File System; *ACM Trans. on Computers, Vol. 6, No. 1, Feb. 1988, pp. 55-81*

[HMS87] Hollberg, U., Mattes, B., Schill, A., Schmutz, H., Schöner, B., Staroste, R., Stoll, W.: Experiences with the Development of a Portable Network Operating System; *Workshop on Experiences with Distributed Systems, Univ. Kaiserslautern, Sept. 1987, Lecture Notes in Computer Science No. 309, Springer, Berlin 1987, pp. 52-88*

[HOA74] Hoare, C.A.R.: Monitors: An Operating System Structuring Concept; *Comm. of the ACM, Vol. 17, No. 10, Okt. 1974, pp. 549-557*

[HOA78] Hoare, C.A.R.: Communicating Sequential Processes; *Comm. of the ACM, Vol. 21, No. 8, Aug. 1978, pp. 666-677*

[HOC91] Horn, C., Cahill, V.: Supporting Distributed Applications in the Amadeus Environment; *Comp. Comm., Vol. 14, No. 6, Juli/Aug. 1991, pp. 358-365*

[HOF86] Hofmann, F.: Remote Procedure Call; *Informatik-Spektrum, Sept. 1986, p. 308*

[HOK88] Hollberg, U., Krämer, E.: Transparent Access to Remote Files in Heterogeneous Networks; *HECTOR, Springer, Berlin 1988, pp. 140-168*

[HOK89] Höfler, J., Klenner, T.: Eine verteilte objektorientierte Beispielanwendung aus dem Bereich CIM; *Studienarbeit, Univ. Karlsruhe, 1989*

[HOL88] J.D. Hollan et. al.: An Introduction to HITS: the Human Interface Tool Suite; *Tech.Rep. ACA-HI-406-88, MCC Human Interface Lab., 1988*

[HOR87] Horn, C.: COMANDOS: Object-Oriented Architecture; *ESPRIT Project 834, Sept. 1987*

[HOR88] Horn, C.: An Object Oriented Model for Distributed Processing; *in R. Speth (Ed.): Research into Networks and Distributed Applications, Elsevier Science Publishers B.V. (North Holland), 1988, pp. 737-760*

[HSS90] Hehmann, D.B., Salmony, M.G., Stuettgen, H.J.: Transport Services for Multimedia Applications on Broadband Networks; *Comp. Comm., Vol. 13, No. 4, Mai 1990, pp. 197-203*

[IEE90] IEEE: A Standard Reference Model for Computing System Tools Interconnection; *IEEE Draft Standard P1175 (1990).*

[ISO84] ISO: Open Systems Interconnection - Basic Reference Model; *ISO Int. Standard 7498, ISO 1984*

[ISO85] ISO: Open Systems Interconnection - Specification of Basic Encoding Rules for Abstract Syntax Notation One (ASN.1); *ISO/DIS 8825, ISO 1985*

[ISO87I] ISO: Open Systems Interconnection - ESTELLE - A Formal Description Technique Based on Extended State Transition Model; *ISO Draft Int. Standard 9074, ISO 1987*

[ISO87II] ISO: Open Systems Interconnection - LOTOS - A Formal Description Technique Based on the Temporal Ordering of Observational Behaviour; *ISO Draft Int. Standard 9074, ISO 1987*

[ISO87III] ISO: Open Systems Interconnection - Application Layer Structure; *ISO Draft Proposal 9545, ISO 1987*

[ISO88] ISO: Open Systems Interconnection -The Directory: Parts 1-7; *ISO 9594/1-7, 1988*

[ISO90] ISO: Open Systems Interconnection -Remote Procedure Call *ISO/IEC JTC1/SC21/WG6, Third Working Draft, Mai 1990*

[JLH88] Jul, E., Levy, H., Hutchinson, N., Black, A.: Fine-Grained Mobility in the Emerald System; *ACM Trans. on Comp. Syst., Vol. 6, No. 1, Feb. 1988, pp. 109-133*

[JOR86] Jones, M.B., Rashid, R.F.: Mach and Matchmaker: Kernel and Language Support for Object-Oriented Distributed Systems *ACM OOPSLA '86, Portland, Oregon, ACM 1987, pp. 67-77*

[JRT85] Jones, M.B., Rashid, R.F., Thompson, M.R.: Matchmaker: An Interface Specification Language for Distributed Computing; *12th ACM Symposium on Principles of Progr. Lang., New Orleans, Louisiana, 1985, pp. 225-235*

[KAU86] Kauffels, F.J.: Lokale Netze - Systeme für den Hochleistungs-Informationstransfer; *Rudolf Müller, 1986*

[KAU89] Kaufmann, G.: Untersuchung von Mechanismen zur Programmigration in heterogenen verteilten Systemen; *Diplomarbeit, Univ. Karlsruhe, 1989*

[KHC86] Khoshafian, S.N., Copeland, G.P.: Object Identity; *ACM OOPSLA Conf., Portland, Oregon, 1986, pp. 406-416*

[KMN90] Krakowiak, S., Meysembourg, M., Van Nguyen, H. et al.: Design and Implementation of an Object-Oriented, Strongly Typed Language for Distributed Applications; *J. of Object-Oriented Programming, Vol. 3, No. 3, 1990, pp. 11-22*

[KMS89] Kramer, J., Magee, J., Sloman, M.: Constructing Distributed Systems in CONIC; *IEEE Trans. on Softw. Eng., Vol. 15, No. 6, Juni 1989, pp. 663-675*

[KRA88] Kraemer, R.: An Object Oriented Architecture for Concurrent System and Application Software in a Distributed Environment; *in R. Speth (Ed.): Research into Networks and Distributed Applications, Elsevier Science Publishers B.V. (North Holland), 1988, pp. 707-721*

[KRM85] Kramer, J., Magee, J.: Dynamic Configuration for Distributed Systems; *IEEE Trans. on Softw. Eng., Vol. SE-11, No. 4, April 1985, pp. 424-436*

[KRU90] Krumm, H.: Funktionale Analyse von Kommunikations-protokollen; *Informatik-Fachberichte 247, Springer, 1990*

[LAM78] Lamport, L.: Time, Clocks and the Ordering of Events in a Distributed System; *Comm. of the ACM, Vol. 21, No. 7, Juli 1978, pp. 558-564*

[LAM85] Lamersdorf, W.: Semantische Repräsentation komplexer Objektstrukturen; *Informatik-Fachberichte Bd. 100, Springer, Berlin 1985*

[LBG88] Liskov, B., Bloom, T., Gifford, D., Scheifler, R.,Weihl, W.: Communication in the Mercury System; *Hawaii Int. Conf. on System Sciences, 1988, pp. 178-187*

[LEF85] LeBlanc, R.J., Friedberg, S.A.: HPC: A Model of Structure and Change in Distributed Systems; *IEEE Trans. on Compters, Vol. 34, No. 12, Dez. 1985, pp. 1114-1129*

[LEM82] LeBlanc, R.J., Maccabe, A.B.: The Design of a Programming Language Based on Connectivity Networks; *IEEE 3rd Intl. Conf. on Distr. Comp., Ft. Lauderdale, FL, Okt. 1982, pp. 532-541*

[LEM91] Leidig, T., Mühlhäuser, M.: Graphische Unterstützung der Entwicklung verteilter Anwendungen; *GI/NTG Fachtagung Mannheim, Feb. 1991: Komm. in verteilten Systemen, Informatik-Fachberichte Bd. 267, Springer, 1991, pp. 494-508*

[LER85] LeBlanc, R.J., Robbins, A.D.: Event-Driven Monitoring of Distributed Programs; *5th IEEE Int. Conf. On Distr. Comp. Systems, Denver 1985, pp. 515-522*

[LIG85] Lin,K.-J., Gannon, J.D.: Atomic Remote Procedure Call; *IEEE Trans. on Softw. Eng., Vol. SE-11, No. 10, Okt. 1985, pp. 1126-1135*

[LIS83] Liskov, B., Scheifler, R.: Guardians and Actions: Linguistic Support for Robust Distributed Programs; *ACM Trans. on Progr. Lang. and Systems, Vol. 5,No. 3, Juli 1983, pp. 381-404*

[LIS88] Liskov, B.: Distributed Programming in Argus; *Comm. of the ACM, Vol. 31, No. 3, März 1988, pp. 300 - 312*

[LMN88] Löhr, K.-P., Müller, J., Nentwig, L.: DAPHNE: Support for Distributed Applications Programming in Heterogeneous Computer Networks; *8th. Int. Conf. on Distr. Comp., San Jose, 1988, pp. 63-71*

[LSB79] Lesser, V.R., Serrain, D., Bonnar, J.: PCL: A Process-Oriented Job Control Language; *1st Int. Conf. on Distr. Comp., Huntsville, Alabama, 1979, pp. 315-329*

[LSH88] Liskov, B., Shrira, L.: Promises: Linguistic Support for Efficient Asynchronous Procedure Calls in Distributed Systems; *ACM SIGPLAN Conf. on Progr. Lang. Design and Implementation, 1988, pp. 260-267*

[MAM90] Mattern, F. Mehl, H.: Diskrete Simulation - Prinzipien und Probleme der Effizienzsteigerung durch Parallelisierung; *Informatik-Spektrum, Vol. 12, 1990, pp. 198-210*

[MAT91] Mattern, F.: Verteilte Basisalgorithmen; *Informatik-Fachberichte 226, Springer, 1991*

[MAY83] May, D.: Occam; *ACM Sigplan Notices, Vol. 18, No. 4, April 1983, pp. 69-79*

[MAY86] Mayer, E.: Testhilfen für verteilte Anwendungen; *Diplomarbeit, Univ. Karlsruhe, Nov. 1986*

[MEY88] Meyer, B.: Object-Oriented Software Construction; *Prentice-Hall, New York, 1988*

[MIC81] Misra, J., Chandy, K. M.: Proofs of Networks of Processes *IEEE Trans. on Softw. Eng. Vol. 7, No. 4, Juli 1981, pp. 417-426*

[MIC88] Miller, B.P., Choi, J.-D.: Breakpoints and Halting in Distributed Programs; *Int. Conf. on Distr. Comp., 1988, San Jose, CA, 1988, pp. 316-322*

[MIL85] Milner, R.: Lectures on the Calculus of Communicating Systems; *in: M.Broy (ed.) Control Flow and Data Flow: Concepts of Distributed Programming, Springer, Berlin, 1985, pp 205-228*

[MKS90] Magee, J., Kramer, J., Sloman, M., Dulay, N.: An Overview of the REX Software Architecture; *2nd IEEE Workshop on Future Trends of Distributed Computing Systems, Cairo, Sept. 1990, pp. 396-402*

[MOO86] Moon, D.A.: Object-Oriented Programming with Flavors; *ACM Sigplan Notices, Vol. 21, No. 11, Nov. 1986, pp. 1-8*

[MSH88] Mühlhäuser, M., Schill, A., Heuser, L.: Software Engineering for Distributed Applications: An Object-Oriented Approach; *Intl. Workshop "Softw. Eng. and its Applications", Toulouse, Dez. 1988, pp. 266-284*

[MSK89] Mühlhäuser, M., Schill, A., Kienhöfer, J., Frank, H., Heuser, L.: A Software Engineering Environment for Distributed Applications; *Euromicro Conf., Köln, Sept. 1989, pp. 327-332*

[MÜH88] Mühlhäuser, M.: Software Engineering for Distributed Applications: The DESIGN Project; *IEEE 10th Intl. Conf. on Softw. Eng., Singapore, April 1988, pp. 93-101*

[MÜH91] Mühlhäuser, M.: Hypermedia-Konzepte zur Verarbeitung multimedialer Information, *Informatik-Spektrum, Bd. 14, Springer 1991, pp. 281-290*

[MÜL83] Müllerburg, M.: The Role of Debugging Within Software Engineering Environments; *ACM Software Symp. on High-Level Debugging, Pacific Grove, CA, März 83, pp. 81-90*

[MUL89] Mullender, S. (Ed.): Distributed Systems (Kapitel 19); *Addison-Wesley, Reading, MA, 1989*

[NBS77] NBS: Data Encryption Standard*; FIPS Publication 46, National Bureau of Standards, Washington, D.C., 1977*

[NEH82] Needham, R.M., Herbert, A.J.: The Cambridge Distributed Computing System*; Addison-Wesley, Reading, MA, 1982*

[NEL81] Nelson, B.J.: Remote Procedure Call; *Ph.D. Dissertation, Carnegie-Mellon University, Mai 1981*

[ODP89] European Computer Manufacturers Association (ECMA): Support Environment for Open Distributed Processing (SE-ODP) *ECMA/TC32-TG2/89/67, Final Draft (Juli 1989)*

[OSF90I] Open Software Foundation: Distributed Computing Environment - Overview*; Open Software Foundation, Cambridge, USA, Jan. 1990*

[OSF90II] Open Software Foundation: Remote Procedure Call in a Distributed Computing Environment; *Open Software Foundation, Cambridge, USA, Jan. 1990*

[OTO87] Otway, D., Oskiewicz, E.: REX: A Remote Execution Protocol for Distributed Object-Oriented Applications*; IEEE Int. Conf. on Distr. Comp., Berlin 1987, pp. 113-119*

[PAD89] ACM: *Workshop on Parallel and Distributed Debugging, Madison, Wisconsin, 1988: ACM SIGPLAN Notices, Vol. 24, No. 1, Jan. 1989*

[PAS88] Panzieri, F., Shrivastava, S.K.: Radjoot: A Remote Procedure Call Facility Supporting Orphan Detection and Killing*; IEEE Trans. on Softw. Eng., Vol. 14, No. 1, Jan. 1988, pp. 30-37*

[POM83] Powell, M.L., Miller, B.P.: Process Migration in DEMOS/MP*; 9th ACM Symp. on Operating System Principles, Bretton Woods, 1983, pp. 110-119*

[PSM87] Purdy, A., Schuchardt, B., Maier, D.: Integrating an Object Server with Other Worlds*; ACM Trans. on Office Information Systems, Jan. 1987, pp. 27-47*

[PTE87] Praktikum Telematik: Das Netzbetriebssystem RSC *Institut für Telematik, Univ. Karlsruhe, 1987*

[PYL81] Pyle, J.: Die Programmiersprache ADA; *Hansa, 1981*

[RED83] Reed, D.: Implementing Atomic Actions on Decentralized Data; *ACM Trans. on Comp. Syst., Vol. 1, No. 1, Feb. 1983, pp. 3-23*

[ROH90] Rohde, C.: Analyse und Integration von Kommunikationsmechanismen für verteilte Systeme; *Diplomarbeit, Univ. Karlsruhe, Jan. 1990*

[ROP86] DP9072, Remote Operations - Part 1: Model, Notation and Service Definition; *Information Processing Systems - Text Communication - MOTIS (1986)*

[ROS86] Ross, F.E.: FDDI - A Tutorial; *IEEE Comm. Magazine, Mai 1986, pp. 10-17*

[ROS89] Rose, O.: Ein Überblick über die OSI Netzwerk Management - Architektur; *PIK - Praxis der Informationsverarbeitung und Kommunikation, Heft 3/89, pp. 150-159*

[ROS90] Rose, O.: OSI Netzwerk-Management - Management-Funktionen; *PIK - Praxis der Informationsverarbeitung und Kommunikation, Heft 4/90, pp. 191-204*

[RTL91] Raj, R.K., Tempero, E., Levy, H.M., Black, A.P., Hutchinson, N.C., Jul, E.: Emerald: A General-Purpose Programming Language; *Software - Practice and Exp., Vol. 21, No. 1, Jan. 1991, pp. 91-118*

[RTS87] v. Renesse, R., Tanenbaum, A., van Staveren, J.M.: Connecting RPC-Based Distributed Systems Using Wide-Area Networks; *IEEE Int. Conf. on Distr. Comp., Berlin, 1987, pp. 28-34*

[RUM91] Rüdebusch, T., Mühlhäuser, M.: Ein Unterstützungssystem für Gruppenarbeit in verteilten Systemen; *GI/NTG Fachtagung Mannheim, Feb. 1991: Komm. in verteilten Systemen, Informatik-Fachberichte Bd. 267, Springer, 1991, pp. 464-478*

[SAS90] Satyanarayanan, M., Siegel, E.H.: Parallel Communication in a Large Distributed Environment; *IEEE Trans. on Computers, Vol. 39, No. 3, März 1990, pp. 323-348*

[SBD85] Spector, A.Z., Butcher, J., Daniels, D.S. et al.: Support for Distributed Transactions in the TABS Prototype; *IEEE Trans. on Softw. Eng., Vol. 11, No. 6, Juni 1985, pp. 520-530*

[SBM83] Stefik, M., Bobrow, D.G., Mittal, S., Conway, L.: Knowledge Programming in LOOPS: Report on an Experimental Course; *AI Magazine, Fall 1983, pp. 3-13*

[SBN84] Schroeder, M.D., Birrel, A.D., Needham, R.M.: Experience with Grapevine: The Growth of a Distributed System; *ACM Trans. on Comp. Syst., Vol. 2, No. 1, Feb. 1984, pp. 3-23*

[SCB86] Schaffert, C., Cooper, T., Bullis, B.: An Introduction to Trellis/Owl; *ACM OOPSLA, Portland, Oregon, 1986, pp. 9-16*

[SCH84] Scheffer, P.: Evolution Towards a Comprehensive Software Development Environment; *IEEE Compcon, Fall 1984, Arlington, VA, pp. 306-309*

[SCH89] Schürr, A. , et. al.: Introduction to Progress, an Attribute Graph Grammar Based Specification Language; *LNCS 411, Springer, Berlin, 1989, pp. 151-165*

[SCH90] Schill, A.: Migrationssteuerung und Konfigurationsverwaltung für verteilte objektorientierte Anwendungen; *Informatik-Fachberichte No. 241, Springer, Berlin, 1990*

[SCH91I] Schill, A.: Verteilte objektorientierte Systeme: Grundlagen und Erweiterungen; *Informatik Forschung und Entwicklung, No. 6, Jan. 1991, pp. 14-27*

[SCH91II] Schill, A.: Distributed System and Execution Model for Office Environments; *Comp. Comm., Vol. 14, No. 8, Okt. 1991, pp. 478-488*

[SCO87] Scott, M.L.: Language Support for Loosely-Coupled Distributed Programs; *IEEE Trans. on Softw. Eng., Vol. SE-13, No. 1, Jan. 1987,pp. 88-103*

[SDP91] Shrivastava, S.K., Dixon, G.N., Parrington, G.D.: An Overview of the Arjuna Distributed Programming System; *IEEE Software, Jan. 1991, pp. 66-73*

[SET83] Seidner, R., Tindall, N.: Interactive Debug Requirements; *ACM SIGSOFT/SIGPLAN Software Symp. on High-Level Debugging, Pacific Grove, CA, März 1983., pp. 9-22*

[SHE88] Schill, A. Heuser, L.: Der objektorientierte Ansatz in Programmiersprachen und verteilten Systemen - Seminarausarbeitungen; *Interner Bericht No. 10/88, Fakultät für Informatik, Univ. Karlsruhe, Aug. 1988*

[SHE89] Schill, A., Heuser, L.: Objekte, Verteilung und Nebenläufigkeit in Programmiersprachen - Seminarausarbeitungen; *Interner Bericht No. 4/89, Fakultät für Informatik, Univ. Karlsruhe, März 1989*

[SMI84] Smith, E.: Debugging Tools for Message-Based, Communicating Processes; *4th Int. Conf. on Distr. Comp., San Francisco, CA, Mai 1984, pp. 303-310*

[SMI88] Smith, J.M.: A Survey of Process Migration Mechanisms; *Operating Syst. Rev., Vol. 22, No. 3, Juli 1988, pp. 28-40*

[SNS88] Steiner, J.G., Neuman, B.C., Schiller, J.I.: Kerberos: An Authentification Service for Open Network Systems; *Usenix Winter 1988 Conf., Dallas, TX, 1988, pp. 191-202*

[SPE82] Spector, A.Z.: Performing Remote Operations Efficiently on a Local Computer Network; *Comm. of the ACM, Vol. 25, No. 4, April 1982, pp. 246-260*

[SSW88] Staroste, R., Schmutz, H., Wasmund, M., Schill, A., Stoll, W.: A Portability Environment for Communication Software; *HECTOR, Vol. 2, Springer, Berlin 1988, pp. 80-109*

[STA80] Stancovic, J.A.: Debugging Commands for a Distributed Processing System, *21st IEEE Int. Conf., Washington, D.C., Sept 1980, pp. 701-705*

[STR86] Stroustrup, B.: An Overview of C++; *ACM SIGPLAN Notices, Vol. 21, No. 10, Okt. 1986, pp. 7-18*

[STY83] Strom, R.E., Yemini, S.: NIL: An Integrated Language and System for Distributed Programming; *ACM Sigplan Notices, Vol. 18, No. 6, Juni 1983, pp. 73-82*

[SUN85] SUN Microsystems: Remote Procedure Call Specification; *SUN Microsystems, Inc., 1985*

[SVO84] Svobodova, L.: File Servers for Network-Based Distributed Systems; *ACM Comp. Surv., Vol. 16, No. 4, Dez. 1984, pp. 353-398*

[TAA90] Tay, B.H., Ananda, A.L.: A Survey of Remote Procedure Calls; *Operating Syst. Rev., Vol. 24, No. 3, Juli 1990, pp. 68-79*

[TAN81] Tanenbaum, A.S.: Computer Networks; *Prentice-Hall, 1981*

[TAR85] Tanenbaum, A.S., van Renesse, R.: Distributed Operating Systems; *ACM Comp. Surv., Vol. 17, No. 4, Dez. 1985, pp. 419-470*

[TAR88] Tanenbaum, A.S., van Renesse, R.L: A Critique of the Remote Procedure Call Paradigm; *Research into Networks and Distributed Applications, Wien, April 1988, North Holland, pp. 775-783*

[THI91] Thiel, G.: LOCUS Operating System; *Comp. Comm., Vol. 14, No. 6, Juli/Aug. 1991, pp. 336-346*

[TIC85] Tichy, W.: RCS - A System for Version Control; *Software - Practice and Exp., Vol. 15, No. 7, 1985, pp. 637 - 654*

[TKR91] Tanenbaum, A.S., Kaashoek, M.F., v. Renesse, R., Bal, H.E.: The Amoeba Distributed Operating System - A Status Report; *Comp. Comm., Vol. 14, No. 6, Juli 1991, pp. 324-335*

[TMR86] Tanenbaum, A.S., Mullender, S.J., van Renesse, R.: Using Sparse Capabilities in a Distributed Operating System; *6th. Int. Conf. on Distr. Comp., Amsterdam, 1986 pp. 558-563*

[TRS90] Tanenbaum, A.S., van Renesse, R., van Staveren, H., et al.: Amoeba System; *Comm. of the ACM, Vol. 33, No. 12, Dez. 1990, pp. 47-63*

[USD83] U.S. Department of Defense: Reference Manual for the ADA Programming Language; *ANSI/MIL-STD-1815A, DoD, Washington, D.C., Jan. 1983*

[WAG89] Wagner, W.: Entwurf und Realisierung einer konzeptionellen Beschreibungsebene für verteilte objektorientierte Anwendungen; *Diplomarbeit, Univ. Karlsruhe, 1989*

[WAP87] Wassermann, A., Pircher, P.A.: A Graphical Extensible Integrated Environment for Software Development; *2nd. Symp. on Practical Software Development Environments, ACM Sigplan Notices, Vol. 22, No. 1, Jan 1987, pp. 131-142*

[WÄR90] Wächter, H., Reuter, A.: Grundkonzepte und Realisierungsstrategien des ConTract-Modells; *Informatik - Forschung und Entwicklung Vol. 5, No. 4, 1990, pp. 202-212*

[WED88] Wedekind, H.: Die Problematik des Computer Integrated Manufacturing (CIM); *Informatik-Spektrum, Vol. 11, 1988, pp. 29-39*

[WEG87] Wegner, P.: Dimensions of Object-Based Language Design; *ACM OOPSLA, Orlando, FL, ACM 1987, pp. 168-182*

[WER89] Wersch, M.: Entwurf und Realisierung eines Monitorsystems zur Steuerung der Objektplazierung in verteilten objektorientierten Anwendungen; *Diplomarbeit, Univ. Karlsruhe, 1989*

[WFN90] Walker, E.F., Floyd, R., Neves, P.: Asynchronous Remote Operation Execution in Distributed Systems; *10th. Int. Conf. on Distr. Comp., Paris, 1990, pp. 253-259*

[WPE83] Walker, B., Popek, G., English, R., Kline, C., Thiel, G.: The LOCUS Distributed Operating System; *9th Symp. on Operating Systems Principles, Bretton Woods, NH, 1983, pp. 49-70*

[WPM90] Wasserman, A.I., Pircher, P.A., Muller, R.J.: The Object-Oriented Structured Design Notation for Software Design Representation; *IEEE Computer, Vol. 23, No.3, 1990, pp. 50-63*

[WYB90] Wybranietz, D., Buhler, P.: The LADY Programming Environment for Distributed Operating Systems; *Future Generation Comp. Syst., Vol. 6, No. 3, Dez. 1990, pp. 209-223*

[XER81] XEROX Corporation: Courier: The Remote Procedure Call Protocol; *XEROX System Integration Standard 038112, XEROX OPD, Dez. 1981*

[YBS86] Yonezawa, A., Briot, J.-P., Shibayama, E.: Object-Oriented Concurrent Programming in ABCL/1; *ACM OOPSLA, Orlando, FL, ACM 1986, pp. 406-415*

[YJT88] Yap, M., Jalote, P., Tripathi, S.K.: Fault Tolerant Remote Procedure Call; *8th. Int. Conf. on Distr. Comp., San Jose, 1988, pp. 48-54*

[YOC79] Yourdon, E., Constantine, L.L.: Structured Design; *Prentice Hall, Englewood Cliffs, NJ, 1979*

[YOT87] Yokote, Y., Tokoro, M.: Experience and Evolution of Concurrent Smalltalk*; ACM OOPSLA, Orlando, FL, 1987, pp. 406-415*

[ZAY87] Zayas, E.R.: The Use of Copy-On-Reference in a Process Migration System; *Ph.D. Dissertation, Carnegie-Mellon Univ., 1987*

Index

A

B

C

D

E

F

G

H

I

K

L

M

N

O

P

R

S

T

U

V

W

X-Z

Druck: Mercedesdruck, Berlin